LOCUS

LOCUS

mark

這個系列標記的是一些人、一些事件與活動。

Mark 128

蔣廷黻與蔣介石

作者：湯晏
責任編輯：李濰美
封面設計：張士勇
文字校對：趙曼如、李昧、湯晏
法律顧問：董安丹律師、顧慕堯律師
出版者：大塊文化出版股份有限公司
台北市南京東路四段二十五號十一樓
www.locuspublishing.com
讀者服務專線：〇八〇〇—〇〇六六八九
電話：〇二—八七一二三八九八
傳真：〇二—八七一二三八九七
郵撥帳號：一八九五五六七五
戶名：大塊文化出版股份有限公司
總經銷：大和書報圖書股份有限公司
新北市新莊區五工五路二號
電話：〇二—八九九〇二五八八
傳真：〇二—二二九〇一六五八
初版一刷：二〇一七年二月
定價：新台幣五八〇元
國際標準書號：978-986-213-777-2
Printed in Taiwan

蔣廷黻與蔣介石

湯晏——著

For Kevin ,

My son and my advisor

目錄

〈導讀〉

從歷史後台走向外交前台的蔣廷黻

林博文

前美國駐中華民國大使莊萊德的夫人莊富蘭芝（Florence Drumright），喜歡蒐集中國藝術品，在臺期間（一九五八至一九六二）曾向不少名流政要討墨寶，其中包括蔣介石和胡適。中研院院長胡適在一九六一年六月十日寫了一首三十多年前的小詩：「剛忘了昨兒的夢，又分明看見夢裏的一笑」送給她，莊富蘭芝於一九九五年一月十四日把胡適的書法贈予加州聖地牙哥藝術博物館。胡適寫這首舊詩後八個月就辭世了。三年後，他的老朋友蔣廷黻也走了。他們都是西化文人，照西方的算法，胡活了七十歲，蔣六十九歲。從現代的標準來看，都不算長壽。

胡適比蔣廷黻大四歲，算是同時代的人。兩個人都是哥倫比亞大學博士，兩個人都愛談政治，關懷國家處境和前途，一起合辦過《獨立評論》。蔣廷黻當上聯合國大使時，還想組黨，請胡適出來當黨魁。胡、蔣都是風流才子，胡適比較浪漫，故能寫出像「又分明看見夢裏的一笑」這樣的詩句。他有不少婚外情，晚年的最後情人是《中央日報》跑文教新聞的李青來。蔣廷黻與元配唐玉瑞生了四個孩子，後來愛上部屬的漂亮妻子沈恩欽。蔣、唐並未辦妥離婚手續（蔣曾委託律師在墨西哥訴請離婚），個性強硬的唐玉瑞曾向聯合國祕書處控訴她丈夫犯重婚罪，並在紐約聯合國廣場舉牌示威，使蔣大使和中華民國大失顏面。一九六五年十月十二日在紐約舉行的蔣氏喪禮上，唐、沈皆出席，蔣與元配所生的幼子蔣居仁陪侍沈女士，長女蔣智仁、次女蔣壽仁則陪母親。蔣死前一年預留遺囑，遺產由唐、沈兩位夫人平分。曾在中華民國駐美大使館做過蔣氏部屬的周谷，對老長官處理遺產的作法深有所感：「他對微時故劍恩情未絕，還是中國一位真正的讀書種子。」唐玉瑞一九七九年病逝紐約，沈恩欽一九八二年於臺北去世。

學者從政是中華文化的一項傳統，蔣廷黻即為典型人物（胡適亦曾做過短暫的駐美大使）。蔣從政前對中國學術界的最大貢獻是：為中國近代史研究打開了一條新路，拓寬了研究領域，提高了治學境界，而使中國近代史的研究找到了「識古亦知今」的出路。蔣氏是個務實主義者，他希望從清季外交的得失中汲取教訓，為現實政治做借鑑。蔣氏曾任教天津南開大學、北平清華大學，他傾力搜尋史料，跑到清宮找舊檔，他也注重研究方法。當年在清華曾拜蔣氏為師的美國學人費正清（John King Fairbank），於一九七二年應周恩來之邀訪問北京時，曾在北京飯店頂樓向九十多名精挑細選的聽眾（大部分來自中國外交部）發表演說。他在開場白中即表示，如不提他當年的恩師蔣廷黻，他就無法繼續講下去。費氏在回憶錄中說，蔣氏曾以中華民國駐聯合國大使身分對抗中共，但費氏認為這批聽眾應該是中國人第二、共產黨員第一。由於中共和外面隔絕太久，那批聽眾知道蔣廷黻這個人，可能沒有幾個。

一九六四年四月，費正清在南港中研院近史所和蔣廷黻重逢，這也是他們師生最後一次相聚。最巧的是，蔣廷黻的幼子蔣居仁（Donald Tsiang）夫人親姊妹的女兒黃愛蓮（Michelle Wong Alhanese），八十年代在哈佛大學費正清東亞研究中心（後易名費正清中國研究中心）當祕書。這位在美國土生土長的已婚華裔，完全不懂中文，她為了要進一步了解費正清的背景，認真閱讀費氏自傳，居然被她發現她的姨丈就是費正清的老師蔣廷黻的兒子。她興奮地向費正清求證，費氏大喜過望。黃愛蓮又告訴他，蔣居仁就住在哈佛附近的小鎮。於是，透過黃愛蓮的聯絡，費正清終於和恩師後人見了面。費氏馬上問蔣居仁：你父親有沒有留下資料，是否可以捐出？麻省理工建築系出身的蔣居仁說，其父資料都在他家的地下室。居仁和住在加州的二姊壽仁商量後，決定由居仁全權處理資料，居仁開始把他父親的檔案陸續贈給哈佛。捐獻工作還未完成，費正清即於一九九一年九月去世，其高足柯偉林（William Kirby）賡續接收蔣廷黻資料，並決定不再由哈佛瓦德納（Widener Library）圖書館庋藏，而於二〇〇二年九月改存哈佛燕京圖書館。當時在哈佛燕京圖書館做研究的大陸近代史學者陳紅民（南京大學博士、現為浙江大學教授），受哈佛燕京圖書館館長鄭炯文之託，整理蔣廷黻資料。陳紅民並於二〇一一年以蔣廷黻資料的整理與出版為由，向中國國家社科重點項目申請到資助。二〇一五年，廣西師範大學出版了二十四大冊《美國哈佛大學哈佛燕京圖書館藏蔣廷黻資料》。

令人無限感慨的是，以十餘年時間在國際外交壇坫上保護中華民國聯合國席位的蔣廷黻，死後半世紀，其資料和檔案卻由蔣氏當年所對抗的大陸出版，而其整理工作亦由大陸學者承乏。蔣廷黻晚年曾表示希望能在中研院近史所做研究和撰寫中國近代史。其願望終未克實現，而近史所和國史館亦未能獲得蔣氏資料。哈佛與蔣氏毫無關係卻能擁有他的檔案，其母校哥大汗顏矣！同樣令人感慨的是，與臺灣毫無淵源的大陸近代史學者、研究韓戰與中美關係出名的陳兼（上海華東師大畢業、美國南伊利諾大學博士），數年前在維吉尼亞大學出任嚴家淦講座教授，目前又在康乃爾大學擔任胡適講座教授。這兩個例子，使人想到臺灣史學研究的蕭瑟與文史人才的寥落。

蔣廷黻於一九二三年執教南開，一九三五年告別學界和研究生涯，開始做官，起跑點是行政院政務處長。在駐蘇大使任內（一九三七年），史達林讓羈留蘇聯十二年的蔣經國攜妻子與兒女返國。多年後，蔣氏聽到蔣介石要蔣經國以「總統府資料室主任」名義主持所有情報工作的消息時，大不以為然。他向當年捕獲中共上海負責人顧順章、並差點抓到周恩來的國民黨老特務蔡孟堅表示，要向老蔣進言：小蔣管情報，中外觀感皆差。蔣廷黻幼時讀湖南教會學校，在美國唸中學，在俄亥俄州上奧柏林（Oberlin）學院，又在哥大幾年，這些西式教育與環境，使他養成正直、坦率的個性。他明知國民黨在臺一黨獨大、老蔣大權在握，他竟天真地想要「自國民黨內分出一部分人士加以少數民主人士，組織一個溫和的自由黨」，並擁「愛國而又溫和的學者胡適之做黨魁」。蔣把他的想法告訴深獲老蔣信任的蔡孟堅，並稱要向老蔣陳述他的想法。蔡氏說，老蔣不但會拒絕你，並會對你起反感。固執的蔣廷黻答道：「這是我的愛國主張，國際趨勢，他不接受，我為表達個人良心，我還是要提出的。」

蔣廷黻在聯合國戮力保衛中華民國代表權，但他亦知道僅憑「唇槍舌戰」，只能拖延時日，中共終有一天會進入聯合國。他向蔡孟堅強調，他此時盡力苦撐，可能撐過十年以後；政府如有彈性政策，可能留在聯合國得一普通席位，中共進入聯合國後，安理會位子更難保。蔣氏所說的「彈性政策」即「兩個中國政策」。老蔣在六十年代初即懷疑蔣廷黻和駐美大使葉公超傾向兩個中國主張，國府外交部長沈昌煥於一九六五年五月十七日對國民黨中央政策委員會副祕書長阮毅成說：「國際外交向由總統直接掌理，美國亦係如此。我國外交部長事實上是為總統之外務祕書，用人大權，由總統自己行使，外交部長並無太大之發言權。上次葉公超之更調與此次蔣廷黻之易人，皆係總統親裁，外傳本人如何如何主張，係太過分看得起我。蔣（廷黻）有偏向兩個中國論調，故總統非更換不可也。」到了七十年代初，受到「尼克森震撼」的衝擊，國際形勢丕變，台灣陷入前所未有的困境。老蔣為了要保護聯合國席位，終於向尼克森政府表示願意接受兩個中國政策，海峽兩岸都可在聯合國，但中華民國要保有安理會席位，尼克森認為不可行，中共則堅決反對兩個中國政策。時代在急速轉變，纏綿病榻的蔣介石已無法掌控台灣的命運，蔣廷黻在五十年代的預言終告實現，中共進了聯合國，但中華民國卻被逐出，連「普通席位」也沒有。

駐美大使葉公超於一九六一年十月十三日被老蔣緊急召回臺北後遭撤職，形同軟禁。蔣廷黻取代他的駐美大使職位，一九六二年一月九日從紐約坐火車到華府，一月十二日赴白宮向甘迺迪呈遞到任國書。已故外交官周谷說，蔣常年雪茄在手，健康欠佳，加上個性嚴謹，其表現遠不及葉公超，視華僑如無物，「已少與白宮重要幕僚常相聚談，又不能與美國軍事、情報單位首長暢談軍情大局世界大勢」。紐約一批國民黨極右翼政客與文人（包括立委潘朝英等）常攻擊他，認為他難堪重任。蔣廷黻夫婦於一九六四年四月最後一次返臺，停留約二十天。中研院近史所所長郭廷以在一九六四年四月十八日日記上寫道，蔣氏夫婦「抵中央研究院後，蔣先生向胡適之墓獻花，蔣先生氣喘似較前更甚，每登十餘級即須停步。」蔣廷黻在臺期間，適值美國國務卿魯斯克訪臺與蔣介石會談，老蔣竟不讓蔣廷黻參與。如此羞辱自己的駐美大使，美方亦大感詫異，就像蔣經國一九六二年九月訪美會晤甘迺迪於白宮，蔣大使亦遭排擠一樣。蔣廷黻知道他「聖眷已衰」，在蔣氏父子心目中已「無足輕重」矣！直至回美前夕，老蔣才在四月二十三日接見他，老蔣希望他當行政院副院長，蔣廷黻則表示想在南港做研究、寫史書。一九六五年三月，蔣終於辭職，告別了近二十載的外交生涯。

蔣廷黻少壯及中年時代曾想當湖南省主席和臺灣省主席，然均落空。他是一個真正有抱負而又想做事的人，他要以知識和行動報國，而不是在書房和象牙塔中空喊口號，或寫無濟於事的政論。他把他一生中的黃金時代貢獻給國家，在聯合國安理會和聯大會議上馳騁，每年在驚濤駭浪中護衛中華民國會籍。然而，在他死後六年，江山變色，他十餘年來的折衝樽俎，一夕之間化成泡影，黃華取代了他。

蔣廷黻曾預測中共終將進入聯合國，所幸他並未看到這個結局。他是一個第一流的近代史學者，也是一個傑出的外交家，他在人生舞台上都把這兩個角色演得可圈可點。臺大歷史系、紐約大學博士出身的湯晏，深入而又完整地剖析蔣廷黻的治學與從政生涯，是海內外第一本最詳實、最具可讀性的蔣廷黻傳記。莎士比亞在《暴風雨》一劇中說：「過去就是序幕」，蔣廷黻從歷史的後台走向外交的前台，也揭開了時代的帷幕。

二〇一六年十一月一日凌晨於紐約

自序

這本書是蔣廷黻一生的傳記，主要是講蔣廷黻於一九三五年從政後與蔣介石三十年的「君臣」關係。他們兩人之間的政治關係與他人截然迥異，他們不是同志（國民黨），既非同鄉，亦非同宗。蔣廷黻一無憑藉而身居要津，兩人的關係很是特別，但從某些地方來看也是很有趣味的，不僅可以看出蔣廷黻湖南騾子脾氣的性格，同時也可看出蔣介石治國若烹小鮮的「藝術」。這本書與普通一般傳記不太一樣，所以吾人對這本書不可以以一般傳記視之。

蔣廷黻一生有三個人對他有重大影響。第一個是他二伯父蔣蘭圃，二伯是最熱心鼓勵蔣廷黻讀書上進的人，如果沒有二伯，他不可能受那麼多教育。二伯為了讓子侄接受良好的教育，一連換了三個私塾，科舉廢了，他送蔣廷黻上長沙明德小學，這是一所很有名的新式學堂，蔣廷黻在明德唸了一學期，二伯認為明德虛有其表，不夠好，乃送他至湘潭的一所教會學校益智中學。蔣廷黻在益智開始接觸西方，為他開了一扇吸取西方近代知識的窗戶，開始學英文，那時他十一歲。林格爾夫人（Mrs. Jean Lingle）是對蔣廷黻一生有重大影響的第二個人。她是蔣廷黻在益智的英文老師，蔣廷黻與林格爾夫人親若母子，她是美國長老會在湘潭的傳教士。蔣廷黻十六歲那年由她幫助去美國密蘇里州的派克學堂（Park Academy）上學。他到美國讀書是從中學開始（相當於初中三年級唸起），所以他所受的西方文化薰陶遠較一般留學生深，英文也遠較一般留學生好。況且他在私塾裡唸過四書五經，除了易經外都能背誦，故在出國前已有相當好的國學基礎，這一點與之前由容閎帶出去出洋的幼童學生又不同，故蔣廷黻說得上是一個學貫中西的人。他的中英文程度都可以做到站起來能講，坐下來能寫，運用自如，一無扞格，關於這一點，很早出洋的幼童及在他後來出國的留學生都不如他。他在美國讀書時因成績好拿過官費，沒有官費時就去做苦工，拉騾車、運煤、做農場粗工，也去餐館做企枱（waiter）、做推銷員，去演講、去教堂證道，為了賺錢什麼都做。中學畢業後，他本想進哈佛，但他的德文老師對他說，哈佛太大對他不好，推薦他上俄亥俄州的奧柏林（Oberlin）學院（這是德文老師的母校），奧柏林畢業後，歐戰方酣，他應青年會徵召赴法國為華工服務。歐戰結束後，他又回美國進哥倫比亞大學讀研究所，專攻歐洲近代史；正在撰寫博士論文時，適值美國召開華盛頓九國海軍會議，蔣廷黻是學生領袖，參加了華盛頓海軍會議。一九二三年一月十日論文殺青，獲哥大歷史學博士學位，隨即返國應天津南開大學聘請教授西洋史，並開始整理中國外交史史料。一九二九年任清華大學歷史系系主任，對清華歷史教學與革新厥功至偉，同時發表了一連串有價值的學術性論文，奠定了他的學術地位。他在清華寫過一篇很長的論文，題為〈最近三百年東北外患史〉，題目雖是「東北外患史」，其實就是講的「俄帝侵華史」，他的用意是要人注意東北，激發國人的愛國心，不要隨意丟失土地。他說一八五八年的中俄璦琿條約及一八六〇年的中俄北京條約，創了一個世界上割讓土地的新紀錄——其總面積有四十萬零九百一十三方英里，即烏蘇里江以東、外興安嶺以南、黑龍江以北的土地（相當於東北加上江蘇）。

蔣介石是對蔣廷黻有重大影響的第三人。一九二三年蔣廷黻學成歸國，在南開教書，蔣介石在廣州協助孫中山籌辦黃埔軍校，他們並不相識。兩人第一次見面是在蔣廷黻歸國後十年，即一九三三年夏天，蔣廷黻應蔣介石之召到牯嶺去見他。那時蔣廷黻三十八歲，已轉到清華，並在學術界嶄露頭角，他是名教授，又是著名的學者，這次召見穿針引線的是《大公報》的發行人吳鼎昌和蔣介石的親信錢昌照。同時召見的還有何廉（南開大學教授，他們是小同鄉）。表面上看起來是「禮賢下士」，其實蔣介石想見的主要還是蔣廷黻，因為他在《獨立評論》上發表了很多文章，如主張獨裁政治、用武力統一中國等，這些言論對蔣介石來說「深獲我心」。還有他在《大公報》上發表很多有關對蘇聯及日本的外交政策，常有獨到的見解，深受蔣介石注意。見面時，蔣介石知道他們是湖南人，很客氣地對他們說：「湖南是出大人物的地方。」蔣廷黻禮貌回答說：「雖然湖南過去出了一些偉人，但是現在的偉人卻出自浙江。」而後蔣介石在談話中不時提到晚清名臣如曾國藩、左宗棠、胡林翼等。翌年蔣廷黻在清華教滿五年，循例休假一年，他想到歐洲看幾個新近開放的檔案庫。蔣介石知道他將去歐洲旅行，故對他說希望他能多花一點時間在蘇聯。蔣介石講這話是有用意的，因為他有個秘密任務交給蔣廷黻，要他以蔣的私人代表身份與蘇聯外交部商談，改善中蘇關係，這在當時是極秘密的，不讓汪精衛（行政院長兼外交部長）知道，也不讓駐蘇大使顏惠慶知道。蔣廷黻到了莫斯科後，在未見蘇聯外交部次長史托莫尼亞可夫（Stomoniakov）之前，他的心情有點戰戰兢兢，但見了史氏後很愉快，所談一切都很順利。蔣廷黻立即向蔣介石提出一個很詳細的報告，並附有如何開創未來局面的建議。蔣介石即覆電嘉許，蔣廷黻的任務圓滿成功。他很高興，晚年回憶說：「我已自由，可以去研究歷史和觀光了。」蔣廷黻擔任此一密使任務是他一生的轉捩點。一九三五年十二月一日蔣介石出任行政院長就想到蔣廷黻，十一月中旬蔣介石要蔣廷黻立刻到南京見他。到了南京，蔣介石要他擔任行政院政務處長，蔣廷黻說他沒有經驗，也不知道「如何作法」，蔣介石說：「你能。」又說如不工作，就永遠得不到經驗，於是拿起筆來寫了一道手諭：「派蔣廷黻為行政院政務處長」。這一道手諭改變了蔣廷黻一生，他就此離開了清華，以後再也沒有回到學術崗位上。

按照行政院組織法，祕書長及政務處長是行政院長的幕僚長，是院長的守門人。蔣廷黻與蔣介石的君臣關係從此時開始，在政務處長時期可以說是「天子近臣」，那時他四十歲。蔣廷黻在行政院做了半年後，正確的時間是一九三六年六月底，在一次小型院會上，列席的人只有蔣介石、孔祥熙、張群、吳鼎昌、張嘉璈、王世杰、何應欽等幾位要員重臣，翁文灝（祕書長）、蔣廷黻也參加，但祕書及書記不得列席。開會時外交部長張群提出駐蘇大使顏惠慶請辭，他提名吳鼎昌、顧維鈞、徐謨等幾位候選人，孔祥熙提了王正廷。於是大家討論誰去莫斯科最適當，事實上沒有什麼討論，蔣介石突然間轉身對蔣廷黻說：「廷黻，你願意去莫斯科嗎？」還沒等他回答，乃說：「你考慮一下，三天內答覆我。」與會者對委員長的提名均表贊成，就散會了。不久翁文灝以老大哥的身份對蔣廷黻說，委員長希望你能接受這個任命，翁又說：「那是個費力不討好的工作。」但勸他接受。就這樣蔣廷黻出任駐蘇大使，那時他還不到四十一歲。駐蘇大使的確如翁文灝所說是個「費力不討好的工作」，在他任上適值多事之秋，又碰到張學良綁架蔣介石的西安事變，而後七七事變中日戰爭爆發，蔣廷黻是外交新手，只做了十三個月即被調回。一九三八年初，當蔣廷黻離開莫斯科時南京已經失守，歸國後他先到武漢，然後轉往重慶。此時行政院長是孔祥熙（孔是蔣介石連襟），邀他回行政院重作馮婦，於是他又任政務處長。未就任前在漢口有一段空閒日子，他寫了一本只有一百二十六頁的小書，書名《中國近代史》。雖是一本薄薄的小書，完全照西洋史家寫書的格局來寫的，麻雀雖小五臟俱全。別看這本書小，卻極其出色，非常精彩，裡面有很多真知灼見，道前人所未道。這本書是為蔣介石寫的，他忠告蔣介石應該學土耳其的凱末爾，中國應盡速現代化，越快越好。同時他也看到後方朝野士氣低落，在書裡叫人不要怕日本人。日本本土很小，土地貧瘠，不足畏也。這本書就是為中國苦難同胞打氣。孔任行政院長一年後，蔣介石又回行政院擔任院長。蔣廷黻與孔祥熙及蔣介石相處甚得，但至一九四五年五月，蔣介石郎舅宋子文來接替妹婿（蔣介石）擔任行政院長，時蔣廷黻任中國善後救濟總署署長，宋子文處處找他麻煩，挖他牆角，希望蔣廷黻失敗。他知道不能與宋子文正面衝突，因為宋是蔣介石的親戚，當初他參加政府工作，有人即警告他，千萬不要與孔、宋衝突，因為他們是蔣介石近親。他與孔祥熙相處甚得，但與宋則否，雖然如此，也無必要與他們正面衝突。因此並沒有與宋子文真正意義上的鬥，但最後宋子文還是把蔣廷黻給逼走了。蔣廷黻在善後救濟總署任內雖然盡了很大的力，但是「困難之多，阻力之大，效果之微」，不是他創辦時所曾預料得到的。

蔣廷黻主持善後救濟總署非他得意之筆，他對國家民族最有成就與貢獻的是他在聯合國提出的控蘇案。代表權案雖然也充分發揮了他的外交藝術，但其成就遠不如控蘇案意義重大。控蘇案是中國在逆境中於聯合國順利通過的一項艱巨的偉大成就，這是他一生事業的巔峰。一九六一年因外蒙古案葉公超被黜，蔣廷黻接替葉公超兼任駐美大使，半年後，他離開聯合國專任駐美大使職。一九六四年春蔣廷黻返臺述職，於四月二十三日見蔣介石，蔣介石開門見山要他回來擔任行政院副院長，輔助嚴家淦（時為行政院長）。蔣廷黻回答，他不要位置，明年他就七十歲了，他想退休，退休後計畫定居南港，利用中央研究院的藏書研究中國近代史。翌年（一九六五年）五月二十九日蔣廷黻在駐美大使任上退休，五個月後病逝紐約。這本書主要就是寫蔣廷黻自一九三三年在廬山第一次與蔣介石見面至一九六四年四月二十三日在士林官邸最後一次會晤為止——有關他們兩人三十年的「君臣」關係。晚年蔣廷黻與蔣介石關係並不是很和諧，其故安在？這就是我寫這本書的動機。

蔣介石是一個剛愎自用的舊式軍人，他很保守，很重視中國傳統的親屬關係；在大陸上把重要位置給孔、宋，不管他們怎樣無能或不夠格，蔣介石皆予與優容。在臺灣他很巧妙地把總統大位留給兒子蔣經國。其他則有時會六親不認，請看他那幾位優秀的留美懂洋文的「紅人」如吳國楨、孫立人、葉公超等，都是極其能幹的寵臣愛將，曾幾何時，到後來不是放逐的放逐，就是一個個被幽禁起來，沒有一個善終。唯獨蔣廷黻是僅存的一位懂洋語且「挾洋自重」（蔣介石語）而與蔣介石患難與共、有始有終的人。蔣廷黻像蔣介石一樣，也是受洗的基督徒，但他不是個上教堂做禮拜的虔誠教徒，星期天，妻子沈恩欽與媳婦 Claire 去教堂作禮拜，他在家做 babysitter（帶小孩）。參加政府工作後，蔣介石要他入黨，但黨性不強，CC系對他不滿，他就脫離了國民黨。他畢生在蔣介石一黨獨大的國民黨政府工作，卻沒有在詭譎多端的政海中沒頂。他有什麼本事能獨善其身？蔣廷黻這個人值得研究。

本書以蔣廷黻為主，以繫年為先後。第一章至第六章是蔣廷黻早年求學與治學。蔣介石出現在第七章〈獨立評論〉的開始，而後第八章起至第十七章都是講蔣廷黻與蔣介石的關係。蔣廷黻於一九三四年赴歐洲旅行擔任蔣介石密使是在第八章。翌年十二月蔣廷黻赴南京任官，他與蔣介石就成為中國傳統的君臣，關係至為密切。但是蔣廷黻是一個諍臣，是一個良臣，而不是愚忠的忠臣。他對蔣介石說不要神化孫中山，不要蔣經國去辦特務，開放言論自由，不要喊反攻大陸，應裁減軍備，提高人民生活水準。這些建議是叫蔣介石皺眉頭的，最顯著的例子是蔣介石不高興他與胡適組黨。他一出仕途均擔任重要職位，高官厚祿，為什麼還要組黨？他對國民黨的態度如何？他對蔣介石如何？蔣介石對他又如何？上述這些問題或類似這樣的問題常常縈繞在我心頭，也是我所關心的。這些問題我將在書中嘗試提供答案。

中國傳記文學不發達，他卒後五十年來，我看到的只有兩本傳記，一本是陳之邁的《蔣廷黻的志事與平生》，另一本是林子候的《蔣廷黻傳》。陳書是屬於回憶錄性質的傳記，這是很好的一本薄薄小書，陳之邁文筆很好，文字優美，清晰可讀，唯對蔣廷黻生平如求學與治學過於簡略。寫「聯合國」一章最好。因為陳之邁是蔣廷黻多年朋友，又長期在政府工作，所以他可以說的、或者應該說的話就不便說出來，我們是可以諒解的。但這本書也有一些其他小誤，比如書中說蔣廷黻愛看wrestling（角力賽）。不錯，他很喜歡看角力賽；此外他也喜歡看棒球、網球及美式足球、拳賽，但在所有的球類或競技運動中，他最愛看角力賽（中外高級知識分子喜看角力賽的較少，蔣廷黻也許是例外）。他也打網球，還打得不錯，晚年他喜歡打高爾夫球。靜的方面他最喜歡打橋牌。此外，眾所周知他喜歡看書，陳之邁說蔣廷黻除了看他本行中外歷史及國際政治的書外不看別的書，其實不然。陳之邁說他不看文藝書籍，這就錯了。蔣廷黻看書範圍很廣，且看得很快，他也看文藝書，中外都看，如《簡愛》、《咆哮山莊》、莫泊桑的短篇小說，以及抗戰前後流行的巴金的《家》、《春》、《秋》、海明威的小說、史坦貝克的《憤怒的葡萄》（*The Grapes of Wrath*）、瑪格麗特・米契爾（Margaret Mitchell）的《飄》

（*Gone with the Wind*）他也都看。在善後救濟總署被宋子文逼走後，他看莎翁名劇英文本《威尼斯商人》等書。每次看完一本書就習慣地在日記裡寫評論，這是一種好習慣。他的朋友傅斯年喜歡看偵探小說，沈剛伯愛看武俠小說，蔣廷黻不看偵探小說，也不看武俠小說。陳之邁又說蔣廷黻也不喜歡西方古典音樂，這又錯了，他喜歡貝多芬及莫札特。在重慶時他最愛聽英國BBC電台的西洋古典音樂。他也愛好歌劇及莎翁名劇，《哈姆雷特》（Hamlet）他看過四次。但他不像葉公超那樣酷愛京戲。有人說「他不會玩毛筆字」，這也錯了，他喜歡中國書法，尤喜褚遂良，臨的是褚遂良帖本。一九四六年他離開善後救濟總署後賦閑在上海，幾乎每天勤練毛筆字，他的親戚向他要一幅字，他寫了一橫幅小條給他，蔣廷黻很得意有人向他要字。我說這些雞毛蒜皮小事，旨在說明為人寫傳不容易，因為像陳之邁與蔣廷黻是幾十年的朋友，尚且有如此錯誤。林子候的書比較起來很粗糙、很普通。蔣廷黻的日記及英文口述歷史（即回憶錄）對於為蔣廷黻立傳的人很有幫助，很遺憾他的口述歷史未完至抗戰初期即病故。好在他的英文日記（從一九四四年元旦至一九六五年六月三日病重為止）正好可以銜接、彌補這部分。而這部不完整的口述自傳後由謝鍾璉譯成中文，曾在《傳記文學》連載，一九七九年由傳記文學出版社印成單行本，題為《蔣廷黻回憶錄》。一九七九年美國馬里蘭大學有位學生 Charles Lilley 寫博士論文，題為「Tsiang Tingfu: Between Two Worlds, 1895-1935」（蔣廷黻：介於兩個世界之間，1895-1935），這篇論文只寫到蔣廷黻四十歲為止，著重在蔣氏中西文化背景、宗教思想來立說，頗有參考價值。蔣廷黻在《獨立評論》上的文章大都收錄於文星出版的《蔣廷黻選集》（計六冊）。蔣廷黻於一九六五年十月九日卒後，《傳記文學》出版過一期「廷黻先生逝世紀念特輯」（七卷六期）。一九七六年《傳記文學》舉辦每月人物專題座談會專欄，十一月份專題人物是蔣廷黻（二十九卷五期），這兩期一共收錄了二十八篇紀念文字，裡面有不少的第一手傳記資料。還有費正清的《中國回憶錄》（*Chinabound: A Fifty Year Memoir*）裡面有一專章（第七章）題為「T.F. Tsiang and Modernization」（蔣廷黻與現代化）亦可參考。蔣廷黻是「反共抗俄」的健將，大陸學者不喜歡他是可以理解的。近幾年來大陸報刊刊登研究蔣廷黻的文章如雨後春筍，這是好現象，不過大陸的學者都脫不掉框框。有時會一窩蜂，如胡適及錢鍾書就有這種現象。二〇〇〇年前後蔣廷黻的哲嗣蔣居仁先生（Donald Tsiang）將其父親生前日記、演講稿、來往函電、私人信件等資料計十四箱捐贈給哈佛大學，現庋藏在哈佛燕京圖書館「蔣廷黻資料檔」（Archives of Dr. Tsiang Tingfu），可供史家採擇也。最近廣西師範大學出版社將燕京圖書館的「蔣廷黻資料檔」刊印出來，成為一套二十四冊的《美國哈佛大學燕京圖書館藏蔣廷黻資料》，此乃出版界盛事，嘉惠後輩學人，功德無量。

我寫這本書始於二〇〇六年，中間因寫《葉公超的兩個世界》而延誤，所以斷斷續續寫了近十年。有一位朋友問我怎麼會想寫蔣廷黻？我答說紐約聖若望大學李又寧教授建議我寫的，我首先要謝謝她，如果沒有她的囑咐則我不會想到要寫蔣廷黻。最初我寫了一篇〈蔣廷黻：求學與治學〉，先後刊載於李又寧主編的《華族留美史：一五〇年的學習與成就》第二集（二〇〇九）及《華族與哥倫比亞大學：慶祝哥大建校二五〇週年》第二集（二〇一〇）。復於二〇一一年又寫了一篇題為〈蔣廷黻與中國自由黨之籌組〉，在臺北「民國肇建與在美華人」國際學術研討會發表（由李又寧及中研院主辦）。這篇文章也是李教授吩咐我寫的，且題目也是她指定的。關於蔣廷黻與中國自由黨，當時尚未見有人（包括中外學者）有系統的寫過。後來我發現浙江大學陳紅民教授在我撰寫的同時，也寫了一個同樣的題目（〈政權交替之際的蔣廷黻與夭折的中國自由黨〉），也是差不多先後在中研院的另一個學術會議（第四屆國際漢學會議）上發表，這也是一種巧合。但我們兩人論文的重心、觀點及論斷並不雷同。今復蒙李又寧教授惠允上述兩篇文章重刊於本書，在此一併誌謝。另外要謝謝我的兒子寶寶（Kevin）於二〇〇九年幫我借到一套蔣廷黻英文日記的膠片（原件藏哈佛大學燕京圖書館）。蔣廷黻寫日記很勤，不管再忙幾乎每天都記。他英文又好，很有文采，他的日記是很精彩的，知人論世一針見血，內容很豐富。如果沒有這套蔣廷黻日記，我是不可能寫這本書的。我久想與蔣廷黻先生後人取得聯繫，後來聯絡到了，在這裡我要特別謝謝蔣廷黻的大女兒蔣智仁（Mrs. Lillian Mark）女士、蔣居仁先生及 Mrs. Ann Salazar 為我提供了很多不為外界所知的很有價值的資料，並為本書提供照片。最後也要謝謝我的朋友林博文先生熱心協助我出版這本書。

湯晏序於紐約，歲在二〇一六年八月上旬
合中國舊曆三伏，一年最熱的時候

第一章

湖南：童年教育

1895
|
1911

An investment in knowledge pays the best interest.

——Benjamin Franklin

教育是最好的投資。——佛蘭克林

在長江流域中部，有一大湖洞庭湖。湖南就位於洞庭湖之南，故名湖南，也因湘江縱貫全境，故簡稱湘省。湖南甚是富饒，古諺「湖廣熟，天下足」，對中國來說，湖南是一個很重要的省份。十九世紀、二十世紀之交，湖南人口兩千七百二十八萬，與義大利相埒；面積二十萬零四千七百餘方公里，比英國還大。有人說，如果它移植於歐洲，當躋身於強國之林。[1]

湖南古為楚地，楚國自春秋至戰國始終是個強國，幾度問鼎中原。楚國雖強，後來卻為秦始皇所滅，但楚人反抗性甚是頑強，故有「楚雖三戶，亡秦必楚」的誓言。最後秦國亡於楚將後人楚霸王（項羽）手裡。近代毛澤東的紅軍在抗戰前，具體一點來說在西安事變前夕，幾乎要被蔣介石的政府軍殲滅，但在抗戰勝利後不出四年，蔣介石的國民政府卻被毛澤東的共產黨所推翻。湖南人尚武，曾國藩平定太平軍後，就有「無湘不成軍」之稱譽，因此清末一些革命志士常說：「中國若是德意志，湖南是普魯士。」當蔣介石於一九三三年第一次召見蔣廷黻談話的時候，他知道蔣廷黻是湖南人，所以他說湖南是出大人物的地方。誠然，近代湖南出了不少名臣，大將軍如曾國藩、左宗棠、胡林翼等。湖南是一個很奇特的省份，有時也像普魯士一樣，出了一些極端保守分子，如葉德輝、王先謙等士大夫；而另一方面，湖南有點像英國，出了不少明識之士，如郭嵩燾、譚嗣同；有時湖南也像法國，出了黃興、毛澤東與劉少奇等革命家。湖南人生性固執，以剽悍、倔強、蠻勁著稱，所以湖南人的外號叫「湖南騾子」。這不是一個壞名詞，騾子刻苦耐勞，脾氣很怪，如果逆了牠的性子，牠會頑抗到底，絕不屈服。蔣廷黻也有這種性格，每當發起脾氣來，人家就會說他的「湖南騾子」脾氣又來了。

蔣廷黻是湖南邵陽人。邵陽位在湖南省西南，很富庶，是個魚米之鄉。北界沅陵、東鄰新寧縣、西境綏寧縣、南接壤廣西，至桂林大約兩百里。邵陽面積約兩萬一千平方公里，為湖南第三大縣，現有人口七百萬，為全省之冠。邵陽舊為寶慶府治，歷史上也出了一些大人物：如清季乾嘉時代大學者、地理學家魏源，民國初年首先起兵倒袁的革命英雄蔡鍔，降及近代遼瀋戰役中蔣介石手下名將廖耀湘，以及蔣介石退處臺灣後，手下的財經專家尹仲容也都是邵陽人。沈從文是湖南鳳凰人，他說湘西的店鋪都是寶慶人開的。沈從文所說的寶慶人，大都是邵陽東路一帶，即今天的邵東，亦即蔣廷黻的故里也。

蔣廷黻的先人最早於明末清初從江西吉安遷至邵陽，世代鄉居，故宅位於邵陽縣城北郊黃陂橋巨竹村的一座宅院，這座大宅院是蔣廷黻的太爺蓋的，建有左右耳房，亦即南北耳房，人丁很旺，五代同堂。蔣廷黻在中日之戰那年秋冬之間，誕生在這座宅院的南耳房裡。正確的日子是光緒二十一年十月二十一日，即西曆一八九五年十二月七日。蔣廷黻晚年在其回憶錄裡開宗明義即說：「我出生那年，適逢中日戰爭。中國戰敗，簽訂馬關條約，被迫將臺灣割給日本。」他出生時有一乳名泉清，後來寫文章時偶用「泉清」作為筆名。[2]

蔣家故宅門前有一條小路，大家稱作小官道。小官道寬約四尺，如果有兩乘轎子在路上相遇，其中一乘必須停下來讓路，不然可能會被擠落路旁水塘。小官道可經邵陽到一個小鎮叫三塘埔，再往北約三里可通大官道。大官道寬約八尺，兩乘轎子可以並排通行無礙，從大官道可直達湘鄉。曾國藩是湘鄉人，蔣廷黻晚年回憶，他幼時從邵陽徒步至長沙時曾經過湘鄉，過了湘鄉可以看到曾國藩故居；曾氏故居雖距大官道尚有一段距離，但仍可「清楚看到。房子雖然很大，但並非是沿途最大的。」過了湘鄉不久就可抵達湘潭；湘潭是毛澤東的出生地（一八九三年生於湘潭縣韶山鄉下）。最後從湘潭可以到省城長沙，從湘潭至長沙相距二十公里，從邵陽至長沙大約二百四十公里，路上都鋪著青石板。[3]

蔣廷黻出身農家，薄有田產，屬中上階層地主階級，但不是大地主。祖父早年做鐵器生意，在長沙北約二十里的靖港開了一爿商店專售鐵器，如鋤頭、鏟子等農具，也販售鍋具茶壺等廚房用品，只能算是小本經營。蔣氏家族在鄉里也算得上一個大家族，但不是最大的家族。故宅廣闊雄偉，本是蔣廷黻的太爺替兩個兒子建造的，起初只建左右耳房各一棟，中間有祖先堂，族中的婚喪大典都在這裡舉行。蔣廷黻的叔祖及其子女住北耳房，祖父住南耳房。蔣廷黻出生時，太爺及祖父已逝。祖母自己有一套房間，他父親和大伯、二伯也各佔一套房間，每棟連在一起，故宅外觀很有氣派，不遠處有一條小河，河上的小木橋是蔣廷黻童年與堂兄弟最喜歡遊樂的所在，在橋上玩耍，在河裡戲水撈魚。故宅西邊是一個水塘，水塘的那一邊是太爺的另一支後人。

蔣廷黻的祖母是一個果斷的女子。他六歲喪母，母親去世時，祖母立即將蔣廷黻姊弟四個小孩接來親自撫養將近二年，直到父親續絃她才放手。祖母很像《紅樓夢》裡的賈母，「對兒孫輩具有無上權威」。蔣廷黻晚年回憶：「在所有長輩中給我印象最深刻的是我祖母。我出生時，她還不到六十歲。她活到九十歲，是一位意志堅強的女性。」幼年時，蔣廷黻總認為祖母對他特別好，但稍懂事一點，他發覺祖母對每一個孫子、孫女待遇是一樣的，都很疼愛。當他父親或二伯父從靖港做生意回來，總會買一點禮物如人參等送給祖母，祖母卻把這些禮品轉贈給她的獨生女，有時兩個兒子知道了，抱怨說：「早知您老人家把人參送給姊姊，我們就不買了。」這時祖母會說：「你們送給我，就是我的東西，我願意送給誰，就送給誰。」[4]

祖父去世時，留下一個店鋪和大約十二畝田，田產平分給三個兒子，祖母也分到一份（三畝）。鐵店（是公產）及在邵陽的產業由蔣廷黻的父親和二伯輪流照顧。因大伯父吸食鴉片煙，一天到晚橫臥煙榻吞雲吐霧，什麼事也不做。二伯父唸過書又很能幹，因大伯不管事，故家中都由二伯做決定。蔣廷黻的父親在三兄弟中最年幼，書唸得不多，只有小學程度，但很精明，具有經商的天份，育有四個子女

（一女三子），蔣廷黻在三兄弟中是老二。父親是一個實事求是的人，認為經商也是一種很好的職業，很想把三個兒子送到自己店裡當學徒，將來做個生意人，他也就滿足了。可是二伯想法就不一樣，他受的教育多，曾參加科舉考試，人雖聰明，但在科場不甚得意，屢試不售，最後放棄改而經商。但他把考科舉的希望寄託在下一代，希望子侄輩努力上進，將來做大官。他發現蔣廷黻在侄輩中最聰明、最會讀書，所以全心全力地栽培，他對蔣廷黻的影響太大了，可以這樣說，如果沒有二伯父，也許日後就沒有那個升學、留洋、報國的蔣廷黻。

II

光緒二十七年（一九〇一）蔣廷黻六歲，那一年輪到二伯在邵陽故宅看家，他就計畫辦一所家塾。二伯徵得叔祖同意，把北耳房客廳當教室，請了一位姓王的先生來擔任塾師，並鼓勵族親把子弟送來上學。開學前一天，二伯對蔣廷黻的母親說，明天兩個小孩（廷黻與哥哥廷冠）要去上學，要為他們穿戴整齊，且要準備一個紅包當學金。次日晨，二伯領著兩個侄兒去上學，老師已在那裡等候，他站在供桌前，領著蔣廷黻和他哥哥向孔聖人三叩首，二伯把紅包遞給王老師，一切準備妥當開始上課。二伯當時囑咐兩兄弟要服從老師，努力向學，說完即離去，蔣廷黻晚年回憶說，從此開始了他的讀書生活。（《蔣廷黻回憶錄》頁一七）蔣廷黻開蒙進學一個月後，母親病逝，雖然他是個小孩子，但還是遵循古禮，也要跟著和尚唸經，葬禮完他與哥哥又開始上學。私塾裡還有五個學生，都是他的堂兄弟。就像舊時傳統的啟蒙教育一樣，開始讀的是三字經，高聲朗誦「人之初，性本善，性相近，習相遠」，一而再、再而三的唸，一直唸到能背誦為止，然後再教下面四句。此外是習字，在舊時書法也很重要，能寫得一手好字是讀書人的門面，字寫得不夠好，予人印象即書讀得不多，因此學童進了私塾，都得認真練字，蔣廷黻的字蒼勁秀逸，寫的還不錯。有人說他不喜歡毛筆字，錯了，一九四六年他在善後救濟總署署長任上被宋子文撤職後，賦閑上海，勤練毛筆字（褚遂良體），他還曾為親戚寫過條幅，裝裱起來很是得意。蔣廷黻說，二伯的字寫得非常好，他的書法在鄉里間是有名的。（《蔣廷黻回憶錄》頁二三）二伯常到學校查看學生的功課，「我在三字經和書法兩方面的進步都超過他預期的理想，當時我成了天才兒童。」（《蔣廷黻回憶錄》頁一九）蔣廷黻書讀得好，全家人很高興，都說他將來有出息，有時打趣說他將來會進翰林院。由於長輩們將他看成是個可造之才，益使他的行為拘謹，不能與頑童一起玩要，且對長輩要有禮貌，舉止文雅，並對他說，時機到來一定高中狀元，將來可以做大官。一九二三年蔣廷黻獲得留美洋博士學成歸國時，已離開家鄉十一年了，當船到了上海，應該直接從上海回湘探望家人，但他要趕赴天津南開大學上課，等到是年舊曆年底才回邵陽老家探親。蔣廷黻回鄉前，得悉族人要備樂隊、旗幟，出廓三里，以古時慶賀狀元、進士、翰林榮歸的儀式來歡迎他，後因蔣廷黻反對而作罷。這種情形很像胡適，胡適幼時書也唸得很好，長輩以小先生目之，他就不能像一般兒童玩鬧，要學得像個小先生模樣，故幼時大家稱他「小先生」。後來胡適於抗戰時期出任駐美大使，就是古時候的欽差大臣，家鄉績溪的族人知道了，放鞭炮以示慶祝。[5]

蔣廷黻書唸得好，可是二伯認為自家私塾和老師都不夠好。於是慫恿鄰近一個姓趙的大戶人家，撥出幾間房子，辦了較大較好的私塾。請了熊先生來做老師，他是蔣廷黻的舅舅，他父親（蔣廷黻的外祖父）是秀才，他本人並無功名，但是大家認為他很有學問。一九〇二年蔣廷黻和哥哥轉學到趙家私塾。這裡距蔣家不遠，但蔣廷黻和哥哥必須住校。在趙家私塾蔣廷黻開始唸四書和一些詩文，同時還繼續練字。這位熊老師用另一種方法教學，他不要學生死記，他要學生把書中不認識的字指出來一一講解，然後才講解課本，這種方法比較好，因為明白了意思比較容易記。

在趙家私塾唸了兩年，二伯又把蔣廷黻轉學到距家東邊約二公里處的鄧家私塾，那裡的老師也姓蔣，是他們的族人。為什麼又要換私塾？想是蔣老師比熊老師好。鄧家也是有錢的富戶，學生除了蔣廷黻兄弟外，都是從遠地來的，年齡較大。蔣老師對二伯特別奉承巴結；一是同宗，二他是由二伯推薦的，故對蔣廷黻兄弟特別照顧。蔣廷黻說蔣老師不僅是授業的嚴師，也是嚴加管束的監護人。[6]

在鄧家私塾大部分時間用在背誦上，蔣廷黻說背誦並不太難，每種經書都有其特殊的字彙和格調，他都能一個字一個字背下來。除了新教的功課，已經教過的也要溫習，到了下午，他拿書本到老師那裡，老師隨意挑選一、兩段要蔣廷黻背，他都能在老師面前倒背如流。他在趙家私塾和鄧家私塾一共四年，除了易經未曾讀過外，他能背誦五經中的四種，還能背誦一些詩文。他也讀過司馬光的《資治通鑑》。蔣廷黻所讀的啟蒙書於光緒年間，在長江流域一帶很是盛行。此外老師還訓練他們作文作詩。為了作文，蔣廷黻私下背了很多前人的好文章，他的作文都與四書及歷史有關，如果題目與四書有關，他就闡明聖人的本意，如果與歷史有關，他就舉出這位歷史人物的觀點，所以他的作文善於析理，嚴於取證，常被老師拿來作範本讀給其他同學聽，要他們向蔣廷黻學。日後蔣廷黻在《獨立評論》及《大公報》上寫出擲地有聲的政論文章則良有以也。

一九〇五年春天，二伯從城裡回來，鬱鬱寡歡，好像發生了什麼大事，最後對蔣廷黻兄弟說：「皇上決定廢科舉，再繼續讀舊式學堂已經沒有用了。以後你們一定要進城裡的新學校。」（《蔣廷黻回憶錄》頁二七）科舉在舊時是人人奮鬥的目標，二伯多年來奔走就是要栽培蔣廷黻（因為自己的獨子怎麼打也不肯讀書），希望他順利取得功名，將來做大官，光耀門第，現在廢掉科舉，對二伯來說打擊之大，不言可喻。二伯深為此事而煩惱，他畢竟是一個聰明人，為了應付這個變局，深思熟慮之餘，最後得到一個結論，不管中國怎麼變，將來還是需要讀書人，他認為子侄輩謀求發展還是只有讀書一途，於是決定送蔣廷黻兄弟上長沙新式學堂——明德小學。

長沙明德學堂創立於一九〇三年。最初由教育家胡子靖出資兩千元開辦，租長沙城北左宗棠祠為校舍，創立明德學堂，招生八十餘人。一九〇三年三月二十九日正式開學。胡子靖自任監督，張繼、王正廷等為教師。稍後黃克強來此執教，不過他志在利用明德做為掩護革命活動的所在，等到滿清政府緝拿他時，就離開了明德。[7] 明德發展得很快，到蔣廷黻一九〇六年春進明德時規模已擴展得很大了。明德分為小學部及中學部；由於鄉下私塾和省城學校功課不同，所以蔣廷黻小學從最低年級開始。鄧家或趙家私塾與明德相比，簡直小巫見大巫，明德小學部就有四百餘人，校舍都是現代化建築，木板舖地，還有玻璃窗。蔣廷黻那班就有三十多名學生，無論進教室或宿舍，須先排成士兵行列。學堂教的科目有國文、數學、修身、自然、體操，此外還有遊戲時間。星期六只上午有課，星期天全天休假，學生可以進城去玩。晚上下課後，學生魚貫進入大禮堂聽校長精神訓話，他要學生愛國，特別強調中國為文明大國，最近被東西列強壓迫，所以希望年輕一代努力讀書，吸收新知，使中國富強。蔣廷黻聽了深為感動，他後來說明德是一所充滿革命氣息的學校。

夏天明德放暑假，蔣廷黻和哥哥未返邵陽老家，就在靖港自己家開的店舖歇夏。靖港在長沙北約二十公里，位於一條小河與湘江匯合處，是一個商埠。當他到靖港時，出乎意料地，發覺除了祖父開的一家老店外，二伯和他父親又開了一家分店，主要營業項目像老店一樣也是鐵器。他們還在小河上游開了一家鐵工廠，鑄造水壺等廚房用具。蔣廷黻晚年回憶說，除了鐵器外，他家兩個店舖還經營鴉片生意，在一九〇六年和民國初年，袁世凱執政時，鴉片是可以公開買賣的，鴉片較鐵器利潤厚得多，唯課稅太重。（《蔣廷黻回憶錄》頁三二）

因大伯不做事，故大伯的兒子（二堂兄）也常到店裡來幫忙。這兩間店和鐵工廠是蔣廷黻的父親、二伯及大伯三個人的公產，獲利均由三股平分。蔣廷黻和哥哥的學費是由鐵器店公產支付，這個作法當然有欠公平，也不合理，但大伯、二伯從不計較。過了幾年二伯母發牢騷了，說蔣廷黻父親這一股多佔了便宜，用店裡的錢供自己的孩子讀書。蔣廷黻說：「家父聽到後，反應很堅決：他要我們輟學到店裡去當學徒。」可是二伯反應也很堅決，他要二伯母閉嘴，不要胡說。二伯又說如果必要，他甚至會把他的私田賣掉，供兩個侄子讀書。蔣廷黻說：「我和哥哥很幸運，因為二伯的決定終於為大家所接受。」蔣廷黻沒有去做學徒，仍繼續讀書。但他事後回憶說，他對做生意也很感興趣。當時商店都是用算盤，經過一個暑假，他已經把珠算練得很熟，可以跟年輕的學徒或夥計比賽珠算。他說加減不難學，乘除則需要長時間練習。[8]

蔣廷黻在明德唸了一個學期後，二伯對這所革命氣氛甚濃的新式學堂不太滿意，他認為虛有其表，不喜歡明德的大班，又認為明德的英文與算術教得不夠多，也不夠好，因此二伯又要為他的侄子換學校。有人告訴他湘潭有一所長老會辦的教會學校益智中學辦得非常好。在二伯想來，所謂新式學堂，主要就是英文與算術兩科為主，因為這兩科均源自西方，所以他認為洋人辦的學校一定較國人辦的好，這個想法完全正確，於是他放棄了明德，到秋天就送蔣廷黻兄弟去湘潭益智中學。

IV

湘潭位於省城長沙南約二十公里，湘、漣兩水的匯合處，湘江上游貨物均在此為集散地，故商業之盛僅次於長沙。湘潭的商業區在城外，商店大都設在湘江左岸的一條長街上。湘潭是一個商業都市，遠較靖港大，但不及長沙，政治與文化的重要性則介於靖港與長沙之間。十九世紀末二十世紀初，美國長老會在湘潭辦了一些與傳教有關的文教事業。學校有三育小學，另有道光女子小學。學制是初級小學四年，高級小學三年，還有益智中學。此外有惠景醫院，一般人稱長老會醫院，醫院後面還有一座長老會教堂（禮拜堂）。這些學校的校長、教員、醫院院長及醫生、教堂牧師也都是美國人，他們自成一個社區，當年長老會對此傳教事業頗具匠心，有一套極其完整的計畫，投下了相當可觀的資金。在這一社區內傳教的美國人，每家都配有一棟兩層樓小洋房，後院有上千坪花園，雇有園丁及男女僕人三、四人，生活很舒適，工作也都盡忠職守，這個世界對他們來說不啻世外桃源。對中國人來說那簡直是仙境。[9]

國人對洋人到中國來傳教有著各種不同角度的看法，有人說這是帝國主義侵略之一種，蔣廷黻說這是一種精神侵略。對於辦學，一般人說這是文化侵略，但胡適說他還是歡迎這種「文化侵略」，因為他們教育我們的下一代。二伯送蔣廷黻兄弟進教會學校的想法很單純，主要是要他們學英語、數學和一些西方的聲光化電近代科學，他認為有了這些新知識，將來當不難在新中國謀生。他本人對教會不太贊成，但並不極端仇視。他再三囑咐兩個侄子要努力讀書，但對傳教士所講的上帝和耶穌則要小心。這句話很可能對蔣廷黻影響很大，後來蔣廷黻在益智信教了，但並不虔誠。

益智中學因為辦學認真遠近馳名，還有浙江和江西來的外省學生。校舍是一座兩層樓洋房，因為教室、宿舍禮堂和辦公室都毗連，外觀甚雄偉。益智於一九〇七年在舊校舍附近廣場又建了一棟大樓，比舊的大得多。益智學生並不很多，全盛時期約有兩百名學生。最初是一所四年制中學（一九二三年改新學制，高、初中各三年），對於招生甄選相當嚴格，普通高等小學畢業生不一定能考得上，即使考上了，英文程度也許趕不上，因此又設有一預科，勤習英文。但長老會自己辦的三育小學畢業生可以直升，不需入學考試，因為三育從小即開始讀英文。[10] 益智學生人數雖少，校園卻很大，設備齊全，規定所有學生一律住宿（即使家鄰近），除教室、宿舍、膳廳外，尚有完備的圖書館、實驗室、醫務室及體育館。此外室外運動場如足球場、網球場、籃球場、棒球場應有盡有，但無游泳池。附近雖有一池塘，但嚴禁學生游泳，因恐水不潔，有礙衛生。[11] 益智中學的英文校名為 John D. Wells Memorial School，當是韋爾思先生捐資興建的。益智創建於哪一年？有人說是光緒年間，「究竟是光緒哪一年，沒有人確切知道。」[12]據筆者考證，益智應創於光緒二十七年。[13]

蔣廷黻說益智是一所很好的學校。有一年，蔣廷黻從美國返臺述職，臺北的益智校友會設宴歡迎，他在會上說：「像益智這樣一所中學，不但在中國不多，即與美國相比，也是最優秀的。」[14]益智對蔣廷黻來說甚是重要，這是他接觸西方的第一站，益智像一座橋樑，他從益智到美國去。晚年他對哈佛大學教授費正清（John K. Fairbank）說，他很感激他的恩師林格爾夫人，他們親如母子。[15]她是蔣廷黻在益智的英文老師，是她幫助蔣廷黻到美國去的。林格爾夫人是美國中西部人，一八六八年三月四日生於俄亥俄州辛辛那提市（Cincinnati），一八八九年與丈夫新婚不久即赴中國傳教。他們先到山東，後到廣東，最後於一九〇〇年到湘潭，以後就一直住在湘潭。初到湘潭走在街上，常有人向他們擲垃圾。他們先後在中國四十三年。一九三二年林格爾夫婦退休回美國，定居南加州洛杉磯附近的Pasadena。他們育有二女，Margaret和Dorothea，林格爾夫人卒於一九五三年九月十二日，享年八十五歲。蔣廷黻日後即使飛黃騰達，與林格爾夫人及其女兒的家人一直有來往。蔣廷黻寫信給林格爾夫人時，稱她為Mother Lingle，每次接到林格爾夫人信後，在百忙中即覆，看他們來往函件，親如母子。

益智除中國史地及國文外，課本全是英文，且都是由洋人執教，但蔣廷黻的數學老師卻是個中國人，這種情形很少。這位數學老師從山東長老會辦的書院畢業後，即來益智教書，教得很好。蔣廷黻晚年回憶：「我在益智學了五年算術、代數和幾何，這些課目我都感到又容易又有趣。」（《蔣廷黻回憶錄》頁三六）蔣廷黻的英語初由林格爾先生、後來改由其夫人教授。開始時蔣廷黻和另外四、五個學生一起學，他第一個字學的是book，唸起來並不困難。可是當林格爾先生說，一本書是one book，兩本書就要two books，蔣廷黻對此就有點困惑，為什麼在book後面加一個s，老師說這代表複數，蔣廷黻說book上面已有一個two字代表複數，實在沒有再加s的必要。林格爾先生答說：加s是規定和習慣，是無法變更的。蔣廷黻認為動詞比名詞更難，「I go」「You go」很合理，「He goes」就不合理。此外又讀到「I went」「I have gone」「I shall go」「I will go」「I am going」及「I was going」等等，就更加煩惱。他當時想「如果英語的結構和中國話一樣，那該多好，經過努力學習，也就不感困難了。不論懂不懂，我都像背古文一樣，把單字和文法牢牢記住。」[16] 蔣廷黻用背古文的方法來學英文，這種方法在他們一代或更早的老一輩，如馬建忠和嚴復就是用這種方法來學西洋語言的。蔣廷黻畢竟聰明，他的英文不錯，近讀他在哥倫比亞大學的博士論文《Labor and Empire》（勞工與帝國），英文流暢自然，看不出是一個母語為非英語國家的人寫的。胡適也說「蔣廷黻的英文寫得不錯，但說話時還帶有湖南口音，不如葉公超。」（胡頌平《胡適之先生晚年談話錄》頁二四六及二四七）學外國語與年齡關係太大了，唐德剛說過：「十歲以下去學，則天下無難字；二十歲以後去學，則天下沒有不難的語言！」（唐德剛《胡適雜憶》，傳記文學，頁一四七）葉公超幼年第一次出國（英國）只有九歲；蔣廷黻去美國時已十六歲了，也許差別在這裡。尼克森的軍師季辛吉（Henry Kissinger）十三、四歲來美國，他說的英語帶有極其濃重的德國口音。

後來蔣廷黻班的英文由林格爾夫人教，她教了三年，文法課本是採用《納氏文法》（*Manual of English Grammar and Composition*, 1898 by J. C. Nesfield），這是英國人專門為印度人編的文法書。讀本她選用 Washington Irving 的《伊爾文見聞錄》（*The Sketch Book*），林格爾夫人對蔣廷黻的英文進步神速甚是快慰。有一次對他說：「我希望桃樂絲（Dorothea）的記憶能和你一樣就好了。」桃樂絲是她的二女兒，年齡與蔣廷黻相若。（《蔣廷黻回憶錄》頁三九）除教英語外，她也教西洋史。蔣廷黻對西洋史甚感興趣，為他開闢了一個新天地，使他知道除中國外，世界上還有希臘、羅馬，中世紀下來還有文藝復興、宗教革命及法國和美國大革命。

在益智教國文初是王老師，後來是蔣老師，即鄧家私塾的蔣老師，他是蔣廷黻二伯推薦來的，教授的方法與明德相似，沒有強迫學生記憶背誦。國文老師常兼授中國歷史，蔣廷黻對這些課程既不喜歡，也不討厭。在所有的課程裡，他最不喜歡的是聖經課，這門課是由林格爾先生教，課堂上他從不發問，也從不請老師講解他不太明白的地方，但他仍須聽課、考試。他對數學及英文的態度則迥異，他對這兩門課不僅要徹底弄明白，還要精通方可，所以這兩門課他都名列前茅，此外其他功課也都考得很好。在益智比上聖經課還令人討厭的是星期天去教堂做禮拜。蔣廷黻說：「星期天上主日學和進教堂比上聖經課還令我討厭。在教堂坐在硬皮凳上，身體、精神均感痛苦。我能在益智的五年漫長歲月中在教堂裡保持安靜，實在是家庭教育和鄉村教育訓練我尊敬老師和長輩的結果。」（《蔣廷黻回憶錄》頁三七）

除了益智宗教氣氛太濃外，蔣廷黻在益智是愉快的。比較起來，鄉村私塾的生活過於嚴格而刻板，在明德則太熱衷於愛國主義及革命精神。益智學生每班不超過十人，不像明德每班就有三十多人。在益智學生不穿制服，也沒有軍訓，學校前面有一片大操場，下課後可以去玩遊戲或各種球類，玩什麼林格爾夫婦是不管的。星期六及星期天是自由時間，學生可以進城到湘潭去玩。

馮志翔在〈蔣廷黻先生與湘潭益智中學〉一文中說：「廷黻先生一家與湘潭益智中學關係很深。他父親曾在益智教國文和中國歷史，據說對待學生很嚴，書不熟，動輒打手心。」[17] 這裡恐怕有誤，因為蔣廷黻在回憶錄中說：「家父受的舊式教育，程度等於現在的小學，他很早就輟學，隨祖父到靖港去做生意。」（《蔣廷黻回憶錄》頁五）再則益智老師不體罰學生的。馮志翔說的在益智教國文和中國歷史的老師確是姓蔣，但不是蔣廷黻的父親。事情是這樣的，原來教國文的王老師因與學生賭博，輸了錢詐賭，事情鬧出來了，林格爾夫人認為王老師在學生面前失盡面子，無法在益智為人師表，於是請蔣廷黻的二伯推薦，二伯就推薦了鄧家私塾的蔣老師，蔣老師與二伯是同宗族人，但不是他弟弟。（《蔣廷黻回憶錄》頁三八、三九）馮志翔在上引同一篇文章中說蔣廷黻的哥哥蔣廷冠（一名蔣螻）也上益智，畢業後赴美留學，在芝加哥大學獲教育學學位，歸國後，回母校益智任教務主任，後擔任校長多年，一直到一九二七年益智停辦為止。益智停辦後曾任福湘女校校長，一直到一九四九年共產黨來後，福湘停辦為止。（福湘也是長老會辦的學校）又說蔣廷黻的弟弟蔣廷基也是益智學生，後進黃埔二期，卒於惠州之役。[18]這一段講蔣廷黻兄弟的記載可信。

一九一一年春天，蔣廷黻生了一場病，幾個星期始康復。患病時，林格爾夫人像護士一樣悉心照顧，並對他說暑假時應該跟她們到牯嶺去，因為他體弱應去避暑休養。到了暑假，他的病早已好了，但仍叫蔣廷黻寫信問二伯，二伯答應了，所以這年暑假蔣廷黻在牯嶺歇夏。牯嶺是長江流域一帶傳教士的避暑勝地。[19]他們在牯嶺算是度假，雖也有一些宗教活動如青年會、救世軍夏令營及牧師證道等節目，在那裡消夏避暑，生活是很舒適愉快的。

在牯嶺有很多當時很有名的佈道家來證道，如饒伯森牧師（E.H. Robertson）及丁麗美（Ting Li-mei）牧師等，[20]在中國人裡這位丁牧師最負盛名。林格爾夫人非常希望蔣廷黻信教，特地安排丁牧師與蔣廷黻單獨會面多次，希望能說服他信上帝。丁是山東人，極有口才，蔣廷黻雖然覺得壓力很大，但仍不為所動。蔣廷黻晚年回憶：「是年夏季我令林格爾夫人很失望，因為我始終拒絕受洗成為一個基督徒。」（《蔣廷黻回憶錄》頁四二）但蔣廷黻離開益智赴美前夕，終於答應了林格爾夫人受洗成為基督徒。（《蔣廷黻回憶錄》頁四三至四四）中國傳統士大夫基本上是無神論的，唐德剛說：「這是我們文明裡極其進步的一面。」（《胡適雜憶》第二十節，頁四八）蔣廷黻的父親、大伯及二伯一向崇奉儒家思想，對佛道沒有多大興趣。可是他祖母是一個虔誠的佛教徒。像蔣廷黻這樣幼讀四書五經的中國知識分子，對西方基督教教義所知不多，成為基督徒可能性很低。但最後蔣廷黻終於受洗，這可說明林格爾夫婦傳教是成功的。但從另一角度來看，他們為中國栽培了一個人才，信教反成小事，林格爾夫婦傳教成功，可是蔣廷黻不是一個虔誠的基督徒。費正清說蔣廷黻崇尚西方，很美國化，這是事實。但又說他是「一個虔誠的基督徒」（A sincere Christian, 參見 *Memoir*, p.86）則未必。據陳之邁在書中提到蔣廷黻是否信教，他說：「他從十一歲進益智學堂起到二十三歲大學畢業，所進的都是基督教會學校，但是他是否信基督教則不得而知。我和他談話不知何故從未涉及他的宗教信仰，也不曾聽說他到教堂做過禮拜。」（陳之邁《蔣延黻的志事與平生》頁一六）蔣廷黻皈依基督教，在他的回憶錄裡曾有記述，但陳之邁撰文時（蔣一九六五年卒後不久）蔣廷黻的回憶錄英文本尚未公開，中文譯本則遲至一九七九年才面世，那時陳之邁已病逝，顯然陳之邁並未看到蔣廷黻回憶錄，因此他不知道蔣是基督徒。

陳之邁與蔣廷黻自一九三四年相識以來，兩人可以說得上交深誼篤，陳之邁說：「民國二十三年（一九三四）正月，我自美國回到北平國立清華大學擔任教席，第一堂課是上午九時。這是我首次上課，心情自然相當緊張，我到了教員休息室，室內同時等待搖鈴上班（課）的有三位，其中之一是國文系主任朱佩弦（自清）先生，另一位是歷史系主任蔣廷黻先生。他們見我是新來的，都先來自我介紹，問過我的經歷，便隨便閑談。自從那一天起認識廷黻先生，我們斷斷續續的共事了三十年：清華大學、行政院、善後救濟總署、聯合國。我們一起度過抗戰的危難、戰後國際外交上許多風險，真可說是患難之交。同時我們在一起也度過些快樂的日子：在清華大學北院打網球，在戰時重慶打橋牌，在紐約打高爾夫球，尤其是在世界各地上小館子飲食，飽嚐了各地的道地口味。」（陳之邁〈蔣廷黻其人其事〉，《傳記文學》第七卷第六期，一九六五年十二月號，頁一三）以這樣相知三十年的至交竟不知道「蔣廷黻是否基督教則不得而知」，筆者深以為奇，如果至交是一個教友是很容易知道的，因為餐前要禱告，星期天要做禮拜，由此可知蔣廷黻信教是淡淡的。還有在蔣廷黻的文章或著作裡很少看到他提到上帝，如果有的話，在他一九三三年三月寫的〈熱河失守以後〉一文中說：「自九一八事件發生後，我常和外國朋友講笑話說：上帝造日本的時候，原只造一個三等國，日本人擅改為一等國；上帝造中國的時候，原造了一個一等國，中國人自己改為一個三等國；但是我還信上帝。」（《獨立評論》第四十三號，一九三三年三月二十六日）這裡意思甚明顯，他相信中國將成為一等國，與他信不信上帝無關。其他地方筆者尚未看到他講上帝或神明。抗戰時期他常乘飛機到國外開會，每當飛機發生故障，他常在日記上記他相信近代科學機械文明，化險為夷，從不禱告祈求上帝。（筆者於二〇一六年四月十四日在紐約近郊的 Scarsdale 訪蔣廷黻的么子蔣居仁先生，問他們姊妹兄弟信教否？答說像他父親一樣是「淡淡的」，並不虔誠。）

蔣廷黻在牯嶺的時候，和一位名叫馬丁（Martin）的小姐交換課程，她也是一個傳教士，是林格爾夫人的朋友，她教蔣廷黻英語，他則教她中文。他們兩人有時談到中國革命的問題，林格爾夫人對此也極有興趣，有時也參加他們的談話。她反對革命，認為革命很危險，破壞多，建設少，一副軟心腸的傳教士口吻，她曉得中國南方革命氣氛較北方重，但又說在中國歷史上南方從未戰勝北方。蔣廷黻無法駁斥她的見解，但他看了很多上海寄來的革命刊物，卻毫不遲疑地對她和馬丁小姐說，「中國實在需要革命，而且革命就要來到，同時結果一定成功。」（《蔣廷黻回憶錄》頁四一至四二）

蔣廷黻夏天在牯嶺所說的中國革命「就要來到」只是說說而已，可是開學不久，革命真的來了，蔣廷黻在益智聽到武昌發生革命，革命分子兵不血刃取了武昌和漢口，這就是歷史上所說的武昌起義。大約一週後，長沙也有一次騷動，消息很快傳到湘潭，大家議論紛紛，人心惶惶。大約一週後，林格爾夫人向益智學生宣佈革命恐怕會帶來一陣混亂，為了安全，學校暫時關閉，要大家回家，她也要暫時回美國，這突如其來的變化，對蔣廷黻來說如晴天霹靂，他不知道要怎麼辦，那時他十六歲，如要參加革命太年輕，如要等革命過後再讀書則又怕耽誤了，他想這樣終非善計，於是想跟林格爾夫人一起到美國去讀書，待革命後再回中國，當他把這個想法告訴林格爾夫人時，她並不反對，只說：「你家人同意你隨我到美國去嗎？他們能供給你必須的費用嗎？」蔣廷黻聽了很高興，至少她並不反對他去美國讀書。蔣廷黻對她說，他要先到靖港徵求家人的同意，然後籌款隨她赴上海。那時只有二堂兄（大伯的兒子）主持店務，蔣廷黻把要到美國的計畫說了，堂兄問需要多少錢，蔣廷黻說三百銀元，堂兄說他會想辦法，這無異說他不反對，蔣廷黻聽了很高興。隔了四、五天，堂兄說他已籌到一百九十元（合一百二十美元），蔣廷黻帶了一百九十元返湘潭，幾天後隨林格爾夫人到了上海作出國的準備，如辦護照、著裝、買船票等。出乎意料的，林格爾夫人的計畫變了，她不回美國了，要返回湘潭繼續辦學。她說她過去認為中國革命像法國革命及美國革命一樣，會拖得很久，這個看法是錯誤的，現在中國革命已經過去了。她對蔣廷黻說：「你最好跟我一起回湘潭。」蔣廷黻不肯回去，他認為到了上海，等於去美國留學已走了一大半，不管林格爾夫人回不回湘潭，他都要去美國。林格爾夫人沒有勸阻，只說他帶的錢太少。不過她又說：「如果我找朋友借錢給你，你想你家人能還給他們嗎？」蔣廷黻說他所有讀書的錢都是家人給的，並且鼓勵他唸書，他的家人一定會償還這種債務。最後林格爾夫人向湘潭醫院杜克爾醫生（Dr. F. J. Tooker）借了八十元，又請在美國的青年會沿途照顧他。於是蔣廷黻買了一張三等艙船票，於一九一二年元月中旬搭乘波斯（Persia）號客輪，從上海隻身放洋前往美國。

---

1. 中國的省名往往以名山大川為疆界標幟：如山東省、山西省即以太行山為界，河北與河南則以黃河來分。湖北與湖南是以洞庭湖來分的。洞庭湖曾是中國最大的淡水湖，湖水氾濫時可達七千方公里，有時會更大，但現在縮小了，面積大約只有兩千八百平方公里，僅次於鄱陽湖（三千二百平方公里）。所以現在洞庭湖不再是中國最大的淡水湖。蔣介石很欽佩湖南人，尤其崇拜曾國藩。湖南文風很盛，所以蔣介石侍從室裡辦理文案的幕僚清一色是湖南人（少數是江浙人）。關於湖南詳請參閱Charlton M. Lewis, *Prologue to the Chinese Revolution: The Transformation of Ideas and Institutions in Hunan Province, 1891-1907*. Harvad University Press, 1976, p.ix. 及《湖南人與近代中國》，臺北，衛城出版，二〇一五年。

2. 陳之邁在《蔣廷黻的志事與平生》（臺北傳記文學出版，一九六七年，頁二六）一書中講到蔣廷黻在《獨立評論》時期說，一九三五年翁文灝及蔣廷黻奉派擔任政府要職，離開了北平及《獨立評論》，當時胡適送給他們兩句詩，詩云：

「寄語麻姑橋下水，出山還比在山清。」陳之邁說：「因為這兩句詩，後來廷黻發表文字偶然用『泉清』為筆名。」陳之邁這一說未必正確，因為「泉清」是蔣廷黻的乳名，詳見《蔣廷黻回憶錄》，臺北傳記文學出版，一九七九，頁九四。

3.《蔣廷黻回憶錄》，頁二九。

4.同前，頁三。

5.《蔣廷黻回憶錄》，頁九一，及胡適《四十自述》，〈九年的家鄉教育〉，臺北，遠東，一九六七，頁三〇。

6.這位蔣老師後來在湘潭益智中學也是蔣廷黻的國文老師。一九三五年蔣廷黻出任行政院政務處長時，求職的函件雪片飛來，蔣廷黻一概拒絕。有很多親友還從湖南跑到南京來見蔣廷黻要一個差使，蔣老師是其中之一，他希望蔣廷黻給他一個縣長的職位，蔣廷黻如真的想給他過去的業師一個縣令，不費吹灰之力，因為政務處長是管各省行政專員（相等於過去的道台）的，此外他與各省省長在公務上有往來，但蔣廷黻對蔣老師說，國家的名器不能當私人禮物，如你要求他私人能辦得到的，他一定幫忙，但不能給他一個官職。蔣廷黻給他回湖南的旅費，他只好回去，回到湖南後，大罵蔣廷黻忘恩負義。詳見《蔣廷黻回憶錄》頁二三，及頁一七六至一七七。

7.吳相湘，〈鐵血老人胡子靖先生〉，臺北《傳記文學》第五卷第二期（一九六四年八月號）。

8.《蔣廷黻回憶錄》，頁三二。珠算恐怕以後會像毛筆字、京戲及舊時律詩一樣要失傳了，余心猶戚戚焉。

9.馮志翔，〈蔣廷黻先生與湘潭益智中學〉，臺北《傳記文學》第二十九卷第五期（一九七六年十一月號），頁四六。

10.同前。

11.同前。

12.同前，頁四七。

13.筆者根據蔣廷黻恩師林格爾夫人的生平做了初步考證，益智創辦於光緒二十七年，即一九〇一年。

14.馮志翔，〈蔣廷黻先生與湘潭益智中學〉，頁四七。

15.John King Fairbank, *Chinabound: A Fifty-Year Memoir*, New York, Harper & Row, 1982, p.86.

16.《蔣廷黻回憶錄》，頁三六至三七。

17.馮志翔，〈蔣廷黻先生與湘潭益智中學〉，頁四七。

18. 同前。

19. 這種長老會傳教士避暑的地方在中國有名的勝地，所在多有，除牯嶺外尚有北戴河、雞公山、莫干山、煙台和峨嵋山等地，詳見《中國基督教事業統計一九〇一至一九二〇》（中冊），中國社會科學院，世界宗教研究所編，一九八五年，頁八六三。

20. Ting Li-mei（Ding Limei, 1871-1936）在當時是一位很有名的牧師，在《蔣廷黻回憶錄》裡譯成丁麗美，看起來好像是一女性，其實是男的。他畢業於山東文會館書院（齊魯大學前身），很多西文書籍均有提到他，但我遍查中國辭書及名人錄，均未找到這個人及其中文名字。

1912–1914

第二章

初履美國：派克學堂

波斯號是一艘小而陳舊的客輪，三等艙內空氣齷齪，又不通風，令人作嘔。離開上海後不久就遇上一陣暴風雨，真是屋漏偏逢連夜雨，暴風雨使蔣廷黻頭暈目眩，他暈了過去，鄰鋪的人把他搖醒，給他一個橘子，橘子正好能解頭暈症。同船的中國人都是廣東人，有的躺在床上，有些人在賭博，因蔣廷黻不諳粵語無法交談。不過大家都知道他是學生，到美國去留學，所以對他都很客氣。給他橘子吃的人拿了一張紙叫他看，蔣廷黻說這是一張銀行匯票，並告訴他數目多少，他聽了很是高興，說銀行沒有騙他。船過日本，天朗晴和，風平浪靜，水波不興，蔣廷黻常到三等艙的甲板上呼吸新鮮空氣，看一碧萬頃的大洋，偶有沙鷗翱翔，令人心曠神怡。但也有令人不快的，即是看到頭等或二等艙的客人從上面望下來，那副嘴臉，對三等艙的客人那種不屑一顧的歧視神情，實在令人討厭。船到檀香山停留一天，蔣廷黻平生第一次嚐到鳳梨及可可牛奶，味甚佳。他對檀香山印象彌佳，認為當地人民活潑可愛，也很友善，所著衣衫甚是鮮艷，街道建築「都很偉大」，蔣廷黻說：「對我來說夏威夷是一片樂土。」（《蔣廷黻回憶錄》頁四五）

II

一九一二年二月十一日船抵舊金山，蔣廷黻終於到了他朝夕嚮往的新大陸。那時，他正確地說是十六歲兩個月零四天。大家等著上岸，三等艙的客人最後，等了許久終於叫到蔣廷黻，要他到甲板上一間小房間去，移民局官員開始即盤問他一連串問題，因為說話很快，也許是故意的，他一時聽不懂，很是焦急。因為移民局官員的盤問會影響他的去留。蔣廷黻晚年回憶：「我記得，我謹慎的考慮把名詞和動詞置於我認為最適當的位置，然後我對移民局官員說：『如果閣下說得慢一點，我就能夠懂。』他大笑：『你回去吧。』」（《蔣廷黻回憶錄》頁四五至四六）他算是過關了。[1] 於是回到大艙等腳夫來拿行李，等了很久不見人影，最後有個廣東籍的服務生跑來對他說，這裡沒有腳夫，行李都是自己拿的。他的意思是三等艙不會有腳夫，叫蔣自己提箱子，並幫他把舖蓋從船上拿到岸上，把行李放在碼頭上，說聲 Bye 就走了。

蔣廷黻在美國舉目無親，也不知道去哪裡，坐在行李上自言自語地說：「用不著著急，反正已經到美國啦！」自我安慰一番。那天是星期天，碼頭來往的人很多、也很友善，少頃一位廣東男子走來，提起蔣廷黻的箱子叫他跟他走，走向一輛電車（蔣廷黻後來說電車他不怕，因為在上海見過），不久到一座教堂，有位廣東牧師和蔣廷黻談話，他把蔣廷黻帶到青年會。[2] 碼頭上這位廣東人很可能是在青年會做事的，想來是林格爾夫人函電安排好的。後來蔣廷黻從舊金山到堪薩斯，再從堪薩斯城到派克學堂所在地派克維爾（Parkville），一路上都有人照應，也都是林格爾夫人事先安排的。以林格爾夫人的個性，辦事精細，當不會讓一個十幾歲的小孩獨自飄洋過海的。

蔣廷黻告訴青年會這位幹事說，他是來美國讀書的，因為沒有帶多少錢，必須找一所半工半讀的學校才能維生，聽林格爾夫人說，密蘇里派克維爾有這麼一所學校，這位幹事說他知道這所學校，他會打電報替他申請入學，要他暫住青年會。有位工人帶領蔣廷黻乘電梯到樓上房間，他形容電梯「看起來像鐵籠子的東西。我並非害怕，因為我看見還有其他的人被裝在裡面。」（《蔣廷黻回憶錄》頁四六）工人把他帶到房間後，告訴他洗手間在哪裡，隨即走了。室內有一桌、一椅、一床，非常簡單。床上氈子、枕頭、床單都很清潔。他起初不曉得晚上睡覺時應該睡在哪一層，他想好在沒有人看他如何睡，所以也就處之泰然了。第二天清晨下樓時，他不想冒不必要的危險去乘電梯，於是決定走樓梯，這才發現他住在五樓。到了樓下幹事告訴他餐廳及閱覽室在什麼地方。在閱覽室裡，他生平第一次看到美國的報紙和雜誌，有些看得懂，有些看不懂，但因無事可做，也只好看下去。早餐後到街上逛逛，他只直行絕不轉彎，以防迷路。三十年後，一九四四年蔣廷黻在行政院擔任政務處長，因公赴美開會途經三藩市，住在 Hotel St. Francis，這是一所高級旅館，距唐人街很近，他對唐人街的印象是：街道較一九一二年寬敞，也較整潔。商店也大得多，櫥窗陳列也較美國化，男女手牽手或挽臂而行。他的結論是，唐人街在過去三十年美國化多了。（蔣廷黻日記 1/1/1944）

下午，幹事對蔣廷黻說，密蘇里派克維爾有電報來，已經允許他入學，將為他購買火車票，送他到火車站，令蔣廷黻喜出望外，更使他大吃一驚的是幹事為他買了頭等票。車到密蘇里堪薩斯城還要轉車到派克維爾（相距約八公里）。到了派克維爾車站，有個高頭大馬的黑人來接他。黑人拿起行李叫蔣廷黻跟他走，他把蔣廷黻帶到學校行政大樓辦理新生應辦的各項手續。

III

派克學堂及派克維爾的校名及地名都是紀念德克薩斯（Texas）戰爭中的喬治・派克上校（Colonel George Park）。派克維爾位於密蘇里河畔，派克上校於一八三八年自英人手中購得這塊土地，開始興建倉庫做貿易，設有客棧，慢慢開始繁榮起來，後因鄰近的堪薩斯城興起，派克維爾就一直停留在小城的格局。蔣廷黻就讀的時候，即二十世紀一〇年代，居民只有一千人，鎮上沒有電影院、酒吧，只有兩家冷飲店、兩家藥房，街上沒有乞丐，也沒有聽過什麼犯罪案件，貧富並不懸殊。大部分人都步行，少數人坐馬車。大家都奉公守法，信教，克勤克儉，努力工作，安居樂業。（《蔣廷黻回憶錄》頁五三）附近有兩個大城市都叫堪薩斯城（Kansas City），一個在密蘇里境內，一個在堪薩斯州（較小），這兩個城市很像 twins（雙子城）。蔣廷黻讀十一年級時，威爾遜（Thomas Woodrow Wilson）為了競選總統到密蘇里境內的堪薩斯城發表演說，蔣廷黻與幾個同學從派克維爾徒步到堪城去聽。那時威爾遜任東部新澤西州州長，之前曾是普林斯頓大學教授和校長。這點令蔣廷黻很景仰，也令他對美國更加崇敬，他認為一個國家能夠尊重學者，在文化上一定是進步的，所以那時他願意長途跋涉去聽演講，晚年撰寫回憶錄仍說：「我至今對他仍然尊敬。」（《蔣廷黻回憶錄》頁五三）可是美國到了二十一世紀就不一樣了，像二〇〇一年智商不高，很平庸的小布希當選第四十三任總統。及至二〇一六年一個沒有思想、粗魯不堪、只知賺錢的一個紐約地產商人川普當選了第四十五任總統。

派克學堂是鎮上唯一的一所中學，創立於一八七五年，分中學部及專科兩部。蔣廷黻無論上課或工作以及日常生活與在中國讀書時迥異，因派克學堂是一所工讀中學，所有學生都必須工作始可償付學費。蔣廷黻第一次去見學校監督分配工作時，他連看都不看一眼即對蔣廷黻說：「你去騾棚拉騾子，把火車站的煤運到電廠。」他從來沒有做過勞力工作，故不知從何著手，好在有個同學教他如何套車，車套好了，同學跳上車教他如何握韁繩，如何指揮騾子。蔣廷黻笨手笨腳學了一陣，終於到了車站把煤裝好。工作三小時後收工，他感到無比的高興，但後來發現手起了泡。在派克學堂除了運煤，他還須剷草、洗衣、在農場上做粗工（詳見費正清 *Memoir*, p.86）。蔣廷黻在回憶錄中只提到用騾車運煤，其他粗工想是蔣廷黻對費正清講的，故在費氏的回憶錄裡曾有記載（蔣廷黻在費氏的回憶錄裡有一專章，第七章，題為“T. F. Tsiang and Modernization,” pp. 85-93）

放工後，蔣廷黻即到工人大會堂洗澡，然後到女生宿舍用晚餐。他晚年回憶說，在派克學堂最辛苦的是做工，最不習慣的是一日三餐，倒不是番菜不合口味，而是不知為何他們住男生宿舍，卻要到女生宿舍用餐，這種安排讓他百思不得其解。蔣廷黻在家鄉私塾讀書時均係男童（因為傳統觀念男子讀書明理，輔國治民，女子無才便是德，所以舊時女子不上學讀書），後來在長沙明德小學也只有男生，湘潭益智中學是教會學校，學校雖收女生，但另有女校，是故蔣廷黻從六歲起開蒙讀書就從未與女生一起上課，而派克學堂是男女合校，看到女生他覺得很尷尬，看到其他男生與女生談笑自若，就覺得很不自在，為了怕出錯、鬧笑話、用餐時他從不說話，也不敢勞駕鄰座女同學為他遞麵包，想不到這位日後在外交壇坫上叱吒風雲的聯合國代表及駐美大使，早年卻是個靦腆的小童生、小土包子。

蔣廷黻在派克最感頭痛的是英語。雖然他在教會學校從林格爾夫婦學了五年英文，但還是覺得不夠。派克學堂用的課本是史高特（Walter Scott）的《薩克遜劫後英雄傳》（*Ivanhoe*），每次指定讀十頁，但生字太多，他帶了一本英漢字典，大派用場，查出每一個生字都寫上中文解釋，記在小本子上，結果十頁的指定課文中竟有三百多個生字，生字查完後，再讀課本仍一知半解，還是不知道史高特在說什麼。他上英文課從不發問，英文老師對他似很和藹，也很體諒，從未問他問題，蔣廷黻說：「英文課對我來說是一堆生字。」他回憶道：「在派克學堂的最初幾天，我所過的生活是一連串聽不懂的課程，吃飯時受窘，以及難以忍受的工作，我無處訴苦，我的痛苦堅持不讓人知道。有些同學要幫助我，但我都婉拒。我想：他們不能替我上課、吃飯、做苦工。我絕不能逃避，不論這些事多麼麻煩，我非自己幹不可。」（《蔣廷黻回憶錄》頁四八）在這裡他充分表現出「湖南騾子」的個性。

四月時蔣廷黻生病了，是一種流行性傷寒症。這種病在那時代的美國中西部很常見，有時甚為猖獗，嚴重時亦會死亡，如一九一八年有一種流行性感冒，死亡多達一百餘人，這次與蔣廷黻同時罹病的有十幾位同學，所幸無人死亡，蔣廷黻說醫生和護士照顧病人無微不至，有天檢查後，護士小姐要他搬到樓上單人病房，那邊較為安靜，她同時把紙筆拿給蔣廷黻說，他應該寫信告訴遠在中國的父母。可是蔣廷黻卻對她說：「我知道你認為我快要死了，我告訴你，我絕不會死。」這句話使她破顏而笑，她說他應該把病情告訴父母，又說：「我很奇怪，你怎麼知道你一定不會死？」他答道：「我從幾千里以外的中國老遠到美國來求學，現在還未開始，我怎麼能夠死。」（《蔣廷黻回憶錄》頁四九）過了一段時間，蔣廷黻的病漸有起色，又回到大病房。

養病期間，他對護士小姐說，希望能夠唸一點英文，她問他要看什麼？於是他想起在益智時唸過的《伊爾文見聞錄》，那時他並未全懂，想趁養病時重新溫習一遍，護士小姐居然為他找到一本。蔣廷黻可以一直讀下去，也能體會故事內容大意，看完這本《見聞錄》，又向她要類似的書，所以在醫院裡又看了好幾本伊爾文的其他作品。蔣廷黻發現奇蹟出現了，好像英語的門突然被打開，開始對英語有興趣了，同時覺得護士小姐和其他病人的談話也聽得很清楚而有趣味。蔣廷黻這次在醫院裡學到了很多美國人常用的習慣用語，這些在書本上是看不到的，至於文法和語彙，他在益智時已有些基礎，基本上沒有問題，最有問題的是發音，不過在醫院住了兩個月，跟護士學英文已得到一些竅門。蔣廷黻在醫院除了學英語外，護士允許他可以在病房散步，並跟她們去為病人量體溫，蔣廷黻後來說「我成了見習護士」。蔣廷黻時時擔心的是醫藥費，對醫生說他是個工讀生，不知將來如何償付這筆醫藥費，醫生說不要急，等他健康恢復後，什麼時候有錢再還都可以。（《蔣廷黻回憶錄》頁四九至五〇）蔣廷黻在回憶錄裡說醫生這句話「令我畢生難忘」，至於後來他如何償還這筆醫藥費，他在回憶錄裡沒有講。現在在美國恐怕也很難找到這樣好的醫生了。

當他病癒出院時，春季學期已經結束了。病雖好了，但不能做勞力工作，於是在暑假自修拉丁文。那時拉丁文很重要，為美國高中學生必修（現已沒有這種規定）。按美國的學制，一年級到八年級相當於小學一年級到初中二年級，九年級到十二年級相當於初中三年級到高中三年級。他們稱九年級學生為Freshman，十年級為Sophomore，然後是Junior（十一年級）及Senior（十二年級）。九年級到十二年級這四年為High School（高級中學），中學畢業後進大學。蔣廷黻以前在益智唸過初三，相當於九年級，故他到派克後應從十年級開始。雖然因病耽誤了半年，但他在校成績優異，故在兩年半內唸完高中課程。照當時派克學堂的規定，在校須讀四年拉丁文始可畢業。他於春季入學為十年級學生，很怕學校要他重修十年級課程，必須讀三年始可畢業，他在中國沒有學過拉丁文。後來找到一本拉丁文文法，練習將拉丁文譯成英文，或將英文譯成拉丁文，出乎意料的，初級拉丁文竟可無師自通。他自修了一個暑假，並不覺得拉丁文很困難。秋季開學時，他到註冊組，請他們允許他註冊讀十一年級（Junior），負責人說須獲拉丁文老師畢克德（Cora Pickett）小姐的許可。畢克德測驗了他的拉丁文，認為成績很好，隨即同意他可以修讀第二年拉丁文，第二年讀凱撒（Caesar），第三年是西塞羅（Cicero）。但蔣廷黻一算，仍較同年級同學短缺一年，於是問老師可否讓他同時上第三年拉丁文，也就是說凱撒與西塞羅一起學，起初老師不肯，後來同意了，但說成績一定要好。蔣廷黻對此很有自信，自從在醫院病房學英文進步神速後，他對十一年級的課程並不感覺到有絲毫困難，他的凱撒和西塞羅都唸得很不錯，考試的分數甚高。（《蔣廷黻回憶錄》頁五〇）

從此他喜歡拉丁文，他與畢克德老師相處得很好。後來又新修了一門德文課，德文老師威廉斯小姐（Blanche Williams）在蔣廷黻看來，「是一位良師，也是一位益友」，她和畢克德同樣受到蔣廷黻尊敬，他說：「我想我不能令她們中任何一個人感到失望。」（《蔣廷黻回憶錄》頁五二）

蔣廷黻長於數學，上這一門課很輕鬆愉快。數學是符號，是國際性的語言，因此他認為數學一點也不困難，課外作業不需費多少時間，幾分鐘即可以做完。上幾何時他不但為同學解答難題，也常幫老師在黑板上解答難題。

當時派克學堂沒有體育課，課外活動也不多，好像只有辯論會和演講比賽，蔣廷黻十一年級時，因英文老師費根（Fagen）教授的鼓勵參加了演講比賽。費根細心幫他校正發音，教室前面有一片小森林，比賽前幾天清早他到教室前把樹木當聽眾，勤加練習，結果他獲得第二名，心中喜悅不言可喻。學校師生都大吃一驚，對他刮目相看，鎮上的居民知道了也都稱羨不已。自此後他在派克維爾「小有名氣」，鎮上的居民常邀他到附近教堂或民間團體去演講。在美國演講有報酬的，每次演講收入兩元或五元不等，對他來說不無小補。在派克學堂時他是僅有的中國學生，也是鎮上唯一的中國人，派克師生以及當地居民對他極為友善。

蔣廷黻到派克學堂前曾有一名中國學生，此即日後大名鼎鼎的董顯光（1887-1971）。董顯光於一九〇七年進派克，一年後即離開派克進入頗負盛名的密蘇里大學新聞學院深造，學成歸國後從事新聞工作。一九四九年國民政府退處台灣，曾先後出任駐日及駐美大使等職。

因為成績優異，蔣廷黻獲得湖南官費輔助。一九一三年初蔣廷黻二伯寫信給他要他申請官費。他向學校要了一份成績單，並請所有教過他的老師為他寫推薦信，他把所有資料裝入一個大信封，內附申請函，寄給當時的湖南省長譚延闓。他認為這樣做大膽而冒失，他想一個封疆大吏，貴為省長，會理睬一個遠在美國的未成年學生嗎？所以並不存很大的指望。可是這年四、五月間，他接到湖南省政府公函，通知他申請官費獲准，每月八十元美金，這在當時是一筆很大的數目。梅貽琦與胡適當年考取庚子賠款的留美官費也是這個數目。他突然變成小富翁了，於是決定叫哥哥也來美國讀書，因官費足夠他們兩人在美求學。是年夏天，他哥哥也來美國，同樣進了派克學堂。當他第一次收到中國留美學生監督寄來的四百美元（從一九一三年元月起追補），真的成了「小富翁」了。他拿錢做了一套新西裝，和朋友決定組織一個俱樂部，學校撥出房子讓他們開會或作社交活動，大家認為俱樂部應該有一架鋼琴，他立刻捐了一架。那時蔣廷黻十一年級，還有一年就要畢業了。（《蔣廷黻回憶錄》頁五二）

派克學堂及派克工藝專科學校在同類學校中水準平平，或許在一般水準以下。該校本質上是一所教會學校，篤信宗教，師生每天要禱告。極大部分學生畢業後進教會工作或往國外傳教，或在青年會工作——做幹事。但蔣廷黻想繼續讀書，希望一九一四年夏天畢業後能進哈佛大學。就商於畢克德老師，她說這是最大的錯誤，因為哈佛太大，對他無益，她建議進一所小一點的學校，可以得到老師額外的照顧。她認為應該去俄亥俄州的奧柏林學院（Oberlin College, Oberlin, Ohio），那是她的母校。（《蔣廷黻回憶錄》頁五三至五四）奧柏林雖沒有哈佛有名，但在美國是一所很好的小型文理學院，蔣廷黻就這樣選擇了奧柏林。

1. 馮志翔在〈蔣廷黻先生與湘潭益智中學〉一文中說：「在臺北益智校友曾藉廷黻先生返國之便舉行餐會歡迎。席間廷黻先生追憶他乘輪抵達舊金山之際，受到美國海關人員的刁難，不許他登岸。他說，那時年少氣盛，和他們據理力爭，美國佬仍然搖頭，繼而大聲爭吵，美國佬才覺得這個中國青年是嚇不退的，經過一陣商量，終於允許他上岸。」（臺北《傳記文學》第二十九卷第五期，頁七四）但在回憶錄裡，蔣廷黻沒有這樣說。我對馮志翔的話存疑。

2. 《蔣廷黻回憶錄》，頁四六至四七。

1914–1919

第三章

奧柏林、法國

奧柏林過去和現在都是一所好學校。
我不敢說我在那裡四年有什麼成就，
獲得什麼堅定的信仰。
但我敢說：對於過去一些不明白的事物，
我已能去觀察，我的知識水準的確是提高了。

——《蔣廷黻回憶錄》

奧柏林學院位於俄亥俄州羅林郡（Lorain County）克里夫蘭（Cleveland）西三十公里的奧柏林。這是一個很美麗的小城，在蔣廷黻讀書時人口不到兩千，這個城市的發展與奧柏林學院的成長息息相關。與派克維爾及派克學堂命名很相似，奧柏林及奧柏林學院都是紀念法國大革命時的牧師 Jean Frederic Oberlin（1740-1826）。奧柏林學院建於一八三三年，本名 Oberlin Collegiate Institute，一八五〇年更名為 Oberlin College。在這裡及下面提到奧柏林即是指奧柏林學院。建校兩年後即開始招收女生，所以一般認為奧柏林是美國最早男女兼收的大學，同時也是最早招收黑人的學校。奧柏林分兩部分，一為文理學院，另一為音樂學院，在學術界均負盛名，此外還有神學院。當時學生有一千多名，音樂學院有四百名，神學院有兩百名，學生總數佔全城人口之一半，如果再加上學校教職員可能佔全城人口的三分之二，這是美國一般大學城常有的現象。奧柏林現有學生計兩千八百名左右，比蔣廷黻讀書時幾乎增加了一倍，現在奧柏林城人口總數大約一萬多一點。

奧柏林是私立的，故學費奇貴，二〇〇六年一學年學雜費約在四萬元以上，遠較一般州立大學高，在蔣廷黻讀書時所收學費幾何，不詳。蔣廷黻在奧柏林因有官費輔助，無需憂慮食宿及學雜費，可以安心讀書。但天有不測風雲，一九一四年初湖南發生政潮，袁世凱大總統將湖南省長譚延闓免職，因為譚是革命分子，袁乃任命他的親信湯薌銘為省長，湯上台後，將所有譚任內所發留美官費一律停發，認為他們都是革命分子。蔣廷黻的學費頓成問題，後來由林格爾夫人和她的朋友——住在紐約哈德遜河對岸新澤西州尼亞克（Nyack）的柯爾畢夫人（Mrs. Kate S.A. Crumbie）設法籌付。至於衣食零用的錢只好自己想辦法。當時在奧柏林的中國學生大約有二十餘人，他們成立一個俱樂部，俱樂部有一所房子，大約有十幾個人住宿在裡面，於是大家有錢出錢、有力出力維持這個俱樂部。蔣廷黻出力，負責清潔及炊火、烹飪，而家庭富裕的同學則負擔日用開支，到了夏天蔣廷黻另覓暑期工作。他在克里夫蘭的報上看到一則徵推銷員的廣告，前去應徵錄用了。工作是推銷一本類似百科全書的書，書名為 *The Dictionary of Facts*（萬寶全書）。一九一五年夏天他還到紐約州水牛城（Buffalo）接受推銷員的基本訓練。他被指定的工作地點是在奧柏林附近，第一個推銷對象是一名督學，未成。第二個是一位女教員，也沒有成功。經過兩次失敗後，蔣廷黻認為在水牛城所傳授的以督學或教師為對象的推銷術是錯誤的，於是改變行銷策略，專門找闊戶人家，他到高級住宅區，敲了一家相當氣派住宅的門，應門者是一中年婦女，她很客氣請他進去，對於他推銷的書甚感興趣，她說她有一個孩子在唸書，一定用得到這本書。正當蔣廷黻準備講解內容時，從廚房裡傳來一股燒焦味，這位主婦急忙奔向廚房，又盛怒地衝出來，怪蔣廷黻為了推銷書，讓她的餅烤焦了，於是很不客氣地把他趕出去。幾次失敗後，沮喪之餘，他不想做推銷員了。

他回到學校，要求學校給他一份工作，剛好此時有位遠遊度假的教授需要有人照料他的房子，工作很容易，工錢很低。他有時在奧柏林附近演講，講得最多的地方是艾克倫（Akron）的一個俱樂部，報酬不壞，但這種收入不穩定。有朋友對他說去餐館工作，雖辛勞但收入多，於是蔣廷黻去找了企檯工作。

後來他在學校附近一家小旅館的餐廳端盤子，因從前沒做過，一無經驗，開始時手忙腳亂出了很多差錯，譬如客人點了湯、魚、肉、沙拉、咖啡和點心，回到廚房一口氣背出來，廚房的領班廚子是個身材高大的黑人，一股腦全做好放在廚房架枱上，等到蔣廷黻一盤一盤端出去的時候，就像錢鍾書小說《圍城》裡所說的，上來的湯是涼的，霜淇淋是熱的，魚都冷了。他把客人的抱怨對廚子講了，這位領班聽了怒不可息，大肆咆哮，這當然不是廚子的過失，他應該配合時間按上菜次序先後叫菜。得此經驗後，他先算好時間才到廚房叫菜，而且還能記住每個客人點的菜。有了經驗身手也敏捷了，成了端盤子的高手。

有些教授也會到小旅館的餐廳來，他們會多給小費，他感到很不安，因為中國古訓「有事弟子服其勞」。有次一位教授來，蔣廷黻認得他是心理系系主任，當他給小費時，蔣廷黻對他說：「我是你的學生，不能收你小費，因為在中國，學生應該為師長盡義務。」他聽了大笑，說在美國給小費是很普通的。在畢業典禮那一週，蔣廷黻的女朋友凱塞琳（Katherine Shepherd Hayden Salter）和她母親到餐廳來，另一個企檯也是學生，故意避開，他只好硬著頭皮去接待，凱塞琳的母親給小費五元，遠較應給的小費超出很多，他感到很尷尬，因為將來與凱塞琳約會時，她一定會想蔣廷黻用她媽媽的錢。好在大三時他申請到美國退還庚子賠款的清華官費，從此不愁衣食，擺脫了倥傯的盤碗生涯，能夠專心唸書。

II

蔣廷黻書唸得很好。他在奧柏林第一次上自然科學的課程如化學、生物學和進化學，開始時有點困難，但這些教授都很傑出，遇有問題均可迎刃而解，他慢慢地對這些課程感到很大的興趣，而且考試成績都很好，以致化學教授霍爾摩斯（Harry N. Holmes）勸他主修化學，生物學教授布丁頓（Robert Allyn Budington）叫他主修生物學，教他樹木和進化學的教授葛魯佛（F. O. Grover）勸他主修植物學。他認得奧柏林附近所有的樹木，也能辨別這些樹木冬季和夏季的特點。在奧柏林接觸到自然科學，日後對他治學有個很大的影響，即是在顯微鏡下觀察事物要精細，提出報告要客觀，經過這番訓練，他學會了一種科學方法，這是一種新的發現，日後以這個方法來治學，得心應手，成績斐然。

自然科學對他另一影響即養成他畢生對園藝的興趣，他喜歡種植花草樹木，尤其對樹木，他有一種偏愛。他能辨別各種樹木，不但能描述枝葉的形狀、生長繁殖的情形，還能叫得出中英文和拉丁文的名稱。據陳之邁說，當他擔任駐澳洲兼駐紐西蘭大使時，有一次在紐約見了蔣廷黻，對他說紐西蘭這個南太平洋島國，原始的植物與世界上其他地方不同。紐西蘭本來沒有四足動物，現有的都是後來英國人帶去的。紐西蘭沒有蛇。因為沒有蛇和四足動物，所以原始的鳥如Kiwi（鷸鴕）能夠生存下來（鷸鴕雖為鳥，有翅膀卻不能飛）。至於樹木都是其他地方所見不到的，紐西蘭的樹木最大的特色是永不落葉，蔣廷黻聽了這些奇聞，感到十分有興趣，他對陳之邁說，將來得暇必去一遊。（陳之邁《蔣廷黻的志事與平生》頁一二四）

蔣廷黻在奧柏林對其他課程也很有興趣，如心理學也使他著迷，課本採用威廉．詹姆斯（William James）的《心理學大綱》（*The Principles of Psychology*）。他說這本書「有令人感到不忍釋手的魔力」（《蔣廷黻回憶錄》頁六一），幾幾乎使他主修心理學，但後來因為教授換了人，授課稍嫌遜色，因此他對心理學的興趣就淡了。他對文學也感興趣，以前在派克學堂學過德文，在奧柏林也唸德文（中級德文），他對哥德及席勒（Friedrich Schiller）很有興趣，認為德文很容易學。最後幾年他又學法文，希望將來能讀法文的歷史名著。談到英國文學，當時英文系系主任為華格爾（Charles H. A. Wager）教授，他是一個很傑出的學者。在耶魯大學獲博士學位後即來奧柏林，擔任系主任達三十五年之久。他任教時每週舉行一次茶會招待學生，深為學生稱道。蔣廷黻選了他的維多利亞時代散文。蔣喜歡卡萊爾（Thomas Carlyle）、安諾德（Matthew Arnold）和紐曼（John Henry Newman）等人作品，尤其喜歡安諾德的詩。

蔣廷黻說：「我對紐曼作品雖不盡理解，但我想紐曼神異的動機，的確是我到了最後的精神安慰，我可能不太重視最後的安慰，因為我不喜歡隔絕的、一元化世界。」（《蔣廷黻回憶錄》頁六一）他後來又選了華格爾教授名著翻譯這門課，這門課的重點是將文藝復興時期的作品譯成英文，這門課的英文名稱為"Classics in Translation"。奧柏林像東部長春藤盟校（Ivy League）一樣，文風很盛。學生在華格爾教授鼓勵下辦了一份文學雜誌 *Oberlin Literary Magazine*（《奧柏林文學》），對這份雜誌貢獻最大的為日後在美國文壇大放異彩的劇作家兼小說家懷爾德（Thornton Wilder），他於一八九七年生於威斯康辛州麥迪生（Madison, Wisconsin），父親本是報館編輯，後來轉業為外交官，曾任香港及上海總領事，故懷爾德幼年曾在香港及上海住過，一九一五年進奧柏林讀書，蔣廷黻就在那裡認識他。懷爾德在奧柏林只唸了兩年，一九一七年轉學耶魯，一九二〇年畢業。他自耶魯畢業又到普林斯頓唸研究所，一九二六年獲法國文學碩士，先後任教於夏威夷大學及哈佛大學，而後辭了教職專事寫作，一生著作甚多。蔣廷黻和懷爾德在奧柏林時，曾合作將一些中國詩譯成英文。（《蔣廷黻回憶錄》頁六一）

當時在奧柏林有位很了不起的經濟學教授拉茲（H. H. Lutz），講課絕不馬虎，講解極其複雜的供求問題、邊際效用和價值價格等問題均極出色。拉茲教授也是個怪傑，有一次青年會總幹事莫特（John Raleigh Mott）來校佈道，他是著名的佈道家，故學校宣佈停兩堂課，以便學生去聽他講道。但拉茲教授宣佈照常上課，蔣廷黻是一個基督徒，但在兩者相較之下，卻去上了拉茲經濟學的課。

蔣廷黻對上述各項課目及教授均甚滿意，但對歷史課則很是失望。歷史課應該很有趣味，但他說上歷史課時感覺枯燥乏味，當不是歷史本身有問題，可能是教授講得不好，不過蔣廷黻說他在課餘之暇，讀了很多德國史和義大利史，對俾斯麥（Bismarck）很崇敬，對義大利三傑——加富爾（Cavour）、馬志尼（Giuseppe Mazzini）和加里波底（Giuseppe Garibaldi）——也同樣敬仰。蔣廷黻在回憶錄裡未提到哲學、政治學或社會學等課程，也未講他主修什麼。據陳之邁說，蔣廷黻在奧柏林主修歷史（陳之邁

《蔣廷黻的志事與平生》頁一六），不知確否？

奧柏林的辦學宗旨，是希望每個學生都成為品學兼優的好學生。因為這是一所教會學校，故宗教活動很多，希望同學畢業後像韋勃斯脫（Daniel Webster）所說的，成為一個虔誠的基督徒，又是一個好公民。故在校園裡吸煙、喝酒、跳舞是不許可的。二十世紀初葉，具體一點說在一九一〇年代的美國大學教育的教育家，希望每個學生都是基督徒，至於學業尚在其次。但在奧柏林兩者並重。蔣廷黻在奧柏林讀書時，校長是金氏（Henry Churchill King），教務長波士委（Edward I. Bosworth）、神學教授威廉・赫金斯（William James Hutchins），這三位胸若淵海，口若懸河，在當時都是宣揚基督教教義的名家，他們對學生訓導及傳播福音工作的努力，可謂不遺餘力。

尤其是威廉・赫金斯教授，他希望每一個奧柏林學生都應該像他的兒子羅勃一樣。他的兒子羅勃・赫金斯（Robert M. Hutchins）是個神童，三十歲不到即當了大學校長。威廉・赫金斯很像英國思想家詹姆斯・穆勒（James Mill）一樣，刻意栽培他的兒子約翰・穆勒（John Stuart Mill），也像中國的錢基博教導兒子錢鍾書一樣「私傳指授」，終成大器。[1] 小赫金斯（即羅勃・赫金斯）幼時，父親不僅在飯桌上給他麵包和牛奶，還給他柏拉圖及阿里斯多德等「精神食糧」，故小赫金斯即異於群兒，成為一個天才兒童，長大後更大放異彩，中學畢業即進入奧柏林。適值第一次世界大戰，他在奧柏林只唸了兩年，即投筆從戎，戰後轉學耶魯，在耶魯以最好的成績畢業。晚年在回憶錄裡說他進耶魯就想做一個耶魯人，做了耶魯人則無往而不利，所以拼命唸書，選了不少課，因為修滿這些課程才有學分，有了足夠的學分才能畢業，不然不能算是耶魯人。他說雖然唸了很多書，但不能使人心胸廣闊，畢業後他進了耶魯法學院，唸書的範圍就更窄了，他一心一意想拿好分數，沒有好成績就進不了紐約有名的律師事務所，但小赫金斯認為這種教育是錯誤的。沒幾年他當了耶魯法學院院長（1927-1929），那時二十八歲還不到，兩年後還不到三十歲，就當了芝加哥大學校長（1929-1945），成為美國教育史上著名大學當中最年輕的校長，故有 Boy President（孩童校長）之稱。他擔任芝大校長十六年之久，建樹頗多，即使最簡單的美國高等教育史裡都少不了他的名字。他很注重人文教育，故在芝大校長任內大力推行閱讀經典（Great Books），日後影響到美國東部長春藤盟校，如今哈佛和哥倫比亞，在大一、大二必修的 Core Curriculum（基本人文課程），從蘇格拉底（Socrates）、柏拉圖（Plato）、阿里斯多德（Aristotle）以降至聖奧斯丁（St. Augustine）、但丁（Dante）、莎士比亞（Shakespeare）、赫柏斯（Hobbes）、密爾頓（Milton）、歌德（Goethe）、穆勒（J. S. Mill），以至尼采（Nietzsche）等先哲的作品，在小赫金斯看來，做為一個大學生這些經典書是非讀不可的。這就是受他父親的影響。[2]

至於蔣廷黻在奧柏林是否認識小赫金斯，不詳。奧柏林校友會對小赫金斯及懷爾德均以傑出校友視之，相較之下對蔣廷黻則否。在我看來他們三人各有其不朽的千秋事業，其成就是一樣的。

III

奧柏林宗教氣氛甚濃，中國學生有時深感不安，譬如校園內有一紀念碑是紀念在義和團拳亂時於山西被戕殺的傳教士，蔣廷黻及其他中國學生就覺得很不自在。有時美國教士為募款，往往會說中國如何貧窮與落後，這是事實。有時中國學生批評中國國是，比傳教士所言更粗魯、更尖刻，但同一件事經牧師一說，在奧柏林的中國留學生大起反感，認為有失民族尊嚴。一般說來，在國外的留學生國家觀念較重、較為愛國，這可以從留美學生身上得一明證。至於留學生對中國人的性格以及當前時政的批評，即拿蔣廷黻及當時在康乃爾及哥倫比亞讀書的胡適來說也有所不同：蔣廷黻的批評是間接的，含蓄而抽象；胡適則是直接的，具體而單刀直入。

蔣廷黻是個基督徒，但值得注意的是他對基督教的看法。他說：「我對整個教會活動感到懷疑。第一，我認為中國不會變成一個基督教國家；第二，我認為中國道德精神價值高於西方。奧柏林過分的教會活動遭到反對，至少大多數中國學生是反對的。」（《蔣廷黻回憶錄》頁六三）蔣廷黻似乎很容易感覺到奧柏林的宗教氣氛，彰彰明甚。

他後來又說：「人民的信仰，是傳統中最內層的部分。的確，宗教是信仰，是傳統的。沒有傳統，特別是反傳統，就得不到精神安慰。大多數美國人都是基督徒，其所以如此，並非基於邏輯上的理由，純粹是因為他們的家庭和國家的傳統使然。為求精神健康，每個人都應該有某種程度的宗教信仰。任何破壞這種共同認識的企圖，都是一種精神上的損害。傳教可以視為十足的精神侵略。」（同上）令人驚奇的是，這些話出自一個中國基督徒之口。自鴉片戰爭以後，西方到中國來傳教（與明末利瑪竇、湯若望來華傳教不一樣）是帝國主義行為的一種，確是「十足的精神侵略」。十九世紀末，中國發生了一連串層出不窮的教案，結果吃虧的是中國人。但回頭來看美國是一個崇尚自由的國家，信教自由也是當年美國開國先賢所揭櫫的立國精神之一。但在二十世紀七、八十年代風靡一時的朝鮮人教主文鮮明後來到哪裡去了？[3] 蔣廷黻對宗教的看法可以寫一本大書。

奧柏林小城幽靜，校園優美，實是莘莘學子讀書最理想的所在。但因奧柏林的宗教氣氛影響了蔣廷黻四年大學生活。十九世紀美國大學校園有一首很流行的歌謠，大意是：「充滿歡樂的大學生活，是一生中最短暫、最愉快的。」[4] 蔣廷黻似乎沒有這種感受。他也沒有像威廉・詹姆斯所說的大學生活給人一個美好的回憶。蔣廷黻晚年對大學生活的回憶不好也不壞。他說：「奧柏林過去和現在都是一所好學校。我不敢說我在那裡四年有什麼成就，獲得什麼堅定的信仰。我敢說對於過去一些不明白的事物，我已能去觀察，我的知識水準的確提高了。」（同上）

IV

蔣廷黻在奧柏林讀書期間正值歐戰。他一九一八年畢業時，戰爭尚未結束。畢業那年他曾響應基督教青年會應徵到法國去為英法軍隊徵募華工服務。第一次世界大戰發生時，中國應否參戰曾有爭論，後來決定參加協約國，站在英、法這一邊，當時達成一種協議，中國對協約國提供人力支援，中國招募了十五萬華工去法國。有些在兵工廠工作，有些配屬盟軍擔任兵工。大約有十萬人屬於英軍，屬於法國部隊大約四萬人，配合美軍的只有一萬人。蔣廷黻應徵赴歐為華工服務基於下列幾個原因：⑴在美國時他很欣賞威爾遜總統的政治主張——民族自決，服膺他領導各國對抗同盟國（德、奧）。蔣廷黻一向站在協約國一邊；⑵他在奧柏林讀書時看到很多同學紛紛請纓，也有很多教授的兒子及校長的兩個兒子都赴歐參戰，他深受感動；⑶他當年隻身來美國讀書，舉目無親，沿途受到青年會的照拂與幫助，赴法為華工服務算是回饋，義不容辭，故樂於應徵前往。

蔣廷黻在奧柏林畢業後，一九一八年夏前往紐約青年會接受為期一週的戰地工作人員訓練，七月從紐約搭乘勞蓮（Lorraine）號客輪橫渡大西洋去法國。因在戰時，在大西洋上航行有艦隊護航，以防德國潛艇襲擊，勞蓮號抵法國西部不列塔尼（Brittany）的最西端布勒斯特（Brest）港後，護航艦隊隨即離去。到了法國他被分發在里昂（Lyon）附近聖芳斯（Saint Fons）的軍需廠工作，那裡大約有七百名工人，多半來自山東，蔣廷黻成立了一個類似中國茶館性質的俱樂部，並為他們辦了幾個補習班，教他們法文和中文，此外還教做一些簡單的遊戲。最重要的是為這些工人寫家信、寄錢回家。這些工作似乎只有像蔣廷黻那批中國留學生才能勝任愉快。

一九一九年初，他奉調至距巴黎南約一百公里的 Le Creusot，這是一個煤礦及鋼鐵中心的工業城，人口約兩萬，龐大的斯耐德（Schneider）兵工廠即設於此，當地有一千五百名中國工人。蔣廷黻主要的工作是為這批中國工人再開一所俱樂部。這裡的中國工人同聖芳斯的中國工人一樣，與當地的法國人相處融洽，有時不值勤的長官也會到中國工人的營房來噓寒問暖。有一次，蔣廷黻到法國北部配屬英軍的中國工人區，發現英國人與法國人對待中國工人態度迥異，英區較嚴格而刻板，除了公務之外，英人與中國工人簡直無往來可言，一副紳士面孔，典型的英人冷漠性格。相反地法國人與中國工人往來較密切，有時也會與他們開玩笑，並為他們講故事，缺點是法國營區管理鬆弛，中國工人常抱怨不能與家人定時通信，關心家人是否收到寄回去的安家費，除此而外甚滿意。這些工人後來在蔣廷黻這批留美學生輔導下，都能說幾句簡單的法語，常常出入鄉間的小咖啡館，和工廠及農場的法國工人相處甚是融洽。蔣廷黻說這些吃苦耐勞的山東人住在法國非常習慣，好像在中國一樣。[5] 一般來說法國人很友善，甚至有的年輕中國工人與本地姑娘戀愛私訂終身。據蔣廷黻說，有一天晚上他正在俱樂部工作，有位法國女孩跑進來說要與他談話，談她的終身大事，於是蔣廷黻帶她到一間小辦公室去。她開門見山問蔣廷黻，她是否可以和一個姓楊的工人結婚。蔣廷黻告訴她：「我不認識這個人，所以我無法提供意見。」蔣廷黻問她是否考慮過在中國生活習慣有許多地方與法國不同，她說「已經考慮過了」，又說如果在法國，我可能永遠結不了婚，即使很幸運地嫁了人，對方很可能是個酒鬼，喝醉了酒，罵我、打我。而她認識姓楊的中國工人已經一年了，「他從未喝過酒，我認為他永遠不會打我。我嫁給他一定很好。」（《蔣廷黻回憶錄》頁七〇至七一）

蔣廷黻在工餘之暇常漫遊法國，常與一位姓徐的哈佛學生騎單車遊覽萊茵河畔大小市鎮，也搭火車遠至 Biarritz，這是一個很著名的旅遊勝地，是靠近西班牙邊境臨 Biscay 海灣的海港，景色幽絕。最後來到法國南部瀕地中海的著名商港馬賽（Marseilles）。他也去過亞維儂（Avignon），這是羅馬帝國時代留下來的古城，在馬賽北邊，十二世紀建築的大橋還在，近以盛產酒名於世。他在法國到處旅遊，與法國人廣泛接觸，發現他們都很刻苦耐勞，勤儉自持，這與一般外國人想像中的法國人印象大有出入。有時在小客棧中夜宿，老闆和老闆娘都很和氣，蔣廷黻說：他們「都拿我們當家人一樣看待」，吃過飯後常跑過來閒話家常（蔣廷黻諳法文及德文），有時老闆娘以示關懷，還會問他們有鈕扣掉了的她可以代縫。

V

在回憶錄裡，蔣廷黻說在法國一年可說是他在美國留學時代的一個插曲，下面幾個小故事算是插曲中的小插曲，可做為本節的結語。

（一）到法國不久，有一天夜裡俱樂部裡擠滿了工人，突然聽到外面一聲巨響，震得天搖地動，有人大喊「德國人來啦」，但是蔣廷黻不信德軍會穿過瑞士進入萊茵河地區，雖然也很驚慌，但他力持鎮靜，叫工人到外面去，他把俱樂部門鎖好，剛出門又是一聲巨響，街上全是人，其中有中國人、希臘人、阿拉伯人和法國人。一名法國員警叫蔣站在他旁邊，並大聲要工人不要跑。他晚年回憶說，其實那時他自己也想跑，後來發現不是德國人來，而是工廠軍火爆炸。

（二）剛到法國那年十月間，有天到巴黎青年會總部述職，火車上有一位法國老人同車數小時，均未交談，但因火車誤點，到巴黎時已過子夜，他突然跑過來問蔣是否已訂了旅館，他說沒有，這位老人乃邀蔣到他家過夜，蔣初認為不好意思，卻之不恭，後來還是答應了。到他家時夫人還備宵夜，次日還有很豐富的早餐招待，蔣盛情難卻，很過意不去，席間這位夫人說，他們的兄弟和獨生子均在戰爭中陣亡，現在和她丈夫對人薄施溫情外已經沒有什麼可以做的了。

（三）一九一八年十一月十一日他去巴黎公畢，回聖芳斯途中在里昂下車，順便到里昂郵政總局去時，很驚訝整個郵局的人都跑光了，當他在窗口買郵票時，一位法國少女突然抓住他說：「讓我們來跳舞。」蔣不肯，認為此女莫非是瘋子，後來看到街上全是人，且都在高呼、狂歡、接吻、跳舞，大叫戰爭停止了。當天下午他回到聖芳斯，沿途看到很多法國人及法國兵都喝得酩酊大醉，不是東倒西歪，就是倒在地上，口中唸唸有詞，「和平、和平，這是平時。」法國人和其他國家的人一樣渴望和平（十一月十一日後來定為歐洲休戰紀念日）。

蔣廷黻到歐洲時，第一次世界大戰已近尾聲，他在法國前後一年，停戰後他又重回美國，進紐約哥倫比亞大學研究所讀書。

---

1. 詹姆斯・穆勒（1773-1836）是英國功利主義一員大將，望子成龍，從幼年起刻意教導大兒子約翰・穆勒（1806-1873）。約翰・穆勒的童年教育很嚴格也很特別，由父親一手包辦：三歲學希臘文，八歲學拉丁文，而後學邏輯、心理學、政治學、經濟學、代數、幾何學及微積分。詹姆斯・穆勒的教學很像中國過去的舊式教學。結果約翰・穆勒不負乃父期望，日後不僅是傑出的哲學家及經濟學家，而且是十九世紀歐洲思想界的重鎮。詹姆斯・穆勒的聲名被他的兒子光芒所掩蓋。關於錢鍾書為大家所熟知，一九九八年卒後，被譽為中國三百年來難得一見的大才子。他的童年教育很像約翰・穆勒，也很特別。錢鍾書出生前五年清廷已廢科舉，他的古文即由他父親錢基博「私傳指授」（這是錢鍾書在《圍城》裡講方鴻漸的話，其實是他夫子自道）。
2. 關於小赫金斯推行經典運動，中文的請參閱吳魯芹〈閒談洋「聖賢書」——減一〉，原載香港《今日世界》月刊，後收入吳著《瞎三話四集》，臺北，九歌出版社，一九七九年，頁一〇七至一二七。關於英文，除閱讀赫金斯傳記外，現有專書如 David Denby, *Great Books*, New York, Simon & Schuster, 1996.
3. 十七世紀利瑪竇、湯若望等來華傳教是對等的中西文化交流，是平等的。但十九世紀洋人來中國的傳教作風與動機則是另外一回事了，正如胡適說的是「文化侵略」，或如蔣廷黻說的是「十足的精神侵略」，是一種帝國主義行為。

4. "Bright College years, with pleasure rife / The shortest, gladdest years of life." Nineteenth-century American college song, originating at Yale. Anne Matthews, *Bright College Years: Inside the American Campus Today*, The Epigraph, New York, Simon & Schuster, 1997.

蔣廷黻一生最愉快的日子不在奧柏林，而是在清華教書的時候。他在〈追念梅校長〉一文中說，在清華當了六年教授「是我一生最愉快的六年」。原載《清華校友通訊》第二期，一九六二年八月二十九日出版。

5.《蔣廷黻回憶錄》，傳記文學出版，一九七九年，頁六七。

第四章 哥倫比亞

1919–1923

一九一九年蔣廷黻從法國回到美國，準備進哥倫比亞大學研究所，唸什麼一時拿不定主意，他進哥大前有一個志向，將來從政，但能左右中國政治先要左右中國輿論，於是他想唸新聞（美國新聞學院大學畢業後始可入學），後來一想，新聞工作人員對政治的瞭解是表面的。為了要從政則必須懂得政治學，因此他放棄了唸新聞的想法改唸政治學。但他為抽象而枯燥的政治學理論所困擾，最後決定專攻歐洲近代史。蔣廷黻在哥大時正值巴特勒（Nicholas Murray Butler, 1862-1947）校長春秋鼎盛之年，精力瀰漫，大刀闊斧，力求革新，網羅名教授，增建校舍，任內聲譽日隆。巴特勒出任哥大校長時年僅四十，後來做了四十三年校長，一九四五年退休，一九四七年病逝，享壽八十五歲。

II

蔣廷黻為什麼選擇哥大，他說當時一般中國留學生往往因某校有著名教授而慕名申請該校，他之所以選擇哥大即是如此。他於一九一九年九月註冊入學進哥大研究所，至一九二三年一月論文殺青，通過口試（oral defense）獲得博士學位，前後計三年半。蔣廷黻在哥大做學生的時候，正是哥大人文科在學術界，尤其是歷史系、哲學系及政治系聲譽最隆的時候，就拿哲學系來說，杜威（John Dewey）正是他一生中最多產的時期，此外如文理學院院長烏德瑞（Frederick J. E. Woodridge）是當時古代希臘哲學權威，此外有名的哲學教授如W. P. Montague及Felix Adler也都在哥大任教。政治系的教授也是人才鼎盛，如莫爾（John Bassett Moore）、鄧寧（William A. Dunning）都是第一流學者，蔣廷黻曾選修這兩位老教授的課；還有當時社會系的一位教授吉丁斯（Franklin H. Giddings），對蔣廷黻的影響很大。

現在先介紹蔣廷黻選修過非歷史系的幾位著名教授，然後再來談他主修的歷史系的歐洲史教授。蔣廷黻說他當初進哥大研究所時，一般政治系或歷史系的學生莫不競相選修莫爾教授開的國際公法，當時他是國際著名的學者。莫氏對中國留學生非常友好，每年都到哥大中國同學會演講，日期通常挑選在十月十日雙十節，中華民國的國慶日。他也曾教過顧維鈞，很器重顧，顧維鈞在哥大讀書時，希望莫爾能幫他在哥大學生報 *The Columbia Spectator*（《觀察報》）上發表文章，由於莫氏推薦，顧維鈞不但在《觀察報》發表了文章，後來還擔任該報總編輯。莫爾說自從顧維鈞擔任總編輯後，《觀察報》的可讀性提高了。[1]

蔣廷黻上課時，莫爾已是一個年近花甲的老教授，教課少有變化，像一般大學教授一樣，第一天上課發一份授課大綱及一份參考書目，每次開場白總是說：「我們今天討論的自某頁至某頁止。」他總會問是否有人對指定閱讀的課程有困難？如果有，是否有人要問？十之八九無人發問，因為大家都沒有準備，有時他會說你們沒有準備，其實我所指定的課程是很有內容的，希望你們以後用心去讀，一派老教授溫良敦厚的口氣。如果有人提出問題，他就會從各方面旁徵博引滔滔不絕詳細解釋，蔣廷黻說這是他講課最精彩的部分，因為有內容、講得透徹趣味盎然，令人忘倦。

莫爾生於一八六〇年，卒於一九四四年，一八九一年來哥大任教，一九二四年離開哥大出任政府公職，初任國務院副國務卿，後任職國際法院。蔣廷黻是他在哥大最後一批中國學生。一九六六年美國郵政總局發行一套名人郵票，其中一枚面值最高的五元人像即是莫爾。

在哥大教政治學原理的教授鄧寧也是受人敬重的教授，他同時在政治系與歷史系開課，他大學部也在哥大唸的，是一八八一年級哥大校友，一八八五年在母校獲博士學位後，隨即留校執教。胡適也上過他的課。鄧寧公認為政治理論史的開山宗師，可是胡適晚年回憶說現在（一九五〇年代）看起來，鄧寧教授的學說已落伍了，但在胡適做學生的時候，他是一個先驅者。在他所著的討論上古和中古時期的 *History of Political Theories*（《政治思想史》）的第一版序裡，他就說在他之前的英語國家、德意志以及其他歐陸國家還沒有類似的著作。胡適說鄧寧「並不長於講授，但如今事隔四十餘年，仍然記得那位和藹而衰邁的老教授。在那一年的冬季，他每次上課時，先要在教室四周張望一下，然後把所有的窗戶都關閉好，又在他衣袋裡取出一個小帽子戴在頭上，這才開始講課。」[2]蔣廷黻上鄧寧教授的課時，他的年紀更大了，他的傳世之作《政治思想史》第三卷也已完成，名聲更大。也在這個時候，哥大來了一位三十歲不到的年輕教授，此即日後鼎鼎大名的費邊社大將拉斯基（Harold Laski）。蔣廷黻說他上午去聽鄧寧的課，下午去聽拉斯基。他們倆南轅北轍，不僅年齡相差一半，理論學說亦大相逕庭，教授的方法亦截然不同。拉斯基善雄辯，如長江大河一瀉千里，且記憶力驚人，上課時常喜歡引經據典，有時講一個問題如脫韁野馬。蔣廷黻說：「拉斯基教授以其雄辯滔滔的口才懾服了我們。」（《蔣廷黻回憶錄》頁七六）鄧寧與拉斯基正相反，年高德劭，雖然不善辭令，但不獨斷，也不太重視教條，僅提出對某些問題的看法。蔣廷黻說：「他認為：如果學生肯考慮他所提出的看法，加以深思的話，他們一定會瞭解政治學說的最終問題是政權的性質問題，政治家的最終目的是保護政權。在政權穩定的時候，大學教授似乎用不著強調穩定政治的困難。」蔣廷黻晚年回憶：「從那時起，我就感到有些國家的人民，連最低限度的穩定都做不到，而穩定政權、建立秩序乃是一國政治的基點。若干年後，我越認為鄧寧教授的見解是高明的。」（同上）鄧寧的學說對美國影響很大，特別是在南方，他同情南方黑人，卻支持南方軍，可是南方軍是反對黑人的，他的信徒後來成為共和黨骨幹。他是美國歷史學會（The American Historical Association）的創始人。

當時哥大社會系有一位很有名的教授吉丁斯，在哥大講社會學外，也授文化史，胡適在哥大時旁聽過他的課，印象彌深。胡適聽了他第一堂課後就未再去旁聽，但仍然欣賞吉丁斯的著作。（《胡適口述自傳》頁八七）蔣廷黻選修吉丁斯的課，他說吉丁斯授課可以說是一篇經過充分準備的演講稿，從不偷工減料。他講課很嚴肅，從不講笑話，不過有一次他從墨西哥度假回來，上課時對學生說，他在墨西哥有一個很愉快的假期，且有所收穫，這次旅行證實了他的基本學說——文明是從下層開始的。他說當他站在墨西哥街頭，看到那裡的女子穿著各式各樣的衣衫，但是她們的襪子都是相同的，多數人都穿絲襪，他說：「這足證文明是從下層開始的。」蔣廷黻說這是他上吉丁斯的課，僅有一次聽到幾近幽默的話。（《蔣廷黻回憶錄》頁七五）吉丁斯教授對蔣廷黻有直接影響。蔣廷黻晚年回憶說，聆聽吉丁斯在課堂講階級因素及區域地緣關係對他影響很大。蔣廷黻在博士論文的序言裡曾誌謝三位教授，他們對他在哥大求學時啟迪良多，影響很大，吉丁斯是其中之一，其他兩位都是教授歐洲史學的教授沙帕爾（William R. Shepherd）及海斯（Carlton J. H. Hayes）。

III

雖然蔣廷黻進哥大時，歷史系大名鼎鼎的畢爾德（Charles A. Beard）教授已走了，倡導新史學鼻祖的名史家羅賓遜（James Harvey Robinson）也於蔣廷黻進哥大那一年秋季辭職到紐約下城去創辦 The New School for Social Research（社會研究新學院，現已改為 New School University）。羅賓遜的歷史學基本觀念是歷史過程不只注意歷史上的政治事件，也應注意歷史上同時發生的社會科學及人文發展過程。他的課很叫座，很受學生歡迎，普通一般教室容納不下。胡適在哥大唸書時，羅賓遜還在。據胡適晚年回憶，他對羅賓遜推崇備至，他說在哥大讀書最大的遺憾是沒有選修羅賓遜教授開的「西歐知識階層史」（Outline of the History of the Intellectual Class of Western Europe），這門課是在研討各時代西歐文明的思想史和文化運動史，他聽了羅賓遜這門課，看了他的綱領後，益使他崇仰羅氏不已。[3]

畢爾德教授當時在哥大算是最負盛名的史學大師。他以 *An Economic Interpretation of the Constitution of the United States*（《美國憲法之經濟詮釋》）著稱於世，不過此書於一九一三年問世時舉國為之大譁，大家（包括巴特勒校長在內）都認為他是異端、過激分子，因為他以經濟史的觀點來詮釋美國憲法，對美國開國先賢有激烈的批評，結果為十手所指，指責他褻瀆聖賢。一九一七年他因哥大解聘了兩位反對美國參加歐戰的教授，憤而辭職，其實他自己還是主張參戰的，如僅以學術上成就而論，後世論畢爾德的貢獻及其影響與同時代的拓疆主義史學大師端納（Frederick Jackson Turner）相提並論。[4]

蔣廷黻雖然無緣受業於畢爾德及羅賓遜兩位大師，但那時歷史系仍然人才濟濟。他晚年回憶說，在哥大歷史系有兩位教授令他敬仰，一位是沙帕爾，另一位是海斯。這兩位名師對蔣廷黻影響最大，現在我們先談沙帕爾，然後再談海斯。

沙帕爾教授是羅賓遜的得意門生，一八九六年在哥大取得歷史學博士學位後即留在母校執教。他是著名的拉丁美洲史專家，拉丁美洲史在二次世界大戰以前屬於歐洲發展史的一部分，故他在哥大初授「歐洲發展史」這門課。[5]蔣廷黻上了他的課認為他的理論是無可否認的，但「他的觀念使我終生感到不安」。（《蔣廷黻回憶錄》頁七六）為什麼使他終生不安，蔣廷黻沒有講，很可能是因為達爾文主義（Darwinism），用現在的術語來說，沙帕爾應屬於右派。不管怎樣，蔣廷黻對這門課甚感興趣，但對教授所講的歐洲人對外發展過程中的倫理價值起了懷疑。由於自十六、十七、十八世紀歐洲人向外發展的結果，蔣廷黻不禁要問「西班牙人佔領南美，英國人統治印度，以及十九世紀末歐洲人瓜分非洲，是對還是錯？」（同上）有趣的是，沙帕爾在課堂上從未用過「帝國主義」這一名詞，對於歐洲人向外擴張的倫理觀念，無從窺知。他從未討論過帝國主義的問題，但他不斷討論歐洲人的海外擴張。因為中國是歐洲帝國主義的犧牲者，所以蔣對沙帕爾的課甚是好奇，他一直在思考，歐洲人向外拓殖對當地土著是禍是福？要找出這個答案，必須要聽他的課看他所推薦的書。蔣廷黻一直為這一問題所困擾，但當他讀了英人霍布生（John Atkinson Hobson）的《帝國主義研究》（*Imperialism: A Study*）一書後便茅塞頓開。可是三十年後蔣廷黻重讀霍布生的《帝國主義研究》，有了新的發現。他在日記上記載：「此書刊佈於一九〇一年，當我在哥大讀書的時候對我影響很大，我有一個錯覺，現在我認為我那時頭腦太簡單，而忽略了霍布生的兩個對於工業社會具有建設性的建議，而誇大了市場與原料。」然後他說：「我發現霍布生是一個具有嶄新理念的思想家，在循 Cobden 與 Bright 的經濟傳統，他的經濟理論超過了穆勒（John Stuart Mill）、李嘉圖（Ricardo）。在某些方面他是凱因斯（Keynes）經濟理論的先驅者。」（蔣廷黻日記 4/29/1952）[6]

霍布生是英國經濟學家，生於一八五八年，卒於一九四〇年。他出身牛津，一生勤快，著作等身，一共出了五十三本書，第一本書於一八八九年問世時他才三十歲，最後一本刊於一九三八年，已是一個八十老翁矣。《帝國主義研究》出版於一九〇二年，計三百五十九頁，共分兩部，第一部講經濟帝國主義，第二部講政治帝國主義，從羅馬帝國、鄂圖曼帝國到大英帝國。他在書中毫不遲疑地指出帝國主義是不道德（immoral）的，且無此必要（unnecessary）。他對英人在北美洲消滅印第安人大張撻伐，深痛惡絕。這本書使霍氏名滿天下，對後人影響很大。蔣廷黻在回憶錄中說：「後來我發現這本書對印度的尼赫魯也產生重大影響。」（頁七七）其實這本書不僅影響了尼赫魯，也影響了列寧、布哈林（Nikolai Bukharin）、漢娜・鄂蘭（Hannah Arendt）、蔣廷黻，以及當今的喬姆斯基（Noam Chomsky）和已故的委內瑞拉總統查維茲（Hugo Chavez）。後人常從這本書來痛詆二十世紀日本帝國主義的兇惡殘暴及蘇維埃共產帝國主義的陰森恐怖，以及今日美國帝國主義的蠻橫霸道。

蔣廷黻是國人中從學術角度去研究帝國主義的第一人，他的博士論文即以英國帝國主義對內及對外的政策為題，他是研究帝國主義的專家當之無愧，這是他從哥大沙帕爾教授處得來的知識，但他沒有照單全收，他對帝國主義有自己的看法。他的看法大致像他在博士論文中所說的，英國工黨政綱合作方式或日後像國際聯盟時代的「代管制度」（Mandate System），或像聯合國憲章中所包括的「託管制度」（Trusteeship System），使歐洲拓殖成為一種臨時現象。帝國主義是很複雜的，很多人認為資本主義就是帝國主義，其實不然，資本主義可以成為帝國主義，也可以不成為帝國主義。他要我們不要把帝國主義看得過於簡單，以為世界上沒有資本主義，就沒有帝國主義，他說七百年前蒙古人滅宋建元朝，蒙古人在中國沒有什麼資本可投，他們沒有工業，當然不需要在中國找原料或市場，但他們侵略中國遠在近代資本主義國家之上。滿洲人滅明建大清帝國，亦復如此。蒙古人、滿洲人在中國不是行帝國主義嗎？在西洋方面，中古的阿拉伯人以武力推行回教，大行其宗教帝國主義；十八世紀法國革命後強迫他人接受法人崇尚的自由平等博愛，大行其革命的帝國主義；一九一七年俄國革命後，蘇維埃向世界推銷其共產思想的帝國主義。所以就我們所知，歷史上各種政體，君主也好、民主也好；各種社會經濟制度，資本主義也好，共產主義也好，封建主義也好，都有行帝國主義的可能。最後他說：「照我看來，人類的末日才是帝國主義的末日。」[7] 當他於一九三三年返國時，全國上下瀰漫著反對帝國主義和取消不平等條約的口號，他常回想沙帕爾教授授課的內容，他說：「但我一直不能像別的國人那樣仇恨帝國主義。」（《蔣廷黻回憶錄》頁七八）他的理由很充分，他曾說過：「一切的有作為的、向上的民族都在那裡求自己的政治、經濟文化勢力的膨脹。古代如此，現在亦如此。倘甲的勢力膨脹與乙的相等，如日美、日俄、英美、法德等國之間，甲乙的關係就是平等的，通常的國際關係，我們不說甲乙之間有帝國主義存在。萬一甲的勢力膨脹過於乙的，如列強與中國之間，那麼帝國主義自然而然的就來了。這是一種天然現象，無所謂善惡。如要談惡和責任，那麼強者與弱者是同等的須負責。我們只能求我們的膨脹與外來的膨脹抗衡，不能求外來的膨脹的取消。取消或限制任何民族的膨脹就是取消或限制他的生活，這是根本不可能的。不求自己的膨脹，而徒怨天尤人、咒罵彼帝國主義者，這是自暴自棄，更加招人鄙視和壓迫。」[8] 後來有一次蔣廷黻在南京市政府總理紀念週上演講，他說得比較具體，他說一個國家猶如一個人的身體，如身體健康強壯，則病魔就不會侵入，「病魔」者即帝國主義也。最後他說「是以打倒帝國主義，惟有大家努力」，把國家建設得強盛起來，不然「徒托空言，則帝國主義永無打倒之希望」。[9]

在哥大，蔣廷黻另一重大發現是海斯教授，海斯也是羅賓遜的高足，他像畢爾德及沙帕爾一樣是哥大訓練出來的大史家。但他與前者不同的是，他大學部也在哥大唸，他於一九〇七年在哥大得了博士學位後，即留校執教，前後達半個世紀之久。他一八八二年生於印第安那州，十八歲進哥大讀書，一九六四年（八十二歲）病逝紐約，除了一九四三年出任駐西班牙大使至一九四五年辭大使職重返哥大執教，他的成年都在晨邊高地（Morningside Heights）哥大校園裡度過。

海斯在哥大不僅是傑出的教授，也是一個第一流學者，他在哥大主講「近代歐洲政治社會史」及「民族主義發展史」，研究主題是族國主義。[10] 蔣廷黻進哥大時，海斯已是歷史系嶄露頭角的大牌教授。蔣廷黻拜他為師，後來成為他博士論文指導教授，他在海斯門下也學到很多東西，除了族國主義外，海斯使蔣廷黻瞭解十八世紀下半葉工業革命後對近代歐洲的重要性。因為工業革命，社會本身起了很大的變化。在工業革命前是手工業時期，英國生產品運到外國的不多，拿破崙戰爭後，英國亟須爭取海外市場。質言之，工業革命前後的社會是截然迥異，工業革命前的放任主義，在工業革命後已不適用了。衡諸歷史演變，海斯指出德國在俾斯麥時代和後來英國的勞合．喬治（David Lloyd George）社會立法是順應時代潮流的產物，是很高明的，海斯的政治立場如用現代術語來說是左傾的。蔣廷黻於一九四三年秋天赴華盛頓出席聯合國善後救濟會議（即後來的聯合國善後救濟總署），此行在美國稍久，前後有一年餘，時羅斯福當政，他很留心羅斯福的新政，發覺時人對羅斯福的社會安全措施有所批評，他大感驚奇。在蔣廷黻看來，如果羅斯福不能或不應從事俾斯麥於一八八〇年代在德國，以及勞合．喬治於一九一〇年代在英國所推行的社會立法，那是十分荒謬的。（《蔣廷黻回憶錄》頁七八至七九）俾斯麥及勞合．喬治在上述相關時期的社會立法，也是蔣廷黻博士論文中所關注的。

蔣廷黻由於海斯及沙帕爾兩位教授的啟示，決定博士論文為"Labor and Empire: A Study of the Reaction of British Labor, Mainly as Represented in Parliament to British Imperialism Since 1880"（勞工與帝

國：關於英國工黨，特別是工黨國會議員，對於一八八〇年以來英國帝國主義的反應研究），內容是討論英國工黨的內政與對外政策。蔣廷黻發現英國工黨在高度工業化和純帝國主義的國家中，能以某種方法建立一種國際組織。工黨的政綱認為，如果英國放棄舊的統治觀念而代之以合作，必能保持其原有的偉大與光榮。易言之，代之而起的是以互惠合作為基礎，使雙方受益。蔣廷黻對工黨的政策甚感快慰，頗有「深獲吾心」之感。題目定後他即著手撰寫論文。

一九二一年春天，蔣廷黻在哥大已修完各項所需功課並考完資格考試，正在撰寫論文。有一件意想不到的事件來打岔，此即美國召開華盛頓會議。這年夏天美國東部各大學中國留學生在康乃狄克州 Hotchkiss 湖邊召開一個夏令營，有兩百多名學生參加，蔣廷黻擔任大會主席。在此時（八月間）美國政府宣佈召開與太平洋海權有關的九個國家參與的海軍裁軍會議，定於是年十一月十一日第一次世界大戰休戰紀念日在華盛頓揭幕。這個會議旨在裁減海軍，這幾乎與中國毫無關係，雖然中國北自旅順大連、南至海南島，海面遼闊，但中國事實上無海軍可言，列強爭議要限制海軍軍備，這對中國也無任何影響。但中國留學生最關心的是在會議中也討論了一些中國問題：如租借地、關稅自主、領事裁判權及山東問題，關於這些問題，中國人及留學生的看法是一致的，大家都希望收回租界地，關稅自主，廢除領事裁判權及在山東德國的權益應歸還中國。但北京政府對此漠不關心，此時除北京政府外還有廣東政府，有若干派系不顧國家利益，反而在中國人之間以私人恩怨相互傾軋。美國夏令營大會有鑒於此，乃組織一個中國留學生華盛頓會議後援會，以五四口號「外爭主權，內除國賊」為宗旨，從事活動，出版刊物，並到處奔走，蔣廷黻是學生領袖，除擔任主席外並為英文刊物編輯。[11] 中國要靠留學生努力收回失去的主權與利益當然不可能，但華盛頓會議後照蔣廷黻的說法：「我們可以說：偏頗的威爾遜總統在巴黎對中國的承諾，在華盛頓會議中根本未予兌現，儘管中國在關稅、租界、治外法權等方面收穫不大，但在恢復主權方面，華盛頓會議卻是重要的一步。」（《蔣廷黻回憶錄》頁八三）

華盛頓會議對中國來說收穫不大，但對蔣廷黻私人來說獲益良多。華盛頓會議召開時，中國官方代表均出席，另有兩位民間代表，一為北大教務長蔣夢麟，另一為青年會總幹事余日章。蔣廷黻與青年會關係淵源有自，故他臨時兼任余日章的祕書，因此可以參加華盛頓會議，看到會議進行的細節，此外如在外交宴會或酒會上有機緣會晤各國顯要，親接謦欬，備承教益，印象深刻的計有中國駐美公使施肇基、駐英公使顧維鈞；外賓洋員如福開森（John Ferguson）博士，他是著名的中國藝術權威，當時擔任北京政府徐世昌的顧問，此外有霍布金斯大學政治學教授韋羅壁（W.W. Willoughby），他在中國代表團裡做文書工作，還有芮恩施（Paul S. Reinsch），在威爾遜總統任內任美國駐華公使。蔣廷黻說他在這種場合學了很多外交禮節，這是很難得的機會，也是很寶貴的經驗。蔣廷黻晚年回憶說：「我在宴會、茶會等各種場合見到他們及一些其他的人，我聽他們談到他們的經歷。華盛頓會議使我這個研究生獲益匪淺。」（《蔣廷黻回憶錄》頁八四）

蔣廷黻為了參加美東夏令營及華盛頓會議，撰寫論文耽誤了半年。他的論文終於在一九二三年一月十日殺青，後由哥倫比亞大學出版部印行。在那個時代——即胡適及蔣廷黻等人唸博士的時候，博士論文一律刊印成書，始可授予學位。[12]蔣廷黻論文出版的這一年（一九二三年十二月）英國大選，保守黨失敗，鮑爾溫（Stanley Baldwin）下台，但沒有一個政黨在議會過半數，結果自由黨與工黨攜手合作組織聯合內閣，由工黨黨魁麥克唐納（Ramsay MacDonald）任首相。這是工黨第一次組閣。麥克唐納的一切措施均因襲勞合．喬治，蕭規曹隨。工黨本身本來有一部分反對英國帝國主義，但工黨上台後卻對帝國主義絲毫沒有放鬆，使當時開明人士大失所望。聯合內閣只有八個月，麥克唐納即下台。工黨於一九二九年重新執政，為時甚暫，一九四五年七月英國大選工黨大勝，艾德禮（Clement Attlee）出面組閣，大力推行工黨政策，如鋼鐵國有、社會立法、醫藥保險等，大英帝國即在艾德禮執政時開始瓦解。稍後法國海外殖民地亦紛紛獨立，這是近代歐洲發展史上的巨大變局，我們未曾看到蔣廷黻對這一大變局有任何評論，甚為遺憾（日記中也沒記載），他的回憶錄只寫到抗戰初期「戰爭的考驗」一章即病故，誠屬可惜。

蔣廷黻獲得博士學位後，離美返國前接到一份聘書，聘他到天津南開大學教西洋史，隨即於是年春天返國。

---

1. 顧維鈞（1887-1985）為中國早期留學生中佼佼者。一九〇四年進哥大，一九〇八年畢業，一九一二年獲博士學位。在哥大讀書時，除擔任《觀察報》總編輯外，還參加哥大田徑隊及辯論會，代表哥大與康乃爾大學的庫克（Eli Cook）辯論，顧維鈞擊敗庫克，這個消息，當時在哥大校園裡是頭條新聞。顧維鈞在哥大完成學業歸國，擔任袁世凱總統的英文祕書，《紐約時報》曾有報導，詳見一九一二年四月一日《紐約時報》。
2. 《胡適口述自傳》，唐德剛譯註，臺北，傳記文學出版，一九八一年，頁八八。
3. 《胡適口述自傳》，頁八六。關於羅賓遜生平請閱 Luther Virgil Hendricks, *James Harvey Robinson: Teacher of History*, New York, King's Crown Press, 1946.
4. 關於畢爾德及端納的貢獻及其影響，請閱 Richard Hofstadter, *The Progressive Historians: Turner, Beard, Parrington*. New York, Knopf, 1969. 及 Lee Benson, *Turner and Beard: American Historical Writing Reconsidered*. The Free Press, 1965.
5. 因為拉丁美洲是西班牙人及葡萄牙人拓殖的結果，這很像從前非洲史算作歐洲發展史的一部分一樣。近讀海斯的 *A Political and Cultural History of Modern Europe*（近代歐洲政治文化史），在這兩鉅冊歐洲史（分別出版於一九三八及一九三九）裡，不僅包括北美、拉丁美洲及非洲史，也包括了亞洲史，因為西方史家的世界觀是以歐洲為中心。
6. Richard Cobden（1804-1865），十九世紀英國激進派政治家。John Bright（1811-1889），十九世紀英國自由主義者，他與 Cobden 聯合反對 Corn law，Corn law 是限制進口糧食來保護英國本土農民。李嘉圖（David Ricardo 1772-1823），英國古典經濟學家。穆勒是十九世紀英國政治經濟思想界的重鎮。凱因斯（John Maynard Keynes, 1883-1946）是二十世紀英國最有影響力的經濟學家。

7. 蔣廷黻，〈帝國主義與常識〉，原載《獨立評論》第七十一號（一九三三年十月八日出版）及蔣廷黻著《中國近代史》，香港上海書局，一九七三年翻印本，頁七二至七三。在他博士論文序言中亦有申述。

8. 蔣廷黻，〈帝國主義與常識〉。在早期留美知識分子中對帝國主義的看法並不是完全一致的，如胡適與蔣廷黻看法相同，但陳衡哲則否，她（陳）對美國佔領菲律賓曾予嚴厲的譴責。

9. 蔣廷黻，〈何謂帝國主義〉，南京《中央日報》（一九三六年四月十四日）。

10. 海斯的著作多為歐美各大學做為教本。抗戰時期中國龍門書店曾予翻印，為戰時大後方各大學所採用。

11. 羅家倫，〈壇坫風雲——憑弔蔣廷黻先生〉，臺北《傳記文學》第八卷第一期。

12. 蔣廷黻的論文"Labor and Empire"計二百四十頁，當時售價三元二角五分。在網路上現在還可以買得到，售價三十美元。

第五章 南開

1923
—
1929

天津南開大學創於一九一九年，最初由南開中學發展而來。在天津，南開就是張伯苓，張伯苓就是南開。張伯苓本是海軍軍官，一八九四年自海軍退役，在嚴修（字范蓀）家任家教，嚴曾在遜清末葉任學部侍郎（相當於現在教育部次長）。張在嚴家私塾教的不錯，後來學生人數越來越多，這所私塾就從嚴家搬出來，搬到他自己家裡，漸漸變成張伯苓的學校，而不再是嚴修的私塾了。

蔣廷黻到南開執教時，南開尚有男子中學，學生約一千人，南開大學即借用南開中學的校舍，大學部有兩百多名學生、十九位教員。後來南開又設立一女子中學。張伯苓一直想將大學部遷出來獨立門戶。他在天津郊區八里台找到一大片空地，其中部分是沼澤地，部分是農田，慢慢地擴建起來，終於成為美麗的南開大學校園。當時軍閥割據，大多數國立大學教授的薪水發不出來，於是教授常缺課，到別處去兼課，在南開沒有這種情形。張伯苓對教授待遇都照規定付酬，所以一切都上軌道，不出十年，南開在不屬任何教派的私立大學中是辦得最好的一所大學。抗戰時期南開與北大、清華在湖南長沙合併為臨時大學，後來臨時大學內遷到昆明，更名為國立西南聯合大學，西南聯大在戰時後方是辦得最好的一所大學，勝利後南開大學改為國立。

II

南開是蔣廷黻歸國後的第一站。初到南開時，二十八歲，是剛從美國回來的新科年輕博士，他學識淵博、教學認真又埋頭苦幹，張伯苓很器重他。蔣廷黻是有雄心的，南開是他磨刀的地方，很想在南開一顯身手。一九二三年度蔣廷黻在南開開了三門課，計有「西洋通史」，用的課本有兩種：Breasted: *Ancient Times* 及 Robinson: *Medieval and Modern Times*；另外一門課是「一百五十年來之歐洲」，採用的課本是Bourne: *The Revolutionary Period in Europe* 及 Schapiro: *Modern and Contemporary European*

History；還有一門是「近代歐洲經濟史」，課本是 Ogg: *Economics Development of Modern Europe*；以上三門課均是一個學年度每週三小時（三個學分）（根據一九三二年八月號《史地學報》國內外五大學歷史學程一覽表，轉引自李春雷〈留美生於民國時期的歷史教育〉，刊於《歷史教育》二〇〇六年第十一期）。據後來在臺北做過經濟部長的張茲闓回憶，他是蔣廷黻在南開的學生，選修過蔣廷黻的「帝國主義擴張史」，也是三個學分的課（張茲闓〈師生之間〉，《傳記文學》第二十九卷第五期，每月人物蔣廷黻專題座談會上發言稿）。他在南開教西洋史，除認真授課外，並著手介紹西洋名著，同時也開始整理與研究中國近代外交史。

他在哥大讀書時，業師海斯有論述民族主義短論集，題為 *Essays on Nationalism*（族國主義論叢）。蔣廷黻說，海斯似乎把他所有的見解都納入這本書中，但該書並非與海斯在課堂上所講的相類同，可以看得出來此書是海斯嘔心之作，但蔣廷黻對老師的主張並不是全盤接受，他認為書中有些地方離題太遠，不適宜中國。蔣廷黻說中國是一個半專制半民主的國家，當然希望能建立一個民主國家，並希望海斯的書有助於中國走向民主政治。他在回憶錄中說：「目前精神基礎已經建立了，只是組織架構尚待完成而已。另一方面，我認為海斯對民族主義的論文，如果能在中國開出第一朵民族主義的花朵，則可使中國民主組織架構順利而自然的趨於完成，否則就建立不起來。」（頁七九）蔣廷黻甚喜此書，故他一讀再讀，他尚在哥大讀書時就有一個願望，一俟返國，需盡速將此書翻譯成中文。

蔣廷黻在南開時與學生合作將海斯這本書譯成中文，一九二八年由商務印書館出版，書的中文譯名為《族國主義論叢》，由胡適題簽，海斯在中文譯本裡有一篇英文序言，蔣廷黻也有一篇譯者序言，說明這是他和學生合作翻譯外，特別指出：「我雖明知族國主義缺點，我確以為中國人的政治精神病惟族國主義的精神藥能醫治。同時我願意承受海斯教授的勸告；中國應圖主權及土地的完整，雖不應行反國際主義的政治經濟或教育政策。中國若欲自強，必須有國際的同情與協助，這是反國際主義的政策所不能謀得的。」他又說：「怎樣能收族國主義之利而免其弊，怎樣能促進世界和平及國際正誼，而免國際主義的虛浮和幻想，是值得注意研究的。」

海斯《族國主義論叢》譯本出版後很暢銷。

III

他在南開教西洋史，除認真授課外，也著手介紹西洋名著，此外也開始整理與研究中國近代外交史。蔣廷黻去世後，有人說他是中國近代史開山始祖，或說他是中國外交史專家，其實他做這種工作是在南開開始的。他在哥大時即對中國外交史感興趣，但做這種工作是在他歸國後。他甚心儀摩爾斯（H. B. Morse），他是美國人，一八七四年哈佛畢業後在中國海關做事，一做便做了三十五年，退休後隱居倫敦近郊。他的鉅著 *The International Relations of the Chinese Empire*（《中華帝國對外關係史》）三巨冊，在當時研究中國鴉片戰爭後對外關係算得上一部標準的讀物及必備參考書，這部書是依據英國藍皮書和美國對外關係檔案寫成的。如果只就英美西方材料來說，當然無懈可擊，但僅根據藍皮書及美方資料是不可能寫出一部傑出的中國外交史，因為摩爾斯的著作引證材料有不可彌補的缺點，易言之，這部書是片面的，因此蔣廷黻雄心勃勃要寫一部根據西方資料也根據中國方面——清宮檔案——的中國近代外交史，即西洋人所說的 Magnum opus（傳世之作）是也。他自美國回來在南開教書時，即開始著手蒐集中國方面的第一手資料，這種工作是無止境的，而且材料非常豐富。

在南開時經費不是很充裕，但校長張伯苓仍肯撥款讓他購買已出版的史料，故宮博物院允許他利用故宮珍藏的軍機處檔案，這些材料摩爾斯是沒法看到或無法利用的，而摩爾斯能看得到的西方資料蔣廷黻也看得到，也都可以利用，所以如果蔣廷黻要寫一部中國外交史當要比前人高出一籌。

蔣廷黻重視原料，他在南開所做的整理史料是初步工作，最大的成績是他編了一部《近代中國外交史資料輯要》，上卷於一九三〇年由上海商務出版，封面由蔡元培題簽。出版時他已離開南開就清華教職。他在序言中感謝張伯苓撥款購買史料，這部極有價值的第一手史料輯要，是他重視原料的結果。他在自序中開宗明義即說：「外交史，雖然是外交史，仍然是歷史，研究外交史，不是做宣傳，不是辦外交，是研究歷史。歷史學自有其紀律，這紀律的初步就是注意的資料，資料分兩種：一種是原料（primary source）；一種是次料（secondary sources）。簡略說，原料是在世的人關於所在的事所寫的文書或紀錄；次料是事外的人撰。原料不盡可信，次料非盡不可信。比較說，原料可信的程度在次料之上。所以研究歷史者必須從原料下手。」蔣廷黻極重視第一手史料，即所謂原料，這是治史的正途。至於他為什麼要編這本書，他在序言中說：「我編這書的動機不在說明外國如何欺壓中國，不平等條約如何應該廢除。我的動機全在要歷史化中國外交史，學術化中國外交史。我更希望讀者得此書後能對中國外交史作進一步的研究。」這本書上卷自鴉片戰爭開始（因他說過鴉片戰爭實是近代中國外交史的開始）至同治新政。後來他又編了一冊（中卷，一九三四年出版），初稿也是在南開時編的，付印當在九一八事變前後，而此書清樣本毀於一二八砲火，蔣廷黻手頭留下來的只是一份詳細目錄，後來根據目錄幾乎重新編過。中卷起自同治初年至光緒乙未年馬關條約為止。蔣廷黻在中卷自序說：「這三十五年在我民族史上佔何等重要地位！東西洋各國的使者初次群集於我們的京都，商人、傳教士、遊歷者走遍了全國；而我們的『欽差』亦遠到聖彼得堡、倫敦、華盛頓。這誠是李鴻章氏所謂古今中外之大變局。」我們應付這個「大變局」是「自強運動」，但甲午之戰不但是我們軍事失敗，也是我們「自強運動」的失敗，也是應付這個大變局的失敗，日本的成功即是近代化的成功。蔣廷黻很沉痛地說：「我們回想我們這幾千年的歷史，有哪一戰其重要可比得上中日甲午之戰呢？」

這部書雖是史料輯要，但都是原料，有永久性價值。蔣廷黻做的是編輯工作，但各章節起首編者所寫的引論有很多真知灼見，值得後來治史者、身居廟堂者深思參考。可惜這部極有價值的史料只出了上、中兩卷，一九三五年蔣廷黻離開清華，赴南京任官，就再也沒有回到學術崗位，所以這部書只止於中卷，沒有下卷，誠屬可惜！這部書對費正清影響也很大，日後費氏治中國近代史也編輯了很多類似的書。[1]

蔣廷黻在南開六年，努力工作的結果是什麼呢？他晚年回憶說：「研究外交文獻六年使我成了這方面專家。」（《蔣廷黻回憶錄》頁九七）這就是佛家所說「功不唐捐」。

1. *A Documentary History of Chinese Communism* by Conrad Brandt, Benjamin I. Schwartz and John King Fairbank. London, Allen & Unwin 1952. *China's Response to the West: A Documentary Survey, 1839-1923*, by Ssu-yu Teng and John King Fairbank, Harvard, 1954.

第六章 清華

1929—1935

在清華做了六年教授，
是我一生最愉快的六年，
而且在離開學校以後，
無論是在西南聯大階段或是在戰後的復校階段。
我都時常注意清華的演變及梅校長的苦心維持。

——蔣廷黻〈追念梅校長〉一九六二

清華是由美國老羅斯福（Theodore Roosevelt）總統於一九〇七年倡議退還庚子賠款，中美雙方協議，一部分賠款用於考選學生赴美留學，一部分用於在中國辦一所預備學校，這就是清華學校的由來。清華隸屬外交部，分中等、高等科，一共八年，所有畢業生一律官費保送赴美，插入美國大學一年級或二年級。一九二五年清華改制為大學，學生在大學部修業四年成績及格授予學士學位。一九二八年北伐初定，南京國民政府成立，任命羅家倫為校長，清華改為國立，為「國立清華大學」，隸屬於教育部。一九二九年秋，蔣廷黻應羅家倫聘請為清華歷史系教授兼系主任。初到清華時，他看到國家在廢墟上重建一所現代化大學，任重道遠，棖觸難免，但還是對清華抱著無窮的希望，現在把他的感想抄錄如下，他說：「大學後面，是圓明園（帝王夏宮）的遺址，該園毀於一八六〇年英法聯軍額爾金（Lord Elgin）和格洛（Baron Gros）的手裡。園內佔地幾百畝，有假山和人工湖。其中景物係由義大利建築師設計，義國建築師於十八世紀前五十年應乾隆皇帝之聘到中國來。當我在圓明園廢墟上漫步時，仍可看到大理石柱子、殘破的雕像、亭台樓閣、水池、人工湖的遺跡。漫步其間令人不禁興起許多感想。我一方面認為十七、十八以及十九世紀早期的帝王實在太奢侈太浪費了；另一方面認為英法聯軍將該園毀為廢墟也未免太野蠻、太殘忍了。現在清華大學在這座故園廢址上創立了，我衷心祈禱、祈求中國歷史中的新時代來臨，希望清華能促成這個新時代的早日降臨。」（《蔣廷黻回憶錄》頁一二一至一二二）

II

蔣廷黻到清華自有一番抱負。因為他是系主任，要整頓歷史系，要加強歷史系教授的陣容，一面網羅已有成就的學者，另一方面則積極訓練後進，使清華歷史系成為全國最充實的歷史教學中心，然而他是教授，也是學者，要繼續為研究中國外交史而努力。在這裡我們先談他改革清華歷史系的宏圖，再談他個人對中國近代外交史研究的成績。

民國初年的中國大學一切尚在草創摸索階段。一般學制都仿效英美，所開課程自然科學、工程或農科，外國留學生回國可以在大學開課傳授知識毫無問題。但在人文和社會科學方面就有很多問題，有時會有意想不到的困難。就拿政治學或政府組織來說，留美學生往往都嫻熟西方政治思想，比較憲法或英美地方政府講起來頭頭是道，學成歸國後可以在大學開課，教美國政府、西歐國家政府或西方政治思想史，從柏拉圖到當代的拉斯基都不會有任何困難，但不能教中國政治思想史。他們可以教倫敦、紐約或巴黎市政，但不能教北京、上海或廣州市府組織，因為在美國沒有學過。歷史系也遭遇到類似問題，因為留美學生沒有學過中國歷史，即使想學也無從學起，因為那時美國大學沒有中國歷史的課程。蔣廷黻在哥大歷史系唸的就是近代歐洲史，羅隆基在哥大的博士論文是研究英國的議會政治即是一例。[1]

在西方國家關於歷史學這門知識，經過幾百年來徹底研究，大都有一套科學方法來處理能為大家所接受的歷史知識。在蔣廷黻看來，中國雖有豐富的資料，除了日期和姓名外，沒有一種大家都認為正確的資料，很多人重複前人的工作，他認為這是一種浪費。（《蔣廷黻回憶錄》頁一二四）他在清華想找一位教漢代史的學者，大家都認為楊樹達是最適當的人選，因為他是漢史權威。他曉得《前漢書》和《後漢書》的各種版本，但他對漢代四百年間政治、經濟和社會變遷似乎沒有全盤瞭解，他說書中從未討論過這類問題，他也從未思考過這類問題。因此蔣廷黻對中國傳統的治史方法不甚滿意。他認為史學家往往治史書而非治史，以致一個人熟讀史書或專治一部史書，對版本訓詁有所鑽研，但對歷史真相反而無所得，這不是治史的正途。他說：「本來版本鑑定的目的是要找到一本權威書籍，某一本書其所以能有價值是因為它能使我們獲悉某一時期、某一階段我們國家的實際情形。但是這個目的反而被人漸漸給忘了，人們變成為研究版本而研究版本，為研究古籍而研究古籍了。此種研究歷史的方法現在已經落伍、不能再繼續下去。我們不能再把時間繼續浪費在這方面。」（《蔣廷黻回憶錄》頁一二四）

蔣廷黻以前曾說過這個弊端，以往我國史家以治某書始，以某書終，結果我們有某書的注疏考證，而沒有這一時期的歷史，因此有某書的專家，而沒有這一個時期或某一方面的專家，其實「治書盡是工具學。我們雖於工具務求其精，然而史家最後的目的是求瞭解文化的演變。所以清華的史學系，為要達到這個目的，除兼重西史及社會科學以外，設立課程概以一時代或一方面為其研究對象。」[2]

蔣廷黻在清華延攬了一批年輕教授代替原來的老教授。他對這些年輕的學者說，努力吧，去準備一門課，譬如說清史吧，你有興趣嗎？你知道清代的大問題嗎？努力吧，學校會給你參考書、助理人員和時間，但還是必須教一點其他課程，你願意教什麼都可以，但必須在兩三年內準備一門新的課程，他極力引導這批年輕學者用一套新的方法來治史。這樣做沒有引起任何麻煩或反對。如果不是因為抗日戰爭爆發，循此途徑繼續努力，蔣廷黻堅信十年、二十年後，清華歷史系一定會成為全國獨一無二、最好的歷史系。（《蔣廷黻回憶錄》頁一二五）

蔣廷黻要改革清華歷史系，推廣一點他建議改革政治及社會科學的基本觀念，常與同仁交換意見，他認為他們很幸運，他的意見及整套計畫得到校長及評議會的贊同，於是清華擬訂了一套完全適合中國學生的課程。他還說如果你有興趣比較一下清華在一九二九年（即蔣廷黻任教的那一年），到一九三七年（即抗戰開始那一年，清華與北大、南開內遷成立西南聯大時），你一定會發現課程方面有很大的改變。關於這一點，他晚年回憶說：「我認為是對中國教育的一大貢獻。我一直為此感到快樂，因為我在這方面曾略盡棉薄。」（《蔣廷黻回憶錄》頁一二五）

III

還有一種辦法改進清華歷史系的教學，他極力鼓勵一些優秀學生進研究所繼續研究他有興趣的題材。在國史方面，他希望每一個朝代都能有斷代史專家來授課；外國史方面，他特別注重中國兩個鄰邦——俄國和日本。一九三〇年歷史系裡尚沒有日本史、俄國史，以及蒙古、西藏、泰國和越南史專家。如果有學生對上述某一地區的歷史有興趣，他會鼓勵他讀相關語文，如果成績好，他會資送他到外國去深造，王信忠就是一個例子。王信忠在清華讀書時對日本史很有興趣，他利用中、日及英美資料寫過一篇有關甲午之戰中日戰爭外交關係的論文。清華送他到東京帝大深造，他在東京研究兩年，通過特別考試，回到清華任日本史講師。[3]

另一個例子是朱謙雲，他專門研究蘇聯歷史，從中英庚款得到輔助，到倫敦大學斯拉夫學院（School of Slavonic Studies）進修，後來又進蘇聯達帕達（Dorpat）大學。為了能在蘇聯多住幾年，他擔任中央社駐莫斯科記者。還有一位邵循正，他是元史專家，專門研究蒙古歷史，獲公費去巴黎研究波斯語及阿拉伯語，後回清華教書，抗戰時期執教於西南聯大，成為知名教授。

還有一位大名鼎鼎的明史專家吳晗。[4] 吳晗是胡適在上海中國公學的學生，後來轉學清華。吳晗家境清寒，沒有工作是無法唸下去的，胡適乃寫信給當時清華的代理校長翁文灝及教務長張準幫忙給他一個工讀機會，翁接信後在信上批語：「子高（即張準）先生，此事請與馮、蔣二君一商如何？」馮是指當時清華文學院長馮友蘭，蔣即蔣廷黻。一九三一年九月九日吳晗往見蔣廷黻時，蔣對吳晗說，專攻明史，關於工讀事將於下週校務會議提出，只不過是手續而已。後來校務會議通過了，吳晗的工作是整理大內檔案，每日工作不超過兩小時，月酬二十五元。吳晗見了蔣廷黻後曾函告胡適。胡適回信說：「蔣先生期望你治明史，這是最好的勸告。」不過「請你記得：治明史不是叫你做一部新明史，只是要你訓練自己作一個能整理明代史料的學者，你不要誤會蔣先生勸告的意思。」[5]吳晗在清華有了工讀機會，生活有著，可以安心讀書，既得名師指導，又肯自己努力，進步神速，當他於清華畢業時即為各方爭取。吳晗畢業那年，胡適在天津《大公報》（一九三四年六月二十四日）發表了一篇星期論文，題為〈贈與今年的大學畢業生〉，文中有這樣一段話：「在蔡元培先生主持的中央研究院裡，去年我看見傅斯年先生在暑假前幾個月就聘定了一個北大國文系將畢業的高材生，今年又看見他在暑假前幾個月就要和清華大學搶一個史學系將畢業的高材生。」胡適文中所提到的北大國文系將畢業的高材生，據毛子水先生說是丁聲樹，文中提到這位清華史學系將畢業的高材生即是吳晗。[6]吳晗畢業後留校任教，在清華及西南聯大時期，發表了很多很有價值的明史論文，奠定了他的學術地位，日後成為傑出的中國明史專家。蔣廷黻成了相馬的伯樂了。

吳晗在清華園時埋首書齋，勤於寫作，後來他的思想激進，抗戰時期在後方與聞一多等組民主同盟批評政府，這當然與胡適和蔣廷黻無涉，正如他常說的，讀書多了，「司馬遷、張良不能替我負責」一樣。但是吳晗到底是讀中國書的，畢竟知禮，一九五四及一九五五年大陸由「紅樓夢研究批判」引起的「胡適批判」，發動了文、法、理、農、工商等各行各業人士舉國動員批判胡適，過去胡適的一些朋友或受過胡適提攜幫助的人，都出來大罵胡適，鬧得鑼鼓喧天，可是吳晗一直三緘其口，他事後推說因為參加政府工作，公務繁忙。一九六〇年初，清華編撰清華校史稿時，他說清華的教授、學生在國民黨中當權的很少，有人提到蔣廷黻，他說蔣廷黻在國民黨政府中只是事務官，不是什麼了不起的大官。很明顯地到了晚年，吳晗似仍不忘學生時代胡適及蔣廷黻對他的幫助。頗費人猜度的是，在蔣廷黻回憶錄裡，他對吳晗這位「得意門生」為什麼隻字不提呢？怕給他麻煩嗎？[7]

這裡頗可一談，蔣廷黻對哈佛教授費正清在治史上的啟發。費正清何許人也？他是二十世紀下半葉在美國推動中國研究（China Studies）的一大功臣。費正清這個中國化的名字，是梁啟超的兒子梁思成取的，後來費正清一度改用「范朋克」。抗戰時期費正清奉派至重慶，途經昆明與梁思成重晤，梁即對他說，他的中文名字不用「費正清」而改用「范朋克」愚不可及。乃對他解釋「費正清」這個名字對他來說意義很深長，他說：「費」是從他的姓氏「Fairbank」而來，「費」是一個很普通的中國姓氏，而「正清」是代表「公正」與「清明或清高」，也是做為一個史學家所必須具備的。更重要的是，「正清」兩字與他的英文名字 John King 諧音，經梁思成這麼一解釋，就延用「費正清」這個中國化的名字，而且用了一輩子，還刻了一個很漂亮的陰文私章，看他的名字再看他的圖章，不曉得的還以為他是一個中國人。臺北情治機關一度還誤認為他是個留美學人。[8] 大陸上有人認為他是美籍華人，其實都不是，他是一個正統的美國白人（美國人稱之為 WASP）。時間久了，費正清在海峽兩岸的名氣很大，因他常在報刊上發表文章影響美國政府，比如他敦促美國政府承認中共，主張一個中國，臺灣是屬於中國的。因此他的名字深為臺北的中華民國政府所頭痛，說他是共產黨的同路人。因為他的政策變來變去，有時他對臺灣的政策為中共所不悅，因此也常為北京朝野所謾罵，說他是美國帝國主義的代言人。可是美國右派指責他為國際共黨，所以美國麥卡錫時代，他在精神上也蒙受一些折磨。其實他是一個徹頭徹尾的美國東部自由主義者，他的一切言行都是以美國本身利益著想，所以常遭海峽兩岸咒罵，他對學生說這是他的貢獻，也是他成功的地方。後來名氣越來越大，學者如胡秋原、黎東方、唐德剛等人，自抬身價，刻意巴結，稱他為費兄或費公者頗不乏人。其實這些人無論治學、辦事能力以及影響力，八竿子也摸不到費正清的邊。黎東方在一篇文章裡與費正清稱兄道弟之外，在學術上的「功夫」他（黎）欲與「費兄」試比高。照他的口氣，黎東方自認要比「費兄」高出一籌。[9] 唐德剛在《晚清七十年》裡，講到鴉片戰爭時，說費公仙逝「筆者至感悼念。因為打麻將要好搭子，下棋要有好棋友」。唐德剛的口氣好像費正清死了，他失去了一位在學問上的「麻將搭子」或是「棋友」，在紐約文人雅集小聚的餐會上，唐德剛也說過類似的話。

費正清很像傅斯年或他的「老師」蔣廷黻一樣，是一個能做學問也能辦事的學者，他一生勤快，在哈佛執教前後達四十年之久，今日費門子弟遍佈世界各地，正可謂桃李滿天下。他除了在哈佛訓練大批博士外，也做了不少事，比如創辦哈佛東亞研究中心，刊印東亞叢書。此外，也著書立說，一生寫作不輟。可是他年輕時研究中國近代史，面對清宮檔案，不知道如何著手，蔣廷黻曾悉心指點。

費正清是由他的業師韋勃斯脫（Charles Kingsley Webster）介紹而認識蔣廷黻，他於一九二九年自哈佛畢業後，獲羅氏（Rhodes Scholarship）獎學金，赴牛津大學深造。赴英不久，中國宣佈公開清廷外交檔案，費氏乃接受韋勃斯脫的勸告專攻近代中國外交史，這正好也是蔣廷黻的興趣所在。一九三一年費氏在牛津符合讀博士學位的規定，旋即啟程赴華進修，學習中國語文，他持韋氏的介紹信去見蔣廷黻，蔣時任清華歷史系主任，正在整理清廷外交史料，費正清在他的指導下開始研究《籌辦夷務始末》，以及如何運用清宮檔案。

研究清史有很多困難，清代以前的歷史，我人可以找到很多書目提要及劄記作參考，研究清史則不然，可供參考書籍不多，且檔案浩如煙海，一般有學養的史家尚且千頭萬緒，束手無策，何況一個才修畢研究所課程的洋小子，他當然不知從何著手。但費正清經蔣廷黻悉心指點，漸入門徑。除了學術外，蔣廷黻在經濟上也曾助他一臂之力。一九三三年費正清獎學金用罄，衣食難周，蔣廷黻乃延攬他在清華歷史系教書（費教「文藝復興」及「宗教改革」），解決了一時倒懸，使他安心讀書，順利地完成博士論文。一九五三年費正清把他的牛津博士論文 "The Origin of the Chinese Maritime Customs Service, 1850-1858"（中國海關的創建，一八五〇～一八五八）擴大成兩卷，書名改為 *Trade and Diplomacy on the China Coast: The Opening of the Treaty Ports, 1842-1854*（《中國沿海貿易與外交：通商港口的開放，一八四二至一八五四》），哈佛大學出版社出版。這部書是費正清的力作，書前的「誌謝」（Acknowledgment）特別提到他於一九三二年由羅氏基金會資助赴華，在蔣廷黻博士教導下如何運用清宮史料。出書後費正清寄贈一冊給蔣廷黻，蔣廷黻收到贈書那天在日記裡記：「That's all.」（就這樣啦）[10] 他認為幫助他不止這一點，意思有點不太滿意。蔣廷黻性子急，到了晚年，費正清沒有忘懷蔣廷黻早年對他的提攜援手之恩。一九七二年，周恩來邀請費正清重訪中國，一日費氏應邀至中國外交部講話，與會聽眾有男有女，大約九十多人。演講之前，講了一段開場白，費正清以一個學生的身份感謝恩師蔣廷黻早年幫助他學中文，如何運用清宮檔案，使他對清史漸入門徑，感激之情，溢於言表，聽者動容。而這些高幹竟忘掉這位「洋客」所講的恩師即是幾十年來一直在聯合國任中華民國政府常任代表、阻止中共進入聯合國的蔣廷黻。在文革末期費正清敢在北京講這種話是要有點勇氣的，他之所以敢這樣講，他在回憶錄裡說，他認為中國人有愛敬師門的傳統，相信今日聽眾是中國人第一，共產黨第二，不會介意的。事後費正清說他的判斷是正確的，惜此時蔣廷黻已去世七載，墓草久宿矣！嚴格來說蔣廷黻算不上是他正式課堂授業的老師，或可算是私淑弟子。蔣廷黻似乎從未說過費正清是他的學生，一直把他當朋友看待，但是費正清把蔣廷黻當做啟蒙老師，在很多場合均說蔣廷黻是他的 mentor。

一九八二年，費正清出版了他在中國以及他如何開始研究近代史的回憶錄，書名為 *Chinabound: A Fifty Year Memoir*。據傳當年出版後，許多費氏門生故舊捧了書本先找索引，看看有沒有自己的大名。遺憾的是，費正清惜墨如金，令很多人失望，只提到他幾位得意門生，如 Arthur Wright 夫婦[11]、史華茲（Benjamin Schwartz）、李文遜（Joseph Leaveson）。他的中國學生只提到劉廣京[12]、鄧嗣禹等兩位大弟子。可是費正清回憶錄第七章有一專章講蔣廷黻，題為「T. F. Tsiang and Modernization」（蔣廷黻與現代化），講到蔣廷黻早年生平，大致是根據蔣廷黻在哥大的英文口述歷史，但蔣廷黻離開清華參與政府工作後，費正清輯錄了蔣廷黻於一九三五年十二月二十一日在南京寫給他的一封很富感情的信：「你可能會驚奇我已經換了工作，我不相信我會離開清華到南京來。但我認為這個工作如盡我心力去做的話，這是一個很重要的位置，所以我接受了。」他說這裡工作很忙，忙個不停，「我深怕在你與夫人回美國之前不能看到你們。但不要因為地理上或職業上的間隔而阻礙我們的友誼。我希望永遠保持著我們是親密的朋友。」[13] 綜觀蔣廷黻與費正清一生，從壯年、中年及至晚年，始終保持著「親密的朋友」。從蔣廷黻日記來看，無論在哪裡：重慶、上海、紐約、波士頓、華盛頓或臺北，他們有機會就會聚首「話桑麻」。蔣廷黻去世前一年，即一九六四年春天，回臺述職，費正清剛好也在臺北，四月十八日在南港中央研究院近代史研究所一個小型座談會上，午餐時兩人坐在一起，一直討論如何想辦法為近史所募一點錢。（蔣廷黻日記 4/18/1964）一九六四年蔣廷黻最後一次返臺，蔣介石父子對他甚是冷淡，原因很多，但是蔣廷黻與費正清的「親密關係」當是因素之一。

IV

蔣廷黻在清華歷史系除教導學生，並大事改革，成績斐然，有目共睹。據陳之邁說，他在清華讀書時教西洋通史是美國人麻倫（Carroll B. Malone），教中國通史的是陸懋德。一九二五年改制後加聘了錢端升、劉崇鋐教西洋史，後來劉崇鋐加授日本史。當陳之邁一九三四年自美國學成歸國回清華任教時，歷史系的「氣派就完全不同了。」一九三五年蔣廷黻離開清華時，歷史系的陣容為：中國通史及古代史為雷海宗，隨唐史為陳寅恪，元史為姚從吾及邵循正，明史為吳晗，清史蕭一山，中國近代史及近代外交史為蔣廷黻；西洋史為劉崇鋐、張貴永，日本史為王信忠，俄國史為萬邦福（Michael Gapanovitch，俄國人）。陳之邁說：「這個歷史系的陣容堪稱當時海內第一，我想是沒有多少疑問的。」[14] 蔣廷黻來清華時，期望歷史系有人教俄國史及日本史，在國史方面能有人教斷代史，這是他遠大的理想，而竟在這短短幾年中實現了大部分，這是值得欽佩的。

他自一九二九年到清華，除整頓歷史系外，還利用餘暇繼續做中國近代外交史的研究。他先從搜購外交史料著手，特別注重原料。因為經費十分充裕，他為清華購買不少史料。清華改為國立大學後，經費編入教育部預算，像其他大學一樣，每年由國庫支付。但有一點其他大學望塵莫及，即清華還有美國退還的庚款，每年有四十萬美元，所以經費甚為充裕。拿歷史系來說，錢多好辦事，如魚得水。不像在南開，蔣廷黻常向圖書館建議購買某些檔案或第一手史料，但礙於經費，想買也買不起，這種情形在清華不會發生。當時故都北平還有不少清末權臣的後裔，家中藏有許多珍貴史料，如私人的來往函牘。在北平蒐求古董的人很多，大家都喜購買書畫、陶瓷或善本書，但對於私人文件、讀書筆記則很少有人過問，蔣廷黻對這些函牘特別感興趣，故為圖書館買了不少這樣寶貴的檔案。由於中國局勢不穩，屢遭兵亂，有些老衙門裡的檔案沒人管，都待價而沽。因為清華有錢，蔣廷黻還為清華購買甚多軍機處和海軍方面的檔案或其他第一手史料。他常去逛琉璃廠舊書舖，時間久了，書商都知道他是一個好主顧，特別看待他，如果蔣廷黻要找的書他們沒有，就會寫信通知全國各地同行代找。蔣廷黻購書是有計畫的，但也只側重在個人興趣方面——外交史，即鴉片戰爭以後清廷對外關係上。他在清華圖書館裡有一個小房間，算是接待書商的 office（辦公室），每星期三上午九時至十二時，接見琉璃廠來的書商，他們每人給一張書目單，單上列有書名及作者等項目，讓他挑選，如果蔣廷黻對某些書有興趣，他會交代圖書館相關負責人去審查、估價。故每星期三上午書商在他 office 外面走廊上排成一條長龍，每人都帶著他們要出售的書單，這已成了一個慣例，我想蔣廷黻看到這一排排的書商是很得意的，一本書能到大學圖書館是一件幸事，蔣廷黻做這種工作具有永久價值，嘉惠後學豈淺鮮哉！

V

蔣廷黻是很能幹的，很像丁文江和傅斯年，不但能辦事，也能做學問。他在清華除了主持繁瑣的歷史系系務外，還為《獨立評論》寫了不少政論文章，他先後發表過幾篇重要學術性論文，計有：

（一）〈琦善與鴉片戰爭〉（《清華學報》第六卷第三期，一九三一年十月）

（二）〈李鴻章——三十年後的評論〉（《政治學論叢》創刊號，一九三一年十二月）

（三）〈最近三百年東北外患史〉（《清華學報》第八卷第一期，一九三二年十二月）

（四）〈中國與近代世界的大變局〉（《清華學報》第九卷第四期，一九三四年十月四日）

他說過中國近代外交史自鴉片戰爭始（《外交史資料輯要》上卷第一頁），故他在清華第一篇學術論文（〈琦善與鴉片戰爭〉）即以鴉片戰爭為題目。因他接觸原料，又受過史學方法訓練，故常有獨特見解，誠如李濟所說的，蔣廷黻為中國近代史「建立了一個科學的基礎，這個基礎不只是建築在若干原始材料上，更要緊的是他發展的幾個基本觀念。」（李濟〈回憶中的蔣廷黻先生〉，《傳記文學》第八卷第一期）

這篇〈琦善與鴉片戰爭〉是根據新史料和運用新方法來寫的大翻案文章。他論琦善的得失，論事兼論人，乾脆俐落，一點也不拖泥帶水，也沒有像一般時人謾罵英國人及帝國主義，他當然不是不痛恨西方及日本帝國主義。他在博士論文中曾經說過「Imperialism is not a new phenomenon.」（帝國主義不是一種新的現象），易言之，古已有之。他認為帝國主義在十九世紀是一種時尚，一種歷史事實。受害者不只是中國，其他如印度、墨西哥、愛爾蘭及非洲大陸也同是受害者，至關重要的是看我們如何對付帝國主義侵略。這種想法在他哥倫比亞大學博士論文裡發揮得淋漓盡致，而且與他日後發表在《獨立評論》有關帝國主義的文章前後是一致的。[15]

在這篇論文裡，首先說明鴉片戰爭畸形混沌，此種畸形的原因有二：一因彼時中國不明國際公法及國際關係的慣例；第二個原因中英兩國並非一定要打仗。故鴉片戰爭的發生，非中英兩國所預料，鴉片戰爭當作國際關係史來看畸形混沌，與一般戰爭不同。雖然如此，從中國方面研究則仍可分為三個時期：第一時期是林則徐主政時期，起自道光十九年正月二十五日；第二時期為琦善主政時期，起自道光二十年七月十四日；第三時期是宣宗親自主政時期，起自道光二十一年二月六日，即琦善革職拿問之日，止於二十二年七月二十四日的南京條約。第一期與第三期為時相等，各佔一年半。琦善主政為時最短，只半年。林則徐主政時期，嚴格來說實無外交可言，因為林則徐的目的在禁煙，禁煙是內政。到第三期無外交可言，因為中英認為交涉無望，只有一戰，英兵抵京，清廷終於屈服，訂城下之盟，結果是南京條約。在蔣廷黻看來，在這三年半內「唯獨琦善主政的半年曾有過外交相對的局勢。」並說：「在中國一方面琦善的態度是外交家的態度。」琦善的奏摺內雖有「諭英夷」及「英不遵勸戒」等字樣，但與英人來往照會，亦知用「貴國」及「貴統帥」的稱呼，與英人面議亦以平等相待，雖然如此，琦善這樣做是有目的的，希望能夠及早交涉了案，故他說：「琦善可說是中國近九十年大變局中第一任外交總長。」這位中國第一任外交部長的名譽，正如王熙鳳對尤二姐說的一樣「很不好聽」，在當時及後代均以「昏庸」、「奸臣」或「賣國賊」視之。

自道光二十二年二月虎門失守後，欽差大臣江蘇巡撫裕謙上奏彈劾琦善，不久御史駱秉章又上了一封措辭更為激烈，要彈劾琦善，理由很多，如他把林則徐的壯丁團勇盡遣散，而這班被撤壯丁就變為

「漢奸」，英人反得收為己用。有的清議說琦善受了英人賄而開門揖盜。在戰爭期間，同光時代的恪靖侯左宗棠正在湘西安化陶文毅家做家教，道光二十一年，他有一封信給他的老師賀蔗農，稱「去冬果勇楊侯奉詔北行，有人自侯所來云：『侯言琦善得西人金巨萬，遂主和議。將恐遂壞伊身。』」函中果勇楊芳原任湖南提督。蔣廷黻說朝廷雖多方搜羅琦善受賄的證據，但判詞內無受賄的罪名，蔣廷黻旁徵博引，認為楊芳所言不足信。至於琦善「欲即斬生夷滅口」之說「遍查中外在場人員的記載均未發現，獨在湖南安化鄉中教書的左先生知有其事，且認『情狀昭著』，豈不是甚奇了。」

琦善還有一條罪名是撤防。道光二十年秋末冬初，宣宗最信任琦善的時候。但宣宗是個節儉的皇帝，撤防誠有其事，不是琦善的過失。琦善本人主和，他對軍事甚悲觀，他知道中國人不能打仗，打不過英人。蔣廷黻說琦善須負一部分責任，但說他戰前不設防，戰爭開始後節節後退，不但與事實相反，且有悖人情。英人台維斯（Davis）甚至說琦善的軍備已盡人事天命的可能。時人及以後歷史當然不信反不能「島夷」敵，他們說中國所以敗，全由宣宗罷免林則徐而用琦善。他們以為林則徐是百戰百勝的主帥，英人畏之，故去林始得逞其志。蔣廷黻力駁此說，他說虎門失守的時候，林則徐尚在廣州，且有襄辦軍務的責任，英軍不攻粵而攻定海，因為英人以廣東在清廷看來不過是邊陲之地，勝負無關大局，並不是怕林則徐，至於去林則徐為英國的陰謀，蔣廷黻斥為「無稽之談」。琦善在鴉片戰爭中失敗了，但失敗的原因不在撤防，且琦善並未撤防，中國在當時的戰鬥力遠不及英國，他的政策更談不上「開門揖盜」。琦善對戰爭是悲觀的，時人說這是他的錯，蔣廷黻說：「我們應該承認這是他的超人處。他知道中國不能戰，故努力於外交。」不過「他的外交，有時人的通病，也有他的獨到處。」蔣說外交的元素不外「理」與「勢」。在「鴉片戰爭的時候，中英各執其理，各是其是。故中英的問題，論審勢、論知己知彼的工夫，琦善無疑的遠在時人之上。琦善仍是半知半解，但時人簡直是無知無解。所以琦善大聲疾呼的主和，而時人斥為媚外，或甚至疑其受英人的賄賂。」琦善在當時有一知半解識大體的現代知識，視為「超人處」，故蔣廷黻說琦善是中國第一任外交部長，中國近代史有外交當從琦善開始。

談到林則徐，在蔣廷黻看來，林則徐被罷官「是他的終身大幸事，而中國國運的大不幸。林不去，則必戰，戰則必敗，敗則他的聲名或將與（葉）名琛相等。但林敗則中國會速和，速和則損失可減少，且中國的維新可提早二十年。鴉片戰爭以後中國毫無革新運動，主要原因在時人不明失敗的理由。林自信能戰，時人亦信其能戰，而無主持軍事的機會，何怪當時國人不服輸！」[16]在這裡筆者認為蔣廷黻這一說法有待商榷。我無此斗膽向他挑釁，我知道對於歷史上沒有發生的事件去爭論是沒有多大意義的，但下面只是說出我個人的意見。蔣廷黻說：「林不去，則必戰，戰則必敗，敗則他的聲名或將於（葉）名琛相等。」我同意，但他又說「林敗則中國會速和，速和則損失可減少」，我也同意。但蔣廷黻往下說林敗中國的維新或可提早二十年，這一說法我就不敢苟同。鴉片戰爭後，中華帝國接二連三不知吃了多少敗仗，但仍不知悔改、不服輸。我們怎知林則徐吃了敗仗，中國人就服輸了呢？

最後蔣廷黻在〈琦善與鴉片戰爭〉的結論說：「琦善與鴉片戰爭的關係，在軍事方面，無可稱讚，亦無責備。在外交方面，他實在是遠超時人，因為他審察中外強弱的形勢和權衡利害的輕重，遠在時人之上。雖然，琦善在中國歷史上地位不算重要。宣宗以後又赦免了他，使他做了一任陝甘總督。他既知中國不如英國之強，他應該提倡自強如同治時代的奕訢、文祥及曾左李諸人，但他對於國家的自強，竟不提及。林則徐雖同有此病，但林於中外的形勢實不及琦善那樣的明白。」

這篇論文發表後，各方反應不一，有人認為蔣廷黻太幫滿清講好話。尤其是他批評了傳統久為大家所敬仰的人如林則徐及左宗棠等英雄人物。筆者認為蔣廷黻做為一個史學家，也許他的貢獻就在這裡。蔣廷黻晚年在回憶錄裡說：「在民族主義革命高潮時期，欲想喚醒國人注意當時事實和情況，指出錯誤並非全在外國人一方，這真是不可想像的。但我相信中國與列強之間早期的談判大部分都是錯誤的鬧劇，也就是說我們根本不瞭解情況。」（頁一二九）

繼〈琦善與鴉片戰爭〉一文發表後，蔣廷黻又發表了一篇知人論世的文章，此即〈李鴻章——三十年後的評論〉，刊於北京大學政治學會出版的《政治學論叢》創刊號上。他指出「李鴻章不知西洋文明中之民治主義與民族主義，祇知機器文明。」其實只知「機器文明」是好的，總比一批頑固的保守分子眼光遠大些。但自強運動失敗了，中日甲午之戰敗於日本，即是自強運動失敗的明證。蔣廷黻說：「李祇作事不作人——在西洋社會中，本著才智或能成大事。在中國則才智以外，非加上『德』的感化不可。李德望不足以服人，故反對者多。」蔣廷黻又斬釘截鐵地說，李鴻章簽訂中日天津條約並不是覺得自強運動已大有可為，而是誤認日本已無侵華野心，此為大錯。其實大錯不止一端，光緒二十二年（一八九六）中俄密約是李鴻章終身大錯。俄國財政大臣威德（Witte）本意不是要援華，是要利用東清鐵路來侵略中國的，李鴻章認賊作父。

在評李鴻章後的翌年，蔣廷黻發表了一篇長文，題目是〈最近三百年東北外患史〉，這是蔣廷黻發表的文章中最長的一篇，約有四萬三千字，題目雖是〈東北外患史〉，實可直截了當地說是「俄帝侵華史」。文中特別提到尼布楚條約，該約在我國方面所注重的是劃界，在俄國方面所注重的是通商，雙方都達到了目的，故此約雙方都履行一百六十餘年，在國際條約中，尼布楚條約算得上一個有悠久光榮歷史的條約。往後則每況愈下，帝俄侵佔中國土地得寸進尺，靡有止境。蔣廷黻在該文結論說：「中俄瑷琿條約及中俄北京條約在世界歷史上開了一個新紀元，即土地割讓的紀錄。我國在咸豐八年及十年所喪失的土地，其總面積有四十萬零九百十三方英里。現今的東三省，加上江蘇，比我們這兩年所喪失的土地只多一千四百方英里。法德兩國的面積，比我們這兩年所喪失的土地，還少六千五百三十一方英里。俄國從我國得著這麼大的領土不但未費一個子彈，且從始至終口口聲的說俄國是中國唯一的朋友。俄國友誼的代價不能不算高了！」又說：「咸豐以後的東北可稱為半東北、殘東北，因其面積縮小了一半有餘，且因為她東邊無門戶，北邊無自然防具——她是殘缺的。所以到這種田地的原因有三，第一太平天國的內亂；第二是咸豐年間全盤外交政策的荒謬，爭所不必爭，而必爭者反不爭。比這兩個原由還重要還基本的是在世界諸民族的競進中，我族落伍了。」最後蔣廷黻語重心長地說：「有了這個原由，無論有無前兩個原由，我們的大東北、全東北是不能保的。」文末附錄評述英、法、德文與本文相關的書目，並介紹其內容，評其優劣。此文刊出後，大家咸認為他是俄國問題專家，所以後來（一九三六年）被任命為中國駐蘇大使不是沒有原因的。他雖對俄國歷史、人文、地理甚嫻熟，但不諳俄國語文。蔣廷黻晚年說，當年他寫這篇文章「我曾試圖對外交當局貢獻一點意見。」[17] 下面要討論的文章〈中國與近代世界的大變局〉與〈東北外患史〉不僅其性質相同，撰寫的動機亦近似。[18]

〈中國與近代世界的大變局〉也是一篇長文，約三萬字，發表在《清華學報》第九卷第四期（一九三四年十月），可能是蔣廷黻發表在《清華學報》上最後一篇論文。這篇文章是綜合近世自十五世紀以來歐洲人向外擴張史，但重點在歐洲人來了亞洲之後，與中國對外關係，但也有很多篇幅講帝俄鯨吞中國大東北幅員廣袤的土地，講到甲午之戰的前因後果，講到英國、俄國及日本部分與前面幾篇論文有重複的地方，但本文較為扼要，用意還是在給「外交當局貢獻一點意見」，忠告政府要注意疆土及對外關係，雖不像〈琦善與鴉片戰爭〉或〈李鴻章——三十年後的評論〉那樣深入詳贍細密，還是一篇很有價值的論文。此文發表後一年，他離開了清華去南京任官。他在清華住北院十六號，北院本是學校為洋教員建造的住宅區，房子不太大，蔣廷黻乃出錢增建了一個半圓型小書齋，在那裡埋頭做研究，本來他準備在小書齋裡寫一本有系統、有權威的近百年中國近代史，或中國外交史，他希望著作能在中國學術界奠定永久性的學術地位，即西洋人所說的 magnum opus，做為傳世之作，可是一九三五年他離開清華園，研究工作從此中斷。

他在清華六年是很愉快的，他說過他在清華發現了新大陸——中國近代史。有時因為得到了偉大的發現而高興，有時因為遇到想不到的困難而失望。（《蔣廷黻回憶錄》頁一二九）蔣廷黻在清華，在研究上他是很滿意的，晚年回憶說，清華給予他有足夠的資料和充分的時間從事研究工作。清華是一所名校，正如陳寅恪所說的「清華學苑多英傑」。蔣廷黻在清華交了很多朋友，清華的學生都很優秀，教學相長，得益匪淺。蔣廷黻說他發現一部分清華師生與他息息相關，他說：「他們的生活也成為我自己生活的一部分。」（《蔣廷黻回憶錄》頁一三一）在家庭生活，他也是很快樂的。清華座落在古都西山山腳下，景色幽絕，實是莘莘學子「消閒靜養的好地方」，他說：「我們打網球、游泳、騎馬、打獵，尤其有興趣的是旅行野餐。」北京九、十月間的天候最好，風和日麗，蔣廷黻常帶孩子到頤和園、玉泉山或香山等地遊玩，從清華園騎驢很快就可到達上述各地（騎驢在當時是一種最方便的交通工具）。蔣廷黻有四個小孩，大的兩個是女兒，小的兩個是男孩；他說：「我最大的孩子大寶（智仁）頗具長姊風範，為人爽快，有相當的外交手腕。二寶（壽仁）多情善感。三寶（懷仁）喜歡嬉戲，自由奔放，對父母管教不甚注意。因為身體強壯所以整天個在外面跑。四寶（居仁）在家中最受寵的，他一定要牽著我的手，他要人抱的時候，就一定要抱他。」（《蔣廷黻回憶錄》頁三二）蔣廷黻在清華，除了讀書、寫作、研究的樂趣外，還有一生難得的天倫之樂。他晚年回憶說，「在清華作了六年教授，是我一生最愉快的六年。」[19] 唯於一九三五年離開清華時，正如他的朋友陳之邁所說：「他（廷黻）的學術研究尚在進行的過程中，未曾達到一個完整的段落。」[20] 他計畫中的 magnum opus 只是構想，終未成書，是一件很可惜的事。

如果他在治學的中途不去從政的話，堅守在他的學術崗位上，則他很有可能成為一個中國的

Macaulay，或是像美國的大史家如Turner，如 Beard。他有這種潛力，雖然如此，他在史學上，對中國近代史、中國近代外交史還是有很大的成就與貢獻。關於他的成就與貢獻，我想用中央研究院近代史研究所所長郭廷以的話作為本章的結束。一九六四年春蔣廷黻從華盛頓返臺述職，四月十八日上午南港中央研究院近史所為他舉辦一個小型談話會，在這個座談會上除了近史所研究人員外，還有遠道而來的三位貴賓，即哈佛的費正清、耶魯的李田意和史丹福的劉子健。談話會於十時十分開始，郭廷以致歡迎詞，他說：「今天大家很興奮，有機會跟蔣先生見面，同時也可以向蔣先生請教。我想關於蔣先生的成就，用不著多說，我祇說一句話，就是近代中國史的研究，蔣先生是一個開山的人，近四十年來，蔣先生在這方面最大的貢獻，是創新的風氣，把中國近代史研究帶入一個新的境界，特別是給我們新的方法與新的觀念。蔣先生的影響力量，不只限於清華，可以說普及整個中國史學界，不只影響於中國史學界，而且及於海外，今天在座的費正清先生，與蔣先生就有深切的關係。」[21]

---

1. Lo, Lung-chi, "The Conduct of Parliamentary Elections in England", Columbia University Ph. D. Dissertation, 1928.
2. 蔣廷黻，〈歷史系概況〉，原刊《清華週刊》，轉引自《清華大學史料選編——國立清華大學時期（一九二八至一九三七）》第二卷上冊，北京，清華大學出版社，一九九一年，頁三三七至三三八。
3. 《蔣廷黻回憶錄》，頁一三一。蔣廷黻與王信忠不但是師生，後來還成為朋友。一九四四年三月十四日，楊聯陞致胡適函，悉王信忠將在哈佛停留幾個月看日本史方面的書（《論學談詩二十年：胡適與楊聯陞往來書札》頁三二）。一九四四年七月，蔣廷黻在美國新罕布夏布萊頓塢（Bretton Woods, New Hampshire）出席貨幣基金會後，於八月三日回華盛頓，途經波士頓曾停留三天。他於晚上十點五十分抵波城，王信忠曾至車站迎接，此外尚有蔣廷黻的朋友趙元任及陳序經等人（蔣廷黻日記 8/3/1944）。翌日中午王信忠在海鮮餐館設宴招待他的業師。晚上趙元任有一個大 party 宴請蔣廷黻（蔣廷黻日記 8/4/1944）。從一九六〇年代蔣廷黻日記裡記載得悉，後來王信忠棄學從商，在日本經商致富，蔣廷黻每次自美返國述職，途經東京，均稍作停留，王信忠均盛情接待。

4. 關於吳晗生平請參閱李又寧著《吳晗傳》，香港，明報月刊社，一九七三年。

5. 見許冠三編，《吳晗文集》，香港，存真印書局，一九六七年，頁四五至四七。

6. 見臺北《傳記文學》第三十五卷第五期，頁二七及二八，讀者投書及編者按語。

7. 蔣廷黻晚年尚未整理到清華一章，即病逝。

8. 關於費正清的治學與生平，請參閱林博文〈既開風氣且為師的費正清〉，收入《1949浪淘盡英雄人物》，臺北，時報出版，二〇〇五年，頁二六七至二七六。

9. 茲摘錄黎東方有關與費正清有趣的對比如下，聊博一粲也，他說「我已經下了決心，將費兄的大作一一拜讀，然後寫成書評向他就正。」他說他們是同時代的人，費正清是哈佛一九二九年級，他是清華一九二九年級，他們是「同班」；黎說他是一九三一年巴黎大學的博士，費是一九三六年牛津博士，又說：「這兩個大學之間也未嘗沒有密切的關係，因為牛津本是從巴黎大學分出來的。巴大是母親，牛津是女兒。」接著又說：「費兄到清華來受教於蔣廷黻先生之時，區區已在清華忝為蔣先生的同事。我們又算是校友（黎東方忘掉費正清也曾在清華教過）。費兄功成名就，是威震國際的中國史權威；區區毫不長進，在一個小島上都吃不開，實在慚愧，卻也曾經以留法學生的身份在美國混了若干年，先後當了幾個第一流大學的客座教授，用英語上課、講演，費兄還不曾在敝國當過客座教授，也不曾用過中國話對中國人上課、講演。因此，我對費兄也算勉強可以高攀。」詳見周之鳴編《費正清集團在臺灣大陰謀》下冊，臺北，國際共黨問題研究社，一九六九年，頁六六九。我覺得黎東方很「天真、可愛」，也很好笑。

10. 蔣廷黻日記（1/20/1954）原文如下：“J. Fairbank sent me his dissertation now published in two volumes. In his preface, he mentions me as having introduced him in the study of Chinese documents and as having allowed him see certain unpublished documents in my possession. That's all”.

11. Mary Wright 娘家姓 Clabaugh，她與 Arthur Wright 初晤，就是在其業師費正清家裡每星期一次的下午茶會上，後來結為連理。Mary Clabaugh 與 Arthur 結婚後從夫姓，即更名 Mary Wright，Mary 治清史稱譽士林，Arthur 專業隋唐史。

12. 劉廣京，福建閩侯人，一九二一年十一月十四日生於北京，在福州長大，二〇〇六年九月二十八日在加州寓所睡眠中仙逝，享壽八十五歲。他是世家子弟，外祖父是有名的清廷帝師陳寶箴。劉廣京早慧，幼時即課誦古文，也很早就由家人聘美國人授英語，及長進美以美教會中學讀書，也曾在香港拔萃書院（Diocesan Boys' School）唸過，故他的中、英文根底非常深厚。抗戰時期他到了後方，曾就讀於昆明西南聯大歷史系，在聯大時受雷海宗及邵循正兩位師長的影響很大。

劉廣京聰慧過人，勤奮好學，當時在聯大，大家公認他是歷史系最可造就的（西洋史）高材生。唯他在聯大沒有多久就到美國去了。他於一九四三年秋飛越喜馬拉雅山到印度，搭運兵船到加州，然後乘火車東行，在耶誕節前夜抵達波士頓劍橋，翌年二月新學期開始時就插班進哈佛大學。那時楊聯陞教授尚是研究所的學生，他於一九四四年三月十四日寫了封信給胡適說：「哈佛中國學生學歷史的，又添了兩位，都是聯大來的，一位陳安麗小姐到蘭特克里夫（Radcliffe，即哈佛女子部）研究，一位是劉廣京君，他從三年級轉來，非常聰明，據說聯大有很多先生賞識他。我已經見過他，實在不壞。」（《論學談詩二十年》頁三四）不出所料，劉廣京在哈佛不僅讀得很好，而且非常出色，一九四五年以 magna cum laude 最高榮譽畢業，畢業論文是寫十九世紀英國哲學家 T. H. Green，題目是"T. H. Green: The Evangelical Revolt in Philosophy"，一九四七年得 M. A.（碩士），一九五六年獲 Ph. D（博士）。在哈佛讀書時，他有一篇學期報告（term paper）"German Fear of a Quadruple Alliance,1904-1905"（德國畏懼四國聯盟）很出色，深為導師 Sidney Fay 教授賞識，後來發表在美國很有聲譽的 *Modern History*（Sept. 1946）季刊上。可是他的另一位老師費正清勸他研究中國史，所以他後來主修晚清經濟史，在這一行也是出色行當。他於一九四八年修完博士課程，經過考試而成為 Ph. D. candidate（博士候選人），隨即開始撰寫論文。但他尚沒有完成博士學位，就考進聯合國秘書處任翻譯，在聯合國做了六年，在那裡結識了中國駐聯合國常任代表蔣廷黻大使。他們有相同的教育背景，早年都是在教會學校讀過書，在大學都是主修歷史，兩人興趣相投，且都是開始念西洋史而後治清史。此外他們還有師承關係——在聯大時劉廣京的老師邵循正是蔣廷黻的學生，哈佛的費正清也是蔣廷黻的學生，劉廣京沒有想到他是蔣廷黻的再傳弟子。蔣廷黻很器重他，因此他很想正式敦聘劉廣京做他的助手；但劉廣京說他無意仕途，他嚮往靜謐的書齋生活，希望將來做一個學者。蔣廷黻聽了他的話，立刻叫他趕快回學校完成學業。劉廣京乃於一九五五年秋重返哈佛，翌年獲得博士學位。他的博士論文主題是「十九世紀英美在華航運競爭」。劉廣京拿到博士學位後，留在哈佛做 Research fellow（研究工作）及兼任講師，並把他的博士論文修訂出版成書，這本書就是後來於一九六二年由哈佛大學出版社出版的 *Anglo-American Steamship Rivalry in China, 1862-1874*（英美在華航運競爭，一八六二至一八七四）。這是一本很有份量的學術著作，為士林所重。書出後沒有多久他就離開了哈佛。初任教於耶魯，一九六二年應台維斯加州大學聘請，以後就一輩子在加州。一九七六年劉廣京膺選為中央研究院院士。

劉廣京為人很友善，也很勤快，一生著作很多。晚年與業師費正清合編英文《劍橋中國史，晚清篇》並撰寫導言及論文各一章，公認為權威之作。劉廣京年輕時就想做一個學者，哥倫比亞大學教授韋慕庭（C. Martin Wilbur）說他是「學者中之學者」（the scholar's scholar）。劉廣京仙逝後，一位學生問劉的洋夫人 Edith Warren（也是一位學者）如何形容他的中國丈夫，這位洋師母脫口而出用喬叟（Chaucer）稱許牛津大學幹事長的話來說：「And gladly would he learn, and gladly teach.」這兩句話的意思即是《論語》裡所說的「學而不厭，悔人不倦」。然後她又說：「He will be sorely missed.」（人家會懷念他的）

13. John King Fairbank, *Chinabound: A Fifty Year Memoir*, New York Harper & Row, 1982, pp.90-91.

14. 陳之邁，《蔣廷黻的志事與平生》，頁二二至二三。

15. Tingfu Tsiang, "Labor and Empire: A Study of the Reaction of British Labor, Mainly as Represented in Parliament to British Imperialism since 1880", Columbia University, Ph.D. dissertation, 1923, preface. 他在"Imperialism is not a new phenomenon."這一句後面接著說：「Every historical age had one or more countries swayed by the ideal of imperial rule over alien lands and peoples.」他這種論斷帝國主義，後來又在〈帝國主義與常識〉（刊於《獨立評論》第七一號）、〈何謂帝國主義〉（刊於南京《中央日報》一九三六年四月十四日）及《中國近代史》（香港上海印書館，一九七三年翻印本，頁七二至七三）都一再強調重申，前後都一致。

16. 蔣廷黻，〈琦善與鴉片戰爭〉，收入《蔣廷黻選集》第一冊，一九七三年，頁一七。蔣廷黻，〈最近三百年東北外患史〉小引，一九五三年，臺北《中央日報》印行單行本。

17. 蔣廷黻於一九三六年出使莫斯科，在俄國與一些使館僚屬一起勤習俄文，惜為時甚暫，他在莫斯科只有十三個月即奉調回國。

18. 蔣廷黻這篇〈最近三百年東北外患史〉最能激勵國人的愛國心，文中所說中國在一八五八年及一八六〇年為俄國所劫取的土地，現在中國地圖上標明為「暫時失去的土地」，因此引起西方國家所注意。見香港《大公報》（二〇一四年八月二十八日）。蘇聯一九一七年革命後，在加拉罕宣言中聲明蘇聯將帝俄時代從清廷奪去的外興安嶺以南、黑龍江以北、烏蘇里江以東的土地歸還給中國，但等到革命穩固、史達林取得政權後，即食言。

19. 蔣廷黻，〈追念梅校長〉，刊於《清華校友通訊》第二期，一九六二年八月二十九日出版。

20. 陳之邁，《蔣廷黻的志事與平生》，頁二一。

21. 劉鳳翰，〈蔣廷黻博士對中國近代史上幾個問題的見解〉，台北，《傳記文學》第七卷第六期（一九六五年十二月），頁二七。

1932—1935

第七章
《獨立評論》

我們叫這刊物做《獨立評論》，
因為我們都希望永遠保持一點獨立的精神。
不依傍任何黨派，不迷信任何成見，
用負責任的言論來發表我們各人思考的結果，
這是獨立的精神。

——胡適《獨立評論》創刊號「引言」

《獨立評論》是一九三〇年代蔣廷黻發起而由胡適帶頭創辦的一份政論週刊，算是同仁刊物，撰稿的人都是北大、清華的大學教授。在當時是頗具影響力的一份時事週刊。如果有人要我舉出近百年來在民國史上最有影響力、辦得最好的幾本期刊，我會毫不遲疑地提出四本刊物來，除了本章要討論的《獨立評論》外，即民國初年陳獨秀辦的《新青年》、抗戰勝利後儲安平在上海發行的《觀察》，以及一九四九年蔣介石退處臺灣後雷震在臺北辦的《自由中國》。我認為如果辦一本雜誌就應當辦得像他們那樣好。

《獨立評論》是「九一八事變」的產物。九一八事變發生於一九三一年九月十八日於瀋陽城外，是日晚日本駐在中國東北的軍隊，即所謂關東軍，秘密計畫佔領東北。因為駐守在瀋陽的中國軍隊事先毫無準備，所以很快被解除武裝，日本軍閥刀不血刃就這樣佔領了瀋陽。瀋陽是東北的行政中心，所以日軍佔領瀋陽後，並不費力的佔領了整個東三省——這是遠東有史以來最大一次的事變，影響極其深遠。在蔣廷黻看來，日後的七七盧溝橋事變，數年後又從中國把戰爭擴大到東南亞，包括荷屬東印度（即印尼）、菲律賓、越南、寮國、星馬、緬甸和泰國，直至澳洲北疆，向東突擊珍珠港。這一連串的事件都

是從九一八事變而延伸出來的。（《蔣廷黻回憶錄》頁一三五）

東三省重要性是為中日雙方所承認。日俄覬覦東北為時已久，他們的野心與陰謀世所共知。日俄戰後，日本對東北的野心更是昭然若揭。日本人認為他們佔領東三省是很「公道」的，因為他們是從俄國人手裡拿來的，並非從中國人手中拿去的，這完全是一派帝國主義蠻橫口氣的說法。中國人一向看不起日本，當時的中國人，在理智上明明知道政府沒有打敗小日本的作戰能力，但在感情上、民族意識上大多數主張中國立即對日宣戰。所以那時中日兩國劍拔弩張，戰爭迫在眉睫。一九三一年外交部長顧維鈞提議在東三省南部錦州附近設一中立區，隔離中日雙方的軍隊，蔣廷黻贊同這個建議。當時剛好燕京大學校務長（即校長）司徒雷登（John Leighton Stuart, 1876-1962）請蔣廷黻到燕大去演講，他（蔣廷黻）就極力支持顧維鈞的主張。可是等到蔣廷黻講完後，他聽到的是四面楚歌聲。燕大教授陸志韋首先發言代表教職員及學生，並通電全國反對設立中立區。燕大政治系主任徐淑希也贊成陸的提議。司徒雷登將提案付諸表決，蔣廷黻說他在台上看到的是幾乎人人舉手贊成這個提議。蔣廷黻孤掌難鳴，「心中不免沮喪，覺得我是在對戰爭的狂熱者從事一場艱苦的作戰。」（《蔣廷黻回憶錄》頁一三七）全國學生一致要求抗日，他們要到南京中央政府請願，他們主戰的情緒很簡單也很合邏輯：日本佔領中國領土，中國必須抵抗，即使戰敗亦在所不惜。失地是可恥的，但不抵抗而失地更是可恥。但其中有一部分政客利用學生反日反政府的不抵抗政策是另有目的。蔣廷黻回憶說，他當時發現有些「愛國口號在最不愛國的動機下喊出來。雖然學生和老百姓大部分是真正愛國的，但我深知有些是受政客幕後操縱的。活動費送到北平，大部分用在少數學生身上。此種情形更使我要去努力阻止全面戰爭。」（《蔣廷黻回憶錄》頁一三八）因此他就像陳獨秀一樣，有話要說，要辦個刊物（像《新青年》）。這就是當年蔣廷黻慫恿這批北大、清華教授辦《獨立評論》的動機。

胡適晚年寫丁文江傳記時說，我們幾個朋友經常聚會「認為還可以為國家盡一點點力的工作」。

他說：「就有人發起要辦一個刊物來說一般人不肯說或不敢說的老實話。」（胡適《丁文江的傳記》，臺北，中央研究院版，一九七三年，頁八三）胡適說的「有人」，其實就是蔣廷黻。蔣廷黻在回憶錄裡說，現在他已不記得是哪一位發起的，在清華俱樂部舉行一次晚餐，這是在九一八事變以後，當日出席的除了他以外，還有胡適、丁文江、傅斯年、翁文灝、陶孟和、張奚若、吳憲、任鴻雋及任夫人陳衡哲等人。席間曾討論到知識分子在國難時期所能盡的責任問題。他說：「我提議辦個週刊，討論並提出中國所面對的問題。」（也就是討論對日和戰問題）（《蔣廷黻回憶錄》頁一三九）蔣廷黻說第一個反對辦雜誌的是陶孟和，陶曾辦過《時代評論》，知道辦一份週刊的各種困難，他警告在座諸君千萬不要輕易嘗試。胡適因與丁文江辦過《努力》週刊，知道辦一份雜誌很麻煩的，他對辦刊物的興趣已經沒有了，所以也反對辦雜誌，只是沒有像陶孟和那樣激烈而已。蔣廷黻聽了很洩氣。他說：「因為當時在座的人一致都認為不辦刊物則已，設使要辦則編務方面非胡莫屬。因為我對辦週刊毫無經驗，我想我應該接受這些有經驗的人的意見。」（同上）

胡適對辦雜誌不熱心另有原因，據他說九一八事件發生後，他們一、二十個朋友曾幾次聚會討論東三省問題，大家公推蔣廷黻起草一個方案，很是溫和，胡適自己也起草了一個方案，更是溫和，這兩個方案討論了很久，沒有通過。後來公推他人去整理蔣、胡兩個主和草案成為一個方案，但始終沒有出現。他在那時得了一個結論：「如果我的一個方案不能一致通過十來個好朋友，我還能妄想得著多數的國民接受嗎？」（胡適〈又大一歲了〉，《獨立評論》一五一期）另一個原因，胡適晚年回憶說，在九一八事變前十天北平市公安局派員警到北平市的新月書店，把胡適、徐志摩等人辦的《新月月刊》第二卷第八期（因為刊有羅隆基寫的批評約法的文章）全部抄了去，還抓了兩個店員。所以胡適說：「在那個時期我真沒有辦一個刊物的熱心。」他又說：「但到了二十年（即一九三一年）的年底，因為幾個朋友的熱心，在君（即丁文江）和我也就不反對了。」（胡適《丁文江的傳記》頁八三）據蔣廷黻回憶，即在清華俱樂部晚餐後一個星期，任鴻雋及陳衡哲夫婦邀請蔣廷黻及胡適、丁文江等以及另外一些朋友（幾乎是在清華俱樂部晚餐的全班人馬）吃飯，在席間蔣廷黻又舊事重提——大家來辦個刊物的建議。又像過去一樣，有人表示反對，但出乎意料之外，丁文江倡議：為了測驗我們的誠意，不妨先來讓我們籌募辦刊物的經費。他說：「辦刊物很容易，但能繼續維持下去是困難的，除非我們能夠共同負責。否則，整個重擔就會落到編輯一個人的肩上。」這是丁與胡適辦《努力》週刊的經驗之談。他提議，我們每人每月捐出個人收入百分之五。

在辦雜誌之前先籌款的辦法即是他（丁文江）與胡適辦《努力》週刊採用過的。丁又說，如果沒有足夠的資金，我們只好放棄這個計畫，把資金發還。丁文江當時決定籌辦刊物的經費，不得少於八百銀元。蔣廷黻認為這個數目似乎太大了，在座的沒有人反對，所以他也就同意了。（《蔣廷黻回憶錄》頁一三九至一四〇）自從那時起，這個 group（即上述這幾位朋友）每週聚會一次，起初是討論週刊名稱及發行日期問題。丁文江建議應該邀請一位銀行家參加他們的陣營，其用意是將所有的經費及財務往來現金及帳目均交給他，由他負責保管處理。丁文江乃推薦了竹垚生，大家欣然同意。竹垚生當時是浙江興業銀行的經理，另一位是吳憲，他像竹垚生一樣也是原始會員，也同是《獨立評論》的發起人之一，他是北平協和醫學院的教授。他們（竹、吳）收入比其他人要多，所以對於《獨立評論》在財務上也比他人的貢獻要大。但是他們二人不寫文章（竹在《獨立評論》只寫過一篇）。錢湊足了，接著準備出刊。至於週刊的名稱大家提出來的有好幾個，最後選了胡適所提的《獨立評論》。為什麼叫這個刊物《獨立評論》，胡適在創刊號的「引言」中說：「因為我們都希望永遠保持一點獨立的精神。不倚傍任何黨派，不迷信任何成見，用負責的言論來發表我們各人思考的結果，這是獨立的精神。」

II

一個孩子誕生了。這是胡適把《獨立評論》當小baby看待，稱它為「小孩子」。《獨立評論》創刊於一九三二年五月二十二日，以後按期發行，一直到抗戰開始北平被日軍佔領為止。最後一期是二四三期，出版於一九三七年七月十八日。第一期印了兩千冊，第二期加印了一千冊，計三千本。胡適說過他覺得當時中國最需要「是一些獨立思想，肯獨立說話敢獨立做事的人。」《獨立評論》創刊後始終貫徹這種「獨立的精神」。所以這本雜誌蒸蒸日上，銷路很好，一年後發行數字激增，增加到八千本。本來每個社員從他們的固定收入抽出百分之五做為辦雜誌的基金，後來收益較多減少到百分之二點五。兩年後，《獨立評論》的發行量高達一萬五千本，銷路遍及全國，靠售價已足夠自力更生，不再需要社員資金來資助，而且還略有盈餘。當時曾討論過是否改付稿費，可是大家都不贊成，尤其是胡適堅決反對。[1]一個週刊在創刊兩年內銷量高達一萬五千份，以全國人口來算也許微不足道，但當時教育沒有現在普及，一份週刊發行量這樣高是頗為驚人的。據蔣廷黻說，《獨立評論》的讀者大部分是大學生，其次是公務員，再其次是開明的商人，還有一些青年軍官。他們辦這個刊物也是很辛苦的，這可從胡適寫給周作人的信中看出來，他說：「三年以來，每星期一晚編撰《獨立評論》，往往到早晨三、四點鐘，妻子每每見怪，我總對她說：『一星期中，只有這一天是我為公家做工，不為吃飯，不為名譽，只是完全做公家的事，所以我心裡最舒服，做完之後，一上床就熟睡，你可曾看見我星期一晚上睡不著的嗎？』她後來看慣了，也就不怪了。」[2]蔣廷黻說：「辦一個刊物需要花費很多人的力量，《獨立評論》的成功，無疑的，胡適貢獻最大。」（《蔣廷黻回憶錄》頁一四一）胡適這樣辛苦，但一個人不能辦一本雜誌，其他同仁當然與胡適一樣，也很辛苦。蔣廷黻晚年回憶說：「九一八事變以後北平教育界的朋友們都受了很大的刺激，所以覺得除了教書和研究以外，應該替國家多做點事。」（蔣廷黻〈我所記得的丁在君〉）這樣看來這批秀才辦《獨立評論》的情操是高尚的，他們的理想是純潔的。在輿論方面，《獨立評論》出刊後不久就成為當時最著名最有影響力的刊物，他們的辛苦沒有白費，正如佛家所說「功不唐捐」。3

《獨立評論》是一份很特殊的刊物，自創刊伊始對內對外充分發揮了它的獨立精神。除了在發刊詞中說的「不依傍任何黨派，不迷信任何成見」外，《獨立評論》對外公開，接受外稿，但不刊登著名人士請託的稿件。第一年外稿佔百分之四二・七，社員稿佔百分之五七・三，這些外稿作者慢慢地發現《獨立評論》是真的獨立而且尊重別人意見的。予人一個印象，《獨立評論》實是一個公開的園地，大家在這個刊物上可以公開發表自己的意見。《獨立評論》進入第二年後外稿就喧賓奪主，比例是百分之五五・三與百分之四四・七，第三年的比例為百分之六一・八與百分之三八・二。（詳見胡適〈又大一歲了〉，《獨立評論》一五一期）這個趨勢一直到抗戰開始停刊為止。蔣廷黻說：「我們不僅對外界是獨立的，即是同寅彼此間也互不干擾。」（《蔣廷黻回憶錄》頁一四〇）比如說當時對日和戰問題，在《獨立評論》同仁中大多是主和的，不過同仁間在主和的程度上也並不完全是一致的。主和最徹底當推丁文江，其次是胡適和蔣廷黻，傅斯年則稍微激昂一點。丁文江最大膽，他發表了一篇〈我們需要一個普拉斯特立托維斯克條約〉，主張對日可以仿照一九一七年德俄簽訂的 Brest Litovsk 條約。一九一七年為了穩固革命，列寧不惜任何代價遣代表在 Brest Litovsk 與德國簽訂了這個投降式的條約，但胡適並不贊成丁文江的主張，所以他提出「和比戰難」四個字來答覆他的好朋友丁文江。《獨立評論》同仁間都知道他們彼此之間的見解未必相同，儘管如此外界還是把他們看作一個團體，也有人說他們正在醞醞或者正在組織一個新的政黨。對此蔣廷黻說，「這種看法當然是毫無根據的。」但外界卻還是認為《獨立評論》同仁的「立場是一致的」。這種揣測，其實似是而非。如拿對日和戰問題來說，胡適與蔣廷黻或丁文江與陳衡哲等人的對日政策是有很大的距離。如對中國統一問題，胡適認為應用全國代表大會方式來和平統一；但蔣廷黻主張用武力解決是最有效的辦法。關於民主與獨裁，胡適與蔣廷黻也有很大的分歧，當時予人一普遍印象，胡適主張民主，蔣廷黻主張獨裁，且他們兩人為此在《獨立評論》上打過筆戰，但不傷感情，直至晚年，他們二人是生死不渝的好朋友。

III

在這一章裡筆者旨在討論蔣廷黻與《獨立評論》的關係。他在《獨立評論》一共只有三年半，即從該刊自一九三二年春創刊伊始至一九三五年十二月他離開清華（也就離開《獨立評論》）到南京任官為止。在這三年半期間，他發表了很多遊記、雜感及政論文章，計有五十九篇。這是我參考一九六五年臺北文星書店出版的六卷本《蔣廷黻選集》裡得來的統計數目。蔣廷黻有一些在《獨立評論》上的文章，文星書店編輯因某些原因沒有收錄，實際上不止這幾篇。在這現有五十九篇的文字中粗粗分類，計有：

政論　三十五篇

雜感（子題是「這一星期」）　十四篇

遊記（子題為「歐遊隨筆」）　十篇

蔣廷黻的政論文章，分析至為透徹，鞭辟入裡，膾炙人口。如果我們將其中最重要的文字歸納起來，大致可以分類如下：如東北問題，對日本及對蘇俄的外交，中國統一問題與民主與獨裁，中國現代化問題，這些問題最可反映出蔣廷黻的思想，以及他對國際問題及中國近代史的看法。蔣廷黻的雜感文章，篇幅較為短小，評論時事的較多。他的遊記與一般遊記不同，別樹一幟，是很精彩的，最精彩的地方談國情、分析時局。一九三四年夏休假，他旅遊歐洲一年，沿途寫了九篇遊記，第一篇〈經過「滿洲國」〉，最後兩篇〈俄德異同〉及〈矛盾的歐洲〉寫得最好。（〈矛盾的歐洲〉是他回國後在清華園寫的）蔣廷黻在《獨立評論》上第一篇文章〈參加國難會議的回顧〉發表在一九三二年五月二十二日創刊號上，大部分的文字均發表在一九三二年二月至一九三五年八月〈矛盾的歐洲〉之間。他在《獨立評論》上所發表的最後一篇是〈中國近代化問題〉，發表在一九三七年二月。一九三五年夏，蔣廷黻自歐回國，九月回清華，開學後不久祖母仙逝，他就回湖南奔喪。正在此時蔣介石要見他，請他報告歐洲見聞，他就順路先到南京見了蔣介石後回湖南，等到祖母喪禮完後他又回清華。回來沒有多久，在十一月間，翁文灝打電話給他說蔣介石要立刻見他，要他出任行政院政務處長一職。十二月初，蔣廷黻即離開清華去南京任官，以後他就沒有時間也不便為《獨立評論》寫文章了。〈中國近代化問題〉是他自一九三五年十二月去南京任官後在《獨立評論》（第二二五期）上所發表的僅有的一篇文字。這篇文章發表後不到半年，抗戰開始，《獨立評論》停刊。下面我們也會談到蔣廷黻對《獨立評論》的貢獻以及該刊對他的影響（impact）。[4]

九一八事變對中國夠嚴重的了，但是蔣廷黻算是主和派裡的一個獨特的例子，他小視日本，重視東北。他說日本本土很小，原有的土地面積只不過是中國的一省，且很貧瘠，日本原有的文化是從隋唐以來從中國學去的。（蔣廷黻《中國近代史》總論）他認為日本人少、地小、文化低，日本人一直未受到中國人的尊重。甲午戰敗，中國人認為是奇恥大辱。蔣廷黻留洋是學歷史（歐洲近代史）的，歸國後，他的研究興趣轉移到清季外交史，因此他注意東北（因為清朝在道光、咸豐及同治年間，集中在通商口岸、治外法權、協定關稅和租界等問題。到了光緒後半期，中國的外交中心在東北）。一九二八年當蔣廷黻尚在南開教書時，在這一年一整個夏季他與幾個南開同事曾到東北實地旅行考察；北到齊齊哈爾，東到敦化，訪問了很多東北的要人，也看到東北的新建設。蔣廷黻很有興趣研究這些新建設所引起的對日外交問題。他對東北的印象，他對楊宇霆的印象甚是深刻。在他看來，「在東北要人中唯獨楊宇霆有整個計畫」。（蔣廷黻〈我所記得的丁在君〉）可是蔣廷黻自東北訪問回來後沒有多久，楊宇霆即被張學良槍斃了。（《蔣廷黻回憶錄》頁一一六）蔣廷黻對張學良的評價，他說：張對「幣原外交則極力抵抗，對內則政治不求修明。」（蔣廷黻〈槍口對外不可亂〉）總的來說，蔣廷黻認為東三省問題一時不易解決。對於九一八事變，他在回憶錄中說：「我也和其他的人一樣感到震驚。」他又補充了一句：「當時我對調整中日衝突關係還沒有詳細的腹案，想要找出一個雙方均能獲益的辦法。」他說他一向不怕日本，就中日兩國而言，他認為中國弱、日本強不過是暫時的現象，他知道日本有裝備精良的海陸空軍隊，有嚴格訓練的官兵，在官兵後面有最愛國、最勤奮、最儉樸、最守紀律的國民。蔣廷黻認為儘管日本有這些優點，但是他卻不認為日本對中國構成永久的威脅。最後他說：「我相信時間對中國有利的。沒有強國的基本根據地，任何人都不能建立、保持一個偉大的帝國。因此我對九一八事變的主要想法是爭取時間。」（《蔣廷黻回憶錄》頁一三七）筆者認為蔣廷黻的這一論斷似有待商榷，因為那時日本擁有朝鮮半島、臺灣及富饒的東三省、華北平原，還有在長江流域以及福建沿海的特殊利益，且日本對中國的侵略並不到此為止。日本自明治維新以來一直在做帝國夢，蔣廷黻不是不知道。他在〈槍口對外不可亂〉一文中說：「日本的武人非弄到家破國亡是不甘心的。」現在安倍政府還在做這個帝國夢；用蔣廷黻的話來說：「他們也是不到黃河心不死。」[5]

「九一八」以後，蔣廷黻對東北問題的注意，最具體的成績是寫了一篇長達四萬三千字的半學術性的文章，題為〈最近三百年東北外患史——從順治到咸豐〉，該文發表在《清華學報》第八卷第一期（一九三二年二月出版）。這是蔣廷黻追索東北問題的根源的論文，這篇論文主要是討論這三百年來的中俄關係，如果採用一九四九年後臺灣的國民政府流行的說法，這篇文章即是講「俄帝侵華史」。這篇文章後來在臺灣曾發行單行本，一再再版。蔣廷黻說今日的東北問題肇因於咸豐八年（一八五八年）的中俄璦琿條約。他說：「璦琿條約的嚴重在我國外交史上，簡直無可比擬者。外興安嶺以南，黑龍江以北，完全劃歸俄國；烏蘇里以東的土地，包括吉林省全部海岸線及海參崴，劃歸中俄共管，這是直接的損失。間接則俄國自璦琿條約以後，在太平洋沿岸的勢力又進一步；列強的世界帝國角逐因之更加緊急，而現在的東北問題即種根於此。且有了咸豐八年的璦琿條約，就不能不有咸豐十年的北京條約。」蔣廷黻最後說這兩個條約：（指中俄璦琿條約及中俄北京條約）「在世界史上開了一個新紀元，即土地割讓的紀錄。我國在咸豐八年及十年所喪失的土地，其總面積有四十萬零九百十三平方英里。現今的東三省，加上江蘇。」蔣廷黻晚年回憶，當年他為什麼要寫這篇文章，他說：「因為我深感東北問題的重要，所以在我的研究工作中東北佔主要位置。」[6]

蔣廷黻說過東北問題不易解決，中國沒有第三國的干預是解決不了的。再則，日本的野心，拿到了東北並不就此滿足。東北對中國來說，這是國家的土地，一個國家立國的三元素之一，其重要性不言可喻，但對別的國家來說，這是人家的瓦上霜。因為英美法義等國在東北沒有什麼投資或商務上的「本國利益」。美國此時正致力於經濟復甦，且人民怕打仗。蘇俄與日本在東北有切身利害衝突，滿洲國的成立不利於蘇俄，但蘇聯不會用武力來推翻滿洲國，在國內蘇聯大力推行工業化為當務之急。美俄兩國不願插手，別的國家則更不用說了。蔣廷黻認為熱河失守「是可憐可恥的失守」，精神上的損失比「土地的損失還要大」。他說中國太弱了，別的國家要想幫忙也無從幫起。他舉了一個例子，九一八事變發生後，歐美民間一般人以為日本侵略中國一如一個兇漢欺負一個老嫗，如果有人見了想出來打抱不平，助一臂之力，但一想此一老嫗弱不堪言，不但本身無力，且是一種負擔，一面要背負著此一老嫗，一面來對付兇漢，這事幹不得的。但自淞滬戰役以後，他們看到的中國不是一個羸弱的老嫗，而是一個缺乏訓練且手無寸鐵的人，訓練及武器是他人可以提供的。淞滬之戰對全國上下軍民士氣的影響，世所共知。當熱河戰爭將起，國人咸認為又是一個好機會來了！結果大失所望，經過這一次大失敗之後，蔣廷黻認為我們要用武力收復失地是絕對不可能的了。「熱河這樣的失敗，其精神上的損失遠過於東北三省不抵抗而失敗。我們要看清楚就是我們能在平津作淞滬戰爭，其收穫尚不能彌補熱河這一戰的損失，何況我們在平津絕不能作淞滬之戰呢？」再則，「我們喪失熱河這個機會，以後我們很難促進世界對日制裁的發生。」蔣廷黻給政府提出四個對策：(1)中國今後切不可因任何原因、任何名義，再打內戰；(2)中俄復交；(3)國聯做任何處置，不要放過；(4)改革內政。蔣廷黻還是鼓勵大家說：「就是我們暫時喪失了東北，我們的國永遠是比伊藤博文的日本大好幾倍。事在人為。」（蔣廷黻〈熱河失守以後〉）蔣廷黻在嚴肅文章中說了一個輕鬆的故事，他說：「自九一八事件以後我常和外國朋友講笑話說：上帝造就日本的時候原只造了一個三等國，日本人擅改為一個一等國；上帝造中國的時候，原造一個一等國，中國人改為一個三等國，但是我還信上帝。」他的意思甚是明顯，他有自信，他還是相信中國將來成為一個一等國。最後結尾時說，衡諸國內外情勢，目前中國「我們談不到收復失地」。（蔣廷黻〈熱河失守以後〉）以武力來收復失地是死路一條，他說：在「熱河未失以前，努力抗日尚有一線之望；熱河失守以後這一線之望都沒有了。」然後說：「我們唯一的出路在於未失的疆土的整理，而整理的初步就是共黨的肅清。」（蔣廷黻〈未失的疆土是我們的出路〉）「共黨的肅清」這一句話與上述第一項（不可再打內戰）是衝突的，但我想蔣介石及陳氏兄弟聽得進的。多多少少這篇文章及蔣廷黻另外一篇（〈槍口對外不可亂〉）文章，引起天津《益世報》發表了一篇社論（一九三三年七月二十六日）。這篇社論題目是〈槍口朝外，不可對內〉，文章大意，一看題目，即可了然：停止內戰，一致抗日。這篇社論是羅隆基寫的，文章刊出後轟動一時。蔣廷黻即撰文〈論妥協並答天津益世報〉在《獨立評論》（第六十二期，八月六日出版）上駁斥羅隆基。他說倉促對日作戰必失敗，現代化的戰爭必須要長期準備，至於近兩年中日和戰是否取決於中國憲政，蔣廷黻說：「益世報的批評或者是好文章，卻全無意義，我們用不著費篇幅來答辯。」他又說，《益世報》的社論最值得吾人注意的是論妥協的那一段。《益世報》的社論說：「他們（指《獨立評論》）是一方面『竭力避免衝突，一方面竭力充實內部』的妥協。這種見解，我們不敢認獨立評論是錯。」蔣廷黻說：「在原則上，益世報的態度與我們一致的。他認清我們不是消極的妥協。」《益世報》的社論有下面幾句話，認為《獨立評論》諸君子的主張只是李鴻章及袁世凱妥協政策的翻版而已。羅隆基的原文是這樣的：「獨立評論今日妥協的主張，亦不過四十年前李鴻章贊成妥協，十幾年前袁世凱的贊成議論而已。」蔣廷黻對此不以為然，乃以他的歷史知識作了毫不客氣的批評申斥。他首先指出，袁世凱的時代太近，相關的重要史料尚未公開，我們不能妄加論斷。中國從鴉片戰爭到八國聯軍這六十年間，有五次對外戰爭，這不能算少了。蔣廷黻說，「如果中國近代史能給我們一點教訓的話」則欲與洋人妥協固吃虧，與洋人打仗更加吃虧，因每次都吃敗仗，吃了敗仗來談妥協則更加吃虧是必然的，要割地賠款。他說：「李鴻章的大失敗——甲午之役——正由他的不妥協。稍知中日戰爭外交史的人都知道在戰前，李對日本的外交是絲毫不肯讓步的。」（因李誤信俄國是中國的朋友，到時會幫忙，結果上了大當）蔣廷黻說，至於李鴻章、奕訢、文祥等人自強運動全盤的失敗，與妥協不妥協是不相干的。羅隆基本想把妥協的帽子扣在《獨立評論》諸君頭上，用意是因李鴻章妥協失敗了的。可是蔣廷黻斬釘截鐵地說李鴻章的失敗不在妥協，蔣廷黻這樣一說，羅隆基以後也就沒有什麼話可說的了，大家偃旗息鼓。

IV

蔣廷黻與羅隆基筆戰過後不到半年，《獨立評論》又引起一場論戰，即「民主與獨裁」論戰。「民主與獨裁」論戰與一九一九年胡適與李大釗的「問題與主義」辯論，及一九二三年張君勱與丁文江「科學與玄學」論戰，可以相提並論。這些論戰在民國時代思想史裡都是很有名的秀才打架，出不了命案，但在儒林很是熱鬧的。[7]「民主與獨裁」論戰肇因自閩變，閩變是指一九三三年十一月李濟琛、陳銘樞發動的福建事變，反對蔣介石而脫離國民黨，宣佈成立「福建人民政府」，這一事變與國家統一背道而馳，發生於「九一八」及熱河失守之後，也正是國家危急存亡之秋，所以這次事變備受各方關注。蔣廷黻即撰一文題為〈革命與專制〉，刊於一九三三年十二月十日出版的《獨立評論》（第八〇號）上。

蔣廷黻早於一九二六年在《現代評論》第六十五期上發表過〈統一方法的討論〉一文，主張武力統一中國，這次他又重申他的獨裁專制與武力統一中國的主張。一九三〇年代，義大利的墨索里尼、德國的希特勒興起，因此大家都在討論民主與獨裁這一熱門課題。《獨立評論》為了中國統一問題和民主與獨裁問題，引起了一場論戰，參加的人很多，眾所周知，胡適主張民主，蔣廷黻擁護獨裁。筆者在這裡主要討論蔣廷黻與胡適的辯論。這一辯論是由於蔣廷黻的這篇〈革命與專制〉文章所引起的，這篇文章也是由閩變發生而寫的。所以文章一開始即說：「自閩變的消息傳出以後，全國人士都覺得國家的前途是漆黑的。中國似乎到了一種田地，不革命沒有出路，革命也是沒有出路。」然後又根據近世歐洲歷史的發展來說明今日中國的現象。他說：「中國現在的局面正像英國未經頓頭專制、法國未經布彭專制、俄國未經羅馬羅夫專制以前的形勢一樣。我們現在也只有內亂，不能有真正的革命。我們雖然經過幾千年的專制，不幸我們專制的君主，因為環境的特別，沒有盡他們的歷史職責。滿清給民國的遺產是極壞的，不夠做革命的資本的。」（文中英國的頓頭朝、法國的布彭朝、俄國的羅馬羅夫朝，因蔣廷黻未附原文，現在常有各種不同的譯名出現，避免混淆，故將英法俄三個朝代名抄錄如下：分別是 Tudor、Bourbon 及 Romanov）在蔣廷黻看來：「第一我們的國家仍舊是個朝代國家，不是個民族國家。一般人民的公忠是對個人或家庭或地方的，不是對國家的；第二，我們過去的君王沒有留下來任何可作新政權的中心階級。結果，一旦皇室倒了，國家就成一盤散沙了；第三，在專制政體之下，我們的物質文明太落伍了，我們一起革命，外人就能漁利，我們簡直無抵抗的能力。」最後蔣廷黻在結論中說：「各國的政治都分為兩個階段，第一是建國，第二步才是用國來謀幸福。我們第一步工作還沒有做，談不到第二步。」質言之，現在「我們還沒有革命的能力和革命的資格。」（蔣廷黻〈革命與專制〉）蔣廷黻的意思，我們應該先行專制，再來革命，結果我們本末倒置了。

胡適看了蔣廷黻的文章後，深深不以為然，乃撰〈建國與專制〉一文（刊於《獨立評論》第八十一號，十二月十七日出版），提出三個問題來反駁蔣廷黻：(1)「專制是否建國的必要階段」？胡適說關於這一問題，他與蔣廷黻的觀點根本不同，蔣廷黻所舉的英法俄三國的建國史，似有以偏概全，胡適說：「建國的範圍很廣，原因很複雜；我們不能單指『專制』一項做建國的原因或條件。」他又說：「其實政權統一不一定就是獨裁政治。英國亨利第八時代正是國會的勢力抬頭的時代，國會議員從此有不受逮捕的保障，而國王建立新國教也須藉國會的力量。所以我們與其說專制是建國的必要階段，不如說政權統一是建國的條件，而政權統一固不必全學羅馬羅夫朝的獨裁政治。」(2)「中國幾千年的專制何以不會造成民族國家」？胡適說：「關於這一點我和蔣先生也有不同的看法。」他說：「在民族的自覺上，在語言文字的統一上，在歷史文化的統一上，在政治制度（包括考試、任官、法律等）的統一與持續上，——在這些條件上，中國這兩千年來都夠得上一個民族的國家。」胡適說蔣廷黻指出三種缺點，「只可證明舊日的社會與政策的惡果，而不足以證明中國不是一個民族的國家。」(3)蔣廷黻說「在專制政體之下，我們的物質文明太落伍了。」胡適說物質文明的落後，因為我們過去知識不夠，人才不夠。「這是和專制政體無大關係的，也不足以說明中國不是一個民族國家。」胡適結論說：他認為「建國固然要統一政權，但統一政權不一定要靠獨裁專制」。其次，「我們今日要談的『建國』，不單是要建設一個民族的國家。中國自兩漢以來，已可以算是一個民族國家了，我們所謂『建國』，只是要使這個中國民族國家在現代世界裡站得住腳。」最後他說：「還有第三個問題：中國的舊式專制既然沒有做到建國的大業，我們今日的建國事業是否還得經過一度的新式專制？這個問題今天談不了，下次再談。」胡適在

《獨立評論》該期提出三個問題，但第三個問題因時間不允許，故接著在下一期的《獨立評論》（第八十二期，一九三三年十二月二十四日出版）上發表了一篇〈再論建國與專制〉來討論第三個問題；此即「我們今日的建國事業是否還得經過一度的新式專制？」胡適開頭即說：「這個問題，並不算是新問題，只是二十多年前《新民叢報》和《民報》討論的『開明專制』問題的舊事重提而已。」什麼是「開明專制」，那時梁啟超所下的定義，只要是政府所制定法規條例：「由專斷者而以不良的形式發表其權力，謂之野蠻專制。有專斷以良的形式發表其權力，謂之開明專制。」（《飲冰室文集》乙丑重編本，卷二十九）也有人稱「開明專制」謂「文明專制」。胡適說，現在有些人心目中所懸想的新式專制，大概就是當年任公「所懸想的那種以國家人民的利益為標準的開明專制而已」。這也就是蔣廷黻或丁文江所說的「新式專制」或「新式獨裁」。胡適說他個人是反對「這種專制的」。他反對的理由有三：第一，他不相信今日中國有「能專制的人，或能專制的黨，或專制的階級」。他引二十多年前《民報》駁《新民叢報》說：「開明專制者，待其人而後行。」「雖然二十年過去了，」胡適說：「這句老話還有時效。」第二，他不相信中國今日有什麼人能有一個法寶，或有本事可以登高一呼，萬人敬崇，大家跟著他走，造成一個新式的專制局面。蘇聯、德意志、義大利和土耳其等國除了人才外，他們還有「一個富於麻醉性的熱烈問題，可以煽動全國人心，可以抓住全國少年人的熱血與忠心。」胡適說我們沒有，然後他又說：「難道我們還能妄想抬出一個蔣介石，或者別個蔣介石來做一個新的全國大結合的中心嗎？近年也有人時時提到一個『共同信仰』的必要，但是在這個老於世故的民族裡，什麼口號都看得破，什麼魔力都魔不動，雖有墨索里尼，雖有希特勒，雖有列寧、杜洛斯基，又有什麼幻術可施呢？」[8]第三，胡適認為西方民主政治是一種幼稚的政治制度，這種制度最適宜訓練我們缺乏政治經驗的民族。他說民主政治也是常識政治，開明專制是「訓練英傑」的政治，我們也是一個缺乏人才的國家，常識政治是比較容易訓練中國的阿斗，所以在他看來，最好的政治是「一種可以逐漸推廣政權的民主憲政。中國的阿斗固然應該受訓練，中國的諸葛亮也應該多受一點訓練。而我們看看世界的政治制度，只有民主憲政是最幼稚的政治學校，最適宜於收容我們這種幼稚阿斗。」（胡適〈再論建國與專制〉）

一年後，胡適為《東方雜誌》一九三五年元旦徵文題為〈一年來關於民治與獨裁的討論〉，他說：「我近年觀察考慮的結果，深信英美式的民主政治是幼稚園的政治，而近十年中出現的新式獨裁政治真是一種研究院的政治；前者是可以勉強企及的，而後者是不容易輕試的。」這裡很明顯的胡適是主張西方民主政治的，反對任何形式的獨裁專制，與蔣廷黻各執一端。這是一般論戰常有的現象。

蔣廷黻在下一期的《獨立評論》發表了〈論專制答胡適之先生〉，在這篇文章裡他開宗明義說，民族主義是近百年世界一個大潮流，很多未統一的國家靠民族主義把國家統一了，如德國和義大利。有的已統一的國家賴民族主義而把中央政府的權力提高了，如美國和日本。近世革命後的國家如蘇俄及一七八九年後的法國本來就是個集權國家，其中央政府的權力本來就很大，革命後的政府權力更大。唯獨中國辛亥革命後「反把統一局面革失了」，造成了二十餘年軍閥割據內亂的局面。其故安在？我們平日罵軍閥，其實軍閥應該挨罵；「軍閥把中國弄到這種田地，這種話當然有理的，但是反面的話更加有理：不是軍閥把中國弄到這種田地，是這樣的中國始能產生軍閥，毛病不在軍閥。」蔣廷黻說毛病是中國人有地域觀念。因為中國人有省界縣界的觀念，所以割據變成為常事，又因中國人窮，軍閥可以養私有軍隊。日本人費少些錢，就能雇中國人來殺中國人，同樣地，日本人可以「聘」中國士大夫來對付中國士大夫，「這還算一個民族國家麼？」蔣廷黻說中國兵為私有，則士兵以私忠（即對長官的忠心）比公忠（對國家民族）為先是必然的。蔣廷黻針對胡適說：「我們更不要忘記公忠必須有相當的環境及相當的時期始能培養出來，不是你我寫一篇文章、演一次講可以喚起的。」他又說：「總而言之，軍閥的割據是環境的產物，環境一日不變，割據就難免，在這環境裡，無論革命家播怎樣好的種子，收穫的是割據的軍閥。」蔣廷黻的處方是：行新式專制。我們必須有一個集權的中央政府，不一定要開明，武力統一中國，有了這個中央政府，教育、工商業及交通就自然而然的會進步，這是民族的基本事業。比如說一個工廠、一條鐵路、一個現代化的銀行及一個現代化的教育制度下完備的學校，這些都是超越省縣市界限的事業，這種嘉惠人民福利事業進步了，還有誰願意投靠軍閥為他們利用。他認為胡適所主張我們現在即行維多利亞式的代議制度是此路不通。蔣廷黻所提倡的是大魚吃小魚；此即大專制來代替小專制，大軍閥來消滅小軍閥。蔣介石即是如此。蔣廷黻認為破壞國家統一的就是小軍閥（他稱之謂「二等軍閥」），他主張：「個人的專制來統一中國的可能性比任何其他方式可能性較高。」蔣廷黻最後說：「適之先生引民報駁新民叢報的話來難我，說：『開明專制者待其人而後行』。他不信『中國今日有能專制的人』。中國有無其人，我也不知道。不過我們要注意，我所注意的是能統一中國的人：『開明』是個抽象的名詞，恐怕各人各有其解說。」（以上見〈論專制答胡適之先生〉）蔣廷黻這篇文章發表後沒有再寫民主與獨裁的文章。胡適後來發表過幾篇有關民主與獨裁的文章如〈中國無獨裁的必要與可能〉（《獨立評論》第一三〇期）、〈一年來關於民治與獨裁的討論〉（刊於《東方雜誌》第三十二卷第一號）及〈從民主與獨裁的討論裡求得一個共同政治信仰〉（天津《大公報》星期論文，一九三五年二月十七日出版，《獨立評論》第一四一期轉載）。此外當時先後發表的還有吳景超的〈中國的政治問題〉（（天津《大公報》一九三四年十二月三十日出版，《獨立評論》轉載）、張奚若的〈獨裁與政治〉（天津《大公報》一九三五年一月十三日）、陶孟和的〈民治與獨裁〉（《國聞週報》一九三五年新年號）、陳之邁和陶希聖的兩篇〈民主與獨裁〉（《獨立評論》第一三六期）及丁文江的〈再論民治與獨裁〉（天津《大公報》星期論文，一九三五年一月二十日出版，《獨立評論》一三七期轉載）。其他人還不及備載。上述這些文章蔣廷黻也許都沒有看到，因為自一九三四年夏起他休假一年，那時他在歐洲，等他從歐洲回來後，也許論戰已經過去了，不久他即赴南京任官。

在這一論戰中，幾個朋友壁壘分明，丁文江贊成蔣廷黻的主張，不過丁採用的所謂「新式獨裁」這一名詞，意義是一樣的，擁護獨裁的還有錢端升和吳景超。[9]不過也有不少人站在胡適一邊的，他們不贊成武力統一，也不贊成專制與獨裁，如陳之邁和常燕生等人。其中陶希聖因與國民黨關係至深，他的意見是可以理解的：「胡適之先生主張的民主政治，很顯然的是議會政治。」他說：「如果以議會政治和國民黨相爭，國民黨內沒有人能夠同意。」陳之邁論民主與獨裁，文長有六千多字，很尖銳而深入。他說，由老百姓用和平方式來決定統治者的更迭，「這是民主政治的神髓，抓住了這層便有了民主政治」。關於胡適用幼稚園來比作民主政治過程的比喻，陳之邁認為胡大師把民主政治看得太容易、太幼稚了。衡諸當時情勢，胡適所主張的維多利亞式代議制度，不切實際，是行不通的。陳之邁的結論是：以中國目前現狀，他希望「國內問題取決於政治而不取決於武力，因此絕對沒有瞎著眼去學人家獨裁的道理」。這話似對蔣廷黻講的，因為他（陳）反對任何形式的獨裁專制。

蔣廷黻卒後，陳之邁為他寫了一本文情並茂的回憶錄式傳記，書名是《蔣廷黻的志事與平生》。當年蔣廷黻與胡適為了「民主與獨裁」在《獨立評論》引起一場辯論，陳在其書中對民主與獨裁為故友作了一番解釋。陳之邁說：「當時有一種普通的印象，以為『胡適之提倡民主，蔣廷黻提倡獨裁』。其實這是很膚淺很錯誤的歸納。胡先生提倡民主是不錯的，但是廷黻有許多篇文字極力強調輿論的重要，而慨嘆中國輿論之不健全，顯然不是主張獨裁。廷黻思想的中心重點在切望在中國的現代化，趕速的、徹底的現代化。」（陳之邁《蔣廷黻的志事與平生》頁二八至二九）從蔣廷黻發表的所有文章來看，他是一個畢生主張中國必須走向現代化的人，且越快越好。陳之邁說遠在一九二七年，當蔣廷黻介紹英國大史家湯恩比（Arnold Toynbee, 1889-1975）寫的一篇文章，題為〈中國革新運動與日本、土耳其革新運動的異同〉，從這篇文章可看出，蔣廷黻所主張的獨裁絕對不是墨索里尼、希特勒式的獨裁，更不是史達林式的獨裁，而是土耳其在第一次世界大戰後凱末爾領導的革新運動。蔣廷黻很崇拜凱末爾，認為他是一個很了不起的人物，能把有「東亞病夫」之稱的土耳其復興起來，蔣廷黻也希望中國有一個像凱末爾這樣的大人物將中國快快建設起來，對內使國人安居樂業，對外可抵禦外侮侵略。（同上）陳之邁為蔣廷黻辯白的一段是很好的文章。但不知是否能夠說服人家；因為蔣廷黻與胡適兩人爭論時，他（蔣）擁護新式獨裁亦即梁任公所說的「開明專制」，或者說是「新式專制」，雖這是建國的一個過渡時期，可是專制還是專制，不管它是什麼樣的專制，總與他畢生所篤信的自由主義相去甚遠。

胡適晚年寫的《丁文江的傳記》裡，他與丁文江辯論民主與新式專制時，輕描淡寫只一筆帶過。胡適的口述自傳記錄到文學革命的開始即回臺北出任中央研究院院長，因而停頓了，這本口述自傳始終沒有寫完。蔣廷黻的回憶錄也沒有寫完，他寫到第十七章抗戰中期「戰爭的考驗」一章即病逝，但在未完成的《回憶錄》裡，有一專章「九一八事變與《獨立評論》」，專門討論《獨立評論》。他對於籌辦經過及內部情形述之甚詳，對胡適人品學識推崇備至，唯對他與胡適爭辯民主與獨裁，著墨不多。給我一個印象：他們兩人到了晚年似乎都不太願意談年輕時在《獨立評論》上「秀才打架」的事了。蔣廷黻在回憶錄中只說他與胡適的異同，點到即止，大意說胡適對西方民主政治的理論談起來頭頭是道，一清二楚，但對於政黨內部黑暗似乎只是一知半解。蔣廷黻說：「我認為他（胡適）對自由議會政府的想法太天真。他似乎對許多民主國家幕後的貪污、腐化、浪費、愚蠢、冷漠不欲深入瞭解。對批評十九世紀自由主義的浪潮也不重視。就在北平，好多國會議員就曾把選票賣給無知枉法的曹錕，選他作中國的大總統。」這類事在胡適看來無關緊要，蔣廷黻說，胡適「認為民主的弊端能用更民主的方法去防止。」（《蔣廷黻回憶錄》頁一四一至一四二）可見胡適對自由主義信道之篤，但蔣廷黻深深不以為然。蔣廷黻批評老友胡適，一點也不錯，胡適確實是如此。

復次，蔣廷黻認為「馬克思的經濟史觀無疑的是不切實際的，但胡適幾乎是忽略了經濟問題。對我來說中國人的貧困是個迫不及待需要解決的問題，因此我認為應該在經濟方面即刻採取行動，而無需等待中國政治的民主」。蔣廷黻認為經濟應該先於政治。他說：「在經濟方面有兩件事要做：其一，利用現代科學和技術從事生產運輸；其二，社會化或公平分配財富。我認為憲法和議會之有無是次要的問題。則創造更多的財富、平均分配對我才是最重要的。」最後蔣廷黻說：「我從不認為胡適反對向繁榮方向發展經濟，同時我也希望他從未懷疑我反對政治民主。我倆的不同點不是原則問題乃是輕重緩急問題。」（《蔣廷黻回憶錄》頁一四一至一四二）我認為蔣廷黻晚年回憶錄裡這段談民主政治的說白，雖然沒有像陳之邁那樣說得具體，但很有意義，讀後令人深省。他似乎在告訴大家，對民主政治，他們是同道。

在某種意義上，我認為不論是胡適或是蔣廷黻或包括葉公超，到了晚年，這批中國自由主義的精英都違背了西方自由主義。因為他們到了晚年是為一個極端反動、絕對反自由主義的蔣介石效勞。這是很複雜的，可以另外寫一本書，不容許我們在這裡從長討論。

V

最後我想談一下蔣廷黻對《獨立評論》的貢獻以及《獨立評論》對他的影響。梁實秋與胡適、徐志摩、葉公超等人在上海創辦《新月》雜誌時，曾說過一本雜誌一個人辦不了的。辦雜誌像打球一樣，是一種團隊工作（teamwork）。當年他們十來個人辦《獨立評論》時，在編輯方面，蔣廷黻在回憶錄裡說：「我們成立一個編輯委員會，委員三人，由胡適總其事。我和丁文江協助編務。」胡適經驗最豐富，貢獻最大，用現在的術語來說，他是總編輯，自創刊至停刊始終由胡適主編。如果他偶然離開或生病則由蔣廷黻代編（蔣廷黻後到南京任官，由新會員陳之邁及吳景超代編）。除了胡適外，其次就是蔣廷黻，他對《獨立評論》的貢獻是多方面的，首先慫恿這批北大清華朋友倡議辦一本雜誌的就是他，雜誌創刊後，他很勤快，幾乎每期都有文章發表。根據一九六五年文星版《蔣廷黻選集》的統計，蔣廷黻在《獨立評論》三年內發表了五十九篇文字，其實當不止這幾篇，因為有很多篇文章在《獨立評論》上發表，文星版編輯並未全錄。蔣廷黻的文章正如曾在華盛頓大使館任職過的傅安明先生所說，廷黻先生的文章「精於觀察，善於析理，嚴於取證，明於判斷」。[10] 因此他要說的話，三言兩語說得很明白透徹，特別是對某一事件的分析與論斷高人一等，有他獨到之處。他的文章可用「膾炙人口」來形容。晚年在他的回憶錄中說：「我發現有許多人是從《獨立評論》認識我的，而非從我花費多年心血所寫成的歷史著作中認識我的。」（《蔣廷黻回憶錄》頁一四〇至一四一）可見《獨立評論》對他影響之大。

蔣介石就是因為看了蔣廷黻在《獨立評論》上發表的文章，賞識他的才華。一九三三年夏，蔣介石在揚子江下游避暑勝地牯嶺召見蔣廷黻，聽取蔣廷黻對時局的觀點。那次他在牯嶺盤桓一週。因為他在《獨立評論》上常發表有關蘇聯的外交政策，當時有人相信一旦中日戰爭起，蘇聯必助我抗日，蔣廷黻力斥此說，相反地，乃進一步說蘇聯會鼓勵日本侵華，使日軍在中國大陸陷於泥沼，這樣可以使蘇聯全力對付在西線德國的威脅，可免兩面夾攻之虞。他認為中國與蘇聯恢復邦交是應該的，但不要存其他妄想。因此蔣廷黻在當時被視為蘇聯問題專家。一九三四年夏，蔣廷黻在清華休假一年，準備赴歐洲去看幾個新近開放的檔案庫。在莫斯科期間，他受蔣介石的託付以密使身份與蘇聯外交部接觸，蔣廷黻不負所囑，任務完滿達成，他即向蔣介石報告，附了詳細計畫，並建議將來應該如何應對未來局面，蔣介石覆電甚表嘉許。蔣廷黻於一九三五年夏返國，半年之後（是年十二月），他終於離開了清華到南京任官，那時他剛好四十歲。

在《獨立評論》蔣廷黻結識了一批日後生死不渝的好朋友。在北方學派，北大、清華這群自由主義精英分子中，傅斯年可能是蔣廷黻一生最要好的朋友。以我個人從他的日記、回憶錄或其他文字記載來觀察，胡適、葉公超、丁文江、任鴻雋及陳衡哲夫婦等人都是蔣廷黻很好的朋友，但還沒有他與傅斯年那樣 close（親密）。傅斯年患有高血壓，於一九五〇年十二月二十日在臺灣省議會答覆教育行政質詢時，因言辭激動腦溢血而猝逝。蔣廷黻得悉後打了個電報給傅斯年夫人弔唁外，在日記上記：「傅斯年是我在《獨立評論》編輯會議上認識他的。我認為他是一個很不禮貌的人，也不考慮他人的想法與感受，可是胡適與丁文江常常講他很多好話。後來我發現他人很聰明，很博學。九一八事變後，我與胡適二人是明確的反對中國立即對日作戰。」（蔣廷黻日記 12/22/1950）當時國聯調查九一八事變的李頓報告（Lytton Report）發表後，蔣廷黻說：「雖然李頓報告沒有全部採納中國的意見，我對這個報告是贊許的，但是傅斯年很激烈地批評李頓調查團。」在其他問題上，「我是主張中國亟需土地改革，但是傅斯年、胡適和丁文江則對土改一點興趣都沒有。抗戰時在後方，我是全力以赴要想盡辦法節制通貨膨脹，傅斯年則對此莫不關心。」傅斯年抨擊孔祥熙、宋子文是因為孔宋太腐敗了。蔣廷黻與宋子文的關係如同水火，世所共知。可是蔣廷黻是孔祥熙的親信，所以常有人不解何以蔣廷黻與傅斯年成為至交。一九四六年十月，蔣廷黻被宋子文撤職後，翌年傅斯年在南京出版的《世紀評論》上發表了震驚中外、擲地有聲的〈這個樣子的宋子文非走開不可〉，半個月後（三月一日）宋子文即下台了。傅斯年有武器，但子彈是蔣廷黻供給的。文章發表後，蔣廷黻對這篇文章不是很滿意，他嫌傅寫得過於激憤而情緒化，在論據方面稍弱。蔣廷黻在日記裡怪自己說：「我沒有對他說清楚。」（蔣廷黻日記 2/17/1947）晚年蔣廷黻在定稿的回憶錄裡提到幾位在《獨立評論》結交的好朋友，又提到傅斯年，他說：「《獨立評論》同寅中，最值得一提的是傅斯年。他也和其他人一樣，為《獨立評論》花了很多時間撰稿。他有豐富的歷史知識。一旦他撰寫一篇稿子，就好像是集合了四千年的歷史經驗似的。」他又強調，「令許多朋友吃驚的是，他的文章不僅能引起讀者知識上的共鳴，而且也能引起心靈上的共鳴。能夠引發最深的情感，也能使某些人感到莫大的厭惡。」其次說到丁文江（在君），他在回憶錄裡說在未辦《獨立評論》以前他對丁文江「沒有深切的認識」，可是自從我們一起在《獨立評論》共事後，「我開始尊敬他、愛戴他」。他留學英國，是個受過專業訓練的地質學家，他首創中國地質調查研究所，當孫傳芳控制長江下游時，丁文江曾幫助孫建設大上海的計畫。孫傳芳失敗後，丁在河北省一所煤礦任經理。他於一九三五年在湖南因考察煤礦中毒而去世。蔣廷黻說他「不僅多才多藝，而且實事求是」，惜英年早逝。（《蔣廷黻回憶錄》頁一四一）他在〈我所記得的丁在君〉（《中央研究院院刊》第三輯，一九五六年十二月出版）一文中回憶，「表面的在君好像是冷的，實際的在君是很熱心的；對國事熱心，對朋友也熱心。我於民國二十四年（一九三五）冬天參加政府工作以後，常遇著地方及中央高級人員這樣對我說：『你就是蔣廷黻，在君說過，我一定要和你多談一談。』他在背後不知道說了我多少好話，替我作過多少宣傳，但他自己從來沒有對我提過一句。」最後蔣廷黻談到胡適，他說辦一個刊物需要花費很多人的精力，蔣廷黻毫不遲疑地說：「《獨立評論》的成功，無疑的，胡適貢獻最大。他的朋友和熟人一直認為他是個最能吸引人的人。幽默、細心、聰明，談話時態度和藹，富理性。他反對教條主義，對一些莫名其妙的人特別有耐性，如果根據以上兩點認為他處事沒有原則的話，那可能大錯特錯了。他對自己的信念，堅定不移，在他漫長而多彩的人生中，曾有若干時期受到最高的推崇，也有若干次被人認為落伍和膚淺。有時他表現了無比的勇氣，有時他也會因為某事或某人而與人論戰。但是，終其一生，他都是主張自由、民主和實用的。」（《蔣廷黻回憶錄》頁一四一）一九六二年二月二十四日，胡適在南港主持中研院院士會議後，下午六點半在歡宴酒席上，因心臟病發而猝逝。蔣廷黻得悉，在日記上追憶胡適，「在寥若晨星的哲學家中，對維護自由、人類尊嚴他是一個毫不妥協的人。他是一個追求真理的學者。他知道中國文化的優點和缺點。他很感激中國過去幾千年來的偉大成就，但他相信這一代和將來的世代，一定要有現代科學和西方文化才能獲得成功。」又說：「幾年前中國共產黨發動了大陸上所有的史學家、哲學家和歷史評論家來批判胡適思想。後來中共把這些批判論文彙集起來出了八冊文集總題為《胡適思想批判》。」最後總結，中共「這個批判胡適思想運動是不會成功的。」（蔣廷黻日記 2/24/1962）胡適確是一個打不倒的不倒翁。今日胡適在大陸上又東山再起，目前在海峽兩岸他是一個印第安人——「紅人」，研究胡適是一顯學。這個現象證之蔣廷黻所言不誣。

蔣廷黻對《獨立評論》的貢獻是多方面的，《獨立評論》對蔣廷黻的影響也是多方面的。在《獨立評論》期間他協助編輯的經驗是很寶貴的，抗戰時期在大後方陪都重慶，他發起與過去《獨立評論》的同仁辦了一個性質類似的定期刊物，這個刊物定名為《新經濟半月刊》，目的不在評論軍事或政治上的得失，而是由大家來討論戰時和勝利後的國家建設方案。據陳之邁說：「『經濟』這個名詞取其古義，所有一切與國計民生有關的問題都在討論範圍之內。」（陳之邁《蔣廷黻的志事與平生》頁三一）一九三八年十一月創刊的《新經濟》，參與的除了蔣廷黻之外有翁文灝、何廉、吳景超及陳之邁等人，並推吳景超擔任編輯。那年（一九三八年二月蔣廷黻從莫斯科回來後在漢口，十月武漢告急，政府遷重慶）五月間，蔣廷黻應行政院長孔祥熙的邀請，重作馮婦，仍任行政院政務處長，因為公務繁忙，不克參與編務。不過他還是在百忙中為這個刊物發表了至少兩篇很有份量的文章。第一篇〈百年的外交〉用丁一夫的筆名發表於該刊第一卷第四期（一九三九年一月一日出版），文長七千字，敘述一八三九年至一九三八年一百年的中國外交，評論政策以及主事者的利害得失。今錄這篇文章結論如下：「我們於研究百年的外交之餘，可以得著幾個結論。第一、我們近百年對外的失敗不是由於不愛國。第二、我們的失敗由於外交本身者上尚次要，由於內政者為主要。內政的致命傷即是現代化的建設過於零碎、遲緩和不徹底。第三、及外交本身而論，我們的失敗一部分應歸咎於士大夫的虛矯，其他部分應歸咎於外交機構的不健全。」（《新經濟》第一卷第四期）這篇文章發表後兩年，蔣廷黻又發表了一篇重要的文章，題為〈從無為而治到統制經濟〉，他在結論中說：「孫中山先生雖熱心民生主義，他反對破壞，反對階級鬥爭。為什麼呢？因為中國的工業和資本根本不存在。我們的問題不在破壞現狀，而在建設將來。」一最後他認為「今日要圖不在統制，而在扶助自由經濟。」蔣廷黻發表在《新經濟》幾篇擲地有聲的文章，文星版的《蔣廷黻選集》一篇也沒有選錄，甚是遺憾。現在外界知道蔣廷黻在大後方辦過《新經濟半月刊》的人很少，且在他的回憶錄「戰爭的考驗」一章，尚未談到即病逝了。據陳之邁晚年回憶說：「《新經濟半月刊》在戰時後方頗受讀者的歡迎，在物質缺乏、物價波動以及敵機瘋狂轟炸下仍然每期按時出版。」誠屬不易。[11]

抗戰時期，蔣廷黻在重慶政務處長任內一度兼任政府發言人，在《蔣廷黻回憶錄》裡他說：「我是政府每週記者招待會的發言人。」對外發佈新聞，因為他有編過《獨立評論》及《新經濟》的經驗，所以有時在中外記者招待會上理直氣壯地對洋記者說：「I was a journalist.」（我曾是新聞從業人員）晚年蔣廷黻也常說：「獨立評論嘉惠於敝人，豈淺鮮哉！」[12]

1.《蔣廷黻回憶錄》，頁一四〇。陳之邁，《蔣廷黻的志事與平生》，頁二五至二六。

2. 胡適，〈致周作人〉，一九三六年一月九日，《胡適書信集》中冊，北京大學出版社，一九九六年，頁六八一。類似這樣為《獨立評論》而熬夜，胡適（本來就是夜貓子）在日記（《胡適日記》4/9/1934）中也寫道，茲錄如下供參考：「近幾個月來，《獨立》全是我一個人負責，每星期一總是終日《獨立》工作，夜間總是寫文字到次晨三點鐘。冬秀常常怪我，勸我早日停刊。我對她說：我們到這個時候，每星期犧牲一天能做國家的事，算得什麼？只不過盡一份心力使良心上好過一點而已。」

3. 這幾年海峽兩岸有關《獨立評論》的著作及論文很多。張太原的《獨立評論與二十世紀三〇年代的政治思潮》（北京，二〇〇六年）很翔實，頗可參考。該書書目表中列有很多參考書，如陳儀深著《獨立評論的民主思潮》一書，很遺憾我在哥倫比亞大學東亞圖書館沒有找到。近悉北京師範大學齊輝寫的「獨立評論派學人與抗日救亡運動，1931-1937」，北京師範大學歷史系博士論文，二〇〇七年。這篇論文我也沒法找到，在海外找中文參考材料不易，希望日後有機會能看到。

4. 關於蔣廷黻在《獨立評論》上發表的文章，是根據臺北文星版《蔣廷黻選集》所收錄的文章，不知實際情形是否如此。我想即使有出入，相差也許不會太大。

5.參閱蔣廷黻〈論日本和平〉，《獨立評論》第一〇〇期。據顧維鈞說，一九五二年四月菲律賓新任駐美大使羅慕洛（Carlos Romulo, 1899-1985）禮貌性的來拜訪他，言談間，顧維鈞順便問他有關日本賠償問題，羅慕洛說菲律賓仍堅持於一九五一年向日本提出的八十億美元賠償的要求。顧復問關於最近菲日賠償談判有何進展？羅答說，仍有很多問題尚待解決；他說在一月（一九五二年）裡日本有一個代表團來到馬尼拉，予人印象壞極了，「就好像什麼事也沒有發生過似的」。顧說，也許日本人感覺到他們有美國人撐腰，什麼都不在乎了。羅答：「一點也不錯，美國人似乎不太瞭解日本人。」羅慕洛又說他本人確信，「有朝一日日本人還將試圖東山再起，報復美國。」羅說他就不相信美國人已改變了一部分日本人桀驁不馴、生性殘暴的武士道性格。羅接著又說他最近與美國駐日大使墨菲（Robert Murphy）共進午餐，席間對他講了菲律賓人對日本人的看法。羅開門見山地說，「要他（墨菲）不要過分相信日本人對美國的友好姿態，而要注意日本採取敵視美國利益的政策的潛在危險。」顧維鈞好奇地問他墨菲的反應，羅說，墨菲只聽不搭腔。過了一個月後，顧維鈞答拜羅慕洛大使，羅又舊話重提，他說美國人「遲早要因為誤認日本人的心理已完全不同於戰前而追悔莫及。」（《顧維鈞回憶錄》第九冊，頁三一三至三一四）羅慕洛的話對美國人來說可謂忠言逆耳，但是他的話是千真萬確。國家如個人，一個國家的民族性格猶如一個人一樣，不是一下子能改得了的；俗云「江山易改，本性難移」，看日本人戰後的言行作為，看前東京市長石原慎太郎，他說（二〇一三年）他要恢復過去日本的光榮。什麼是日本過去的光榮？一言以蔽之：侵略鄰邦，殺人放火，奸擄婦女，無惡不作，製造九一八事變、盧溝橋事變、南京大屠殺、突襲珍珠港，為東亞人民帶來大災禍。西諺云「歷史不會重演，錯誤會重演的」。我們要格外戒備警惕。現在安倍政府還在做這個帝國夢；這次是利用有霸權心理的美國人，不顧民意反對，議會已於二〇一五年通過新的安保法案，現在要準備修改日本和平憲法，日本武士道軍人又想捲土重來。我們吃過虧的，所以我們要特別小心。希伯萊語裡有一句名言：Hazak, Hazak, Venithazak, 譯成英文：「Be strong, be strong, let us make us ourselves strong」（強大，強大，要使我們國家強大）。

6.見蔣廷黻，《最近三百年東北外患史》，一九五三年《中央日報》單行本「小引」。這篇文章不僅在學術上有所貢獻，且對當時政府及國家也有所貢獻。他告訴國人失土易，收回難。今日大陸把蔣廷黻講的我們失去的大東北，給它一個名稱為「暫時失去的土地」。看了蔣廷黻這篇文章產生一種很激動的愛國心，如果在一百年或二百年後中國出了一個不世之才的英雄人物，把這塊「暫時失去的土地」收回來，則這篇文章對國家的貢獻就更有價值了。

7.「問題與主義」是五四時期著名的辯論。一九一九年七月，陳獨秀除編《新青年》外還編了一本《每週評論》時事週刊。陳於一九一九年七月因在北京天橋發傳單被捕後，《每週評論》由胡適代編。胡適在第三十一期發表了一篇〈多談些問題少談些主義〉，這篇文章大意是我們不要去談一些空洞的主義，如何新奇，如何奧妙。我們應該多談一些實際問題，應該研究如何解決這些問題。接著研究系的藍公武在《國民公報》上發表了〈問題與主義〉一文，他則著重在哲學的角度來說明主義的重要。李大釗是中國早期的馬克思主義者，他在《每週評論》第三十五期發表〈再論問題與主義〉，用馬克思主義的理論來詮釋中國問題，他說我們如用馬克思的學說來解決中國經濟問題，則其他問題均可迎刃而解。而後胡適與李大釗還有你來我往的辯論，這就是日後稱之謂「問題與主義」論戰。

關於「科學與人生觀」論戰，亦稱「科學與玄學」論戰，緣起自張君勱一九三二年二月的演講，他把法國柏格森（Henri Louis Bergson, 1859-1941）生命哲學與宋明理學揉合在一起，他認為人生觀是主觀的，不受科學支配。丁文江寫了一篇〈玄學與科學〉首先出來反對，引起了一場大論戰，歷時一年多，支持張君勱者，可以拿梁啟超做為代表；胡適與吳敬恒等人是支持丁文江的。

8. 一九六五年文星書店的編者不敢將這篇文章收錄在《胡適選集》裡就是因為文中提到蔣介石及列寧及托洛斯基，還有希特勒及墨索里尼等人。

9. 關於丁文江在《獨立評論》及《大公報》上的文章，請參閱胡適的《丁文江的傳記》及 Charlotte Furth, *Ting Wen-chiang: Science and China's New Culture*, Cambridge, Mass. 1970。這本書在大陸有中譯本，題為《丁文江：科學與中國新文化》，丁子霖等譯，北京，二〇〇六。錢端升〈民主政治乎？集權國家乎？〉，刊於《東方雜誌》第三十一卷第一號。吳景超〈革命與建國〉刊於《獨立評論》第八十四號。常燕生的〈建國問題評議〉刊於《獨立評論》第八十八號。

10. 傅安明，〈漫談蔣廷黻先生的文章風格〉，臺北《傳記文學》第二十九卷第五期，頁四三。

11. 蔣廷黻在《新經濟半月刊》上的兩篇文章（〈百年的外交〉及〈從無為而治到統制經濟〉）分別刊於第一卷第四期及第四卷第八期，轉引自陳之邁《蔣廷黻的志事與平生》，頁三二至三三。

12. 關於蔣廷黻曾任政府發言人，請閱《蔣廷黻回憶錄》頁二二四，及張平群，〈南開、行政院、聯合國〉（《傳記文學》第二十九卷第五期，頁二四）。蔣廷黻離開善後救濟總署後及晚年退休後，就想在中國或美國做一個 syndicated 專欄作家，以他淵博的學識及中英文造詣之深，這都是很可能實現的。他的英文寫作可能比中文好，這也難怪，因為他在美國受的教育比在中國久。這些自信心也都是從為《獨立評論》撰稿而得來的。蔣廷黻說「《獨立評論》給我的恩惠比任何人要多」，這句話原文是英文的，很簡潔，我幾次用不同的白話翻譯出來，不成，故後來我用文言文意譯。原文如下：「I recalled the personalize of Ting Wen-kiang acknowledged that the journal more for me than for anybody else.」（蔣廷黻日記 3/31/1950）。

第八章
莫斯科—柏林—倫敦

1934—1935

歷史資料分兩種：一種是原料，一種是次料。
原料是在事的人關於所在的事所寫的文書或紀錄；
次料是事外的人的撰著。
原料不盡可信；次料非盡不可信。
比較說，原料可信的程度在次料之上。
所以研究歷史者必須從原料下手。

——蔣廷黻《近代中國外交史資料輯要》上卷，自序

上面這段引文是蔣廷黻於一九三〇年十二月十日為他編著的《近代中國外交史資料輯要》上卷「自序」中所寫的序言。可以看得出他對一般歷史的原始資料（primary source）之重視。編這本書的時候，他尚在南開，後來轉到清華任教。當時清華有一個規定，在清華教滿五年就有一年支薪休假。蔣廷黻於一九二九年九月到清華至一九三四年夏剛好滿五年，他就準備休假到歐洲去。很多清華教授利用休假時間寫書，像陳寅恪；有的到國外去進修，像吳宓；有的到歐美去遊歷，像葉公超。但蔣廷黻想利用休假去歐洲看幾個近十年來才開放的檔案庫裡的原始資料，他想看的檔案庫分別在蘇聯、德國及英國的首都，所以他計畫去莫斯科，然後柏林，最後去倫敦。

歐洲檔案庫的開放肇始於戰後德國。在第一次世界大戰結束後，德國公開了一批歐戰前的秘密外交檔。一九一九年巴黎和會簽訂凡爾賽條約時，把戰爭的責任賈禍於德國。但德國學者另有看法，他們認為這是不公平的。這批學者認為，德皇威廉對戰爭應負一部分責任外，英、法等幾個國家在一九一四年以前所造成的國際情勢也應負一部分責任。這是德國政府公佈這批外交檔案的動機，旨在讓外交檔案來

說明第一次世界大戰的前因後果。德國公佈了這批外交檔案後，英、法和蘇聯也都相繼公佈了一批秘密外交檔。這是好的，這樣可以使國際間訓練有素且有名望的學者，能夠從容寫出一部自普法戰爭以來至第一次世界大戰結束為止的客觀公正的歷史。歐美史學家對於列強公佈秘密檔案很感興趣，甚表歡迎，蔣廷黻亦不例外。不過他的興趣特別是在於遠東方面，故專程去歐洲就是要去看看這幾個檔案庫。

蔣廷黻第一個要看的是俄國檔案庫裡一批與中國交涉有關的秘密外交文件。蘇聯在歐戰後，除了公佈政府的外交檔外，還出版一本檔案雜誌（*Red Archives*），其中刊有帝俄時代在遠東交涉的文件。蔣廷黻認為這些檔很有用處，曾設法找人將部分檔譯成英文，刊在他主編的《中國社會政治科學評論》（*The Chinese Social and Political Science Review*）上。後來從他朋友處聽到，蘇聯政府在莫斯科成立了一個中央檔案室，並把檔案開放。蔣廷黻很是興奮，於是在去蘇聯之前，特地寫信給莫斯科的文化交換局，請求許可讓他閱讀某些檔案，並將他想要看的幾種外交檔案抄錄寄去。他要的計有下列六種：(1)咸豐八年（一八五八）俄國與中國簽訂天津條約的檔案；(2)咸豐十年（一八六〇）中俄兩國有關黑龍江北岸及烏蘇里江東岸的外交檔案，此即俄國從中國奪去的濱海省，包括海參崴，以及阿穆省，包括海蘭泡的交涉檔；(3)咸豐末年（一八六一）伊格那提耶夫（Ignatiev）在北京與肅順交涉的資料；(4)同治末年（一八七四）與光緒初年（一八七五）關於伊犁問題的交涉文件；(5)一八八五年至一八九四年有關朝鮮問題的資料；(6)一九〇〇年至一九〇一年有關俄國在東北的資料。蔣廷黻所提的這些檔案，都是很敏感性的，全是關於帝俄時代於十九世紀趁火打劫、劫奪中國領土的檔案。有一部分相關檔案蔣廷黻曾在故宮看過，但現在他想看的是俄國方面的檔案。也許有人要問，俄國人會那麼愚蠢，讓一個訓練有素又有名望的中國史學家看他們的「秘檔」嗎？蔣廷黻的請求於五月（一九三四年）初送去，久無下文。後來他遇到蘇聯駐華大使鮑格莫洛夫（Dmitry Bogomolov, 1890-1937），便把這件事告訴他，這位大使很熱心，說要幫蔣廷黻去催催看。因此，蔣廷黻不但很快拿到護照，並得到蘇聯官方的許可，讓他看他想要看的檔案。

II

一九三四年六月清華開始放暑假，蔣廷黻急於要去歐洲。但他想起年初在南昌見蔣委員長時，他要蔣廷黻在出國前再去看他一次，但不知道他說這話的認真程度。此時蔣廷黻已買妥橫越西伯利亞大鐵道的車票，預定於七月中旬啟程前往莫斯科。大約在他動身前一星期，接到蔣介石的電報要他去牯嶺一趟，於是把車票日程延後一週。當他抵牯嶺時，蔣介石開門見山即問他的旅行計畫，然後對蔣廷黻說最好盡可能把他的時間用在蘇聯，多研究蘇聯的情況。原來蔣介石是有目的的，有個秘密任務要蔣廷黻做他的私人代表與蘇聯交涉，這個任務在當時是極機密的，此即要蔣廷黻非正式的去試探中蘇合作的可能性。易言之，就是要探測蘇聯的態度，是否願意與中國建立進一步的友誼關係。當時的行政院長兼外交部長是汪精衛，駐蘇大使是顏惠慶。[1]汪、顏及外界都不知道蔣廷黻負有這一任務。也許有人要問，為什麼不循正式外交途徑，而要多此一舉。因為當時蔣介石聲譽日隆，與汪精衛爭權，他大有要抓黨政軍權於一身，而統領天下。蔣介石想來早有準備，那一天到來不至於手忙腳亂；但在蔣廷黻想來，他是一個大學教授，自忖沒有與蘇聯談判的外交經驗，他認為委員長應該選一位經驗比他豐富、比他更能獲得信任的人去擔任才好。蔣廷黻晚年回憶：「我告訴他，如此重要工作由我來擔任一定不會得到實際效果，因為這不是學術研究工作。他立即瞭解我的困難，他告訴我，他會和蘇聯大使鮑格莫洛夫聯絡，此舉可令蘇聯政府獲悉他對我的信任。」（《蔣廷黻回憶錄》頁一五三）

本來蔣廷黻去蘇聯主要目的是去看蘇聯檔案，現在卻成了不讓外界知道的蔣介石密使——私人代表。蔣廷黻唯恐有辱使命，故心情很是緊張、沉重。當他抵莫斯科的第二天，大使館代辦吳南如參事即告訴他，美國駐蘇大使蒲立德（William C. Bullitt, 1891-1967）急於和他談談。因為鮑格莫洛夫已告知蒲氏，蔣廷黻要在莫斯科停留一段時間。蔣廷黻事先也知道蒲立德其人。一九一七年大革命後，蒲氏是美國最早主張美蘇建立正常關係的人。一九一九年的巴黎和會，他獲得威爾遜（Woodrow Wilson, 1856-1924）總統及英國首相勞合・喬治（David Lloyd George, 1863-1945）的信任，派他去實地考察大革命後的蘇聯。從那時起，他即不斷地鼓吹美國政府應當承認蘇聯。所以當一九三三年美國與蘇聯建交後，他是美國第一任駐蘇大使，當時蘇聯政府很歡迎他（他的任期從一九三三年十一月至一九三六年五月止，當蔣廷黻於一九三六年出任駐蘇大使時，他已調任駐法大使）。蔣廷黻認為像他這樣背景和地位的人，對他此行任務一定有很大的幫助。但與他見面之後，很是失望，蔣廷黻覺得他是一個浮而不實的人，比如他主張蘇聯應從中亞細亞與中國新疆和四川築一條鐵路，他不知道這一段是崇山峻嶺，築路不易，他當然更不會知道李鴻章引狼入室，俄國在中國建築中東鐵路的慘痛教訓；接著他又提議中蘇（經過蒙古）開一條航線，他不知道近來蒙古與南京政府關係並不融洽。蔣廷黻不僅認為這兩個建議均不切實際，且認為蒲立德是一個不著邊際的人。[2]

蔣廷黻與蒲立德會面後，另一使他驚奇的一件事是，當他對蒲立德說，他有意促進中蘇兩國友好關係時，蒲氏就要立刻安排在他的大使館裡，邀請蘇聯外交部長李維諾夫（Maxim Litvinov, 1876-1951）或者次長史托莫尼亞可夫（Boris S. Stomoniakov, 1882-1941）來晤談。但蔣廷黻認為不妥，任何中蘇關係的談判，蘇聯最不喜歡有第三國參與，因為中國太弱，這樣的作法，在蘇聯想來，會使中國變成他國的附庸國或保護國，蘇聯得不到好處，因此對談判無益。在這種情形下，蔣廷黻把他的意見很坦白地向蒲立德直陳。午餐前蔣廷黻與蒲立德見面後，心裡越來越擔心，有蒲氏參與想必成事不足敗事有餘。於是午餐後他立刻去看使館代辦吳南如，請他盡快安排他和李維諾夫或史托莫尼亞可夫見面。吳南如很快就安排了蔣廷黻與次長史托莫尼亞可夫晤談。蔣廷黻與史氏會面時，即開門見山提出：蘇聯是否願意與中國建立進一步友好關係？史氏答話也很乾脆，他說蘇聯政府早有此願望，現在的問題是要看中國是否需要與蘇聯做進一步的友好關係。蔣廷黻說過去國民黨與蘇聯政府合作過一段時期，很不幸，後來因某些原因而破裂了，他不想重述這一段不愉快的歷史。史氏即回說，蘇聯政府認為過去的事已經過去，他本人不願對此表示意見，不過他向蔣廷黻保證，蘇聯政府的政策重視現在和將來。蔣廷黻：「由於我們中國人認為蘇聯絕不會放棄其既定計畫，所以我們也希望蘇聯政府能同意中國按照其自己的方式發展其政治經濟組織。」史氏認為蔣廷黻的話非常坦率。他提醒蔣廷黻，「蘇聯和法國、土耳其等資本主義國家在外交方面非常友善。」他說我們蘇聯「從未夢想法國或土耳其會成為共產國家，我們也希望法國和土耳其的朋友不要僅僅為了我們希望和他們建立友好關係，就希望我們放棄共產主義。凱末爾有時在土耳其殺共產黨人的頭。儘管我們對此不以為然，但是你可以看出來，我們和土耳其仍然保持很好的關係。」易言之，南京政府「剿匪」無礙於中蘇關係。他繼續表示：「一旦蘇聯政府要與中國建立進一步關係的話，那個中國一定是蔣介石統治下的中國。」會談快結束時他又說：「我們是現實主義者。我們希望中國強大統一，而且必須是蔣介石所統治的中國。」（《蔣廷黻回憶錄》頁一五五）蔣廷黻未經蒲立德幫忙而與史托莫尼亞可夫直接商談，他認為初步試探很順利，算是成功的。他很高興如釋重負，同時蔣廷黻要蒲氏為他安排的會議也取消了。他立即向蔣介石做了詳細報告，「並且建議仔細計畫開創將來的局面。」蔣介石覆電「甚表嘉許。」（《蔣廷黻回憶錄》頁一五六）對蔣廷黻來說，這是一個重大任務，不辱使命，一年後蔣介石邀請他到南京參加政府工作，兩年後出任駐蘇大使則良有以也。蔣廷黻的政治任務已經完成，他晚年回憶說他很愉快，現在「可以去看檔案研究歷史和觀光了」。（同上）

III

蔣廷黻在莫斯科前後停留了三個月，一般說來，他對莫斯科印象還好。他說：「我個人沒有受到任何限制。」他可以到各處去走走，可以走訪各個有關學術團體，也可以隨便和蘇聯人談話。蔣廷黻說有一次他去參觀一個訓練工人的機構，正在訓練新手到工廠來做工。負責人告訴他蘇聯大多數的農民從未使用過機械，因此，他們來工廠工作之前需要給予初步訓練。蔣廷黻對此很有興趣，因為中國與蘇聯一樣落後，中國農民同樣的也不會使用機器。這個訓練機構很大，工作也很繁雜，他們首先訓練農民使用鐵鎚，他們說普通農民用右手拿鐵鎚時，就不敢用左手拿釘子，怕會打到手。但是他們已經設計出一種辦法來克服這種心理上的恐懼，其中包括在鎚子上加一個小把手。這種作法很可笑。蔣廷黻認為這種訓練方法一定是一個幼稚的共產黨工人受了馬克思教條的結果。這是階級意識的笑話。他想中蘇兩國會有很多這樣的理論家的。（《蔣廷黻回憶錄》頁一五六至一五七）

在莫斯科，蔣廷黻和俄國歷史學家談過很多次話。他們對蔣廷黻說，史達林對學校所採用的教科書不太滿意，抱怨說沒有內容。因為現在的教科書都是教條式的，一切罪惡都歸於資本家。比如說，為什麼拿破崙要進攻俄國？因為法國資本家要利用俄國的工人。蒙古人為什麼要進攻俄國？因為蒙古的資本家要尋找原料、市場和勞工。羅馬人為什麼要壓迫猶太人？因為羅馬的資本家要利用猶太工人。史達林對這樣的教科書很不耐煩，認為這樣下去會使俄國的年輕人對彼得大帝的豐功偉績一無所知。但是史學家仍然不敢寫出有內容的歷史。最後的辦法是由歷史學家按照他們自己的意思去撰寫教科書，但由共產黨的理論專家去寫序言和結論。蔣廷黻對蘇聯歷史學家所遇到的困難很感興趣，因此他一直注意蘇聯歷史課本的編寫。若干年後，他說他看到一本蘇聯教科書，這是用新方法寫的，他大喜過望。粗粗一看，覺得其中有些章節和其他國家的教科書並無二致，但是序言和結論卻是十足的共產黨八股和教條，以說明列寧和史達林對蘇聯人民的貢獻。第一章敘述的是歷史哲學，最後一章敘述布爾什維克革命史。當然，史達林所扮演的角色和列寧一樣重要，托洛茨基（Leon Trotsky, 1879-1940）連提都沒有提一下，遑論克倫斯基（Alexander Kerensky, 1881-1970）了。[3] 蔣廷黻說：「如果我是當時的俄國人，我可能會追隨史達林而不去追隨托洛茨基。我認為史達林比較實際。但是要全世界人相信托洛茨基對革命沒有貢獻，一切革命事業都是列寧和史達林幹的，實在是一片謊言。」（《蔣廷黻回憶錄》頁一五七至一五八）蔣廷黻的話或可多多少少可應用到中國教科書裡的孫中山和蔣介石，以及後來的毛澤東和周恩來。蔣廷黻在回憶錄中說，當他在遊莫斯科時「我們中國也在修訂教科書。因為我們書中宣傳的程度不像蘇聯，所以揭穿事實真相也比較容易。」（《蔣廷黻回憶錄》頁一五七）蔣廷黻在這裡說的話比較含蓄籠統。一般來說他算是一個比較敢說真話的人，比如說在一九五一年（時任中華民國駐聯合國常任代表）他返國述職，臺北官員及老百姓都很熱烈歡迎他，有一天他去訪問中國國民黨總部，他們客氣地請他演講，他講了二十分鐘，其中有一點他提醒大家不要神化孫中山，不要把孫中山當偶像來看待。（蔣廷黻日記 4/7/1951）在這種場合，他不怕得罪人敢說這種話，就很難得。[4]

一九三〇年代，蘇聯學者正在虛構一套理論：世界上只有工人愛他們的祖國；資本家、地主和商人全是賣國賊。蔣廷黻在莫斯科時和一些中國通晤談，他們認為反對對日作戰的中國人是漢奸，主張抗日的是愛國者。蔣廷黻對他們說：「我比你們更信仰馬克思，因為我同意馬克思的說法：愛國主義和戰爭是資本主義的產物。」（《蔣廷黻回憶錄》頁一五八）蔣廷黻的話使這些中國通啞口無言。有一次蘇聯漢學家邀請蔣廷黻參加他們的座談會，會上有一位名叫米夫（Mif）者，以中國通自居，說他曾寫過一本講明清革命史的書，書中有一位中國將軍是地主，曾向滿洲人求援，這就是滿洲人入主中原的原因。但他說中國農民曾經反抗滿洲人。根據這一說法，他得到一個結論，中國的農民是愛國的，但所有的地主都是漢奸。因此「農民與地主」、「愛國者與漢奸」也就成為他治史的理論基礎。蔣廷黻說：「這真是滑稽到極點。」（《蔣廷黻回憶錄》頁一五八）其實不但是蘇聯中國通如此，其他國家的中國通亦有此病，比如在美國也有。

蔣廷黻說，一九一七年大革命後「儘管蘇聯對戰爭和帝國主義能創造出各種理論，但我們知道直至一九三四年，所有的蘇聯人仍然以莫斯科和彼得大帝所建立的帝國為榮。史達林統治下的蘇聯仍然和大彼得脫離不了關係。」（《蔣廷黻回憶錄》頁一五八）有一次蔣廷黻去列寧格勒（Leningrad，即帝俄時代的首都聖彼得堡〔St. Petersburg〕；一九二四年更名 Leningrad，但於一九九一年又改為 St. Petersburg）觀光，他在一個機構的遊客留言簿上寫著：「史達林是大彼得的繼承人。」導遊讀了他寫的字後，立即花容失色，感到非常驚訝。這位小姐要求蔣廷黻把內容改一下，否則她一定會有麻煩。蔣廷黻對她說：「上面有我的簽名，一切責任由我負。」（《蔣廷黻回憶錄》頁一五八至一五九）後來蔣廷黻回憶說，可是兩年後當他出任駐蘇大使時，他發現蘇聯小說、戲劇或電影都在歌頌彼得大帝的文治武功，蔣廷黻晚年回憶，當時「在我寫那句話時我很少考慮到大彼得的武功，我比較重視的是他使俄國和俄國人進步的決心。」（同上）可是胡適又有另一種解釋，他認為蘇聯抬出彼得大帝是因為自一九一七年俄國革命後，蘇維埃政權「越走越倒回去，馬克思不夠用了，列寧也不夠用了，於是彼得大帝被抬出來作民族英雄了。」[5]

在莫斯科時，蔣廷黻好幾次到教堂去，他雖然是一個受洗的基督徒，但他在莫斯科上教堂並不是為了做禮拜，而是要親自去看看俄國人對共產黨反宗教運動的反應如何。雖然莫斯科或列寧格勒的教堂都關閉了，移作他用，但較偏僻的小地方仍有人做禮拜。據蔣廷黻的觀察，這些做禮拜的人女多於男，老多於少。這也是一般正常現象。他說他也看到一些二、三十歲的年輕人，他們在教堂裡對宗教信仰的虔誠與虛心，令他感到驚奇。（《蔣廷黻回憶錄》頁一五九）宗教是一個國家內在的傳統，要改變傳統，不是短時間內所能改變得了的。

蔣廷黻在莫斯科及其他地方遊覽了好多次，一方面他對蘇聯有興趣，一方面為了等候檔案局的消息而打發時間。雖然離開北平時得到蘇聯駐華大使館的保證，說他可以看到他想看的檔案，但當他到莫斯科時，蘇聯文化交換局根本不知此事，乃往外交部見遠東司司長，查問結果發現，蔣廷黻要看的檔案明細表在一位股長的抽屜裡。這位股長起初甚為官僚，稍後態度改變，允為幫忙。他說他會通知檔案處長盡速辦理，但也得三、五日後始能看到，結果等了好幾個三、五日。蔣廷黻看到的是關於咸豐八年（一八五八）天津條約的文件，但係英法美三國來往函件，無一是重要的。蔣廷黻隨手作筆記，照章須檢查後才能發還，但等到他三個月後快離開蘇聯時還沒有拿回筆記，回國後也沒有拿到，結果他始終沒有拿到。[6] 蔣廷黻想看的其他幾種文件，辦事人員推三阻四，等了三個月，最後給了一些如中國高級官員的名片、賀年卡及備忘錄等毫無價值的東西。還有部分要看的檔，檔案室辦事人員兩手一攤，乾脆說找不到了，推託了事。（《蔣廷黻回憶錄》頁一五九至一六〇）

有一天，蔣廷黻在旅館裡遇見國立北平圖書館館長袁同禮。他曾在美國、英國和德國研究圖書管理，他認為蘇聯圖書管理制度簡直是笑話。他發現莫斯科中央圖書館的工作人數比華盛頓的國會圖書館多一倍，但是工作只有國會圖書館的一半。一般來說，俄國的檔案還沒有經過專家整理，也無特別保管，辦事人員沒有受過專業訓練，也無經驗。很多有價值的資料放在那裡沒法使用。他們談到八國聯軍攻打中國、俄國軍隊攻佔瀋陽時，曾從瀋陽掠走一批滿文資料，蔣廷黻和袁同禮對這批文件非常有興趣。蘇聯大革命後，在加拉罕（Lev Karakhan, 1889-1937）任蘇聯外交部長時，於一九一九年發佈日後有名的「加拉罕宣言」，一九二四年中蘇建交後他出任蘇聯第一任駐華大使，為了討好中國人，他曾答應中國學者要把這批資料還給中國，[7] 但是這個諾言始終沒有兌現。蔣廷黻說：「我們知道那批資料存在聖巴錫爾（St. Basil）教堂對面紅場歷史博物館中。我們很希望收回那批資料，但是得不到圓滿的答覆。」（《蔣廷黻回憶錄》頁一六〇）

袁同禮對蘇聯圖書管理及其他一切都很不滿意。蔣廷黻對莫斯科印象還算好，他住的薩伏依（Savoy）旅館並不豪華，但還算過得去，而且蘇聯人對他還算友善。可是袁同禮對蘇聯的印象壞極了。

袁同禮對蔣廷黻說，他發現蘇聯沒有一件事是對的：吃的東西、室內的沙發以及床鋪，甚至旅館裡的沐浴設備他都很不滿意。對其他外國人來說，他們對蘇聯的反應更是各色各樣。蔣廷黻三個月後離開蘇聯赴德國的時候，經由美國朋友介紹與一位美國工業界的大亨同車，這位大亨是來觀光的，當火車尚在蘇聯境內時，他一再說：「多美妙的國家，多美妙的國家。」但當火車開到波蘭境內後，那位美國人即對蔣廷黻說：「該死的，我真不該來，我們去喝杯咖啡吧。」（《蔣廷黻回憶錄》頁一六〇）

Ⅳ

離開莫斯科後下一站是德國柏林。蔣廷黻是在一九三四年十一月中旬抵柏林，在柏林住到翌年二月底才離開。他到柏林主要是看檔案，之前提過，蘇聯的檔案以及圖書管理都是雜亂無章、亂糟糟的，而且俄國人沒有檔案特別保管庫，又新從列寧格勒搬到莫斯科，在莫斯科的檔案則都放在一所教堂內。但是蔣廷黻說到了德國就大不相同了。德國的檔案分部編目，價值稀罕的檔則另用套匣珍藏。柏林有兩個中央檔案庫，一個是普魯士檔案館，一個是德意志帝國的檔案館；前者較大，後者較小。德國的檔案館都編得井井有條，進入檔案庫即可按圖索驥，一索即得，不會像莫斯科的檔案館人員兩手一攤，然後說「找不到了」。普魯士檔案館還設有一個管理人員訓練班，專門訓練一般編目人員，檔案室的管理人員都很熱心服務，解說詳實。蔣廷黻來柏林想要看的是一八九五年以前有關中德關係的檔案。他先到普魯士檔案館，主管人員對他說，他要看的檔案在二、三年前是公開的，現在不公開了；易言之，自一九三三年希特勒柄政後即不對外開放了。所以庋藏在這兩館的檔案除了通商部分外，其餘均無法看到。誠屬遺憾。[8]

蔣廷黻抵柏林時，受到納粹官員的盛大歡迎。也許他們認為他在中國有影響力，也許他們知道他與蔣介石有私人關係？蔣廷黻晚年回憶說，他們「對我很客氣，何以如此，我不知道。」（筆者猜想德國從俄國方面得來的情報得知，蔣廷黻歐洲行是有任務的）依蔣廷黻自己的分析，德國人很想與中國做朋友，因為中國地大，能供給德國所需的原料與市場，德國在中國不像日本與蘇聯有政治上的野心外，還有領土上的野心。在蔣廷黻看來，中德合作是「互有利益的」。[9] 此外，另一個受到歡迎的原因是，當時德國的遠東政策希望能與中國和日本結盟，如成事實，則蘇聯將面臨德國和日本東西兩面夾攻的威脅，這才是蘇聯的致命傷。但自西安事變後，促成中國提早對日抗戰，也促成了中國內部國共合作，對外則一面倒向蘇聯。但德國仍不放棄中德日三國結盟的努力，直到一九三七年德國駐華大使陶德曼（Oskar Trautmann, 1877-1950）調停中日戰爭失敗後，德國乃放棄三國結盟的計畫。到一九三八年德國正式承認「滿洲國」後中德關係才告中斷。此時德國在歐洲劍拔弩張，製造紛亂，捷克和奧地利相繼落入納粹手中。但蔣廷黻一九三四年與一九三五年間在德國的時候，所得印象卻是一般德國人像其他國家的人一樣，都渴望和平。蔣廷黻還說了一個很有趣的故事：他初到德國時，柏林大學一位教授請他吃飯，席間電話鈴響，教授去客廳接電話，蔣廷黻即與女主人談天，談起當時報章喧騰、舉世矚目的大新聞薩爾（Saar）問題來。[10] 蔣廷黻說他隨意問她，是不是德國人認為又要打世界大戰了，她說她無法回答，同時反問蔣廷黻，其他國家的人如何想法，你剛從外國來一定知道外國的情形，你看薩爾問題會引起戰爭嗎？蔣廷黻對她說，雖然大家嚮往和平，但國與國之間一旦有衝突，星星之火可以燎原，未來的一切難說得很。蔣廷黻說這話本是不經心的，但話還未說完，女主人已哭起來了。一俟教授接電話回來，女主人正在哭泣，使蔣廷黻很尷尬，她對丈夫說蔣先生說很可能又要打世界大戰了。教授並未反對，只是說：「不會打仗的，不會打仗的。」這個小故事，蔣廷黻在〈矛盾的歐洲〉一文裡曾提到，晚年在回憶錄中也有講到這個故事，可見蔣廷黻對德國人以及一般歐洲人都畏懼戰爭、愛好和平的印象極其深刻。但希特勒磨刀的聲音給他的印象就大不相同了。（詳見〈矛盾的歐洲〉，原刊《獨立評論》，

後收入《蔣廷黻選集》第四冊，頁六〇九至六一一，及《蔣廷黻回憶錄》頁一六二）

在柏林的時候，蔣廷黻聽過一次有關中國的學術演講。主講者是傅蘭克（Otto Franke），他是一位很有名望的德國漢學家，曾在漢口任兩湖總督張之洞的顧問，當時是柏林大學的名譽教授，主要講中國先秦思想家，他認為當時中國文化足可媲美柏里克里斯（Pericles）時代的希臘文化。傅蘭克的演講有兩個重點：一是講秦統一以前四百年間的中國思想家；一是講秦統一以後焚書坑儒等等。最後他講到秦以後，中國就變成了文化沙漠。（《蔣廷黻回憶錄》頁一六一）蔣廷黻說：「我的翻譯人員把這些重點小聲講給我聽，我感到他實在是臉皮厚到極點，強不知以為知。」可是「柏林大學聽眾對他的演講卻很欣賞」。（同上）這是一般西方漢學家的通病，他們膽子大，敢講敢寫，這種風氣直到現在還是這樣。這可以引已故的哈佛大學楊聯陞教授講的話來說明，他說：「美國人研究中國史往往富於想像力，如果不加於適當控制，他們可能會誤認天上的浮雲為地平線上的樹林。」（見陶英惠〈胡適與楊聯陞〉，收入李又寧編《胡適與他的朋友》第五集，紐約天外出版社，一九九九年，頁一一一至一一二）

蔣廷黻也應出版協會的邀請演講過一次。他的朋友警告他說，如果用英語講，可能會讓希特勒治下的德國人感到不快。但蔣廷黻說：「我不能用德語。如果用國語再譯成德語，我認為太浪費時間。我決心用英語冒一下險。演講時，我一開始就說，如果我用德語演講，你們聽了可能認為我是說印度斯坦語，為了避免誤解，我還是用英語。」後來他說：「聽眾反應很好，順利解決了這個問題。」（《蔣廷黻回憶錄》頁一六一）蔣廷黻的演講著重在中國政治經濟問題。他主張採混合制度，某企業應由政府來經營，其他的可以開放民營。在政治方面，當時中國的疆土已不太完整，被帝國主義或蠶食或鯨吞弄得四分五裂。但蔣廷黻仍然很有信心，他告訴德國人：「中國可以、而且一定會再成為一個偉大國家，在國際上具有崇高的地位，但是並不想建立一個大帝國。在悠久的中國歷史過程中，中國曾經做過許多種嘗試，包括建立大帝國。但中國詩人對於唐代的開疆闢土、豐功偉業並不歌頌，反而有許多慘痛的描述。我們中國人對建立大帝國的確有豐富的經驗，但卻堅定認為建立帝國或是佔領他人的土地是人類的謬想。」（《蔣廷黻回憶錄》頁一六一至一六二）蔣廷黻說，他的朋友告訴他，這篇演講詞後來譯成德文並予刊佈，廣為流傳。[11]

蔣廷黻在德國時很想為清華物色一些優秀的猶太學者來中國教書。一九一七年蘇聯革命後，有一批傑出的學者紛紛流亡到外國。同樣的情形，希特勒柄政後有計畫的迫害猶太人，很多學者和科學家紛紛往外跑，其中去北美洲的不少，尤其是美國，知名大學收穫最多。蔣廷黻在德國時，曾有意延攬德國優秀學者來清華任教，但是太晚了，他晚年回憶：「結果我失望了，因為我所邀請的人，已經為英美加法等國捷足先登，搶先聘定了。」不過他也請到了一位傑出的年輕猶太人（曾任職於倫敦和巴黎《柏林人日報》）來清華教德文。（《蔣廷黻回憶錄》頁一六五）在德國時，蔣廷黻與德國大學簽訂了一項交換學生的協定，日後中國有名的梵文專家季羨林，即在這個計畫下於一九三六年赴德留學。

蔣廷黻先後在德國共計三個半月，總的來說，他對德國印象彌佳，他的柏林之遊是很愉快的。下一站是倫敦。

V

蔣廷黻去倫敦是希望在英國檔案處（British Public Record Office）找到他想要找的材料。雖然英國外交檔及領事館的報告均公開刊佈，但蔣廷黻認為有許多地方在已公佈的檔中，還是有遺漏的。最明顯的例子，比如他最想看的一八八五與一八九四年間英國對朝鮮的外交檔即是一例。他說：「從我所蒐集的李鴻章資料中，我獲悉英國在那段期間內曾經支持過李在朝鮮的前進政策。除非我從英國方面得到反證，我認為在朝鮮紛爭中，大英帝國是和中國攜手的。英國政策的目標是阻止蘇聯滲入朝鮮。當一八九四年九月中日之戰爆發時，英國宣告中立，沒有參加對日作戰。英國這種搖擺不定的政策，我認為似乎充分說明了李鴻章在他逝世前六年所表現的對沙皇政府盲目而堅定的信任。我想我可以利用英國檔案的資料，花費部分假期時間，徹底研究一下中日之戰前十年英國在遠東的政策。」（《蔣廷黻回憶錄》頁一五二）他又說：「一般來說，研究中國近百年的外交關係，在一八八四年以前只需仔細研究中國文書資料就夠了。但在一八八四年以後，則需中外資料並重。早期的作者寫到一八八五年以前的時代，都是按照西方的方法和西方的資料而不涉獵中國的資料。這就是一八八五年以前的時代需要重新研究、重新撰寫的原因。一八八五年以後的情況稍有不同。在更近的期間中，西方和中國有些新文件出現，有助於歷史的編寫。」（同上）按慣例，蔣廷黻向公使館請求參閱檔案。他此行主要的目的是想看一八八五年至一八九四年有關遠東的資料。一八八五年以前的完全公開，但一八八六年以後的尚未公開，即不准看的。蔣廷黻希望英國檔案處能通融，把期限延伸到一八九五年，即到甲午戰爭為止。很多英國朋友和史學家都設法幫他，但礙於規定，未得要領。在蔣廷黻看來，即便是一八八五年有些以前未曾公開或遺漏的文件也相當重要，亦彌足珍貴，因此蔣廷黻每天都在英國國家檔案處抄錄檔案或請人攝影。當他離開倫敦時，為清華圖書館複製了大約三百多件文書資料，共計一萬六千多頁。他在倫敦抄錄，亦稍有收穫，可謂失之東隅，收之桑榆。除了有關中英外交文件外，內有不少有關中國的內政，這些檔案也是研究中國內政史的好材料。[12] 因為抗日戰禍來臨，清華為了保全這些蔣廷黻甫自英倫帶回來的文獻史料，遂一併運送漢口保存。抗戰開始後，這批珍貴的史料又運到重慶近郊北碚，但最後在日本大轟炸重慶時，還是全被毀掉，化為烏有。

除了在英國檔案庫抄錄檔外，蔣廷黻在英國會見了當時頗負盛名的學者如泰奈（R. H. Tawney, 1880-1962）、韋伯斯特（C. K. Webster, 1886-1961）及鮑威爾（Eileen Power, 1889-1940）女士。這三位教授，前幾年都曾先後到過中國，訪問過清華，都算是他的舊識。泰奈為英國經濟史學名家，曾就讀於牛津貝利奧爾學院，畢業後在母校任研究員，之後於一九二〇年開始一直在倫敦經濟學院任教。泰奈當年來中國是做社會經濟調查，工作快要完成時，蔣廷黻邀請他到中國社會政治科學會演講。他是一個費邊主義者，在演講前，蔣廷黻認為泰奈一定會為多病的中國開一張費邊主義藥方。出乎意料之外，他自始至終沒有提到費邊主義，也沒有稱揚英國的社會及政治制度，他對中國問題的看法不但新鮮且毫無偏見。蔣廷黻晚年回憶：「我一直認為他的著作《中國土地與勞工》（*Land and Labour in China*）對那時中國社會經濟問題而言，是一本了不起的著述。」他說：「迨我到英國時，我當然再見到他了。」（《蔣廷黻回憶錄》頁一六七）

韋伯斯特是英國近代史專家及外交史權威，一九一四年劍橋皇家學院畢業，爾後即在倫敦大學執教。他也參加過很多次國際會議，如一九一九年巴黎和會及一九四四年華盛頓登巴頓橡園會議，並擔任一九四五年三藩市聯合國成立大會的英國代表。這兩個會議蔣廷黻均沒有參加，一般人都認為那是因為他與宋子文不睦有關。韋伯斯特於一九三一年曾來中國參加太平洋學會會議，而與蔣廷黻結識。在這之前韋氏曾在哈佛任教，因此也是美國於戰後興起的中國近代史哈佛學派的巨擘費正清的業師。費正清在牛津修完各項課程，於一九三二年到中國寫博士論文時，就是他介紹費正清給蔣廷黻的。蔣廷黻說韋伯斯特為人很好，他晚年回憶：「他過去在哈佛、倫敦大學的學生以及和他在會議中相識的中國人，就對我熱烈推崇他的人格和學識。我發現這些事先義務宣傳者的宣傳，對他來說一點也不過火。在清華我為他安排的宴會上，我們彼此之間就好像多年老友似的。」與他相識的中國朋友都說：「他不是英國人，他是道地的美國人。」因為他沒有一般英國人那種吞吞吐吐的矜持習慣。當蔣廷黻在倫敦時，韋氏請他到倫敦大學演講，講題是「中國統一與蔣委員長」。蔣廷黻自認講得不太好，可是等他講完後，韋伯斯特以主席的身分將他四十分鐘的演講，做了一個很扼要的總結，費時僅五分鐘。蔣廷黻說，聽眾就「完全明白我的意思。我對他非常感激」。（《蔣廷黻回憶錄》頁一六七至一六八）十年後，蔣廷黻與韋伯斯特在美國重逢，那時他們都在華盛頓，蔣廷黻出席善後救濟總署大會，韋伯斯特在華盛頓參加登巴頓橡園會議。據蔣廷黻日記記載，他於一九四四年十月五日在中國大使招待登巴頓橡園會議代表的酒會上遇見韋伯斯特，晤談甚歡。（蔣廷黻日記 10/5/1944）

鮑威爾女士曾就讀於劍橋大學格頓學院及法國巴黎大學，為英國有名的中古史及經濟史專家，曾任教於倫敦經濟學院，惜英年早逝。鮑威爾教授也曾在清華教過，用現在術語來說應該稱之為客座教授，她在北平住過好幾個月。蔣廷黻晚年回憶說：「她的學識及為人都甚獲我心。從任何方面看她都是一位典型的新知識分子。我班上的女生都發誓要做個中國的鮑威爾。在倫敦時，我發現她的英國朋友也和中國人一樣，都喜歡她。」鮑威爾教授有一個妹妹名叫 Berly Power，她妹妹說她很想到中國服務。戰後，Berly 曾參加善後救濟總署工作。

上面所談的是蔣廷黻在倫敦所見的舊雨，下面要談蔣廷黻的一位新知。蔣廷黻在晚年回憶：「在短暫的留英時期中，有一項重大的收穫，那就是會見湯恩比教授。」他說：「我是在鮑威爾小姐的宴會中遇見他的。大家都談論他的不朽之作 *A Study of History*（《歷史研究》）。」湯恩比出身牛津，喜好古史，故在大學畢業後曾在母校授希臘史及羅馬史。歐戰時他參加英國外務部情報處工作，歐戰結束，他又回到學院過他喜愛的靜謐書齋生活，這次他轉業到倫敦大學教授希臘史及當代文學。他學問淵博，文筆很好，寫得又快，勤於筆耕，因此一生著作甚豐，在五十種以上。《歷史研究》是湯恩比的代表作，這是一部大書，長達三百五十萬言，十二鉅冊。在蔣廷黻看來，「他的語文造詣和觀察力都很出眾，對我來說，他簡直就是阿克頓（Lord Acton）第二。」（《蔣廷黻回憶錄》頁一六八）蔣廷黻說他也像中國的范仲淹，是位「先天下之憂而憂者」。（〈矛盾的歐洲〉《蔣廷黻選集》頁六一〇）湯恩比於一九二九年曾到過中國遊歷，回英國後出了一本書，蔣廷黻看了這本書，也看了湯氏其他有關中國及遠東部分的著作，他認為湯恩比講的「不僅事實正確，而且瞭解的也極深刻」，很佩服他的學識的確淵博。蔣廷黻最後說：「他的智慧實在是英國和二十世紀的一項光榮。」（《蔣廷黻回憶錄》頁一六八）長期旅居倫敦的中國名記者楊孔鑫說，湯恩比「在英國學術界宛如天際彩虹，映照四方」。他又說：「湯恩比讀書時並未得博士學位，做過文官，地位不高，但因他潛心學術，著述豐富，終能名滿天下。」[13]最後這句話值得我人注意，奉勸諸君做學問不要太迷信博士學位。

蔣廷黻在英國，對倫敦的印象是很特別的，可是也頗饒趣味。當他於一九三五年春天抵倫敦時，他說：「起初我討厭倫敦。倫敦多霧多煙，令人感到不快。我也不喜歡倫敦人，他們單調而古板。我想用針戳戳他們，看看他們是不是有血。我對我住過的幾家旅館也討厭，房子古老，起暖設備不足，窗外劈啪亂響。」蔣廷黻認為倫敦最好是遭一場大火，燒得片瓦不存重新建設。可是住了幾個星期後，他說：「我漸漸對某些事物發生好感，我認為我已經變成倫敦的一部分，倫敦也成了我的一部分，所有行動困難和旅館內的不方便感覺，都一掃而空。」（《蔣廷黻回憶錄》頁一六八）他的倫敦經驗在我看來，與美國聖路易出生的二十世紀大詩人艾略特（T. S. Eliot, 1888-1965）初履倫敦時的印象甚是相像。當艾略特於一九一四年初抵倫敦時，也很不喜歡這個城市，但沒有想到，日子稍久漸漸喜歡倫敦，到後來他娶英婦，並入籍英國，在倫敦定居下來，而且一輩子住在那裡。所不同的是蔣廷黻沒有像艾略特一樣在倫敦定居下來。有趣的是，蔣廷黻把他在倫敦的經驗拿福建的鐵觀音茶來作比喻。他說：「我對英國的經驗和對福建鐵觀音茶的經驗完全一樣。有一次，朋友送給我一小盒鐵觀音，並且講了許多鐵觀音的好處，說那盒鐵觀音是珍品。他又教給我怎樣泡、如何喝。我急於要嚐一下。當我把它泡給朋友們喝的時候，我想一定會博得讚賞，但是初嚐起來，不僅感到稀鬆平常而且還略帶苦味。於是只好不去管它，轉換話題和朋友們談別的。但當我談話時，我的朋友們有的說：『嗯，這種茶並不壞。』有的說：『嘿，這種茶葉味道很醇。』不久，大家都要求再泡一杯。我發現中國人到英國後的印象也與喝鐵觀音一樣，開始時，很失望，漸漸的，有點喜歡，最後就熱愛它了。」（《蔣廷黻回憶錄》頁一六八至一六九）

蔣廷黻在倫敦也到倫敦郊外的牛津去訪問。牛津是一座大學古城，他遊牛津後，有點感想，認為牛津古代遺風和他家鄉湖南邵陽別無二致。在他看來，這種古代遺風無礙於現代生活。但我們中國人就「無法避免新舊兩個極端」的衝突。他說，有人認為「我們先人思想已經完全成熟，因此，我們現在這一代用不到多批評」。但也有人覺得我們「現在什麼都不對勁，這完全是過去人們思想行動錯誤所造成的，過去是一條束縛的鐵鍊，我們必須把它掙脫。」（《蔣廷黻回憶錄》頁一六九）這是蔣廷黻藉牛津之遊而有的感想。他很明顯地是指中國守舊派與五四的過激派對立而言。然而他又說：「英國人與我們不同，他們知道如何嘲笑偉大的過去，同時也知道如何珍視過去。」（同上）蔣廷黻的最後兩句話值得深省。

蔣廷黻也遊覽了蘇格蘭有名的梅洛斯大教堂（Melrose Abbey）。它是一座哥德式的大教堂，建於十二世紀。歸後，他也有所批評，這次他批評洋人教堂內外不調和，這種不調和可分為兩種，一為無形的，即是精神的；另一種是有形的，即是物質的。在他看來，這所傾倒的大教堂，外貌比直立完好的教堂還美。有一件事最使他困惑，他說：「我不明白何以英美人不注意教堂內外氣氛的不調和。」（《蔣廷黻回憶錄》頁一六九）洋人星期日去教堂做禮拜，平時做事，這兩者在他們精神中並不牴觸。但蔣廷黻說：「人類的精神本來是超時間的。就精神方面說原子時代的人和石器時代的人實質上是一樣的。因此，即使是古老的西伯利亞黃教也能給現代的保皇黨、董事長或是好萊塢明星做某些宗教儀式。」（《蔣廷黻回憶錄》頁一六九）蔣廷黻講這些也許有人覺得稍嫌抽象。如果讀者來紐約觀光，到第五大道看到 St. Patrick Cathedral（聖派區克教堂）與Trump Tower（川普大樓）櫛比為鄰，教堂內外氣氛之不調和，則可一目了然，可能就會想到蔣廷黻所提出的問題，所言不虛。

在英國，蔣廷黻也注意到西方老年人問題。他在蘇格蘭一家旅館住了一夜，發現旅館裡的房客大部分是上了年紀的婦女。這些老太太很友善，因為下雨大家都在樓下大廳聊天，其中一位老太太提出一個問題，她問蔣廷黻：「中國老祖母整天做什麼？」蔣廷黻說，他的祖母已八十多歲了，仍在掌管家務，管教她的兒子、孫子、孫女。「好啊，」其中一位老太太說：「這樣的確好極了。我們的孩子都不要和我們住在一起，即使我們免費供應他們膳宿他們都不幹。我們對於孫輩最多不過有時抱一抱而已。你瞧，這座旅館就是我們老年人的家。」（《蔣廷黻回憶錄》頁一七〇）在美國的老太太，拿紐約來說，我們所看到的老年人的晚景也差不多是這個樣子。蔣廷黻說的中國，是農業社會的中國現象。不過拿今日中國來說，在高度現代工業化的蛻變過程中，中國的古老傳統及社會結構也在變遷，或許也將消失。

在英國北部，蔣廷黻遇見一位英國醫生，他曾是北京英國公使館的醫生，名叫葛萊（Dr. Grey），義和團拳亂時他在中國。蔣廷黻對他說了下面一個有趣的故事。他說，那時他尚在南開教書，不過常到北京去，有一次一位朋友請吃晚飯，早到的人坐下來喝茶談天，蔣廷黻肚子餓了，一直在想他們為什麼還不開飯。後來一個年紀很大、貌似小商人的人來了，不久就開飯了。這個「小商人」不修邊幅，穿了一件褐色馬褂，盡沾油垢，很是邋遢，蔣廷黻很不喜歡他衣衫外表，因為肚子餓，只管吃，無暇他顧。可是幾道菜過後，蔣廷黻發覺這個「小商人」談吐不凡，正在講古羅馬城的紀念門，他又指出希臘的紀念門與羅馬的有什麼不同，接著，他又把話題轉到明陵上，然後又談到西安。後來談話內容又轉到音樂上，「小商人」說最好的歌劇院是在米蘭拉斯加拉（La Scala）歌劇院。後來又談起孔廟的樂器如何演奏，他又說何以中國的音樂單調而憂傷。（《蔣廷黻回憶錄》頁一〇五）無疑地這個「小商人」興趣廣泛，學問淵博，常識豐富，照洋人的說法，他是一個「文藝復興人」（renaissance man）。[14]稍後，蔣廷黻問主人，此公是何許人也。答說：「他就是清代名臣曾國藩的孫子。」（《蔣廷黻回憶錄》頁一〇五）當蔣廷黻說完「小商人」的故事，葛萊大夫也講了自己的另一個有趣味的故事。他說當他在北京時，有一天騎驢到哈德門街，突然一輛黃包車從巷子裡衝出來，驚嚇了驢子，幾乎把他從車上摔下來。他很生氣，要揮拳打那個車夫，這時在黃包車裡的乘客舉手攔阻他說：「你不能這樣。」這句話使葛萊大吃一驚，使他驚奇的是，黃包車裡的乘客說的是一口牛津英語，但更使他吃驚的是，這位乘客衣衫襤褸（shabbily dressed），貌似亡命之徒。乃好奇地問他，才知道他是曾國藩的後人。蔣廷黻說這豈不是他在北京朋友家晚餐席上遇見的那位「小商人」同一人也。葛萊又說他與「小商人」後來很快成為朋友。經由他（葛萊）介紹，「小商人」與當時英國駐北京公使朱爾典（Sir John Jordan, 1852-1925）結識，兩人也成了好朋友。葛萊說，朱爾典後來就靠「小商人」幫忙，才能把古都的文物、建築、歷史和藝術一一解釋給來北京訪問的英人。（《蔣廷黻回憶錄》頁一〇五至一〇六）

英國是蔣廷黻歐遊的最後一站。十年後他又回到倫敦，這次是代表中國出席國際善後救濟總署在倫敦召開的區域會議。一九四五年八月十五日日本投降那天，他在倫敦開會。會議於八月二十四日結束，即搭機啟程返國，因飛機故障而改在隔天，他又回客棧去，翌日晚終於成行。後來他在日記上記，他在倫敦開會雖有職在身，但他此行是愉快的，適逢日本人無條件投降，又是舊地重逢。

VI

蔣廷黻是在一九三四年七月中至一九三五年仲夏之間遊歐，這一年他在歐洲每到一地，就把他「我見我思」的旅遊觀感寫出來，總題為「歐遊隨筆」，計九篇。還有一篇是〈矛盾的歐洲〉，這些文章都先後發表在《獨立評論》上。（收入一九六五年文星書店的《蔣廷黻選集》）另外一篇題為〈歐洲幾個檔案庫〉，則刊於《國立北平故宮博物院十週年紀念文獻特刊》。這十一篇遊記都寫得很好，可讀性很高，但其中寫得最精彩、分析最為透徹而鞭辟入裡的，當推〈歐遊隨筆之九——俄德的異同〉，這篇文章是在柏林寫的，不過他當時已準備要到英國去了。在這篇文章裡，蔣廷黻提醒大家，俄德相似之處較其相異之處更值得吾人注意，開宗名義即說：「從史達林的俄國到希特勒的德國好像從北極到南極。這是我初到柏林的感想，也是一般人的觀察，然而仔細一看，相異之處固多且大，相同之處亦不少，並且同中有異，異中有同，絕不是三言兩句所能總結的。」蔣廷黻說，比如共產黨只知有階級，國社黨只知有族國，這不是南轅北轍嗎？然而再仔細分析一下，在德國國社黨有其社會政策，在俄國共產黨黨員不忘他的祖國。在這方面，其實德俄相差無幾。他說德俄最大差別在於專制的目標，俄國是勞工專政、民族平等，最後建設成一個無產階級的社會。俄國人讀歷史，認為歷史是一部階級壓迫的發展史。在德國，階級鬥爭是大逆不道，民族平等的學說是猶太人的玩意兒。國社黨人讀歷史，他們只看到亞利安人（Aryan）的創造能力及偉大成就。蔣廷黻說，俄國的政治理論雖然重勞工福利，但一般俄國人的生活遠不及一般德國人。這與主義、意識型態或制度沒有多大關係。俄國人，在西歐人看來是個落伍的民族，如果你拿德國人來與俄國人比較，德國人會認為你在侮辱他。講到俄國人與德國人一般知識、道德、紀律、科學與技術，在這方面俄國遠不如德國，這也是俄國工業建設的最大困難所在。比如說，「俄國工人應該每天做七小時的工，這算是優待了，但是實際他們只做五到六小時。這些困難，德國都沒有。德國人的知識和技術水平線之高恐怕世界之第一。他們的責任心及紀律之好尤其令人佩服。德國在戰後各種艱難之中能維持較高的生活，主要緣故就在這裡。」（〈俄德的異同〉，《蔣廷黻選集》第三冊，頁六〇七）復次，俄國人雖講大同世界，但是蘇聯政府提倡愛國不遜於他人。蔣廷黻說：「共產黨所提倡的是愛社會主義的祖國，國社黨所提倡的是德意志民族的國家，但是實際上我看不出什麼分別來。蘇聯努力軍備亦不在他國之下。蘇聯的外交，與別國一樣，全以蘇聯的利益為前提，用的方法也是遠交近攻。」（同上）蘇聯想避免戰爭，以蔣廷黻的看法，德國的軍備及外交也不能作戰，一般德國人渴望和平則不用說了。但是「使人不安的是國社黨的理論認為戰爭是人類進步的工具。」（詳見〈俄德的異同〉，收入《蔣廷黻選集》第三冊，頁六〇一至六〇八）晚年蔣廷黻在回憶錄裡又說：「我相信，雖然史達林羨慕德國科技的進步，但希特勒也一定羨慕史達林控制方法的成功。」（《蔣廷黻回憶錄》頁一七〇）希特勒控制人的方法也是很厲害的。〈俄德的異同〉是蔣廷黻「歐遊隨筆」的最後一篇，寫於柏林旅次。他在旅途倥傯之餘能寫出這麼好的文章，很不容易。我很佩服他深入分析的能力（insightful analysis）。當這篇文章在《獨立評論》發表時，他已抵英國。

英國是蔣廷黻此次歐遊的最後一站，一九三五年春夏之交他就束裝回國了。一九三五年九月他回清華，開學不久後祖母仙逝，他回家鄉奔喪。等到祖母喪葬完後，他又回清華上課。但不久又離開了清華去南京任官，這次他真的離開清華了，以後再也沒有回到他的學術崗位。

---

1. 顏惠慶自一九三四年二月至一九三五年二月整整一年都在國內。當時大使館代辦是吳南如。顏惠慶是中國有名的職業外交家，但在駐蘇大使任內不甚賣力，自卸任駐蘇大使後，居天津租界，七七事變後避居香港。自莫斯科回來後，政府未再重用他。一九三九年盛傳胡適（時任駐美大使）將辭職，他想接替胡適。一九四〇年蔡元培去世，外界又有謠言說胡適將回國接替蔡元培擔任中央研究院院長，顏惠慶又出來活動，並在香港對友人說：「適之要回來了，我將去華盛頓。」但事與願違，胡適並沒有回來，他也沒有去華盛頓。一九四九年中華人民共和國成立後，顏從香港北上定居北京。一九五〇年病逝。

2. 蒲立德也是一個反覆無常、輕於出岫的人。他出身費城世家，本是民主黨人，後來投效共和黨。對蘇聯的立場也是出爾反爾，在蘇聯大革命時，他對蘇聯的社會主義頗有好感，所以最初是親蘇的，但到後來在他擔任駐蘇大使末期，則反對蘇維埃政權。對中國，他是親國民政府的，故在王世杰任外交部長時，他很希望美國政府任命蒲立德來代替司徒雷登任大使。（蔣廷黻日記 10/2/1947）在冷戰年代，蒲氏主張美國應攻打中共，轟炸莫斯科。一九四九年後他認為美國應該幫助蔣介石反攻大陸。因為他反共抗俄，很合蔣介石的脾胃，所以與蔣介石關係很好，於是他就變成臺灣國民政府在美國的遊說團主要說客（lobbyist）。據李宗仁在其回憶錄中說，一九五〇年三月五日美國總統杜魯門（Harry Truman）邀請他（時李為中華民國代總統）在Blair House（時白宮在修葺中）午餐，李在午餐後至中國大使館舉行記者招待會，李宗仁說：「前美國駐法大使與中國官僚廝混極熟的美國政客蒲立德豁然出現。在眾記者前，舉手大罵甘介侯。」（甘當時是李的英文祕書）。甘介侯問蒲立德：「兩國元首會晤，干卿底事，要你到中國大使館來大聲疾呼？」後來李宗仁把甘介侯叫進來並說：「算了，算了。他們既不是向我抗議，更不是罵你，他們是做給蔣介石的特務看的，好去報功。」李在回憶錄中又說：「蒲立德此人，與所謂『中國說客團』秘密勾當極多。他這番表現從蔣介石的美金戶頭下分得多少，我不得而知。」（《李宗仁回憶錄》頁六七三）據曾任蔣介石英文秘書的沈錡說，一九五三年至一九五五年間蒲立德常到臺灣作客，每次來台均受蔣介石禮遇設宴招待。沈說蒲氏得到蔣介石的許可在高雄西子灣要塞區內建了一座別墅，雇了一個男僕，有一天男僕向他告狀說高雄要塞的士兵打他，蒲即去見蔣介石。蔣未立即見他，卻叫沈陪蔣經國去看他。蒲立德當場提出兩點要求：一將高雄要塞司令張國疆撤職；二發給男僕護照讓他去美國。後來蔣介石把這件事交給葉公超處理。葉見了蒲立德說：(1)我們不能調換張國疆；(2)在案子未調查清楚前，這個男僕不能出國，否則中華民國變成無法紀，豈不是應了吳國楨的指控。葉公超並對蒲氏說，如果他想利用與蔣介石的特殊關係，逼調張國疆，這在任何國家都是極不民主的作法。沈最後說：「葉部長英文造詣極高，又深知洋人心理，所以被他罵，也只好認了。」（《近代中國》第一五五期，頁二〇九至二一〇）這事發生在一九五〇年代，由此可知美國人在遠東作威作福之一般情形，同時也可以看出蒲立德此人人品下流。因為蔣介石對他太好了，所以他就和尚打傘——無法無天。這件事拖了一段時間，但到葉公超手裡三言兩語就解決了。不過自從此事件後，蒲立德與蔣介石的關係就起了很大的變化。與小人交，通常都是這樣下場的。

3. 托洛茨基是蘇聯革命家，曾與列寧分庭抗禮，一九一七年革命後，他雖與列寧有隙，仍返回蘇聯參與革命，參加了列寧領導的布爾什維克。托洛茨基對日後革命成功是有功勞的。一九一七年革命成功後，他任外交部長，負責與德國談判簽訂 Brest Litovsk 和約。後來任國防部長，建立紅軍，穩定革命事業，厥功至偉。他自己及一般人都認為他是列寧的繼承人。可是在列寧死後，托洛茨基的位置則由史達林取而代之。托洛茨基最初被開除黨籍，最後於一九三六年放逐墨西哥。一九四〇年八月托洛茨基在墨西哥被史達林的刺客暗殺致死。克倫斯基本來是一個溫和的社會主義者，一九一七年七月，他繼李沃夫親王為首相，因為他搖擺不定的立場促成了列寧推翻沙皇政府。克氏於一九四〇年流亡美國，一九七〇年病逝。

4. 其實在蔣介石統治下的中國大陸及後來的臺灣，在編寫中國近代革命事業時，好像也都是孫中山和蔣介石幹的。這正如法國哲學家沙特（Jean-Paul Sarte, 1905-1980）所言：「If an opposition achieves its final triumph, it becomes the measure of history and, while building the future, it decides the meaning of the past.」這幾句話大意正如中國古語所說「成者為王，敗者為寇」。歷史由勝利者來寫，你要如何寫，就這麼寫了。胡適也說過類似這樣的話，他說歷史就像一個百依百順的小姑娘，你要她怎麼打扮，她就怎麼打扮。旅美史學家薛君度是黃克強的女婿，他的英文書《黃興與中國革命》（*Huang Hsing and the Chinese Revolution*, Stanford University Press, 1961）就是為老丈人抱不平、出口怨氣而寫的黃克強傳記。

5. 胡適，〈我們必須選擇我們的方向〉。

6. 蔣廷黻，〈歐洲幾個檔案庫〉，刊於《國立北平故宮博物院十週年紀念文獻特刊》，一九三五年十月十日北平出版，後收入《蔣廷黻選集》第四冊，頁六二二。

7. 加拉罕宣言有三次。其主旨是蘇聯在一九一七年大革命後，為了討好中國，曾宣言將帝俄時代於一八五八年及一八六〇年搶去的滿清一大片土地，包括海參崴（Vladivostok）及海蘭泡（Blagoveshchensk）在內還給中國，但後來蘇聯食言。

8. 蔣廷黻，〈歐洲幾個檔案庫〉，《蔣廷黻選集》第四冊，頁六二二至六二四。

9. 蔣廷黻，〈矛盾的歐洲〉，刊於《獨立評論》第一六五至一六六期（一九三五年八月二十五日至九月一日），後收入《蔣廷黻選集》第四冊，頁六一六至六一七。

10. 薩爾（Saar）是德國領土，介於德法之間的一個德國重工業區，是煤及鋼鐵中心。在凡爾賽和約中規定薩爾是由法國及國聯共管的自治區（Protectorate），為期十五年。十五年後由薩爾當地居民投票決定歸屬——由法國統治還是重歸德國。薩爾居民均為德裔，說德語，信天主教，但希特勒當政後並沒有善待他們，故一九三五年自治區十五年共管期滿，在第一次公民投票時，他們沒有表示要重歸德國。第二次投票也是一樣，均沒有結果。但後來希特勒大肆宣傳並施壓及恐嚇，雙管齊下，終於在一九三五年一月十三日舉行第三次公民投票，卒告功成，結果以百分之九十三公民投票贊成薩爾重歸德國懷抱。

11. 這是他早年的想法，到晚年仍然未變。他逝世前一年，即一九六四年十月三十一日，在紐約聖若望大學發表一篇很重要的演講，題為"China's Tradition and Modern Currents"（中國的傳統與現代潮流），在結尾他說：「在中國文學上找不出一首詩或詞頌揚戰爭或帝國，唐朝是古詩最盛的時代，那時候的詩篇中，並沒有炫耀戰爭，而只有描述戰爭的災難。」—詳見李又寧編《華族留美史》，中文見臺北《新時代》第四卷十二期，一九六四年二月五日，後來收入《蔣廷黻選集》第六冊，頁一二八三。

12. 蔣廷黻，〈歐洲幾個檔案庫〉，原刊《國立北平故宮博物院十週年紀念文獻特刊》，一九三五年十月十日北平出版，後收入《蔣廷黻選集》第四冊，頁六二一至六二四。

13. 楊孔鑫，〈湯恩比與《歷史的研究》〉，收入楊著《霧裡看倫敦》，臺北，一九八〇年，頁六八。

14. 關於renaissance man，英國牛津字典及朗文字典上都沒有。據韋氏字典解釋為「A person has wide interests and is expert in several areas.」（一個人興趣廣泛，在某些方面，他是一個專家）在 Random House Dictionary（蘭登書屋字典）解釋：「A person of broad intellectual and cultural interests knowledge an ideal man possessing universal knowledge.」（一個人對思想、文學、藝術具有廣泛興趣，並對一般普通有用的知識有充分了解）前者解釋很扼要，後者較為明確，讀者可以把

上述兩種解說合起來讀。費正清在他的回憶錄裡說葉公超是一個文藝復興人（A Chinese renaissance man），見 Fairbank, *Memoir*, p. 387。

第九章
南京

1935

|

1936

為語麻姑橋下水，
出山要比在山青。

——丁文江

蔣廷黻於一九三五年夏從歐洲休假回來，九月仍回清華上課，開學不久，收到二伯電報說祖母仙逝，希望他能返家奔喪。也在此時，蔣介石要見他，想聽取他在蘇聯及西歐的報告。故先趕去南京，然後從南京到漢口經長沙回邵陽老家，等祖母喪事辦完後，他又回清華上課。

這時中日關係很壞。日本侵略是靡有止境的，在平津一帶，日軍備戰是明目張膽的，毫不掩飾。戰爭隨時都會爆發。蔣廷黻說雖然他們照常上課，可是大家都知道太平日子來日不多了。（《蔣廷黻回憶錄》頁一七二）清華打算南遷，校方採納了他的建議，準備遷湖南。（同上）這就是七七事變後，政府在長沙成立國立臨時大學，稍後即遷至昆明為國立西南聯合大學的源自。此時行政院長是汪精衛，他是中國主和派的首領，不惜任何代價換取和平。一九三五年十一月一日汪出席在南京召開的國民黨三屆五中全會時，在會場上遇刺受傷。他認為這是蔣介石幕後指使的，立即請辭，靜觀各方反應。出乎意料之外，他辭職獲准，心中不勝怏怏，隨即赴歐養病。

II

是年十一月中，翁文灝從南京打電報給蔣廷黻說蔣委員長立刻要見他。[1]蔣廷黻到了南京，翁文灝即告知蔣委員長將出任行政院長，要他擔任政務處長（翁任祕書長）。蔣廷黻晚年回憶說，當時根本不知道行政院政務處這一組織，也不知道政務處長是什麼職務？做什麼事？翁文灝隨即給他一份行政院組織法作參考。（《蔣廷黻回憶錄》頁一七二）根據組織法，行政院設有祕書處及政務處，是幕僚機構，祕書長及政務處長是名副其實的幕僚長，行政院的公務就靠這兩位幕僚長來推動。其職掌：祕書長是協助院長執行政務的，政務處長是替院長擬訂政策的。具體一點的說法：祕書處是掌理文書收發、分配、保管、職員任免、遷調、印信典守及出納庶務。政務處則掌理院會議事、行政計畫、工作報告、調查設計、編譯等事項。在祕書處及政務處下面分成許多組，設有主任，另有祕書（政務處稱參事）若干人，每組下分設科，各科有科長一人，下面有科員、書記官及書記若干人。政務處長及祕書長的職責要審核中央各部會及各省市的呈文，並簽署意見由院長核奪，此外也要協調各部會的爭執。政務處長與祕書長都是次長級，雖無實權，但工作很重要。他們是「天子近臣」，可以專擢奏章，影響力很大。（陳之邁《中國政府》中冊，重慶商務，一九四四年，頁十二至十三）

當翁文灝帶蔣廷黻到南京郊外湯山官邸見蔣介石時，蔣介石開門見山對蔣廷黻說：「好，我想翁博士已經把我的計畫告訴你了。你的意思如何？」蔣廷黻回答說「我沒有經驗」，也「不知道如何作法？」這是一般禮貌性的答話卻也是實話，蔣介石即說：「你能。」接著又說：「從工作中吸取經驗。不工作永遠得不到經驗。」蔣介石的話也說得對，乃一面講話一面拿起筆來寫了一道手諭：「派蔣廷黻為行政院政務處長」。蔣廷黻隨即對蔣介石說他必須返校結束清華方面的事務。「啊，不，」蔣介石說：「我這次上任，一定要帶所有的人員一同上任，清華那方面由我替你電告校長好了。」（《蔣廷黻回憶錄》頁一七三）於是蔣廷黻就內定為政務處長，翁文灝為祕書長。蔣廷黻晚年回憶說，他與翁文灝在行政院相處甚得。他說翁「比我年長，不論在經驗方面或是聲望方面，都是我的老大哥。雖然我們在公事上是平行的，但很顯然的，他是院中祕書人員的首領。我一開始就把政務處做為翁的附屬單位，盡量採納他的意見。」（同上）張昌華在《傳記文學》上說翁文灝的朋友不多，在政界，除蔣介石外就是陳布雷與蔣廷黻。他又說翁很欣賞蔣廷黻的為人與才幹，乃向蔣介石力薦蔣廷黻擔任政務處長，不知確否？[2] 因為蔣廷黻在他的回憶錄裡沒有提起這件事。講到他與蔣介石的關係時，蔣廷黻說：「我在《獨立評論》和《大公報》上所發表的文章引起很多人的注意，其中包括蔣委員長。」蔣介石第一次約見蔣廷黻是在一九三三年夏，促成此事者是《大公報》的發行人和蔣介石的親信幹部錢昌照。（《蔣廷黻回憶錄》頁一四五）

當蔣廷黻及翁文灝的任命消息傳出去後，一般反應很好，大家都認為是學者從政，因為他們過去都是清華教授，又均是《獨立評論》的社員。行政院於一九三五年十二月改組，外界給新內閣很多名稱：有人稱之為「行動內閣」，因為有許多精明能幹的人才，如精於理財的吳鼎昌和張嘉璈。也有人稱之為「政學系內閣」，因為吳、張兩人是屬於政學系的人，政學系的首腦是張群，時任外交部長。也有人稱之為「人才內閣」，除了上述這些人外，還有擔任財政部長的孔祥熙、教育部長王世杰、軍政部長何應欽。是年十二月十三日星期一，蔣介石率行政院全體同仁宣誓就職。翌日即召開第一次行政院院會，大家期待院長訓話，他說：「我們替政府物色一個人應該像替女兒選女婿一樣。」這個說法很新鮮，也很別致，因為蔣介石是一個很嚴肅而沒有幽默感的人，然後又帶有批評的口吻說，過去行政院改組，各部人事都要變動，這是不對的。他說他要看幾個月，「看看誰稱職誰不稱職。過幾個月，你們可以根據這個原則有效調整，但在開始時，我們必須全力和現在各部中的人共同努力。」蔣廷黻後來說：「此一指示以後成為人事行政上的一個準則。」（《蔣廷黻回憶錄》頁一七四至一七五）這裡所說的院會相當於歐美政府裡的內閣會議，蔣介石希望出席的人越少越好，而且希望討論的問題應該是真正重要的問題。他對部屬說希望大家徹底自由討論，他說「行政院不是客氣的地方」。（《蔣廷黻回憶錄》頁一七五）蔣介石這種開誠佈公、謙沖為懷的口吻，蔣廷黻說日後就沒有了。蔣廷黻在日記或回憶錄中說，開會時大家都想討好院長或迎合他的意思，對問題如有爭執，不是大家舉手表決，而是由院長一人決定。（蔣廷黻日記 6/19/1945，及《蔣廷黻回憶錄》頁一八二、一八三、二一一、二二三至二二四）

III

在一九三五年蔣廷黻任行政院政務處長時，院長辦公廳有三百名辦事人員，他們由祕書長及政務處長帶領輔助院長執行公務。在這三百名辦公人員中，二百名是書記人員，六十位是半書記半專門人員，二十位是專門人員。每日收文平均有九百件，發文約五百件。在收發文中百分之五需要蔣廷黻過目。在這百分之五裡，只有三分之一需要他加簽意見，其他雖要他簽字，但只要蓋橡皮圖章即可，由一位參事代辦。蔣廷黻處理的公文只有五分之一需呈院長核奪。除上述例行公事外，他還常常要調處中央各部間之爭端，如是則要召開會議，如果這種爭端很重要，就由蔣廷黻擔任主席，在會議中彼此反覆討論，直到雙方滿意解決為止。否則將此一問題在院會中提出來討論，然後由院長來做決定，這種情形很少。蔣廷黻與翁文灝對於各部會或省府呈文通常有三種辦法：(1)如有意見把意見附加在呈文上；(2)由於提案忽略某一部分，因此蔣廷黻或翁文灝可以簽注本案某些部分應予修正；(3)對於某案也可以不簽，或簽注說明本案應予重新考慮，這是客套話，其實即否決了原提案。蔣廷黻晚年回憶說：「就某種意義說，實際上是我們的簽條左右了中國的政治。但是我們可以保證，絕對沒有濫用權力的地方。有時我們先請示院長，然後再加簽。」（《蔣廷黻回憶錄》頁一八九）蔣廷黻的工作極度忙碌是可以想見的。我們還可從他與友人通信中得知他新工作的一鱗半爪。一九三五年十二月他到南京後不久，曾寫信給費正清說：「你可能會驚訝，我已換了工作，我自己也不知道我怎麼會離開北平到南京來的。不過當我發現這個工作很重要或可一展平生抱負，所以我接受了。我的工作就像法國人所說的是『Chef de cabinet politique』（文官長），可以出席內閣會議（cabinet meetings）。工作極其繁雜，很多是例行工作，但極其重要。地質學家翁文灝博士任祕書長，他與我二人是行政院長的守門人（political watchdogs）。」（見John Fairbank, *Memoir*, p.90）他又說在這裡從早忙到晚，幾無片刻之暇，過去優閑的書齋生活，思之「不禁淚下」（My tears sometimes drop）。（同上）自從蔣廷黻從政後，他就再也沒有重回學術崗位，這也不難理解，因為他自幼即有志於仕途。

蔣廷黻晚年回憶說他初到行政院工作時，碰到一個很棘手的問題，此即從上海、武漢、平津及其他各地來的大學生請願，要求政府對日作戰。他說僅僅是要求對日作戰並不害怕，他們最怕的是一些居心叵測的野心家，挑撥學生與軍警衝突造成流血事件，藉此發動輿論來詆譭政府。蔣廷黻及翁文灝都認為如果他們不能解決學潮，其他則免談了。蔣廷黻說，幸好「我們採取的措施，終於控制了學運。」（《蔣廷黻回憶錄》頁一七六）蔣廷黻後來說他得力於一位年輕助手端木愷，他是安徽人，原是一位律師，很能幹，極有口才，在學生時代也曾搞過學運。端木曾僕僕於京滬道上，到處向學生大聲疾呼，闡明政府的政策。[3] 此外，蔣廷黻及翁文灝還安排學生代表與蔣介石見面，蔣介石說明他的政策，並表示願意採納學生的建議。蔣廷黻說政府終於說服了學生，於是他們都先後離開首都回學校上課去了。大家鬆了一口氣，蔣廷黻如釋重負。

具有爆炸性的學生運動總算平息了，可是另一個困擾蔣廷黻的私人問題接踵而至。當他做政務處長的消息傳到湖南家鄉後，一些親戚朋友都認為他做了大官，[4] 於是求職的函電如雪片飛來，都認為蔣廷黻應該給他們一份差使。這是中國傳統的想法，但蔣廷黻很美國化，他認為「不能把公職作為禮物，酬應私人」，因此一概拒絕。他請哥哥在長沙擋駕，如果他們來南京他絕不招待，如果他們已經從邵陽到了長沙，如無旅費回家，他可以自掏腰包給他們回家的路費。蔣廷黻認為他「盡了私人義務，對公家毫無損失」。他這樣做使親友大失所望，可是大多數都接受了錢回家鄉去。儘管有他哥哥在長沙擋駕，還是有人到了南京。其中之一便是他弟弟的小舅子，高中畢業，自信蔣廷黻會給他一官半職。為了信守他的諾言，蔣廷黻拒絕見他，但背裡找一個人給他錢作回家的路費打發他走了。但有一位長輩族人也來了，蔣廷黻覺得很為難，因為這位長輩不但是蔣廷黻的私塾老師，也是他在益智中學的國文老師。他快要到退休年齡，想謀一個縣長缺。蔣廷黻如真的要給他過去業師一個縣令，不費吹灰之力，因為政務處長與各省省長及各省行政專員（相當於過去的道台）在公務上都有往來，有時在公務上還要找蔣廷黻幫忙。但蔣廷黻對這位蔣老師說，「國家的名器不可以當作私人禮物」送人的。如要求他私人能辦得到的事，他一定幫忙，但不能給他一個官職。最後給他回湖南的旅費，他只好回去。但他回湖南後，大罵蔣廷黻忘恩負義。（《蔣廷黻回憶錄》頁二三、一七六至一七七）除了湖南的親友外，還有蔣廷黻的留美同學以及他在南開、清華和北大教過的學生，也都認為蔣廷黻欠他們一份差事。蔣廷黻後來寫信給友人說，政務處已人滿之患，如果裁了一半則辦事更有效率，但是他的上司蔣委員長反對，他說一個奉公守法的公務員應該有工作保障。蔣廷黻說就這一點他比美國總統還要開明。（Fairbank, *Memoir*, pp.90-91）

蔣廷黻在晚年回憶說：「從我擔任公職開始，就沒有引用過私人。親戚均深悉此情，沒有任何親戚憑藉我的力量獲得官職。撇開品德方面不談，從另一角度看，我認為我的作法也是相當聰明的。」（《蔣廷黻回憶錄》頁一七七）不然的話，後患無窮，使他窮於應付，最後會影響他的工作。他說他的目的是從政，要在不受私人影響下從政。因此他說：「因為我沒有私心和家庭關係牽累，所以我做事可以沒有顧慮。援引私人結黨營私是不智、不實際的。我惟一要出賣的是我的智慧和努力工作的願望。」（同上）蔣廷黻這種想法，作為官箴，足可楷模四方。不任用私人，對於帳目公私分明，他是清廉的，算得上是一個好的清官。他曾說過：「對我說，政治祇是一種工作，我認為它和教書一樣的清高。」（《蔣廷黻回憶錄》頁一四五至一四六）事實上像他這樣從政做官沒有什麼不清高。他的想法是純正的，理想是崇高的，他根據這個原則去做。蔣廷黻在回憶錄中說：「我認為循一般方法處理文書事務會令我一無所成。如果按照我自己的意思去做，雖然也可能失敗，但是將來不會使我感到遺憾。於是我決定按照我自己的意思去做，摒除一切應酬。但大家發現我的生活就是如此，並非不懂禮貌，或對某人有好惡時，他們祇有接受既成事實，把我當作一個怪人。」（同上）蔣廷黻晚年駐節華府，在雙橡園大使官邸宴請臺灣來的立法委員時，一個人獨自坐在角落裡沉思。在波士頓機場他忘了與來歡迎他的僑領握手，也未赴他們的宴會。在立法委員及僑領的眼中，蔣廷黻確實是一個十足的「怪人」。[5]這樣看來雖然前後言行是一致的，但像他這樣的個性及作法，做一個學者也許無所謂，但做一個大使就免不了會受人批評。

IV

當蔣廷黻與翁文灝到南京任官時，胡適寫了一封信給他們（一九三六年一月二十六日），對他們有所期許。這封信是從丁文江的一首詩說起的，這首詩題為〈麻姑橋晚眺〉：

紅黃樹草爭秋色，
碧綠琉璃照晚晴。
為語麻姑橋下水，
出山要比在山清。

其中「出山要比在山清」是丁文江反用杜工部的「在山泉水清，出山泉水濁」的詩句。胡適又說：「我絕對相信你們『出山要比在山清』。但私意總覺得此時更需要的一班『面折廷爭』的諍友諍臣，故私意總期望諸兄要努力做 educate the chief 的事業，鍥而不捨，終有效果。」胡適說丁文江的詩「自寓其出處之懷抱」，使他想起楊萬里的一首詩：

初疑夜雨忽朝晴，
乃是山泉終夜鳴，
流到前溪無半語，
在山做得許多聲。

胡適說他希望「行政院的兩處應該變成一個『幕府』，兄等皆以賓師自處，遇事要敢言，不得已時以去就爭之，莫令楊誠齋笑人也」。（《胡適來往書信選》中冊，北京中華書局，頁六八三至六八四）楊萬里是南宋大詩人，字廷秀，自號誠齋。胡適是用丁文江和楊萬里的詩來鼓勵他們好好地幹，他的意思是指翁文灝和蔣廷黻在《獨立評論》時，（特別是蔣廷黻）「在山做得許多聲」，不要「流到前溪無半語」，故胡適最後有「莫令楊誠齋笑人也」句。蔣廷黻接信後似有同感，他與胡適的想法很接近，但與在朝的人尚有一段距離。蔣廷黻回胡適的信道出他對翁文灝及對大局的看法，並說出他的決心，也有牢騷。他說：「你知道各部部長對詠霓（即翁文灝）兄的信仰甚大。他不大說話，說則有相當效果。」不過「他幹政治很像他辦地質調查所，於不露聲色之中，先責己後責人，準備費十年、二十年的工夫，在艱難困苦之中求成績。所以他不願大刀闊斧幹。然而現在的局面不大幹不能成功，小幹是無濟於事的。」然後講他自己說：「我個人的去留是無關宏旨的，然而我也不能不審慎。⑴來只兩月就退，豈不有點太兒戲？應該事前知道政治生活的幾分；⑵做事說話的機會雖不太多，但有時也來，用之得當，不無小補。我常想如你和在君（丁文江）入閣，局勢定可好幾分。如近來政府沒有明顯的進步，一大半怪人，一小半也怪我自己的無才；⑶政治領袖更高明的在哪裡？我們不幹實際政治則已，幹則此其時矣。」（《胡適來往書信選》中冊，北京中華書局）蔣廷黻在青年時代即有改造社會的決心與振興國家的宏願，他知道要達到這個目的，要左右中國政治最有效的辦法，從實際政治著手，則必須從政。現在他身居廟堂，是「天子近臣」，正如他寫給胡適的信中所言，要幹實際政治則「此其時矣」。這封信寫於一九三六年二月二十六日，從這封信已可窺知他的怨艾，但真正的不悅與挫折尚在後頭呢。

蔣介石初任行政院長，似乎也有革新吏治的意思。一九三五年年底第二次院會中，他命翁文灝負責改革各省市縣的地方行政。命蔣廷黻改革中央政府各部會的行政工作。蔣廷黻說這是一項很繁重的工作，因為他缺少行政經驗，所以在南京頭三個月主要在研究中央政府組織，並著手擬訂一套改革計畫。首先提議改善電信組織。因為在當時中央有鐵道部和交通部，這兩部都管公路，此外還有經濟委員會也負責築路，同時發現有些鐵路及公路是平行的。這些在他看來似乎太沒有計畫了。於是以工作輕重來決定先後。因此他認為整頓運輸體系是當務之急。他在改革計畫書中建議把鐵道部改為運輸部，主管鐵路、空運及公路。而交通部主管郵政、電報和電話等業務，這樣可免疊床架屋之弊。可是慢慢地問題來了。有一天鐵道部長張嘉璈來找蔣廷黻說，他想買一批快船，航行於上海與漢口之間。蔣對他說為什麼不接辦已有的招商局？他說招商局屬於交通部，如改屬於鐵道部，則他一定會接受一批濫船和一大批冗員。他不想去找麻煩，他要從頭做起。蔣廷黻認為這是一個問題，所以他認為要改革中央政府「此其時矣」。此外他想建議取消經濟委員會和建設委員會，因為這兩個委員會其職掌不僅彼此重複，且與其他機構也有部分重疊。復次，中央政府沒有農林部，蔣廷黻說中國以農立國，政府對農民應該予以更好的照顧，且投資在農民身上一定會增加地產稅。用現代科學與技術可以幫助農民增加生產，改善農民生活，這是應該做的。有這許多充分理由，蔣廷黻建議應該設立農林部。他也曾考慮行政院集中採購文房四寶及其他辦公用品，因為許多政府單位購買維納斯牌鉛筆每支七毛五，有的居然高到兩元一枝，購買其他物品價格出入也很大。他也考慮調整行政院與國民黨中央黨部的關係。蔣廷黻有滿腦子的革新計畫，這是好的，但有阻力。有很多人反對他的改革計畫。

蔣廷黻改革中央政府的腹案，以口頭向蔣介石報告，他聽了很是高興，要蔣廷黻正式提出書面報告。但當蔣廷黻準備撰寫報告時，大家風聲鶴唳，議論紛紛。比如實業部長吳鼎昌不希望有關農業的業務從實業部中劃出去。張嘉璈不希望背招商局的包袱。經濟委員會的人說，該會做了很多事，不該裁撤。建設委員會的人對蔣廷黻說，建設委員會是黨國元老張靜江的靈魂，而且張又是國父孫中山及蔣委員長的好朋友，所以建設委員會是不應該裁撤的。其實這些理由不能成為不裁撤的理由，照一個現代國家的眼光來看，張靜江與國父及與委員長的友誼，與建設委員會裁撤與否是不相干的。最後連翁文灝也勸蔣廷黻「不可操之過急」。因為反對這個改革方案的人越來越多，蔣廷黻想盡速提出報告，以免夜長夢多，節外生枝。他終於在一九三六年二月底把改革中央政府的書面報告呈給蔣介石，他說：「我滿懷熱望期待它的結果，但結果令我大吃一驚。三月底，委員長命我和翁文灝對調工作。翁負責改革中央政府，我負責地方政府改革。我認為院長對我欠公道，不採納我的建議，甚至連告訴我一聲都沒有。」（《蔣廷黻回憶錄》頁一八〇）在行政院裡蔣廷黻所建議的機構，應合併或裁撤或增設的，一年後當他在莫斯科做大使時都已經實現了。[6]

他與翁文灝對調的工作，照蔣廷黻自己的話來說是「不折不扣」的。蔣廷黻說大家認為「翁文灝負責中央政府改革工作，至少他們可以放心了。如果換了我，說不定又會提出某些新的改革方案。」（《蔣廷黻回憶錄》頁一八〇）其實要改革就要徹底地改革，三心兩意不徹底的改革何為乎哉？蔣介石似乎就是如此。蔣廷黻大失所望，悒鬱不歡。由於失望，他對於新工作即改革地方行政的工作，也不像以前那樣積極，他想如果一不小心，可能重蹈覆轍，又是一次「庸人自擾」。但是，從另一方面來說，他對於新工作很感興趣，因為可以使他對省、縣市行政有一個新的認識。而且蔣廷黻一向認為內政很重要，他強調說：「在近代史上外交雖然要緊，內政究竟是決定國家強弱的根本要素。」他舉了一個例子說：「上次世界大戰以前，德國的外交失敗了，所以戰爭也失敗了，然而因為德國的內政健全，戰後尚不出二十年，她又恢復了她的地位了，這就是自力更生。」（《中國近代史》頁三七至三八）縣市是地方行政的骨幹，是內政的基本單位，所以蔣廷黻對於新工作並不沮喪，他還是要埋頭去幹。

除了上述例行工作外，蔣介石還要蔣廷黻與在南京的蘇聯大使館保持聯繫。那時蘇聯駐華大使為鮑格莫洛夫。中國駐蘇大使時為老外交家顏惠慶，顏於三月辭職，六月返國。當時中日關係日益惡化，相形之下中蘇關係至為重要，因為一旦中日戰起，中國希望蘇聯援助及參戰共同抗日。因此蔣廷黻與蘇聯大使館的聯絡工作更加重要，更加忙碌。那年（一九三六），當蔣廷黻在行政院的時候，每週開兩次會議，一次是星期二上午，出席的人數較多，這是正式的院會，相當於西方的內閣會議。還有一次是非正式的院會，俗稱小型院會，通常於週五下午在蔣介石官邸舉行。小型院會出席的人數很少，只有孔祥熙、張群、吳鼎昌、張嘉璈、王世杰、何應欽、翁文灝及蔣廷黻等人出席，其他祕書及書記人員均不得列席。在六月底的一個小型院會上，外交部長張群報告駐蘇大使顏惠慶堅決請辭，於是他提名吳鼎昌、顧維鈞及外交部次長徐謨出任駐蘇大使。孔祥熙又加了一位，他提名王正廷。於是大家討論上述提名人選中究竟誰最適當。最後，蔣介石轉過身來對蔣廷黻說：「廷黻，你願意去莫斯科嗎？」他沒有等蔣廷黻回答即說：「你考慮一下，三天內答覆我。」於是會議就這樣結束了。（《蔣廷黻回憶錄》頁一八二至一八三）蔣廷黻晚年回憶說：「不久，翁文灝來看我，他說委員長極盼我能接受任命，出任斯職。作為我的朋友，翁警告我說：那是個費力不討好的工作。但他勸我接受。」（同上）

蔣廷黻內定駐蘇大使後，仍繼續在南京工作。因為夏天來了，南京很熱，政府決定下級人員留京辦事，部長及次長級可以輪流到避暑勝地牯嶺去休假一個月。翁文灝決定七月休假，蔣廷黻決定在八月。因為蔣介石整個暑期都在牯嶺，所以院會也都決定在那裡舉行。一九三六年夏，行政院做了一個很重大的決定，其中一項即是徵收所得稅。但徵收所得稅像他（蔣廷黻）國府改革地方行政一樣，因為他準備出使蘇聯，實在沒有時間去處理而延緩了。一直等到他於一九三八年春天回行政院工作時，才又重新開始進行。

1. 翁文灝（1889-1971），浙江寧波人，字詠霓。十三歲考取秀才，科舉廢止，他到上海進法語學校，後來留學歐洲，一九一二年獲比利時魯汶大學地質學博士學位。歸國後做過地質調查工作，也曾在清華大學任教，擔任過地質系主任，時蔣廷黻任歷史系主任。一九三一年翁文灝做過三個月的清華代理校長。一九三二年翁受知於蔣介石，蔣在南京三元巷內組織一個小團體叫做國防設計委員會，蔣介石是會長，翁是祕書長。一九三五年翁文灝任行政院祕書長。一九四八年出任行憲後第一任行政院長，因幣制改革大失敗，只做了八個月的行政院長即辭職，不久出國考察。一九五一年歸國。毛澤東曾接見他，對他說：「翁先生回來了，很好，很好。」但未予重用。文革時曾被抄家，吃過一點苦頭，掛過「大戰犯翁文灝」的名牌，幸有周恩來護駕保全一命，苟全性命於亂世。一九七一年（辛亥年）元旦病逝。享年八十二。在中共治下他至死不肯批評蔣介石，算是中國傳統忠君愛國的典型代表。

2. 張昌華，〈翁文灝私檔摭拾〉，臺北，《傳記文學》二〇〇九年十二月，頁三七。因張昌華在這篇文章中講到翁文灝時誇大或失實的地方很多，故筆者存疑。如講到翁在清華擔任代理校長時，破格錄取吳晗即與事實不符。按吳晗本是上海中國公學（胡適是校長）的學生，以插班生考取清華。吳家境清寒，沒有獎學金他無法念清華，胡適乃寫信給翁文灝幫忙，翁將胡適的信交給蔣廷黻，蔣廷黻把吳晗安插在歷史系裡整理大內檔案，月薪二十五元，吳晗有了工讀金，順利在清華讀書。蔣廷黻叫吳晗專攻明史，後來吳成為明史專家。至於蔣介石用人，多多少少有點學曾國藩和李鴻章的幕府制度，再加上他自己的一套。大致在他用人之前，先注意這個人，如此人未曾見過，在適當時候他會約見。據一些蔣介石近臣所說，他經常把他所認識的人的資料存在保險庫內，需要時拿出來仔細斟酌考慮，想了再想，務求使此人職位適當而工作能勝任。這是蔣介石如何任用人的一般步驟。蔣廷黻受知於蔣介石而入仕途，即是如此。

3. 端木愷勝利後在京滬一帶及一九四九年後在臺灣，都是一位很有名的律師。一九六九年出任臺北外雙溪東吳大學校長。一九八七年病逝。

4. 政務處長這個官可大可小，雖沒有實權，但他是「天子近臣」，影響力很大。如果祕書長或政務處長放出去，在國內不是部長即是封疆大吏，國外則是欽差大臣，如翁文灝、魏道明、陳儀，以及蔣廷黻，都是很好的例子。

5. 詳見周谷，〈蔣廷黻暮年在華府〉，收入周著《外交秘聞》，臺北，聯經，二〇〇六年，頁一九三至一九七。

6. 蔣廷黻所提的計畫沒有實行，但在一年後當他在莫斯科駐蘇大使任上，鐵道部與交通部合併了，經濟委員會和建設委員會裁撤了。他未予置評，但對新增設的農林部稍有微詞。他在晚年的回憶錄中說，新成立的農林部等於紙上談兵，前後幾任部長都是軍人，他們對於農業毫無經驗也無農業知識，為了酬應他們過去的功勞給他們一份閑差。他說「我後悔當初提出改革建議」。（《蔣廷黻回憶錄》頁一八〇）蔣廷黻說的沒有錯，如最初的農林部長陳濟棠是將軍，後於一九四四年繼任陳濟棠為部長的是新疆王盛世才。一九四七年擔任農林部長的是左舜生，他是青年黨裡的重要人物，但他對於農業一無經驗。怪不得蔣廷黻帶有譏嘲及調侃自己說：「我認為反對我的人實在比我有遠見。」（同上）蔣廷黻不但主張取消經濟委員會及建設委員會，也認為祕書處及政務處這個制度不合理，他也主張取消政務處而改設一位或兩位副祕書長。他這個主張在他第二次離開行政院後就實現了。（陳之邁《蔣廷黻的志事與平生》頁三八）蔣廷黻常有革新的一面，即洋人所說的great ideas，以及積極破除官場惡習的想法。這些都是好的，唯執行的人只是虛應故事，執行得不夠徹底，像增設農林部即是一例。復次，一九三四年蔣廷黻在遊歐途中曾致函胡適說：「我們在外的使館人才實在太不像樣了。我不便批評。因為他們處處招待。將來我想寫一篇〈外交制度的改革〉，用客觀的寫法，避免人的問題。」（一九三四年十一月二十四蔣廷黻致胡適函，收入《胡適來往書信選》中冊，北京中華書局）但蔣廷黻從政後太忙了，這篇文章始終沒有寫成，很可惜。

1936—1938

第十章 出使莫斯科

蔣廷黻於一九三六年十月二十一日搭蘇聯郵船「北方號」離開上海赴海參崴，再搭西伯利亞大鐵道前往莫斯科。同行的有夫人唐玉瑞，還有兩個男孩，七歲的三寶（懷仁）及五歲的四寶（居仁），和照顧小孩的阿媽（兩個上學的女兒智仁和壽仁本在南京上學，後來因父母去了莫斯科，就回湖南湘潭上他們大伯蔣廷冠做校長的福湘女校讀書），以及隨行使館館員和家眷計二十餘人。「北方號」於二十五日夜間抵達海參崴。到了海參崴，蔣廷黻本想在海蘭泡停留，因為蘇聯遠東軍區司令布魯轍（V. K. Bluecher 1889-1938）將軍的司令部在那裡，蔣介石想要他轉送一幀簽名照片給布魯轍。[1] 但是蘇聯外交部駐海參崴的代表告訴蔣廷黻，蘇聯政府希望蔣大使在十一月七日以前能趕到莫斯科，以便參加紅場的革命紀念大會，並說西伯利亞大鐵道的列車長已接到命令，要盡速按時趕到莫斯科。因此蔣廷黻就取消了拜訪布魯轍將軍。蔣廷黻晚年回憶說：「事實上，雖然我於十一月七日趕到莫斯科，但為時已晚，仍然沒有趕上紅場慶祝大典。」可是根據當時隨行的大使館祕書袁道豐回憶，蔣廷黻及隨員是趕上了「慶祝大典」的。[2]

據袁道豐回憶，「北方號」是一艘運貨船，艙面上只有幾間房，甚是逼仄，活動的餘地很小，船上一點娛樂設備都沒有，海上生活枯燥而乏味。舟行六日始抵海參崴。海參崴本是中國領土，一八六〇年割讓於帝俄。這是一個有名的海港，但一九三六年的海參崴市面很是蕭條，一點也不繁榮。雖然時在十月下旬，可是已經很冷了，風寒刺骨，「冷得令人發抖」。因抵埠時已是夜晚，中國領事館在深夜招待蔣大使及隨行人員晚餐，大家「狼吞虎噬似的飽食了」一頓，翌日清早即搭西伯利亞大鐵道火車前往莫斯科。[3]

當時蘇聯政府對中國大使甚是禮遇，給蔣廷黻等一行使館人員兩節車廂。這雖然要比一般普通旅客所乘的硬板車要舒服多了，但袁道豐說船上六天不好受，可是十天的火車旅行更是難受。他說在車上最可以看出蔣廷黻的書生本色，手不釋卷，大部分時間都在看書，不看書時則找人打橋牌消遣，看他樣子很容易打發時間，但別人不是那麼容易。他說在途中所見的西伯利亞，無啥好看，盡是一望無際的荒郊野景，很是淒涼，車行數日不見人煙。但快要到莫斯科前一、二天，漸漸可以看到稀落的鄉村，然後可以看到人煙稠密的城鎮，這時大家就好像乘遠洋輪船的旅客看到海鷗一樣，知道快要到岸了，袁道豐說這時「我們的情緒，亦漸由苦悶而變為興奮了。」由海參崴至莫斯科這一段路程，他說「我們終於熬過了。幸均無恙。」他們希望能於十一月七日趕到莫斯科參加蘇聯革命紀念大會，看一看紅場慶祝的場面；袁說：「我們的目的終於達到了。」按一般外交慣例，新使呈遞國書後始可參加外交活動，那時蘇聯對中國特別客氣，新使甫抵京城，蔣廷黻和高級館員即被邀請參加閱兵典禮。[4] 復次，外交部禮賓司很快安排蔣廷黻呈遞國書。如果兩國邦交不睦或者對新使不予重視，外交部則往往托詞延宕三週五週不等，但他們安排呈遞國書的日子是十一月十一日，蔣廷黻抵莫京僅四天即呈遞國書，這也可以看出蘇聯對中國表示好感。

十一月十一日，蔣廷黻呈遞國書的那天，蘇聯外交部派禮賓司司長到中國大使館迎迓新大使，蔣廷黻率祕書及翻譯前往，當車抵克里姆林宮後，沒有儀仗隊，也沒有樂隊，司長即引導蔣廷黻到樓上主席接待室稍候片刻，此時蘇維埃聯邦共和國主席加里寧（M. I. Kalinin, 1875-1946）已在大廳等候。儀式開始時，外交部長李維諾夫站在加里寧主席旁邊，雙方均沒有致辭。蔣廷黻呈遞國書後，蔣大使介紹隨員，然後與主席和外長及大使至鄰室談話片刻，不到十分鐘蔣大使即告辭。袁道豐說：「這真是再簡單沒有的禮儀了。」（袁道豐〈蔣大使〉頁三九）蔣廷黻晚年回憶，當他呈遞國書時，曾對加里寧和李維諾夫說，他不太喜歡繁文縟節的外交儀式，加里寧立即安慰這位青年大使說：「不必擔心，我們都不是職業外交家。」（《蔣廷黻回憶錄》頁一九五）按，加里寧出身貧寒，在一九一七年大革命前當過銅匠。關於蔣廷黻呈遞國書時，還有兩個小故事或可讓讀者解頤。其一：大使館祕書勾增啟，東北人，身材高大又肥胖，俄文專修科畢業，在使館服務多年，因為中年發福，早年所購置的硬白領禮服太小了，這在當時是買不到的。沒有辦法，只好硬著頭皮勉強穿上到克里姆林宮去，但必須頭頸都得保持挺直，呼吸也得屏息，不然白領和領結隨時會裂開來，在這種場面恐怕要出洋相了，還好呈遞國書的儀式時間很短。事後這位祕書一直叫苦連天說：「這次我可活受罪了。」其二：大使館俄文翻譯複姓西門，名宗華，他曾是莫斯科中山大學的留學生，說得一口極流利的俄語，但他很矮小，不到四英尺。蔣廷黻呈遞國書時他是翻譯。在衣帽間服務的人還認為他是小孩子，私語說：「為什麼中國大使呈遞國書，連小孩都帶來了。」[5]

II

蔣廷黻呈遞國書後對外他是大使，就可以與蘇聯政府正式辦外交；對內他是大使館館長。現在我們先談他對大使館內部的工作，然後再談他正式要做的外交工作。蔣廷黻呈遞國書後即整頓內部，首先分配工作。他辦事常有革新的一面，如在清華任系主任時，及稍後任行政院政務處長時期即是很好的例子。如今出使蘇聯為館員謀福利，他做了三件事，袁道豐說這三件事表面上看起來似乎不甚重要，事實上卻是非常重要，似不可不記。其一，兌換盧布。當時官價美金一元可以換五個俄國盧布，但是黑市可以換四十個盧布。也有人說在顏惠慶任大使時，一元美金可以換一百個。不管如何說法，要是有辦法能換黑市則實惠，如無門路則換官價就吃虧。因為西伯利亞一帶的中國領事館成為俄文專修科畢業生的「禁臠」，因此，如果在使館內服務的俄文專科校友要換盧布，很是方便，而且受到優惠，其他如非校友則否。蔣廷黻上任後，首先對館員發薪採取「統籌辦法，不許自換盧布」。規定使館僚屬薪給有固定數額，有小孩的多些，於是定期派兩位館員去西伯利亞的領事館「兌換」盧布。蔣大使這個辦法，大家都說公平合理，皆大歡喜。袁道豐說這個辦法還有一個好處，「可使大家生活安定」外，還可以「避免

同事中的摩擦與妒忌。」（袁道豐〈蔣大使〉頁四〇）

其二，中國大使館在莫斯科有兩棟房子，但不在同一個地方。一處是辦公的所在，使館人員稱作舊館，另一處是大使官邸，館員稱為新館。新館原本是一個富商的產業，其規模之大，裝飾富麗，當可遙想當年俄國在大革命前的繁華盛世，這棟大廈是顏惠慶大使任內頂下來的，因很有氣派，常用作酬宴賓客之用。蔣廷黻住樓下，樓上分配給高級館員居住（袁道豐夫婦即居樓上），每家只佔一個房間。還有一部分館員住在舊館。膳食由大使館廚師包辦，金錢帳目則由同仁太太輪流管理。新館與舊館相距四公里，官員來往備汽車由俄人司機（特務）接送。（同上）

其三，蔣廷黻在莫斯科的時候正是史達林治下大清算、大屠殺最猖狂的年代，莫斯科特工密佈，陰森恐怖，蘇聯政府不許人民與駐莫斯科的外交人員來往。蔣廷黻說「駐莫斯科的外交團體成了蘇聯大海中的一個孤島」。（《蔣廷黻回憶錄》頁一九三）大使館館員除外出辦公外，大都蝸居斗室，在莫斯科的外交官生活枯燥而乏味。有鑑於此，他在每週六晚上有一個 party，邀請同仁夫婦晚餐，每次約有二十餘人，備酒，菜餚豐盛，幾與宴請外賓無異。蔣廷黻本人喜杯中物，量大善飲，他的酒量在《獨立評論》時代即已出名。[6] 餐後有餘興節目，通常有橋牌（這是蔣大使最喜歡的一種業餘消遣，段數也高），也有麻將或跳舞，這兩項他都不太高明。春暖花開的時候，蔣大使把室內的 party 改作室外的郊遊野餐，因為使館只有兩輛汽車，故只得分批輪流外出，這是美中不足的地方。據袁道豐說：「就全體說，廷黻先生對館員是很公平，很愛護也很周到的。在駐外的館長中並不多見。」（袁道豐〈蔣大使〉頁四〇）別小視這幾句話，一個人做官能做到留下去後之思已是不易，而令部屬稱道尤難。這樣看來，蔣廷黻是一個有責任心的好館長。

蘇聯之日常生活，蔣廷黻通常在十點到舊館去辦公，十二點前後即離去。如果下午或晚上有機要或緊急的電報，他就找一位祕書（通常是李能梗）到官邸去翻譯。大使的座車很是特別，是前任大使顏惠慶向法國雷諾汽車公司訂購的，論模型式樣均是第一流，但引擎發動起來聲大如雷，一聽汽車聲音發動即知大使外出。蔣大使每次外出均有蘇聯特務跟隨，當時在中國大使館裡每家都有一位女工（清潔工），大使也有一位，但她們都是特務，除了打掃洗衣外，每週向蘇聯「格別烏」（GPU，即特務機構）報告一次。至於蘇聯政府曾否在中國大使館裝置竊聽錄音設備？蔣廷黻晚年回憶說，關於這個問題「不想去偵破，因為我相信在這方面我不是蘇聯特務的對手。」（《蔣廷黻回憶錄》頁一九五）他後來對友人說，在蘇聯一年「這不是人過的生活」。[7]

III

蔣廷黻出使莫斯科履新不久，南京外交部通知蔣廷黻說，新疆有一個代表團到蘇聯協談借款事，蔣廷黻奉命抗議，並收集有關情報，正式向外交部次長史托莫尼亞可夫提出交涉。蘇聯之覬覦新疆，猶如日本之於東北，英之於西藏，法之於雲南，這些帝國主義對中國領土之野心，司馬昭之心路人皆知。蘇聯幫助「新疆王」盛世才取得政權後新疆即倒向蘇聯，盛世才推行莫斯科所欲推行的政策，對南京中央政府日漸離心。蔣廷黻對這一問題請史托莫尼亞可夫有所說明。史氏說蘇聯對新疆的政策是很純正的。他說，只要新疆是中國的，在中國人手裡，蘇聯就放心。但他很坦白地說，如果任何一個帝國主義國家想插足新疆，則蘇聯一定先下手。蔣廷黻對史氏說中國也不希望帝國主義從新疆進入中國，並正告史氏說，希望將來新疆不再是中蘇兩國衝突的焦點，而是中蘇兩國友誼的橋樑。蔣廷黻晚年回憶說：「雖然我的聲明雙方都很滿意，但我卻未能從他那裡收集到新疆代表團的情報。史氏否認有代表團這回事。我說代表團的目的是做生意，因此，可能與商業部有來往，和外交部不大有往來。他堅決的說，即使是商業代表團，他也絕對會知道。他既不知道，所以絕對不會有。」（《蔣廷黻回憶錄》頁二〇五）

但經蔣廷黻在莫斯科向各方面打聽，終於獲悉確有新疆代表團這回事，並且知道這個代表團的性質以及他們在莫斯科活動的情形，後來蔣廷黻還邀請代表團全體人員出席大使館的宴會。（同上）蔣廷黻出使蘇聯後與過去《獨立評論》同仁如胡適等人常有通信，蔣廷黻給胡適的信我們沒有看到，但由下面胡適之回信，當知蔣廷黻給胡適寫信時曾談到新疆問題。胡適說：「新疆問題，務望留意，你的外交事業的前途，應從此問題發軔。妄人夢想你把蘇聯拉來打日本，既不可能，你要立功，只有新疆一個問題可以著手。此問題宜早日研究。」（李又寧編《胡適和他的朋友》第五集，頁四三）胡適又在信中說：「蔣介石先生確是一個天才，只可惜他的政治見地還嫌狹窄一點，手下人才又太不夠用，真使人著急。亮疇（即王寵惠，當時外交部長）上台後我還沒有見過，不知近來有何長進。」（同上，頁四二）惜蔣廷黻在莫斯科時間甚暫。

接著蔣廷黻迫切要辦的是與蘇聯締盟的問題。在一九三〇年代，因中國、日本與蘇聯三國微妙的關係：蘇聯希望中日兩國打起來，中國希望蘇俄與日本再來一次日俄戰爭，而日本希望中蘇對打。當時日本最忌中國倒向蘇聯，而蘇聯最怕中國與日本妥協，出現一個親日的中央政府，所以蔣廷黻出使蘇聯的任務至為重要。這也就是為什麼蘇聯政府對蔣廷黻抵莫斯科履新時禮遇並重，招待唯恐不周。再則，當蔣廷黻呈遞國書兩週後，即十一月二十五日，德國與日本在柏林簽訂了一個反共公約（Anti-Comintern Pact），義大利隨即加入。德日締盟，蘇聯意識到有東西受敵的威脅，一旦德日從歐亞東西夾攻，則是蘇聯致命的打擊。職是此故，蘇聯亟欲尋求與他國作盟友，包括中國在內。而此時中日兩國關係很壞，日寇侵略靡有止境，戰爭隨時會爆發，所以站在中國的立場來看，中蘇兩國應該簽訂一個互助條約，像法俄於一九三五年五月在巴黎簽訂的法俄互助條約（The Franco-Soviet Treaty of Mutual Assistance）做為藍本。[8] 法俄互助條約是一個為期五年的防衛性條約，根據這個條約的規定，兩締約國之一，為一個歐洲國家攻擊時，締約國應立即援助。因此蔣廷黻到了莫斯科席不暇暖盡速展開外交工作。他去見蘇聯外交部長李維諾夫，對李說他來莫斯科是有任務的，此即希望改善中蘇兩國進一步的友誼，簽訂中蘇互助條約，李說要等蘇聯駐華大使鮑格莫洛夫回來（蔣廷黻回憶說，其實鮑格莫洛夫此時已返莫斯科，不過他回來是出席蘇維埃全國代表大會的）。談判中蘇簽約而就商於駐華大使，也是合情合理的。所以蔣廷黻只好等，直至十二月初雙方才正式開始談判。

鮑格莫洛夫是一個職業外交家，一九二〇年進外交部工作，後來外調，先後任職於蘇聯駐德奧使館，並於一九二七年至一九二九年出任蘇聯駐波蘭大使，一九三二年中蘇建交後他是蘇聯第一任駐華大使。鮑格莫洛夫在中國是一個很活躍的大使，他毫不掩飾他的主張，即中國應對日作戰；他還給人一個印象，一旦中日戰起，蘇聯會參戰援助中國。所以鮑格莫洛夫很討中國朝野喜歡。蔣廷黻晚年回憶說：「當我出使蘇聯的消息公佈後，各方寄於厚望。親戚朋友、公私團體予我一連串的招待。每次聚會中，大家都希望我、要求我能設法使蘇軍與我並肩作戰，抵抗日本侵略。他們相信我一定能進行此一重要工作，他們希望，不僅是進行，而且一定要完成此一工作。這些聚會中所表現的，反應出一般人的情緒。輿論日漸主戰，而且認為蘇聯會介入我們的抗日戰爭。」（《蔣廷黻回憶錄》頁一九一）而鮑格莫洛夫「很巧妙的煽動了這種戰爭的熱狂」。他在中國與中國官員及民間領袖接觸頻繁，特別是對民間領袖承諾各種援助，但對政府官員他說話比較謹慎，因此全國上下都寄望於蘇聯的援助。蔣廷黻晚年回憶說：「當我的任命正式公佈後，鮑格莫洛夫用極肯定的口吻告訴我，蘇聯甚至可以接受建議，訂立互助條約，他並沒有談到互不侵犯條約。」（同上）鮑格莫洛夫很明顯地希望中國盡速對日作戰，並表示蘇聯會軍事援助。蔣廷黻說：「我當時，甚至直到現在，我都不相信他是蓄意欺騙中國的。」又說：「我也懷疑蘇聯政府會授權給他，對中國政府做超出互不侵犯條約的承諾。」（同上）蔣廷黻是一個有訓練的學者，一個有名的史學家，怎麼會有這種模稜兩可的說法，筆者深以為奇。這明明是蘇聯「蓄意欺騙中國」的詭計，這與第一次中日之戰俄國對清廷的態度如出一轍，甲午戰前俄國公使喀西尼（Arthur

Cassini）對李鴻章說對日本不要讓步，並答應俄國會援助中國。但等到李鴻章發現俄使的話不能兌現，中國已走頭無路，「中日外交路線已經斷了」，戰爭已經打起來了，中國吃了大虧。甲午戰時俄國始終沒有幫忙，只有趁火打劫或渾水摸魚（即英人所說的 "Fish in troubled waters"）。[9] 西人嘗云：「歷史不會重演，錯誤會重演。」此之謂也。歷史本來就是一連串錯誤的結果。

一九三五年間，中國出現了一個「統一戰線運動」。這一運動有兩個目的：其一，停止反共；其二，對日作戰。在當時，所有反對政府的人都參加了這個運動，一部分是共產黨，還有一部分想要打倒蔣介石，阻止中國統一（如一批大小軍閥）。他們且曾公開宣佈一旦中日戰起，如中國需要，蘇聯當立即參戰。很明顯的這個運動基本上是左傾的、親蘇的。儘管有鮑格莫洛夫的保證及統一戰線的搖旗吶喊，蔣廷黻對蘇聯的援助並不寄予厚望。他認為蘇聯亟求和平、不要戰爭。根據他一九三四年訪蘇時所得的印象，相信蘇聯在和平時期可以完成他們偉大建設，如五年計畫等等。以蔣廷黻客觀的分析，他認為蘇聯沒有參加遠東戰爭的必要，而且要盡可能避免戰爭。拿一九三六年來說，德國及日本都有攻打蘇聯的可能，且蘇聯的政策是重歐輕亞；如果在遠東即使日本佔領了西伯利亞及烏拉山脈（Ural Mountains）一帶，蘇聯在世界上還是一個舉足輕重的強國。但是蘇聯在歐洲的領土一旦被德國佔領，則「蘇聯的根本就動搖了」。蘇聯在歐亞兩線駐軍人數是三比一，歐亞領土對蘇聯孰輕孰重即可一目了然。基於這個理由，蔣廷黻認為「我們中國人不能希冀蘇聯犧牲自身利益來幫助中國。不過，蘇聯面對自己的危險，一定急於爭取友邦的援助倒是真的。因此，我對出使蘇聯一事，是將成功的希望建立在蘇聯自身的需要上。」在他呈給蔣介石的秘密報告中說：「中國與幾個國家（包括蘇聯）結盟的機會比中蘇兩國單獨聯盟的可能性大。我們在考慮中國需要時，必須同時要考慮蘇聯的需要，否則，外交是無從進行的。」他的計畫由幾個國家結盟反日的構想，與李維諾夫所宣導的集體安全體系來對抗德國相類似。後來又說：「我並非異想天開認為中國，乃至於我個人，就可以組織一個反日大聯盟。即使各方面都答應合作也是困難萬分的。我對自己的構想並不樂觀，但與蘇聯單獨結盟，我認為毫無希望。」（《蔣廷黻回憶錄》頁一九二至一九三）蔣廷黻的分析，蔣介石及一些國人不一定能聽得進去，但事後證之，他的分析是正確的。[10]

鮑格莫洛夫在莫斯科的時候和他在中國一樣，不斷鼓吹中蘇應建立更進一步的外交關係，要積極援助中國。做為一個大使呼籲本國與駐在國建立良好的關係，這是應該的，也是很自然的。蔣廷黻見了鮑格莫洛夫，對他說中國對單純的中蘇互不侵犯條約沒有興趣，因為兩國都不會擔心對方侵略，中國所需要的是積極的互助條約。鮑氏同意蔣的見解。鮑格莫洛夫對他說，蘇聯政府將有限度的採納他的意見。蔣廷黻晚年回憶，他問鮑氏「如果德國進攻蘇聯，是否能迫使蘇聯從遠東撤退軍事力量。他認為不會。我問他蘇法盟約對此是否有影響。因為我認為法國可能切望蘇聯將其全力置於歐洲。鮑格莫洛夫說，法蘇條約對蘇聯在遠東的行動並無限制。」蔣廷黻說鮑格莫洛夫的「回答似乎非常誠懇」。（《蔣廷黻回憶錄》頁一九六）

但當蔣廷黻與李維諾夫會談時，他的語氣和看法與鮑格莫洛夫迥異。李向蔣廷黻明白表示，一旦中日戰起，基於下述幾個理由，蘇聯對中國不做任何軍事援助的承諾：(1)蘇聯必須以西線絕對優先；(2)蘇聯援助中國會引起西歐國家的猜疑，使蘇聯為難；(3)遠東的局勢必須與英美合作，如果蘇聯積極希望中日作戰，必將減少英美對中國的同情。對中國的援助，蘇聯決不走在英美前頭，但是如果其他列強做了，則蘇聯決不後人。事後蔣廷黻回憶：「李維諾夫對局勢的分析幾乎與我不謀而合。」於是他得到一個結論，中蘇雙邊結盟訂互助條約是不可能的，最大限度是中蘇兩國締結一項互不侵犯條約。同時他提議這種條約談判應在南京，因為他認為這種條約不具重要性，不必在莫斯科談判。（同上）

何以鮑格莫洛夫與李維諾夫有這樣差別的歧見呢？蔣廷黻還有一個猜測，他認為鮑格莫洛夫及其同志相信，如果使蘇聯介入遠東戰爭會令史達林垮台。後來在一九三七年底鮑氏被召回，翌年即被處死，罪名不詳，一般說法他是托派。據蔣廷黻親身在莫斯科的經驗，一九三七年，大清算整肅異己的恐怖氣氛瀰漫京城，他說：「我目擊彼雅可夫（Piatkov）、梭科木可夫（Sokolmkov）和拉迪克（Radek，他是蔣經國在莫斯科大學的導師——引者注）的審訊。我也聽到有關杜哈切夫斯基（Tuthachevski）元帥的謠言。我親眼看見他於五月出現紅場閱兵，再被任命代表蘇聯赴倫敦參加英王加冕典禮，最後在莫斯科被判死刑。清黨的浪潮洶湧澎湃，報上不斷刊登托派分子陰謀的消息。我個人的結論是：（但我並未向任何人宣佈）史達林發現強大的力量反對他，為了爭取廣泛的支持去消滅反對勢力，才給他的政敵濫加帽子。反對史達林是真的，說他們犯罪則是虛構的。」（《蔣廷黻回憶錄》頁二〇四）一般而言，所有的獨裁者均如此。至於蔣廷黻的猜測究竟如何，除非蘇聯政府的檔案公開始可知曉。不管哪一種理由，七七事變後中國亟需蘇聯援助，而蘇聯說了好幾種不同的理由拒絕了。蘇聯的外交詭計多端，在世界外交史上是著名的，罄竹難書。即拿一九三九年八月蘇聯以迅雷不及掩耳的方式與德國訂立互不侵犯條約，瓜分波蘭，蘇聯吞併波羅的海三小國，又在一九四一年四月以同樣的方式與日本簽訂日蘇中立條約（即互不侵犯條約），以外蒙古及滿洲各自為他們的衛星。如在十九世紀甲午戰爭時，俄國答應李鴻章會援助中國，結果李鴻章不僅上當也吃了大虧。半個世紀後歷史重演，抗戰前後鮑格莫洛夫的諾言很好聽，就像掛在馬車前面永遠吃不到的紅蘿蔔。七七事變，抗戰開始，蔣介石朝夕所企盼的蘇聯參戰，始終未曾到來。到一九四五年日本已是強弩之末，敗象畢露，此時史達林向日本宣戰了。俗云黃鼠狼拜年不懷好意，可是那時蔣介石雖是一國之君，但作不得主，美國總統羅斯福越俎代庖、慷他人之慨，與史達林簽訂了雅爾達密約，中國所付的代價實在太大了。

IV

蔣廷黻抵莫斯科行裝甫卸，即與蘇聯官方正式商談中蘇締結盟約事，但在國內因有一件意想不到的事件發生而耽誤了，此即東北軍首領張學良綁架了蔣介石。這一事件世稱「西安事變」。正當日本大軍壓境，中國發生這樣不幸的事件，正如美國學者易勞逸（Lloyd Eastman, 1929-1993）所說的：「西安事變對中國人來說是一件創傷性的插曲。」[11] 西安事變不是政變，因為張學良並沒有要從蔣介石手中取得政權。他只是要求蔣介石停止剿共，立即抗日。故洋人稱這一事件是 kidnapping（「綁架」的意思），而不稱政變。無論是政變或是綁架，都是非法行為，張學良是一個刑事犯。但國共兩黨因政治立場不同，大家各說各話。西安事變的結果，蔣介石安返南京，張學良終身監禁，毛澤東則因西安事變而得以倖存，最後中共坐大，抗日勝利後四年，毛澤東席捲大陸統治中國。中共建政後，飲水思源，很自然地張學良變成傳奇性的英雄人物。在另一方面，一九四九年後蔣介石退處臺灣，在小島上奄奄一息，痛定思痛，大好江山怎麼丟掉？原因很多，他當然忘不掉西安事變，他當然更不會寬恕張學良。[12] 蔣介石死後，張始重獲自由。關於張學良劫持蔣介石的傳奇性故事及張的傳記等相關書籍，今日在海峽兩岸可以用汗牛充棟來形容。本文不談這些，只談事變發生後，蔣廷黻在莫斯科駐蘇大使任上奉命與蘇聯官方交涉之經過情形。

據蔣廷黻晚年回憶說，在西安事變發生的那天晚上，他與使館館員及其眷屬於晚餐後在客廳閒談，忽然有人叫他們不要講話，注意聽廣播，大家聽到的是蔣委員長在西安被張學良東北軍所劫持的消息。這一驚人的消息令人目瞪口呆。午夜時分，祕書給蔣大使一份外交部電報，電報內容與廣播相似，不過另外又說張學良要求停止剿共，立即對日宣戰。翌日清晨，蔣廷黻收到一份由孔祥熙及翁文灝聯名發來的電報（孔於蔣被劫持後擔任代理行政院長），電報上說，空軍在西安上空偵察發現張學良在西安各地遍掛紅旗；這次，空軍擺了一次烏龍，其實西安地面上掛的是青天白日的國旗，不是紅旗。（王禹廷《細說西安事變》頁三八九）同時要蔣廷黻立即請求蘇聯政府出面協助平安釋放蔣介石。蘇聯的官方機關報如《消息報》和《真理報》均以顯著的地位刊登西安事變的消息。新聞報導對中國很友善，對中國目前所面臨的危機，希望中國要團結，而且只有在蔣委員長所領導下的中國始能安定統一。蔣廷黻晚年回憶說，這篇新聞稿如果由他自己來寫也不一定比他們寫得更好。（《蔣廷黻回憶錄》頁一九七）但在新聞稿結尾時，蘇聯記者加了一個尾巴，說西安事變是由張學良和汪精衛合作的結果。蔣廷黻認為這一畫蛇添足的解釋，令人費解，他熟識他們兩人，「他們的政治見解，南轅北轍。汪不惜任何代價換取日本和平，而張則希望立即對日作戰」。（同上）蔣廷黻將莫斯科官方報紙的言論很詳細地電告南京，但將汪精衛幕後策動西安事變的報導刪掉，並請外交部將他的電文儘量公佈，希望張學良知道蘇聯並不支持他們的行動。同時蘇聯官方塔斯（Tass）通訊社也將上述兩篇新聞稿一字不易的發到中國，其目的也是叫張學良統一戰線及中國共產黨人不要加害蔣介石。但是南京政府「未能察覺莫斯科的真正企圖。懷疑汪精衛對西安事變的解釋有幕後動機，於是將蘇方電稿壓住不發」。（《蔣廷黻回憶錄》頁一九八）事變翌日，鮑格莫洛夫走訪談西安事變，他與蔣廷黻一樣對張學良的魯莽行為感到吃驚。蔣廷黻稱許《真理報》及《消息報》的兩篇報導，不過他提醒鮑格莫洛夫，報導汪精衛策動西安事變是不智的，也不真實。鮑氏答說，也許因為時間太匆促，編輯忙中有錯，不過他知道蔣廷黻能瞭解這兩篇報導的真正意思，他於心稍安。（同上）

蔣介石在西安被劫持，南京政府群龍無首，一片混亂，不知所措。在莫斯科，蔣廷黻靜待國內進一步的時局發展。中央政府給蔣廷黻的函電急如星火，像雪片似的飛來，這些命令莫非要蔣大使請求蘇聯政府幫忙，設法使張學良安全釋放蔣介石。蔣廷黻晚年回憶說：「此種任務不僅困難而且也很微妙。我怎麼向蘇聯當局說？中國政治領袖在本國國土內為自己的軍隊劫持，蘇聯能做什麼？」在另一方面，這豈不是邀請外國政府來過問中國內政嗎？這是引狼入室。在這種情形下是相當尷尬的。根據蔣廷黻在莫斯科向政府的報告及晚年所寫的回憶錄，我們知道蔣介石在西安被劫持時，蔣廷黻奉命至少有三次去見李維諾夫要求蘇聯幫忙。第一次是在蔣廷黻接到孔祥熙的電報，即空軍誤認西安掛的青天白日國旗為共產黨的紅旗時，他於十二月十三日去見李維諾夫（另二次是十二月十六日及十七日），他向李要求說：「因為張學良及其同黨都很信任蘇聯，如果你能表示一下意見，對事變的解決必然很有幫助。」李回答說：「蘇聯與張之間沒有任何關係，蘇方所能做的只有報導事變的真相，我所能做的已經做了。」李維諾夫向蔣廷黻抱怨說：「蘇聯的友善意圖非但未被中國政府接受，反而招來懷疑。」蔣廷黻回憶，李將訓令蘇聯在南京駐華大使館代辦（大使尚在莫斯科）向中國外交部提出強硬抗議。蔣廷黻說：「我提醒他：張學良的確有位代表駐在莫斯科，我將名字告訴他。我又向他解釋：中國所以不發表塔斯社的新聞稿實在是因為怕麻煩。」[13]

在蔣廷黻與李維諾夫會談後不久，孔祥熙即召蘇聯大使館代辦斯皮禮瓦尼克至其寓所，告「西安之變，外傳與共黨有關，如蔣委員長安全發生危險，則全國之憤恨，將由中共而推及蘇聯，將迫我與日本共同抗俄。」孔祥熙並促斯氏速告蘇聯政府，並轉告第三國際。斯氏允照辦。（孔祥熙《西安事變回憶錄》）

十月十四日，莫斯科《真理報》和《消息報》同時發表社論譴責張學良發動西安事變，破壞中國統一，消蝕國力。《真理報》社論說：「日本帝國主義在中國系統地實行分裂政策，使之成為封建軍閥割據，造成糾紛和騷亂，從而把中國瓜分成為一些無力抵抗日本侵略的個體。」社論又說：「日本帝國主義並企圖用其慣用之反蘇挑釁為煙幕，以實行其吞併中國之強盜政策。」《消息報》社論說：「張學良向南京政府提出要求，包括對日宣戰及聯共等項。此類要求，僅屬發動之煙幕，實際上為中國人民陣線之打擊，及中國抵禦之破壞。自蔣氏執政以來，中國已逐漸集中力量，足以顯示其領導國防之準備與能力。張學良之反動，足以破壞中國反日力量之團結，不獨為南京政府之危險，抑且威脅全中國。雖假借反日口號，適以便利日本帝國主義。」蔣廷黻曾將這兩篇社論電告政府。同時蘇聯官方塔斯社也把這兩篇社論發到中國去，因南京當時懷疑蘇聯可能參與事變，故所有蘇聯來的電訊稿一概不發。這兩篇社論後來分別收入孔祥熙《西安事變回憶錄》及《孔庸之先生講演集》內。（臺北，文海出版，一九七二）

此時京滬一帶謠諑紛紜，盛傳西安事變乃由蘇聯煽動起來的。政府又有命令給蔣廷黻，於是他又去見李維諾夫（美國學者 John W. Garver 說十二月十五日可能有誤）。筆者根據蔣廷黻回憶錄及當時他向南京政府的報告來推算，他與李維諾夫的談話日期當是十二月十六及十七日兩日。所以蔣廷黻在回憶錄中說：「過不幾天，我又接到南京的命令，再去見李維諾夫。這一次李很激憤，因為京滬一帶謠傳西安事變的發生是蘇聯煽動共產黨，共產黨又煽動張學良，因而發生的。我倆在那天會晤中爭辯得很激烈。當李知道我是接到南京政府命令才去找他幫忙時，他立即提出抗議，認為中國政府不該懷疑蘇聯策動西安事變。」（《蔣廷黻回憶錄》頁一九九）[14] 李認為「中國政府禁止報紙登載《真理報》、《消息報》社評（十月十四日）及塔斯社否認日本謠言之聲明，表示中國政府疑慮蘇聯與張學良有關，這種猜疑，實不友誼。」（〈蔣廷黻大使報告〉，後收入《孔庸之先生講演集》）李維諾夫對蔣廷黻說，他之前曾說過「自張學良讓出東北後，蘇聯與彼即無關係。在莫斯科雖有中國共產黨如王明（陳紹禹）等，然蘇聯政府不與彼輩發生關係云云。」蔣廷黻答道：「我政府禁止登載社評，本人尚無所知。」（同上）但當蔣廷黻對李維諾夫說：「張學良是第三國際所孕育的統一戰線分子。」李對蔣的話未加辯駁，卻咆哮起來：「我們不是第三國際的主人。」（《蔣廷黻回憶錄》頁一九九）並說：「第三國際與蘇聯政府無關。」李說他們不是第三國際的主人，那是因為第三國際的主席迪米塔洛夫（Georgi Dimitrov, 1882-1949）是保加利亞人。蘇聯只不過是第三國際的一員。至於蘇聯在第三國際裡扮演的是什麼角色，世人盡知。蔣廷黻告「以張逆叛變，影響甚大，如不設法制止，勢將演變成西班牙式戰爭（內戰），諒非蘇聯政府之所願，故頗望蘇聯能協助解決此事。李云：唯一協助辦法，在使中國共產黨知道蘇聯政府態度。今中國政府反而禁止登載，我無他法，並將向南京政府提出嚴重抗議。」（〈蔣廷黻大使報告〉）蘇聯的態度甚為重要。在西安事變發生時，何廉一度繼蔣廷黻任行政院政務處長，據何晚年回憶說，蘇聯的態度很使張學良惱怒，那是促其釋放蔣介石的原因之一。（《何廉回憶錄》卷二，頁七七一）

關於李維諾夫所說他將向南京政府提出抗議，在南京的蘇聯大使館代辦斯皮禮瓦尼克於十二月十九日上午十一點前往外交部向張群部長提出口頭抗議，大意如下：蘇聯政府對西安事變早有明確立場，認為張學良的行動有礙於中國統一，有損國力。蘇聯政府派本代表向中國政府鄭重申明，自滿洲事變後，無論直接或間接，蘇聯政府均與張學良無任何往來，與中國共產黨亦無任何聯絡，因此對於中國共產黨之行動亦不負任何責任。蘇聯政府對於中國國內新聞報導，稱西安事變乃由蘇聯所指使，甚為驚訝與憤慨，此種不實謠言希望中國設法制止。（王禹廷《細說西安事變》頁三六一）這時西安事變已日漸明朗，和平解決有望，南京政府已經知道蘇聯沒有直接參與，西安地面所看到的是青天白日國旗，不是紅旗，故張群對斯氏說：因為張學良之前曾說過他是有蘇聯為後台，並且有共產黨紅軍奧援，還說他有私人代表駐莫斯科等云。現在中國政府明白了，這些均屬無稽之談。張群又說我們很重視蘇聯友誼，因此不信任何中傷兩國友誼的謠言，為了平息蘇聯的憤怒，他向蘇聯代辦再三保證，在中國境內，他將盡力設法阻止發佈及報導蘇聯在西安事變中的不實消息。[15]

西安事變終於和平解決，蘇聯及中國共產黨的角色舉足輕重。在事變發生後，史達林曾給毛澤東一個電報，叫他不要傷害蔣介石。一九四九年共軍進城前夕，任北平總領事後來在哥倫比亞大學及紐約大學任教的柯樂博（Edmund Clubb）說，史達林在西安事變中，一言九鼎。並非史達林厚愛蔣介石；因為在史達林看來，唯有蔣介石領導的中國，不使中國分裂，可以避免內戰。如果中國發生內戰，對日本有利，對蘇聯不利。後來在這兩星期錯綜複雜的談判中，毛澤東心目中「最狡猾的中國知識分子」周恩來，扮演了一個極其重要的角色。由於周的調停，晝夜奔走，終於化險為夷，一場可能發生的內戰避免了。雖然蔣介石一再聲言，他對叛軍未做任何承諾，可是西方學者如易勞逸及柯樂博說，自西安事變後，蔣介石箭在弦上的第六次剿匪計畫（campaign）也就偃旗息鼓，尤有進者，國共雙方開始談判第二次合作。易勞逸又說：「中國人似乎是十年來第一次為了抵禦外侮而不再兄弟鬩牆。」他的結論：蔣介石確實答應了張學良所提出的條件。張最後終於在十二月二十五日在共產黨代表同意下，釋放了蔣介石。[16]

蔣廷黻對西安事變的看法，晚年在回憶錄中說：「現在，西安事變的解決已成歷史。」他說：「我對解決的內幕一概不知。」這也許是事實，因為他遠在莫斯科。除當事人及周恩來和宋子文等少數幾個人外，真正曉得解決內幕的人沒有幾個。可是一般有訓練、具有科學頭腦及現代知識的人來分析及判斷這次事變，當與事實相去不會太遠，這所以為什麼吾人十分重視學者如易勞逸及柯樂博等人的意見。但蔣廷黻的意見也很重要，也很合邏輯，茲錄如下。他說：對這次事變他「得到兩個結論：其一，西安事變促成中日之戰提早爆發。不論南京官方如何解釋，日方認為委員長如果不答應實施張學良的統一抗日主張，張是不會放他的。其二，西安事變的解決意味著中國將獨自抗日。蘇聯希望遠東爆發戰爭，此種戰爭將使日本陷入泥淖，解除日本進攻蘇聯的隱憂。一旦此一目標達到，蘇聯在外交戰略上則予中國有限度的援助，其援助數量僅僅使中國能繼續抗戰。換言之，不論西安事變的原因如何，但卻非常符合蘇聯的利益。」最後蔣廷黻說：「我必須再說一句，我不能證明西安事變是蘇聯策劃的。」（《蔣廷黻回憶錄》頁一九九）誰能「證明」，這個問題也許只有張學良能答覆。[17]

V

西安事變後中國倒向蘇聯，中蘇關係顯著改善，其結果是促使蔣經國返國。蔣經國是蔣介石的長子，於一九二五年國共合作時赴蘇聯進莫斯科孫逸仙勞動大學（俗稱中山大學）。這所學校雖稱大學，但與一般四年制的大學迥異，很像共產黨國家辦的速成訓練班式的革命大學。蔣經國那時只有十四歲，到了蘇聯後他參加了共產黨，而且是托洛茨基派。一九二七年四月蔣經國在中山大學畢業，國內適逢國共分裂，他申請回國未准，於是就參加了蘇聯紅軍，於一九三〇年在莫斯科近郊一家工廠做學徒。一年後他參加集體農場，一九三三年卻被送到冰天雪地、人煙絕跡的西伯利亞烏拉山區一家重工業工廠工作，同時兼任《重工業日報》編輯。在工廠裡他邂逅了一位俄國少女名 Faina Ipatevna Vakhreva，這位姑娘一九一六年生於白俄羅斯，是一個父母早亡、孤苦伶仃的孤兒。[18] 當她初識蔣經國時，才從工人技術學校畢業，兩人見面後情投意合，遇有困難彼此幫忙，涸澈之魚，相濡以沫。兩年後即一九三五年三月，這對患難與共的異國情侶結婚了，同年底生了一個男孩，即蔣孝文。蔣經國在蘇聯吃了很多苦頭，他常想回國，現在有了家室，更想回國，但幾次申請均未蒙批准。這時候蔣經國在哪裡，誰都不知道，對他家人來說是下落不明。蔣廷黻在回憶錄中說，在他內定出使莫斯科後，蔣夫人宋美齡對他說，委員長希望他滯留在俄國的長公子經國能回來。當蔣廷黻抵莫斯科後，有一次與外交部次長史托莫尼亞可夫晤談，曾提起蔣委員長思子心切，極想知其下落，希能代為查詢。史氏答說很困難，不過他答應試一試。（《蔣廷黻回憶錄》頁二〇三）

在西安事變以前，蔣經國為了申請回國，帶來很多折磨與麻煩，在最後一次申請時，他「不但不能離開蘇聯，更慘的是連工作也沒有了」。西安事變以後，他寫了一封語氣很堅定的信給史達林要求回國。（蔣經國〈我在蘇聯的日子〉）此時，史達林當然不再憂慮有一個中、日、德三國反共聯盟出現的可能，當然也沒有理由再「扣留」蔣介石的兒子做人質。在這種情形下，史達林順手推舟送蔣經國回國，此其時矣！

據蔣廷黻晚年回憶：「一九三七年某夜，當我和部屬們閒談時，有人報告我說有客來訪，但於未見我本人前，不願透露姓名。當我接見他時，他立即告訴我他就是蔣經國。我很高興。在我還未來得及問他計畫和意圖前，他說：『你認為我父親希望我回國嗎？』我告訴他，委員長渴望他能回國。他說他沒有護照，沒有錢。我請他不必擔心，我會為他安排一切。接著他又說：他已與一位俄國小姐結婚，而且已經有了一個孩子。我肯定告訴他，委員長不會介意此事。」由上面幾句話來看蔣經國，他頭腦很清楚地把重要的事扼要地先向蔣廷黻說了，然後問蔣大使他是否應該給他父親及蔣夫人帶一些禮物。這樣看來，蔣經國雖是一個公子哥兒，也很懂得人情世故。最後蔣廷黻幫他選了一套烏拉爾黑色大理石製的桌上小裝飾品送給他父親，一件波斯羊皮外套送給蔣夫人。（《蔣廷黻回憶錄》頁二〇三）過了幾天，蔣經國帶了太太來參加大使館的晚宴，蔣廷黻在回憶錄中說：「經國夫人是一位金髮美人，外表很嫺靜。經國先生告訴我他對中國未來的抱負。我勸告他，請他在回國後一年內不要提出他的理想，盡量瞭解中國的問題以及導致這些問題的原因，然後再提出解決的辦法。」（同上）

蔣經國動身離開莫斯科前在蘇京會晤了很多達官顯要。當初不讓他回國的人，現在變得十分友善，史達林的好友李希巴托夫（Liheibatav）還到旅館去看他。他也和鮑格莫洛夫大使見面。蔣經國說「那個不擇手段阻止我返國的陳紹禹也來看我，他對我很客氣」，前後判若兩人。外交部次長史脫尼可夫也接見了他，史氏對他說：「中、蘇兩國關係日益改善。我們對南京政府及蔣總司令有很透徹的認識。」告別時還囑咐蔣經國「問候蔣總司令」。在蔣經國要離開莫斯科那天，第三國際主席迪米塔洛夫邀請蔣經國到他家，並對他說：「現在我認為『以蘇維埃化來救中國』這說法是錯的。請轉告令尊蔣總司令，共產黨已經誠意決定和國民黨聯合。我們都知道，蔣總司令是一位極能幹的軍事家及極出色的政治家。」最後說：「請向他轉達我誠摯的問候。」（蔣經國〈我在蘇聯的日子〉）在一九三七年中日戰爭迫在眉睫時，國共再度合作。蔣經國在他寫的〈我在蘇聯的日子〉結尾說：「在這種情形下，一向被共黨視為死敵的家父，再被認作團結全民抗日的領袖。此時我回到中國，和我當年留在蘇聯一樣，都深具政治意義。」他又說，「一九三七年三月二十五日，我攜眷離開莫斯科，結束了十二年的噩夢。在這十二年中間，我本人淪為人質。」最後說：「這十二年給我的教訓深烙我心，永遠不會淡忘。」（同上）一九五九年四月九日在臺北，蔣廷黻見蔣介石時，蔣介石提醒蔣廷黻說你要照顧經國，當年還是你設法把他（經國）從蘇聯安排回國的。（蔣廷黻日記 4/9/1959）蔣廷黻聽了這話是很高興的，至少也表示蔣介石有一種感念之情。但蔣經國記述當年如何從蘇聯回來的經過情形，對當時駐蘇大使蔣廷黻對他的照顧卻隻字不談，筆者深以為奇。

蔣經國一家於一九三七年四月十九日抵上海，回到闊別多年的祖國，從此他的生命進入另一個階段（phase）：一個新的生命開始。據蔣廷黻晚年在回憶錄中說，蔣經國回到中國後「他孜孜不倦的研究中國問題，不輕於發表意見。後來我到江西去看他，當時他在贛南任行政督察專員，他約我到他家吃飯，我發現他的夫人國語已講得很流利，完全依照中國舊傳統接待客人。」蔣經國「盡力造福百姓，作風民主，操守廉潔，實在是一位標準的官員。」（《蔣廷黻回憶錄》頁二〇三）一般來說，蔣經國在贛南的政聲不錯，頗有口碑。關於行政督察專員一職，本是為了剿共而設。以職位來說頗似明清的兵備道。因專員有指揮軍隊的權力，故行政專員公署配屬一個保安團的兵力。專員是一個可大可小的官銜，沒有實權，但要看誰來擔任。蔣經國甫自蘇聯歸來擔任斯職，就不一樣，因他是太子，故他的職權比縣長大，省長不管他，地方上土豪劣紳要買他的賬。當蔣介石把他兒子交給江西省省長熊式輝去安插時，熊式輝知道這位太子不甘雌伏，故給蔣經國一個讓他磨刀的地方：任命他擔任贛南行政督察專員。贛南，顧名思義是在江西南部，轄區十一縣，這十一個縣是不好管的。此區雖屬於江西省，但是南昌江西省政府管不到，因為這一轄區是廣東軍人的地盤；此外，地方上還有一些土皇帝，勢力也很大，他們包辦了當地的煙、賭、娼，有時彼此爭霸，有時彼此合作。熊式輝就把這一個像亂麻繩一樣複雜的贛南交給蔣經國，讓他來牛刀小試。蔣經國在贛南幾年做得還不錯，小民百姓很喜歡他。[19]

VI

西安事變後，一九三七年初，中、蘇又恢復了締約談判。基於李維諾夫的談話，蔣廷黻認為中蘇締互助條約是不可能的，多邊條約或有可能，但是史達林批駁了李維諾夫的決定。七七事變前一個月，即六月五日，鮑格莫洛夫大使照會中國外交部稱：請南京政府向英美法荷日等幾個國家（以九國公約國的基礎）召開一個太平洋集體安全會議，蘇聯將儘量贊助並設法鼓吹各國參與。如果這個會議召開沒有結果，則中蘇簽訂一個措詞具體而有力的互助安全條約。鮑格莫洛夫將未來的中蘇互助條約草案交給當時的外交部長王寵惠，他認為這個雙邊條約最好在多邊會議之後，如果多邊會議成功的話，則不必再訂中蘇雙邊條約。王寵惠問他，何以蘇聯不自己召開此類多邊會議？答說如果蘇聯提議，則易引起國際間的猜疑。王寵惠沒有立即將鮑格莫洛夫的提議向蔣介石報告。等到一個月後，中日戰爭已經爆發了，他才報告蔣介石。蔣即命王寵惠及孫科與鮑格莫洛夫會談。鮑告王及孫，稱現在欲訂中蘇互助條約為時晚矣。他說互助條約旨在避免戰爭，如果這個條約在九一八事變以前簽訂，則今日的戰爭或可避免。假使現在我們簽訂中蘇互助條約，日本會攻打蘇聯。又說現在最恰當的辦法是簽訂中蘇互不侵犯條約。蔣介石無可選擇。王寵惠與鮑格莫洛夫八月二十一日在南京正式簽訂了中蘇互不侵犯條約，於一九三七年八月二十九日公開宣佈。[20]

七七事變中日戰起，蘇聯憑這個條約給予中國所需貸款及軍事物資供應，都很順利。蘇聯在這方面的作為遠較英美各國做得乾脆俐落。蔣廷黻說：「我在蘇聯購買武器也未遭到困難。在日內瓦國際聯盟辯論遠東戰爭時，或在布魯塞爾列強所舉行的特別會議中，李維諾夫也特別支持中國。在上述兩種場合中也和中國採取一致行動。倒是與英美代表們打交道時還有或多或少的困難。」當時，蔣廷黻對英美的袖手旁觀倒無所謂，真正使他不安的是英美「不斷的設法使蘇聯置身事外」，這位十六歲即去美國讀書、後來在美國長大的中國外交官，批評美國說「英美對蘇聯在日內瓦及布魯塞爾任何談判中所表現的都認為是要不得的，我認為這實在沒有遠見」。（《蔣廷黻回憶錄》頁一九九至二〇〇）蔣廷黻批評英美的態度，客觀公正。而此時美國還與日本在商業上做買賣呢。歷史告訴我們，他們（英美）犯了一連串的錯誤。歷史不會重演，錯誤會重演的。布魯塞爾會議是由蘇聯建議中國召開的，參與的國家以九國公約為基礎：計有英美法荷葡及蘇聯等十九個國家參加，德國和日本沒有參加。會議於十一月三日至十一月二十四日在比利時京城布魯塞爾舉行。當時中國對這個會議曾寄予厚望：認為大會會給予軍援，或者貸款給中國，或者至少西方國家對日本施加壓力，大會會給日本經濟制裁，結果中國大失所望。李維諾夫在會上大聲疾呼為中國仗義執言，但是英美並不回應，且不與蘇聯合作，一味姑息日本，在小組會議上排除蘇聯，李維諾夫憤而退出，中國在大會上失一主力。最後西方僅在大會上通過一個很空洞的議案，由中日雙方自行解決，這等於說西方不予干涉。中國在布魯塞爾會議上一大失敗。西方袖手旁觀，在抗日戰爭中，中國只能仰仗於蘇聯了。[21]

一九三七年，蔣介石派楊杰前往莫斯科商談購買武器。他是採購團團長，當楊抵莫斯科後，蘇聯將他安排在莫斯科近郊一所長官俱樂部中，旨在對楊的任務保密。楊杰（1889-1949），雲南大理人，是個職業軍人，當時的身分是軍事委員會參謀次長，是蔣介石三個蘇聯顧問之一，其他二位一是孫科，另一即是蔣廷黻。楊杰早年曾東赴進日本士官學校。一九二四年返國，在張作霖東北軍任參謀，北伐時任十八軍軍長，曾參加中原大戰。一九三一年任陸軍大學校長。一九三八年五月繼蔣廷黻出任駐蘇聯大使，任內並不稱職，諸如購買軍火報假帳，並在巴黎向歐洲猶太人覓售護照。[22]關於楊杰虛報軍火、造假帳、出售護照等事，重慶派一個外交部次長調查，而後楊杰即被調回（一九三九年六月）。但一時找不到適當人選，直至一九四〇年四月才去職，後由邵力子接任（但自一九三七年後，購買軍火楊不再經手，均由孫科交涉）。在召回前，楊曾請求伏洛希洛夫元帥（Kliment Voroshilov, 1881-1969）幫忙，他要留在蘇聯。他對伏洛希洛夫說：「我在中國聽蔣介石，在蘇聯我聽你。」譯員不肯譯，但楊堅持，譯員終於譯了。這個笑話最後傳到重慶，大家引為笑談。楊於一九四〇年四月去職，自莫斯科回來後，蔣介石未再重用他。楊於大陸局勢逆轉時避居香港，一九四九年八月北上投共前夕，在香港灣仔軒尼斯道寓所被國民黨特務刺死。楊杰算是一個缺乏現代國際知識的舊式軍人，他的言行有時成為笑料，茲舉一例：孔祥熙於一九三七年赴倫敦參加英王喬治六世的加冕典禮，途經義大利，孔的郵船抵熱內亞時，蔣廷黻曾往碼頭迎迓一路陪伴。英王加冕典禮完後，孔祥熙在日內瓦召開的中國駐歐洲使節會議，蔣廷黻也參加了。楊杰比蔣廷黻年長，在蔣廷黻面前，他自認為自己不但是一個偉大的戰略家，而且也是一個外交魔術師。在蔣廷黻赴南歐及西歐前夕，楊杰自動地給蔣大使一個忠告，他要蔣廷黻對英國路透社發表一個聲明宣稱：蘇聯紅軍將於二週內對日作戰。蔣廷黻對楊說，他不能發表這種毫無根據的聲明，並問楊，如果發表這種聲明其意義何在？有什麼好處？楊杰即認為蔣廷黻是一個「十足笨蛋，無法瞭解他的謀略」。楊說：如果「日本看到這種聲明，他們就會先發制人，主動進攻蘇聯，蘇聯也就會抵抗日本，日、蘇就真打起來了。」（《蔣廷黻回憶錄》頁二〇〇）楊杰對蔣廷黻講這種話，真的把蔣廷黻當作一個「笨蛋」看待。如果辦外交真的像楊杰所說的這樣方便，離間兩國也能像楊杰所說的那樣簡單，則楊杰真正算得上是一個「外交魔術師」了。

另一個問題是，蘇聯會不會與中國並肩抗日作戰。從楊杰與蘇聯國防部長伏洛希洛夫的談話，楊說他已獲得蘇方承諾，一旦日本攻佔南京，蘇聯即對日作戰。他對蔣廷黻說，他已將他偉大的外交成就電告蔣委員長。蔣廷黻晚年在回憶錄中說：「我對他豐富的幻想力感到震驚。我電請委員長注意，請他不要完全採信楊的報告，否則會吃大虧。」（《蔣廷黻回憶錄》頁二〇〇）一九三七年十二月初，首都危在旦夕（南京於十二月十三日失守），蔣介石為時勢所迫，曾以個人名義致電給史達林，要求給予軍事援助。蔣介石的請求，即以楊杰報告中所說伏洛希洛夫的承諾為基礎。蔣廷黻說蔣介石給史達林的電報，事前未徵求他的意見，所以他不悉內情，直到李維諾夫把史達林答覆蔣介石的電報交給蔣廷黻時，他始知原委。這對他身為駐蘇大使來說是很尷尬的，所以他不太願意傳遞這份電報。他向李氏建議，過去有關軍援的事均由另一條管道聯絡，所以他希望還是一仍舊慣。但是李對蔣廷黻說過去的管道不可靠，所以他堅持要蔣廷黻傳遞史達林的答覆。在電報中史達林說「他和蘇聯官員從無類似的承諾。同時，史更講了很多蘇聯不能對日作戰的理由」。（《蔣廷黻回憶錄》頁二〇〇至二〇一）史達林所講的蘇聯不能對日作戰的理由，大致與李維諾夫當初對蔣廷黻所講的大同小異，諸如：蘇聯以西線為絕對優先；再則，如果日本沒有挑撥性的行動，蘇聯參戰則西方輿論將視蘇聯為一侵略者，使西方國家反而同情日本，此對中蘇不利。史達林並說，如果九國公約中任何一國與蘇聯合作，蘇聯即可出兵援華。他說關於戰爭的事，必須經過最高蘇維埃會議通過，按該會要在六週以後始召開，在此期間我們只能做一些我們能做得到的援助，但出兵不是時候。最後他請蔣介石要英美參加蘇聯的和平努力。[23]史達林的電報很明顯地是敷衍蔣介石的，並出難題給蔣介石，如說假使英美或他國與蘇聯合作，他即可出兵援華，明明知道這是蔣介石做不到的。也許有人要問，為什麼史達林的電報與楊杰的報告大相逕庭，正如莊子所言「不近人情」焉。這有兩個可能：一是楊杰曲解了伏洛希洛夫的意思；二是楊杰沒有據實報告，為了討好蔣介石，報喜不報愁。筆者認為後者可能性較大，楊杰以「想當然耳」來蒙蔽蔣介石。這麼重要的國家大事怎麼可以兒戲，蔣介石可能以後就不會原諒他了。

蔣廷黻在回憶錄中抱怨：「在中國政府服務有一種困難，一些地位高的人雖無合法身分而去介入公務，結果責任分散，增加許多無謂煩擾。」（《蔣廷黻回憶錄》頁二〇一）此時在莫斯科並不從事實際外交工作而也來參與外交事務的不只楊杰一人。在布魯塞爾會議失敗後，中國政府對蘇聯又採取另一條路線。一九三七年十二月初，國民黨黨國元老李石曾（1881-1976）從巴黎到莫斯科。[24]他對蔣廷黻說，他是蔣介石、孔祥熙及宋子文共同請來莫斯科的私人代表。但當蔣廷黻打電報給外交部詢問李的身分

時，「外交部又加否認」。（《蔣廷黻回憶錄》頁二〇一）

李石曾與當時法國統一戰線裡的政府官員如赫禮歐（Edouard Herriot, 1872-1957，曾任法國總理）和德爾司（Yvon Delbos, 1885-1956，時任外長）等人結識。李石曾想利用這些關係來改善中蘇及中法邦交，並請法國外交部長德爾司訓令法國駐蘇大使考朗德（Robert Coulondre, 1885-1959）儘量設法協助。蔣廷黻告訴李石曾說，在莫斯科，法國大使館人員與巴黎的統一戰線官員不甚融洽，且不會喜歡他（李石曾）所提的中法蘇聯盟的建議，認為這種三角同盟不切實際。因為李石曾將哲學與外交混為一談，而蔣介石在絕望中懷有一個虛無飄渺的構想，來當做美麗的遠景，此即為什麼會有李石曾的莫斯科之行。蔣廷黻年輕資淺，李石曾當然不聽蔣廷黻的忠告。當李石曾告訴考朗德說利用國際間知識分子的合作運動，透過這種運動的努力，最後會獲得世界和平。考氏雖很禮貌但用帶有譏諷的口吻答覆說：「你的哲學是幾世紀以後的事，我們的外交是要解決當前的問題」。（《蔣廷黻回憶錄》頁二〇二）在蔣廷黻陪李去見李維諾夫之前，告訴他法蘇互助條約已成具文，即將廢除。當時蘇聯認為法國那些意志薄弱的官員已經沒有用處。蔣廷黻認為李石曾應當以一個中國元老的身分與李維諾夫談話，不必講他自己過去的淵源。蔣廷黻的意見，他當然也沒有採納。當蔣廷黻偕李石曾去見李維諾夫時，除了談一般性國際局勢外，主要談如何建立一個中法蘇三國聯盟，推行國際知識分子合作運動，他說中蘇法三國必須共同努力來對付日本。談到當前政治問題時，蔣廷黻晚年回憶：「李維諾夫已經忍無可忍。他說：『李先生，做為中國友人，我坦白告訴你：法國不能幫助中國，也不希望幫助中國。不僅如此，法國也不希望蘇聯幫助中國。』」（同上）李石曾所做的努力，在離莫斯科時一無所獲，是必然的。一個人失敗了，不怪自己而譴責別人，這也是人類心理上的弱點。李回國後批評蔣廷黻殊甚，說蔣缺乏外交經驗，把他自己的失敗歸咎於蔣廷黻，這種苛責別人，寬以律己，亦非長者之風。尤有進者，他向蔣介石建議駐蘇大使一職另請高明，蔣廷黻不久即被召回。有人認為李石曾的小報告是蔣去職的原因之一。[25]

蔣廷黻晚年回憶說，一九三七年的冬天是他最感困難的冬天。因為楊杰在呈給委員長的電文中「充滿了希望和信心，而我的電文中卻表示非常失望」。（《蔣廷黻回憶錄》頁二〇一）南京陷落前不久，德國駐華大使陶德曼出面調停中日戰爭。陶德曼轉交日本的和平條件如下：(1)內蒙自治；(2)自滿洲國至平津以南設立華北非武裝區；(3)擴大上海非武裝區；(4)停止排日運動；(5)共同防共；(6)降低日貨進口稅；(7)尊重外人在華權利。孔祥熙將上述日本的和平條件電告在華盛頓的駐美大使王正廷和在倫敦的顧維鈞大使以及蔣廷黻，徵求他們的意見。蔣廷黻回答說：「和平問題應多方考慮，只有中央政府才能照顧全局，正確決定。我身為駐蘇大使，僅能從蘇聯角度看問題。不過，我敢肯定：除非日本先對蘇聯下手，蘇方不會對日作戰。中央在決定和戰大計時，對此情況，應予考慮。」（同上）在中央國防最高秘密會議中，外交部長王寵惠宣讀蔣廷黻的電文，孫科立即發言譴責蔣廷黻誤解了蘇聯的意圖。蔣廷黻晚年回憶說：「也許還有其他理由，我被調回。」（同上）孫科也像很多國人一樣在理想的夢境中，他也有一種羅曼蒂克（幼稚、一廂情願）的想法，即是他始終相信一九一七年大革命後的蘇聯會援助弱小民族，抵抗侵略者。因此他相信蘇聯遲早會出兵援華抗日的。這種幻想一直到張鼓峰事件（一九三八年夏），甚至要到一九四一年四月蘇聯與日本簽訂日蘇互不侵犯條約後，他與蔣介石以及大多數國人一樣，惡夢初醒，才放棄了這種幻想（illusion）而面對殘酷的現實（cruel reality），只能孤軍奮鬥。

蔣廷黻去職原因很多，後人常有各種不同的猜測，人言人殊。如袁道豐說蔣大使因為西安事變而去職。其實在西安事變中，蔣廷黻小心翼翼，夙夜匪懈，他沒有做錯事，只是奉命辦事。如袁道豐說因他與李維諾夫吵架，在莫斯科被孤立起來，因而被調回（而後另一位退休外交官周谷在他的《外交秘聞》一書中亦持這一說法）。這種說法，筆者不敢苟同。因為美國大使如蒲立德及戴維斯（Joseph E. Davies）與李維諾夫吵架是常事。又如董霖說是因為李石曾打的小報告，不久蔣廷黻即被調回；其實打蔣廷黻小報告的不止李石曾一人（還有楊杰等人）。我認為真正使蔣廷黻去職的原因是他「誤解了蘇聯的意圖」。關於蘇聯援助中國抗日一事，像蔣廷黻一樣，胡適也不相信蘇聯會與中國比肩作戰，在他一九三七年四月二十五日寫給在莫斯科做大使的蔣廷黻的信中說：「我與你同意，蘇聯不會做與日德故意衝突的事。日、蘇，日、德都不易到太緊張的程度。中國一班癡人妄想拉蘇聯為作戰助手，真是作夢。」[26] 蔣廷黻晚年說：「《獨立評論》的同仁從未有人夢想中國可以從外國得到援助以對抗日本的侵略。我們曉得在某些國家中可能有某些人、某些團體是同情中國的，但我們也知道僅是同情是不濟事的。中國有些人認為蘇聯可能與中國結成聯盟。為了要與蘇聯結盟，他們要求中國恢復對蘇外交關係。《獨立評論》贊成他們的主張，但並不幻想蘇軍會對日本作戰。我們只是認為中蘇保持正常的外交關係是應該的事。」（《蔣廷黻回憶錄》頁一四四）從這一點來看，蔣廷黻始終認為蘇聯不會出兵援助中國，前後是一致的。歷史證實蔣廷黻、胡適以及《獨立評論》諸君子的看法是正確的。事實上，「誤解了蘇聯的意圖」的不是蔣廷黻，而是孫科。

VII

一九三八年一月十八日，蔣廷黻自莫斯科奉召返國。他在莫斯科前後計十四個月，在這短暫的時間內，他得到了很多寶貴的經驗。他看到大革命後蘇聯的真相。當他初到莫斯科時，美國駐蘇大使蒲立德已調走，新任大使戴維斯與他差不多同時履新。戴是美國中西部人（威斯康辛），而蔣廷黻的中學及大學都在美國中西部唸的，因為有這一層關係，他們兩人很快成為朋友。據蔣廷黻晚年回憶說，有一次走訪戴維斯，當他們在談話時，戴維斯不停地用鉛筆敲桌子，蔣廷黻說很像和尚念經敲木魚，蔣不解其用意，戴維斯說這是防止蘇聯特務錄音最好的辦法。雖然他已派電訊專家檢查過大使館，但他仍然不放心。戴維斯與蔣廷黻很想在不受特務的干擾下談話，起初不敢確定司機是不是特務，最後兩人去旅行，但當他們下車時就有四名特務跟梢。(《蔣廷黻回憶錄》頁一九五)在特務密佈的蘇聯，這種生活不是人過的。(陳之邁《蔣廷黻的志事與平生》頁四二)

蔣廷黻認為莫斯科不能代表整個蘇聯，正如巴黎和華盛頓不能代表法國和美國一樣；因此出使半年後，他決定到其他地方看看大革命後的蘇聯。他有這一想法很好，做為一個駐使，增加對駐在國的了解，去內地遊歷實是一個最好的主意。蔣廷黻的計畫得到蘇聯政府同意。原定只帶夫人及一位翻譯，但有一位館員願意自費參加，蔣廷黻同意了，所以這次旅行一共有四個人，此外蘇聯政府派了二位特務隨行。因為蔣廷黻旅行的目的旨在看看蘇聯，沒有其他目的，所以連照相機也未帶，因此一路並無任何麻煩。這次旅行前後兩星期，看了很多地方，如俄國古城羅斯托夫(Rostov)，有名的巴庫(Baku)油田，喬治亞首府提比里斯(Tbilisi)，烏克蘭第二大城哈爾科夫(Kharkov)，於一九四五年二月羅斯福、邱吉爾及史達林舉行會議的雅爾達(Yalta)，瀕黑海烏克蘭重要的軍港塞凡堡(Sevastopol，位於克里米亞南端的海軍基地)，烏克蘭第一大城基輔(Kiev)，以及烏克蘭鐵道中心聶伯城(Dnipropetrovsk)。這些工業城市均在蘇聯南部。蔣廷黻看到規模宏大的水力發電廠、試驗中的集體農場、富饒的油田。蔣廷黻一行人每到一地參觀後，主管人員均設盛筵招待，在餐後必有演講，這些主管人員均是資深的老黨員，個個能言善道，都很會講話，蔣大使循例致答謝辭，感謝他們熱情的招待，讚許蘇聯偉大建設，並祝賀中蘇友好等客套。蔣廷黻認為這次南遊對兩國敦睦邦交有所裨益。復次，這次旅行使他親眼看到大革命後蘇聯的農民待遇及工人生活。唯在他晚年回憶錄中未曾提起這次旅行，不知何故，誠屬憾事。不過回憶錄第十六章「出使莫斯科」快要結尾時，他說了幾句很透徹細密的話，他說：「當我任職莫斯科時，正如一九三四年我訪問莫斯科時情形一樣，我又目睹工業化運動和人民生活水準的降低。原因是史達林集中力量搞國防。軍人吃穿住比較好，正如軍火工廠在機械工具原料、工程師方面比較其他工廠優先一樣。在戰爭未爆發以前，蘇聯已成為一座大軍營和一座大兵工廠。蘇聯五年計畫的成就可以說對人民生活沒有多大改善，主要的是做軍事上的準備。」（《蔣廷黻回憶錄》頁二〇六）他對蘇聯能做如此尖銳而具體的觀察，則這次旅行對他大有助益。他曾將旅行觀感很詳細的向政府報告，這是應該做的，也是大使的職責。

蔣廷黻出使莫斯科時，正是蘇聯歷史上最恐怖的清黨最高潮，蔣廷黻躬逢其盛。「清黨」（或大清算）這一名詞，西方史家稱之謂「The Great Purge」，一般來說是指一九三六年到一九三八年（一九三七是清黨最高潮的一年）之間，史達林清除異己，殺人如麻；因此有些學者如康奎斯特（Robert Conquest）又稱這一時期為「The Great Terror」，這個名稱他採自法國大革命時的恐怖時期（法文為 la Terreur）而來。[27] 除了上述彼雅可夫、梭科木可夫和拉迪克的審訊，杜哈切夫斯基被判處死刑都在這個時期。在蔣介石眼中對中國較友好的兩位共產黨人：布魯轍將軍及鮑格莫洛夫大使，都在這個時期遭清算。蔣廷黻晚年回憶說：「一九三七年莫斯科的恐怖氣氛較一九三四年更甚。」他曾說：「我發現再想和蘇聯人接觸已不可能。」（《蔣廷黻回憶錄》頁二〇四）與政府官員來往戰戰兢兢，自存戒心。但有兩位官員給他留下很深刻印象，一是加里寧主席，蘇維埃名義上的領袖，相當於中國的林森。他出身寒微，在大革命前當過技工。蔣廷黻在一九三四年訪蘇時曾見過他幾次，一起乾杯，平易近人，很有民主作風。當蔣做大使向他呈遞國書時，他的態度更是和藹可親。另一位是李維諾夫，他是外交部長。蔣廷黻說常與他見面，有時因公，有時在外交宴會上。蔣廷黻在回憶錄中說：「我認為李維諾夫是兩次世界大戰期間中最偉大的歐洲政治家。可能是他率直的個性，令我對他激賞。」（《蔣廷黻回憶錄》頁一九五）蔣廷黻在回憶錄裡很巧妙地說了一個故事，可以看出李維諾夫的捷才與機智。蔣廷黻說當他初抵莫斯科後不久，蘇聯外交部邀請外交團到莫斯科大劇院（Bolshoi Theatre）觀賞名劇《卡門》（Carmen）。《卡門》是歌劇，音樂是法國情調的，故事是西班牙的。法國大使考朗德對李維諾夫幽默地說：「嘿！李維諾夫先生，你拿法國、西班牙的東西來招待我們吶。」稍後，英國大使契爾斯頓

（Lord Chilston, 1876-1947）向李維諾夫告罪中途退席，不久考朗德大使也退席。這時李維諾夫抓住了機會說：「至少在交際應酬方面，法國也用不到以英國馬首是瞻吧。」（《蔣廷黻回憶錄》頁一九四）[28]

最後蔣廷黻在回憶錄中說：「革命本身有其發展的規律，這是革命領導人所無法預見和控制的，同時也超過了現代科學知識的範圍。我們不否認列寧及其同志當年曾有造福人民的願望，但在一九三〇年，史達林卻動員所有的人力和資源在準備戰爭。」當蔣廷黻於一九六五年撰寫回憶錄時，他說：「其結果是直到現在，共產主義在戰爭方面較和平方面的成就大。」他說：「我承認在蘇聯革命的當時，我是同情的。但我也承認當我在一九三八年初離開蘇聯時，我的內心卻充滿了不安。」（《蔣廷黻回憶錄》頁二〇六至二〇七）又說：「不論蘇聯革命在歷史上具有何種意義，有一件事我是可以肯定的：中國必須在外交政策方面將與蘇聯建立友善關係當作首務。在進行此項工作過程中，中國要消除自己的偏見。此項工作本身就是夠困難的了，更不要說受到西歐和北美反蘇的影響了。」可是「問題是：蘇聯能否讓中國單獨依照他自己的傳統和特殊環境需要去發展。」（同上）這段結論可說是蔣廷黻當時在莫斯科時的心情，以及於一九六〇年代撰寫回憶錄時深思熟慮的感想所揉合的結晶，值得日後當國者深思。

---

1. (a) 海參崴在俄文裡叫 Vladivostok，意即征服東方的意思。海參崴本是中國的，在一八六〇年以前這片土地是清朝的疆土。中國傳統名為 Haixenwei，本地人稱海參崴為「崴子」（即港灣），因盛產海參而得名。一八五八年中英第二次鴉片戰爭，清廷無暇他顧，俄國乃趁火打劫與清廷簽訂了一個不平等條約，此即一八六〇年的中俄北京條約，強迫中國割讓烏蘇里江以東包括庫頁島在內二百七十萬平方公里的領土，其中包括海參崴。海參崴面積六百平方公里，現有人口六十三萬，為俄羅斯在遠東最大、最重要的城市。為濱海省的首府，俄國遠東區海軍司令部設於此。

(b) 海蘭泡位於黑龍江左岸，本來也是中國的領土，一八五八年俄國迫清廷簽訂瑷琿條約，把海蘭泡劃在俄國境內，更名為布拉可維申斯克（Blagoveshchensk），今為阿莫爾省首府，俄國遠東區司令部設於此。

(c)布魯轍一名加侖將軍（Galen），於一九二四年隨鮑羅廷（Mikhail Borodin）來華為蔣介石的軍事顧問，幫助蔣介石建黃埔軍校、北伐。一九三〇年代蘇聯大清黨時，布魯轍遭清算，於一九三八年被處死。

2. 蔣廷黻，《蔣廷黻回憶錄》，臺北，傳記文學出版社，一九七九年，頁一九三。袁道豐，〈蔣廷黻駐蘇聯大使任內的事蹟〉，臺北，《傳記文學》，第十四卷第二期，頁三八。袁道豐的文章為吾人提供了很多寶貴的資料，唯用起來要小心，有些論斷有待商榷。其他偶有小誤，比如說到西安事變時，蘇聯外交部長李維諾夫命令駐華大使鮑格莫洛夫向中國政府抗議一事則錯了，因為那時鮑格莫洛夫尚在莫斯科。其他報導有關旅途及使館內部情形當可信。

3. 袁道豐，〈蔣大使〉，頁三八。

4. 據袁道豐說「紅場確實相當廣大」，那「一千多人的軍樂隊奏起來確夠雄壯。十點前二、三分鐘，史達林率了他的重要助手緩步登上列寧墓頂。接著正十點，莫斯科衛戍司令布第恩尼元帥（Semyon Budyenny）騎著白馬，後面跟著一位騎馬的副官走向史氏報告閱兵開始。外交團的檢閱台是沒有座位的，大家都得在石階上站立。我們離列寧墓只二百尺遠，我們很清晰的可以看到那位殺人魔王史達林。」詳見袁道豐〈蔣大使〉，頁三八。

5. 袁道豐，〈蔣大使〉，頁三九，及《蔣廷黻回憶錄》，頁一九五。

6. 陳之邁說蔣廷黻的酒量、酒德都不錯，喜歡鬧酒但從不喝醉。見陳之邁，《蔣廷黻的志事與平生》，頁一二四。

7. 陳之邁，《蔣廷黻的志事與平生》，頁四二。

8. 一九三〇年代的歐洲，德國自希特勒柄政後，憂心忡忡，深感不安。時法國外長巴索（Jean Louis Barthou 1862-1934）環顧歐洲，認為蘇聯是一個可以幫助法國的友邦，在他想來，法、俄接近還可以緩和法國境內左翼分子反對政府延長兵役。再則如果德、法有事，可以使德國背腹受敵有後顧之憂。所以蘇聯在他大力支持下終於進入國聯（League of Nations）。一九三四年他贊助法、俄簽訂互助條約，雙方談判大致就緒，但未及簽字，巴索在一九三四年十月九日死於非命（巴索迎南斯拉夫國王訪法，在國王馬賽遇刺，巴索亦受傷不治身亡。巴索之死是暗殺抑是意外，至今仍是一個謎）。巴索死後繼任者為拉維爾（Pierre Laval, 1883-1945），他對蘇聯的外交政策沒有像巴索那樣熱心，但拉維爾當時為時勢所迫，終於在一九三五年五月二日與蘇俄駐法大使（Vladimir Potemkin）在巴黎簽訂了這個為期五年的互助條約。拉維爾是一個爭議人物，他是親德的，法蘭西戰役後曾在維琪政府中任要職，一九四五年德國投降後被盟軍處死。

9. 蔣廷黻，《中國近代史》，香港，上海印書館，一九七三年，頁八九及九五至九七。

10. 蔣介石晚年在臺灣，於一九五〇年代及一九六〇年代就是希望美國人犧牲自己的利益幫助他反攻大陸；就像蔣廷黻所說的，這樣辦「外交是無從進行的」，結果弄得中美雙方都不愉快。最後美國的外交政策告訴蔣介石，你要反攻大陸，我們為了美國自身利益要與中國大陸建交。

11. 見《劍橋中華民國史，一九一二至一九四九》下卷，第三章「南京十年期間的國民黨中國，1927-1937」，北京，中國社會科學出版社，一九九三，頁一八三至一八四。原文為"The Sian incident had been a traumatic episode for the Chinese." *The Cambridge History of China*, vol. 13, *Republican China 1912-1949*, part 2, ed. by John Fairbank and Albert Feuerwerker, (*China's New Mood, 1936-1937*, by Lloyd Eastman), Cambridge, England, 1986, p.163.

12. 張學良在幽禁二十一年後，終於在一九五八年十一月二十三日於桃園大溪蒙蔣介石召見，談話約半小時。在談話快要結束時，蔣介石對張學良說：「西安事變，對於國家損失太大了！」張學良在那天日記中記：「我聞之，甚為難過，低頭不能仰視。」蔣介石又說他到高雄時我們再談，張學良隨即起立告辭。這是張學良與蔣介石自一九三六年西安事變以來第一次見面，也是他們兩人一生最後一次見面。詳閱林博文《張學良、宋子文檔案大揭秘》，臺北，時報文化，二〇〇七年，頁三九至四二。

13. 《蔣廷黻回憶錄》，頁一九八至一九九。至於蔣廷黻說「因為怕麻煩」，什麼「麻煩」？他在回憶錄裡未說明，事實上是因為中國懷疑西安事變是由蘇聯煽動起來的。當時南京政府不明白蘇聯的真正企圖，故不願刊登莫斯科來的電訊，以免受人愚弄，為他人作倀，有所顧慮也。蔣廷黻在回憶錄裡，未將張學良駐莫斯科代表的名字寫出來，筆者做了一些考證，似是粟又文，但尚待查證。

14. 周谷在《外交秘聞》（臺北，聯經，二〇〇六）一書中說，一九三六年十二月十七日蔣廷黻去見李維諾夫呈抗議書時，李大為不悅，「立即將蔣大使所送的抗議書丟進垃圾筒內。蔣又親自從垃圾筒內取出這件公文，然後放在李的辦公桌上，立即掉頭而去。」（頁一九二）蔣廷黻在回憶錄中沒有提起這件事，不知此說確否？

15. John W. Garver, "The Soviet Union and the Xi'an Incident", *The Australian Journal of Chinese Affair* #26, July 1991, pp.167-168.

16. O. Edmund Clubb, *China and Russia: The "Great Game"*, New York, Columbia University Press, 1971, pp.302-305. Lloyd Eastman, *China's New Mood*, p.163.

17. 關於這個問題，有訓練、有經驗的學者問張學良，是可以找出一些蛛絲馬跡來的，可惜的是紐約哥倫比亞大學在張學良晚年所做的口述歷史的提問者是一些外行人，對國際知識及近代史所知極其有限，誠屬遺憾。

18. 這位俄國少婦隨蔣經國到了中國後，取了一個中國名字叫「蔣方良」，也就是蔣介石筆下的「芳娘」。一九六六年五月十五日蔣方良五十歲生日時，蔣介石題贈「賢良茲孝」四字，上款為「芳娘賢媳五十生日紀念」，落款「中正題」，給這位俄羅斯賢媳。

19. 關於蔣經國傳記以及他在贛南經歷的書籍，坊間很多，有興趣的讀者可以找來一讀。

20. John W. Garver, *Chinese Soviet Relations, 1937-1945: The Diplomacy of Chinese Nationalism*, New York, Oxford University Press, pp.19-20.

21. 詳見《蔣廷黻回憶錄》，頁一九九至二〇〇。

22. 見 Garver, *Chinese Soviet Relations*, pp.42-43, 48. 一九四九年美國白皮書發表，其中有關蘇聯援華武器資料，是楊杰供給白皮書的著者來中傷國民政府。

23. Garver, *Chinese Soviet Relations*, p. 25.

24. 李石曾，湖北高陽人，為光緒帝重臣李鴻藻之子，他曾參加布魯塞爾會議，會後至巴黎，然後去莫斯科，為中、蘇、法三國結盟而奔走，並促使蘇聯出兵援華抗日。他氣宇不夠又不善辭令，辦外交非他所長。基本上他是一個無政府主義者，有人稱他是中國的克魯泡特金（P. A. Kropotkin）。他又是一個親法的（Francophile），曾在法國里昂辦過一所大學（中法大學），這是一所很特殊的大學，規定所有的學生每天要有一半的時間去做體力勞動。

25. William L. Tung, *V. K. Wellington Koo and China's Wartime Diplomacy*, St. John's University, 1977, p.21.

26. 袁道豐，〈蔣大使〉，頁四二；周谷《外交秘聞》，頁一九一至一九二。William Tung, *Koo and China's Wartime Diplomacy*, p.21。胡適，《胡適書信選》，北京，北京大學出版社，一九九六，頁七二一。

27. Robert Conquest, *The Great Terror*, Oxford University Press, 1991. 對史達林清黨有興趣的讀者可以找來一讀。

28. 李維諾夫是一個絕頂聰明的人，是第一流外交家。他與伏洛希洛夫元帥，一文一武，在史達林手下算是兩個善終的人。他任外交部長十多年，對蘇聯外交貢獻良多。他於一九三九年德蘇簽訂互不侵犯條約前去職。不是他做得不好，因為他是猶太人，蘇聯為了西境安全與德國簽約前，由莫洛托夫（V. M. Molotov, 1890-1986）來取代他。德蘇戰爭爆發後，史達林為了討好美國，派李維諾夫出使華盛頓（1941-1943）。在駐美大使任內，力爭租借法案中的美援，李維諾夫功不可沒。李氏於一九四三年調回外交部，一九四六年退休，一九五一年病逝。

1938

第十一章

漢口：《中國近代史》

噢！東方是東方，
西方是西方，
永遠不會相逢。

——吉卜林（英國詩人、作家）

《中國近代史》是蔣廷黻於一九三八年卸任駐蘇大使後回國在漢口寫的。蔣廷黻於一九三八年一月中離開莫斯科，經巴黎、馬賽、地中海、紅海、印度洋、新加坡、西貢、昆明，於二月底抵達漢口。他回國的時候，南京早已失守，漢口那時實際上就是中國的首都。當時行政院院長是孔祥熙，孔邀他重回行政院工作，故在這年五月，他重作馮婦，又任行政院政務處長。《中國近代史》這本小書，就是在這時候寫的。

蔣廷黻在漢口的時候，有幾個月空閒的日子。剛好那時陶希聖、陳之邁及吳景超等人正在編輯一套「藝文叢書」，向蔣廷黻約稿，蔣廷黻在晚年回憶說：「我在清華教學的時候，原想費十年功夫寫部近代史。抗戰以後，這種計畫實現的可能似乎一天少一天。」（一九五九年臺北啟明版《中國近代史》序言）故當陳之邁在漢口拜訪蔣廷黻並邀請他撰寫一本書，他即一口答應。據陳之邁說，就在他簡陋的寓所中「一張圓飯桌上開始寫作，不到二個月的時間便寫成了一本《中國近代史》」。蔣廷黻後來回憶說：「我在漢口的那幾個月，身邊圖書雖少，但我想不如趁機把我對我國近代史的觀感做一個簡略的初步報告。」陳之邁說：「這本書雖然簡短，但非常精闢扼要，可以認為是廷黻先生對中國近代史研究心得的結晶。」這本書充滿了很精彩的「觀感」。因為時間和手頭圖書有限，以及藝文叢書的規格，皆不容許蔣廷黻寫一部細密詳贍的「報告」（近代史）。因為藝文叢書規定限六萬字。後來蔣廷黻在《中國近代史》序言內說得很明白，他沒有以十年功夫撰寫一部權威性的中國近代史，作為傳世之作，即西洋人所說之 Magnum opus 是也。蔣廷黻寫完這本小書後即走馬上任。他於七月下旬飛赴戰時首都重慶。[1]

這本書有兩個書名。一九三九年長沙商務版書名是《中國近代史》，翌年也是長沙商務版，乃將書名改為《中國近代史大綱》。同年重慶青年書店又重印，一九五九年臺北啟明版也以《中國近代史大綱》面世。但是後來很多海外書商及大陸上的出版社，均以一九三九年商務初版翻印發行。我手頭一本即是一九七三年六月（港三版）香港上海印書館翻印本，書名即是《中國近代史》。為了避免混亂，本文採用的書名及徵引頁碼均以一九三九年長沙商務版為準。一九四九年後，蔣廷黻的著作不容許於大陸，《中國近代史》也不例外。而且對《中國近代史》有著很不好的批評，如在《中國文化史綱》第二章裡頭就有這樣的話：「蔣廷黻著《中國近代史》一書，歪曲史實，顛倒黑白，誣衊義和團為『反動』、『倒退』，詆毀林則徐是拒絕向西方學習的頑固派，為琦善、奕訢、曾國藩、袁世凱等人的媚外賣國行徑塗脂抹粉。作者著書的目的，旨在說明只有靠外力中國才能走上近代化的道路，充當了日本侵華叫囂的內應。」[2] 最後一句話太重了。不過在大陸上，這種意識型態的框框，是不可避免的。但最近幾年比較好一點，自一九八〇年代大陸開放後，蔣廷黻的著作重獲再版發行，如湖南嶽麓書社於一九八七年將《中國近代史》一書附加蔣廷黻另外三篇文章（〈評清史稿邦交誌〉、〈琦善與鴉片戰爭〉及〈最近三百年東北外患史〉）合成一冊，以《中國近代史——外三種》書名發行，書前由近代史家陳旭麓教授撰一序言，「高度評價了此書的價值」（引自劉文沛語）。書後附有蔣廷黻的二女兒蔣壽仁（二寶）寫的〈欣慰與回憶〉一文，這是大陸開放以來第一部蔣廷黻著《中國近代史》的再版。但原書最後一節，亦即第四章第七節〈蔣總裁貫徹總理遺教〉被刪去，所以嶽麓版算是刪節本，真正的完整重印本始於一九九〇年，由上海書店將一九三九年商務版重印，後於一九九九年上海古籍出版社又重排出版，現在大陸上對蔣著《中國近代史》肯定者多，如沈渭濱在其〈蔣廷黻與中國近代史研究〉（《復旦學報》社科版，一九九九年）一文中所說的可以作為代表，他說如果蔣廷黻「沒有深厚的史學功底，沒有近代外交史研究的長期積累，沒有對近代史近十年整體思考，怎麼能在圖書資料匱乏情況下，寫出如此耐讀的作品呢？」沈又說：「《中國近代史》已成了代表一個時代的學術精品，值得重視和研究。」（同上）大陸青年史家劉文沛說，蔣廷黻的《中國近代史》「是民國時期重要學術著作」。（劉文沛〈從《中國近代史》看蔣廷黻的史學思想〉，忻州師範學院學報，第二十二卷第一期）

《中國近代史》是蔣廷黻唯一的一本有頭有尾的中文著作。[3] 這本書傳播久遠，影響最大。除了上述所說的一版再版外，本書的第一章第二節「英國人做鴉片買賣」，第三節「東西對打」，第四節「民族喪失二十年的光陰」，即從《中國近代史》頁一二至二四，曾由美國漢學家夏偉（Orville Schell）譯成英文，收入由舒爾曼（Franz Schurmann）及夏偉編的三卷本 *The China Reader*（vol.I, pp.132-145, Random House, 1967）。夏偉的譯筆很好，忠實雅馴，唯其中他把「將計就計」譯成 "With an eye to the future"（p.140），似有待商榷。

II

蔣廷黻的《中國近代史》主旨乃希望中國盡速現代化，越快越好。本書範圍是從鴉片戰爭寫到七七事變日本侵華為止，前後一百年的中國歷史，主要討論抵禦外侮及民族復興的四個方案。因蔣廷黻對外交史及近代化特別有興趣，故關於遜清對外關係及自強運動著墨較多。全書共分四章二十三節，計五萬四千字，一百二十六頁。卷首有「總論」大約二千三百字，相當於一般人著書的「導論」，或者像洋人寫書時的「Introduction」，雖是一本薄薄的小書，他也都有板有眼照規矩來寫，故這本小書可說麻雀雖小五臟俱全。他在「總論」裡提出一些問題，告訴讀者你看的是一本怎麼樣的書，以及他為何要寫這本書。蔣廷黻是一個受過西方嚴格訓練的史學家，方法縝密，論斷精闢，有很多真知灼見，加上文字簡潔，沒有什麼廢話，實在是一本很精緻的小書，自一九三九年抗戰初期刊佈以來，膾炙人口，一版再版，暢銷不墜，良有以也。

在「總論」裡，蔣廷黻開宗明義即說：「中華民族到了十九世紀就到了一個特殊時期。在此以前，華族雖已與外族久已有了關係，但是那些外族都是文化較低的民族。縱使他們入主中原，他們不過利用華族一時的內亂而把政權暫時奪過去，到了十九世紀，這個局勢就大不相同了，因為在這個時候到東亞來的英美法諸國絕非匈奴、鮮卑、蒙古、倭寇、滿清可比。」因為這批洋人「來和我們打麻煩的不是我們東方世界小弟們，是那個素不相識而且文化根本互異的西方世界」。他說：「嘉慶、道光年間的中國人，當然不認識那個西方世界。直到現在我們還不敢說我們完全瞭解西洋的文明。」這也就如英國作家吉卜林（Rudyard Kipling, 1865-1936）一首詩裡頭所說的：

> 噢！東方是東方，西方是西方，
> 永遠不會相逢。[4]

蔣廷黻前述的嘉慶道光年間即是指十九世紀上半葉。嘉慶朝（一七九六至一八二〇）一共二十五年，道光朝是從一八二一年至一八五〇年，前後計三十年。嘉慶道光年間，正確一點的說法是指一七九六年至一八五〇年。那時西方科學昌明，一日千里，可是中國士大夫還在那裡「做八股文，講陰陽五行」。而西洋自十八世紀中葉起就已知道利用機器生財，用機器製造槍炮來打仗，推行帝國主義，相形之下，我們的軍事及工商業還停留在唐宋時期的中古時代。復次，西洋除了機械文明發達外，已養成了近代國家所必須具備的愛國心及民族觀念，而我們仍死守著宗族觀念及家鄉觀念。所以說起來歐洲國家雖小但他們有團結心；中國國家雖大，卻是一盤散沙。到了十九世紀，西方已進入近代世界（The modern world），而東方則仍停留在中古時代（The Middle Ages）。蔣廷黻說：「我們是落伍了。」因此西洋人到亞洲來時，印度、中國都吃癟了。所以吉卜林作詩來嘲諷我們東方人。

蔣廷黻不大謾罵外國人，他在晚年說他不像一般中國人那樣「仇恨帝國主義」。（《蔣廷黻回憶錄》頁七八）這並不是說他不痛恨西方及日本帝國主義侵略。他認為自十九世紀以來，帝國主義侵略是一個歷史事實，侵略對象不只是中國，如印度、愛爾蘭、中南美洲及非洲大陸也是受害者。在他看來，最重要是看我們如何對付帝國主義侵略，要看我們所採取的策略及其利弊得失又如何。這就是這本《中國近代史》的核心所在。所以他寫的《中國近代史》與前人所寫的觀點有所不同。他從這個觀點來研究近代史可說一新耳目，給後來的史家指示了一個方向，正如郭廷以所說，蔣廷黻「把中國近代史研究帶入一個新的環境，特別是給我們新的方法與新的觀念。」[5]蔣廷黻的「新觀念」影響很大。美國哈佛學派首腦費正清所提倡的「China's response to the West」研究課題，即受蔣廷黻的影響。當我們讀李定一的《中國近代史》或唐德剛的《晚清七十年》時，也可以看得出蔣廷黻對他們的影響，彰彰明甚。

當蔣廷黻在漢口寫《中國近代史》的時候，抗戰已進入第二年，長江下游江南一帶精華地區盡入日寇魔掌，沒有外援，以蔣廷黻的觀察，軍事前途很暗淡，一般官員都很沮喪。[6]蔣廷黻寫這本書多多少少是想寫給蔣介石看的，同時也為一般苦難同胞鼓舞士氣，所以他在總論中說：「第一，中華民族的本質可以與世界上最優秀的民族比。中國人的聰明不在任何別的民族之下。第二，中國的物產雖不及俄美兩國的完備，然總在一般國家水準之上。第三，我國秦始皇的廢封建為郡縣及漢唐兩朝的偉大帝國足證我民族是有政治天才的。是故論人論地，中國可大有作為。」（《中國近代史》頁二）在蔣廷黻看來，近百年中國只有一個問題，此即中國人能近代化嗎？能趕上西洋人嗎？能利用科學和機械嗎？能拋開宗族觀念而組織一個近代的民族國家嗎？他的答案是如果能，則我們的民族前途是光明的；不能的話，則我們這個民族沒有希望了。然後他舉了近世三個國家：即日本、俄國及土耳其來做例子說明。他說日本是一個島國，原有的土地只不過中國一省，日本文化全從唐代中國學去的，但明治維新後成為一個強國，就是因為日本接受近代化很快。其次是俄國，俄羅斯本是很落後的民族，但在十七世紀末葉，彼得大帝在位時，醉心歐化，學習西歐科技加速現代化，俄國近代化的基礎是彼得大帝建立起來的。最後講到土耳其。近代的土耳其很像遜清末葉的中國，是一個很落後、腐化、貧窮的國家，可是在第一次世界大戰後出現了凱末爾，蔣廷黻認為凱末爾是一個很了不起的人物，土耳其在他領導之下，大刀闊斧，革新吏治，在很短時期內便讓「東方病夫」之稱的土耳其復興起來，走上現代化的道路，把「立國的基礎打穩了」。蔣廷黻寫這本書的時候，當會想到蔣介石，並且期望他在抗日戰爭勝利以後，也會像凱末爾一樣把中國復興起來。

蔣廷黻所說上述日本、俄國及土耳其三個國家，因「接受了近代的科學機械及民族主義，於是復興了，富強了」。他山之石，可以攻錯。最後說：「現在我們要研究我們的近代史，我們要注意帝國主義如何壓迫我們。我們要仔細研究每一個時期內的抵抗方案。我們尤其要分析每一個方案成敗的程度和原因。如果能找出我國近代史的教訓，我們對於抗戰建國就更能有所貢獻了。」（《中國近代史》頁五）這就是他為什麼要寫這本書的動機。

中國近代史是一部抵抗外來侵略史，也是一部喪權辱國史。蔣廷黻說，鴉片戰爭是一個很重要的戰爭，也是中西關係史上一個重要的分水嶺。「在鴉片戰爭以前，我們不肯給外國平等待遇；在（鴉片戰爭）以後，他們不肯給我們平等待遇。」（《中國近代史》頁一二）現在洋人常說「鴉片戰爭不是為鴉片打的」（The Opium War is not for opium.），高唱此說者為哈佛的費正清氏。唐德剛說費公謬矣！他認為不但第一次鴉片戰爭是為鴉片而戰，第二次鴉片戰爭也是為鴉片而戰。[7] 其實首創此說者為蔣廷黻也，此亦即費正清治史受蔣廷黻影響之一例也。

鴉片戰爭後，中英所訂的南京條約是中國與西方所訂的第一個不平等條約。那麼南京條約以後中國與外國所訂的條約都應該是平等的了，而事實上也都是極不平等的條約。蔣廷黻說：「不平等條約的根源一部分由於我們的無知，一部分由於我們的法制未達到近代文明的水準。」（《中國近代史》頁二六）因為那時候的中國人不懂得國際公法，也不知世界局勢以及國際關係，所以與洋人辦交涉時常常發生「爭所不當爭，放棄不應該放棄的」。（《中國近代史》頁二五）譬如說開放通商口岸及中英官吏平等往來，是不必爭的；但關於治外法權及協定關稅是不應當放棄的，卻輕易地放棄了。蔣廷黻說咸豐十年（一八六〇）的英法聯軍之役，即是由於中國缺乏現代知識所引起的不必要的戰爭。像在通州交涉，雙方條件都講好了，但當英人說英國使臣抵北京後，必須向中國皇帝呈遞國書，這是國際通行的禮節，但是清廷認為這是外夷狂悖，居心叵測，絕對不能容忍。怡親王載垣乃下令軍隊捕拿到通州來談判的英法使節，因此激怒洋人，雙方劍拔弩張，咸豐帝（文宗）本想御駕親征，「以伸天討」。可是在通州談判失敗後，戰事一起北京危如累卵，文宗一看情勢危急，就逃到熱河，派恭親王奕訢留守北京。恭親王是咸豐的弟弟（同父異母），那時他只有二十八歲，沒有新知識，也沒有外交經驗，好在有文祥做他助手。文祥比他大十五歲，是一個很有頭腦、極其能幹的人，他是一個「先天下之憂而憂，後天下之樂而樂」的大政治家。奕訢與文祥在咸豐帝已出京、京城即將失守時臨危受命，最初因無經驗，難免張惶失措，舉棋不定。後來他們把事情弄清楚後，毅然決定答應洋人的要求，與英法訂北京條約：英法撤軍，中國沒有喪失一寸土地。主要條款是允許北京駐使及長江流域通商。從此中國與西洋的關係更密切了。這種關係是禍？是福？則要看我們振作與否？（《中國近代史》頁三四至三六）恭親王從英法聯軍及與洋人周旋得來的經驗與教訓至為寶貴，他發現洋人並不如先前想像那樣「狼子野心，不守信義」，所以他相信對付洋人不是全無辦法的。其次，他與文祥認識了洋人的武器及練兵的方法遠在我們之上。最令人驚奇的是，洋人不僅願意售軍火給我們，還願意將製造軍器的「秘有技巧」及練兵的方法傳授給我們。恭親王認為這是我們自強的機會。（《中國近代史》頁五五至五六）

恭親王本是屬於保守的剿夷派，慫恿怡親王捕拿在通州的英法使臣的即是他。可是奕訢與文祥後來覺悟了，放棄以往自尊自大的觀念，決心改弦易轍「師事夷人」，非學西洋不可。從此他們「絕不轉頭回看，留戀那已去不復回的閉關時代。他們大著膽向前進，到國際生活中去找新出路」。蔣廷黻說我們研究近代史的人，最痛心的就是這種精神不出現於鴉片戰爭以後，不然的話，我們的現代化要比日本提早二十年，遠東的近代史就要改寫。可惜的是道光、咸豐年間的人沒有得到鴉片戰爭失敗的教訓，敗了還是不服輸，戰後還是「麻木不仁，妄自尊大」。我們「從民族的歷史看，鴉片戰爭的失敗還不是民族的致命傷。失敗以後還不明瞭失敗的理由力圖改革，那才是民族的致命傷」，以致我們「喪失了二十年寶貴的光陰」。（《中國近代史》頁二一）最後他很沉痛地說：「一寸光陰一寸金，個人如此，民族更如此。」（《中國近代史》頁三六）

北京條約締結後翌年（一八六一），咸豐帝病死熱河，后無出，乃由貴妃葉赫那拉氏所生獨子接位，年號同治（穆宗），時年僅六歲，由咸豐后慈安太后（東太后）及生母慈禧太后（西太后）垂簾聽政，恭親王（同治的叔叔）為議政王大臣輔助髫齡幼主。此時恭親王權傾一時。由於他的地位及其決心，在京內他與文祥（軍機大臣及大學士）很快成了自強運動的中心。在京外，曾國藩、李鴻章、左宗棠等名臣因有洋人助而平定太平天國，體驗到不少西洋「堅甲利兵」的寶貴的經驗。故於太平天國亡後，曾、左、李亦響應並全力推行自強運動。初偏重於軍事方面，後來亦著眼於一般工業化的建設。自同治初年，太平天國亡後（一八六四）至中日甲午之戰爆發那一年（一八九四）為止，在這三十年間全國朝野為自強運動而努力，習西法、談洋務，蔚成一時風尚，故時人亦稱此一運動為洋務運動。（名史家李劍農在其名著《中國近百年政治史》裡即稱這三十年為「西法模仿時代」）這三十年洋務運動的成效如何？就表面上來看，成績斐然，因為世界上各種近代科學興起的富強事業，中國能學的、能辦的都學來創辦了。實際情形又如何？甲午之戰連一個小小的日本都打不贏，證明我們這個現代化運動是失敗了。失敗的原因是很多的，諸如保守分子的反對。歷史上每一種新的運動開始，總有人出來反對，中外一樣，自強運動亦不例外。當時反對自強運動最力的是一般放言高論的士大夫，其中可以拿保守派巨擘倭仁作代表，他上書給皇帝說：「竊聞立國之道。尚禮義不尚權謀；根本之圖在人心，不在技藝。」他又說：「古今來未聞有恃術數而能起衰振弱者也。天下之大不患無才。如以天文算學必須講習，博採旁求必有其術者。何必夷人？何必師事夷人？」倭仁文章寫得漂亮，如果聽了他的話則誤國。因為俄日英法等帝國主義侵略中國時是不講忠信的、不講禮儀的。恭親王憤慨極了，他回答說如果大學士實有妙策，可以制外國而不為外國所制，「臣等自當追隨大學士之後，竭其愚昧，悉心商辦，如別無良策，僅以忠信為甲胄、禮儀為干櫓等詞，謂可折衝樽俎。足以致敵之命，臣等實未敢信。」蔣廷黻說「倭仁不過是守舊的糊塗蟲」，但當時有的是「糊塗蟲」，他們聽了他的話，大家就不去投考同文館科學班了。（《中國近代史》頁六六）

蔣廷黻認為保守派的反對還不是自強運動失敗的主要原因。真正失敗的原因是：恭親王及曾左李等中興名臣，雖有愛國熱忱創辦新事業，但缺乏新知識。他們雖想為國家做事，但滿清政府太腐化了。蔣廷黻指出恭親王、文祥、曾國藩、李鴻章、左宗棠這五位自強運動的領袖人物「都出身於舊社會，受的是舊教育。他們沒有一個人能讀外國書。除李鴻章外，沒有一個人到過外國。就是李鴻章的出洋尚在甲午戰敗以後，他的建設事業已經過去了。」蔣廷黻說他們「能毅然決然推行新事業就了不得」，但是「他們不能完全瞭解西洋文化是自然的，很可原諒的」。（《中國近代史》頁六二）他們對於西洋機械文明是十分佩服，而且很努力虛心接受，對於西洋科學也相當尊重，但對於西洋近代文明及典章制度則一無所知。職是此故，「他們覺得中國的政治制度及立國精神是至善至美，無須學西洋的。事實上他們的建設事業就遭了舊的制度和舊的精神的阻礙」。（《中國近代史》頁六二至六三）

蔣廷黻為了說明中國的「舊制度，舊精神」有礙於自強運動的前進，他拿李鴻章的事業做例子來說明之。從同治九年（一八七〇）李鴻章受命任直隸總督兼北洋大臣，到光緒二十年（一八九四）中日戰爭開始，李鴻章是那個時代的中心人物，國防的建設全在他手裡。他認為只要中國海軍優於日本海軍，不管日本陸軍如何強大，則日本就「不能攻打高麗，更不能危害中國」，所以他特別注重海軍，這個想法是正確的。蔣廷黻強調，但是滿清中央政府財政制度是中古式的，政府沒有海軍經費預算，只有靠各省撥款。難免捉襟見肘。其次是清室費用漫無限制。中國歷代帝王大多起自草莽，開國之君都甚是節儉，亡國之君則好揮霍。康熙一年的用度還抵不上明朝宮廷一日費用。但葉赫那拉氏的排場就不得了了，據接替李蓮英的太監小德張的回憶，慈禧太后每天的生活費用大致紋銀四萬兩。這個數字雖大，但一般人對此印象模糊不清，唐德剛在其《晚清七十年》裡把它折算成兵艦，令人有一個概念，明白多了。他說慈禧宮廷生活半月之費就可以買一艘巡洋艦。兩月之費，可購一超級主力艦。一年之費，至少可以裝備一支高踞全球六、七位的海軍艦隊。（《晚清七十年》第三冊，頁五〇至五一）易言之，伺候這位老太婆奢靡生活，一年之內每半個月要賣掉一條巡洋艦，一年要賣掉一支海軍才可以馬虎應付。復此，西太后寵信宦官，世所共知。李蓮英招搖撞騙，公開納賄，賣官鬻爵，無惡不作。其他大小太監在宮牆內外，無法無天，一言難盡。抑有進者，唐德剛說：「清廷腐化，慈禧太后不過是冰山尖子罷了。太后之下，還有近支親貴，遠支宗室，乃至整個滿族構成的吃糧不當兵的統治階級，和漢人也有份的龐大無能、昏聵顢頇的整個官僚體系。」（同上，頁五四）質言之，用罄南山之竹，難書清廷腐化也。

一八七四年同治帝卒（年十九），後無繼嗣，於是慈禧太后選了一個小孩子做皇帝，此即光緒帝，西太后仍垂簾聽政。到光緒成年時，怕西太后不願把政權交出來，光緒和他的父親醇親王決定重修頤和園，一則表示對西太后孝敬，二則使西太后優遊林泉就不再干政了。重修頤和園費用龐大，醇親王向李鴻章要錢，李鴻章當然不敢得罪醇親王，更不敢得罪西太后，只好把本來用於海軍軍備的款子移作修頤和園之用。這筆款子如果照唐德剛的辦法，用軍艦來計算，則又不知可購多少條軍艦或可以建一個艦隊。因海軍的錢給醇親王修頤和園去了，所以甲午之戰前七年，中國海軍沒有添過一條新船。蔣廷黻說：「在近代政治制度之下，這種事情是不能發生的。」（《中國近代史》頁六四）

恭親王及曾國藩、李鴻章這些領袖缺乏近代新知識，因此自強運動沒有一個通盤計畫。蔣廷黻說，他們不知道「近代化的國家不但需要近代化的交通、教育、經濟，並且需要近代化的政治和國民。半新半舊是不中用的。」（《中國近代史》頁六一至六二）也就是蔣廷黻常說的這是不徹底的近代化。就拿李鴻章來說，在他主持下的機關，沒有新式的文官制度及審計制度。蔣廷黻說：「就是在極廉潔及嚴謹的領袖之下，沒有良好的制度，貪污尚且無法杜絕，何況李氏本人就不廉潔呢！」在商言商，商人是不會吃虧的，一分錢一分貨。甲午戰時北洋艦隊兵艦上的炮比日本大，但炮彈不夠，並且炮彈裡並不全裝火藥。「外商與官吏狼狽為奸，私人發了財，國事就敗壞了」。（《中國近代史》頁六四）李鴻章的自強事業名目種類雖多，北洋艦隊那幾條鐵甲船才是李鴻章的寶貝，他的小 baby 呢！一八九四年中日為朝鮮事，戰爭迫在眉睫，邀名阿世的士大夫卻好戰，他們以為日本國力甚小，可是李鴻章自知兵力不敵，故於甲午戰前（一八九四年八月二十九日）上書光緒帝切不可輕於一擲，把海軍擲掉。可是半個月後，中日黃海大戰，李鴻章苦心孤詣扶植起來的「心頭肉，掌上珠」，還不是被「一舉擲掉」。（《晚清七十年》第三冊，頁九二至九三）由西太后帶頭的腐爛滿清政權，拖垮了新興的中國海軍。北洋海軍如此，其他的自強事業又如何？則當可思之過半矣！

III

自強運動是模仿西法的一種運動，其動機是「師夷之長以制夷」，來對付洋人。結果為朝鮮事連一個小日本都打不贏。這些喜歡說大話、好戰的士大夫嘗云：「倭不度德量力，敢與上國抗衡，實以螳螂擋車，以中國臨之，直如摧枯拉朽。」豈知海戰一起，北洋海軍不堪一擊，海軍一敗，大勢已去，陸軍之敗更甚於海軍。如果甲午之戰中國贏了，則高麗可保，當然也不會有東北問題。在遠東中國居上，日本居下。不幸中國失敗了。甲午之戰的結果，中日簽訂馬關條約，中國允許高麗獨立，割讓臺灣、澎湖及遼東半島，賠償兩萬萬兩。蔣廷黻說：「近代的戰爭固不是兒戲。不戰而求和當然要吃虧，這一次要吃虧是高麗的共管。但戰敗以後而求和，吃虧之大遠過於不戰而和。」（《中國近代史》頁九一）雖然遼東半島後來因俄、德、法三國干涉而強迫日本還給中國，但另外加付賠款三千萬兩，李鴻章覺得遼東半島不止值三千萬兩，所以中國很感激三國的援助，特別是俄國。其實俄國與德、法合議逼日本還我遼東半島，是為俄國自身利益，而非為中國計也。俄國決不允許日本酣睡於其臥榻之旁。中國對日賠款如此之大，當然不能負擔，俄國願意貸款，息只有四厘，利息之低，真令李鴻章感覺到俄國是中國的「好朋友」。中俄友好的結果是中俄密約。一八九六年俄皇尼古拉二世（Nicholas II）行加冕典禮，中國派王之春（軍務處督辦）參加，俄拒之。俄國表示當兩國最要好的時候，中國應該派頭等大員做代表給朋友一點面子。中國乃派李鴻章為慶賀特使，於是李鴻章就去了俄京聖彼德堡。李鴻章在俄國的時候與財相威德簽訂了一個密約，這個密約主要內容是俄國答應援助中國抵抗日本，中國允許俄國在中國東北境內建築鐵路，此即中東鐵路。蔣廷黻說中俄密約是李鴻章終身大錯。（《中國近代史》頁九六）李鴻章聯俄制日，而不知俄國在中國修築鐵路不是來援助中國的，其目的是來侵略中國的。這個密約後患無窮，以後的瓜分之禍、日俄戰爭、二十一條以及九一八日本人強佔東三省，都是從這個密約引出來的。所以蔣廷黻在《中國近代史》第四章講到中俄密約時，即用「李鴻章引狼入室」來做標題，可謂史筆。[8]

李鴻章離開俄國後曾訪問西歐及美國，當他在柏林時，德國曾向他要福建的金門島做為日本退還遼東的報酬，李沒有答應。一八九七年十月，山東曹州殺死兩個德國傳教士，德國見機會來了，即派軍艦佔領青島，並要求租借青島和膠州灣，以及在山東築鐵路和開礦權，中國都答應了，於是山東就算德國的勢力範圍（Sphere of Influence）。[9]這樣一來中國後患無窮，李鴻章窮於應付。

俄國看到德國佔了便宜，乃施展其趁火打劫的故技，隨即派兵船佔據旅順和大連，並且要求築南滿鐵路。中國以三千萬兩贖回的遼東半島，此時又被「好朋友」俄國人奪去了。這樣東三省算是俄國的勢力範圍。[10]德俄此例一開就不可收拾。接著法國要求租借廣州灣及在廣東、廣西和雲南的優越權利。英國要求租借威海衛和九龍，以及在長江流域的優越權利。日本要求在福建的優越權利。義大利要求租借浙江的三門灣。除了義大利的要求外，中國都一一答應了。唯獨美國沒有提出要求，但美國在中國也有商業利益，而這種近於瓜分中國所劃分的勢力範圍，對美國不利。美國為了保護其本國利益，運用外交手腕提出了要求列強承認各國在中國境內有平等的通商權利，此即機會均等，利益均霑。此外，並要求列強維護中國主權獨立，領土完整。這就是歷史上著名的「門戶開放政策」（Open Door Policy），此政策純為美國利益而設想，但如果沒有這個由美國出面、英國支持的國際宣言，則中國可能就在這個時候像西瓜一樣被瓜分了。[11]這個瓜分運動，在英文裡叫「Scramble for Concessions」，是甲午之戰吃了敗仗引起的。蔣廷黻說：「在近代的世界，敗仗是千萬不能打的。」（《中國近代史》頁九七）他曾說過：「我們這幾千年的歷史，哪一戰其重要可比得上中日甲午之戰呢？」[12]

IV

甲午戰敗及面臨瓜分之禍，導致康梁變法。康有為領導的變法運動，即是蔣廷黻所說的中國近代史上救國救民的第二個方案（自強運動是救國救民的第一個方案）。自強運動只限於機械文明，是不徹底的近代化。日本人能打勝我們，是因為日本的近代化遠較我們徹底，他們不但接受了西洋的機械文明，也接受了西洋的政教制度及民族精神。甲午之戰即是高度近代化的日本戰勝了不徹底的近代化的中國。

康有為的大弟子梁啟超批評李鴻章說，他只知有洋務而不知有國務，中堂「以為中國政教文物風俗，無一不優於他國。所不及者。惟槍耳炮耳船耳鐵路耳機器耳」。（梁啟超《論李鴻章》中華版，一九七九年，頁三九）蔣廷黻說任公這個批評是很對的，又說，李鴻章不徹底的近代化尚且有人反對，如果更進一步，人們能容許他嗎？甲午戰敗後，康梁認為他們的機會來了，李鴻章所不願或不敢提出來的政治改革，康有為要試一下。（《中國近代史》頁九八至九九）康梁比李鴻章更進一步，他們要變更政治制度，其最後目的是採行君主立憲，較自強運動更加西洋化，更近代化。康梁變法當然不為西太后為中心的頑固派所接受。康梁失敗是必然的，自秦漢以來，兩千多年只有兩個人主張變法，一個是王莽，另一個是王安石，他們都失敗了。康梁也要試一試變法，其結果差一點命都沒了。（《中國近代史》頁九八至九九）

康梁變法失敗後，最後造成愚民的義和團運動。蔣廷黻特別說明，我們不要以為頑固分子不愛國，他們也是愛國的（《中國近代史》頁一〇二），但不得其法。他們的動機是可以理解的，因為他們受夠了洋人的氣。一批傳教士及教徒仰仗洋人的勢力，在老百姓面前作威作福，欺侮平民。守舊分子說治國要靠民心，於是西太后以及想廢立光緒帝的親貴與頑固的士大夫，就和義和團打成一片，掛起「扶清滅洋」的旗幟向十一國宣戰。這麼大的一個中國連一個小日本都打不贏，怎能與世界上那麼多強國開戰呢？這是愚蠢和無知的結合。蔣廷黻對義和團的看法，他說：「嚴格說來，拳匪運動可說是我國近代史上第三個救國救民的方案，不過這個方案是反對西洋化、近代化的，與第一、第二兩個方案是背道而馳的。拳匪的慘敗是極自然的。慘敗代價之大，足證我民族要圖生存決不可以開倒車。」（《中國近代史》頁一〇八）

在上述三個方案都失敗後，蔣廷黻在第四章第四節討論孫中山的民族復興方案，他說這是救國救民的第四個方案。孫中山認為滿清是我民族復興的一個障礙，要掃除這個障礙唯一的辦法只有革命。蔣廷黻在這一節中除談到孫中山的幼年教育及革命思想外，他最後說：「孫中山先生的三民主義和革命方略無疑的是我民族唯一的復興路徑。我們不可一誤再誤了。」（《中國近代史》頁一一三）孫中山領導的革命終於推翻了滿清，我們這個古老的中華帝國忽然變成了中華民國。滿清倒了，我們掃除了這一民族復興的障礙。但當我們要建設新國家的時候，又有新的問題來了，新的障礙出現了，這就是在民國時代為時十五年之久的軍閥割據。

一九二三年一月，孫中山與列寧的代表越飛（Adolf A. Joffe）共同發表聲明，聯俄容共。同年夏，孫中山派蔣介石赴俄，考察紅軍和共產黨的組織。蔣介石自俄國回來後不久，孫中山即請蔣介石創辦黃埔軍校。北伐還未開始，孫中山便於一九二五年三月去世。「革命的重擔」從此就落在蔣介石身上。

蔣廷黻的《中國近代史》精彩的地方很多，比如評論中國近代史上幾位歷史人物，知人論世，一針見血，入木三分，董狐筆也。茲錄數則如下，做為本章的結束。蔣廷黻說曾國藩是孔孟的信徒，他挑選的士官均甚嚴格，他是軍隊的主帥又是士兵的導師。所以說湘軍是一個有主義的軍隊，精神教育是曾國藩的事業基礎。他說因此「前清末年的官吏，出自曾文正門下者，皆比較正派，足見其感化力之大」。（《中國近代史》頁四七）恭親王，「他是一個有血性的人，且真心為國圖謀。他是清朝後百年宗室之賢者」。（《中國近代史》頁三五）蔣廷黻說文祥雖是親貴，「但他的品格可說是中國文化的最優代表，為人十分廉潔，最盡孝道」。（同上）說洪秀全，他在定都南京前，其行動類似流寇。在定都南京後，洪秀全志不在建設新國家，他「深居宮中，務求享作皇帝的福，對於政事則不放在心上」。宮廷的建築、宮女的徵選、金銀財寶才是他最關心的。這樣的天王哪有不敗的道理。蔣廷黻說：「太平天國的失敗，證明我國舊式的民間運動是不能救民族的。」（《中國近代史》頁五一）蔣廷黻說左宗棠好大喜功，李鴻章操守不好，不廉潔。蔣廷黻很欣賞郭嵩燾和曾紀澤。郭嵩燾是我國第一個駐外公使，他在英、法時主張擴大留學生範圍，增加人數，保守分子聽了謾罵他並要彈劾他。他在外國兩年即回國了，回國的時候「他是全國最開明的一個人，他對西洋的認識遠在李鴻章之上」。《中國近代史》頁六八）曾紀澤是曾國藩的兒子，繼郭嵩燾為駐英、法公使，略識英語，在國外五年。他運用外交得法，從俄國人手中收回伊犁，是國際著名的外交家。洋人說他「憑外交從俄國取回她已佔領的土地，曾侯要算第一人」。（《中國近代史》頁七六）蔣廷黻說「他的才能與眼光與郭嵩燾等。」（《中國近代史》頁六八）論袁世凱，蔣廷黻說：「假如我民族不是遇著帝國主義壓迫的空前大難關，以一個曹操、司馬懿之流的袁世凱當國主，樹立一個新朝代，那我們也可馬虎下去了。但是我們在二十世紀所需要的，是一個認識新時代而又能領導我們向近代化那條路走的偉大領袖，袁世凱絕不是個這樣的人，他不過是我國舊環境產生的一個超等的大政客。」（《中國近代史》頁一一二）講到孫中山，蔣廷黻說他「對西洋情形及近代文化的認識，遠在李鴻章、康有為之上」，因為「我們既然只能從近代化找出路，我們的領袖人物應該對近代文化有正確深刻的認識」，孫中山是我們所需要的領袖。（《中國近代史》頁一〇九）講到蔣介石時，蔣廷黻在本書最後一章最後一節〈蔣總裁貫徹總理遺教〉結尾說：「從十五年（一九二六）七月九日起北伐，到二十六年（一九三七）七月七日的抗日戰爭，蔣先生的事業是讀者們所熟知的，留待另書細說。」[13] 這本書就這樣結束了。雖然本書沒有 Conclusion 或 Epilogue，但最後一句話「留待另書細說」給人一個期望，如此寫法，中外很多好書，也都是這樣結束的。英儒培根（Francis Bacon）說：「歷史使人智，有些書只須淺嚐，有些書須精讀且慢慢消化。」（《培根論文集》〈論讀書〉Of Studies）則蔣廷黻的《中國近代史》可說是一本「必須精讀且慢慢消化」的書。

蔣廷黻在漢口的時候，寫完《中國近代史》，他又嘗試寫一本現代小說，是描寫勝利後的湖南。他把未來中國現代化的遠景都寫在小說裡，還穿插了一個動人的愛情故事，可惜小說沒有寫完，他就離開漢口到重慶去了。[14]

1. 陳之邁，〈蔣廷黻其人其事〉，《傳記文學》第七卷第六期（一九六五年十二月）。蔣廷黻《中國近代史大綱》小序，臺北，啟明版，一九五九年。

2. 房列曙、木華編，《中國文化史綱》，北京，科學出版社，二〇〇一年，頁三二六。

3. 在哥倫比亞大學東亞圖書館目錄上，兩本中文書都寫著作者是蔣廷黻，其實是錯誤的。一本是《貨幣與物價之研究》，作者是蔣廷黼，「黼」與「黻」兩個字是不一樣的。還有一本是《軍政領袖蔣介石》，真正的作者是蔣鼎黼。這兩本書與蔣廷黻無關。還有蔣廷黻編的《近代中國外交史資料輯要》，只出了上冊及中冊，沒有下冊。他晚年寫的《蔣廷黻回憶錄》只寫到第十七章（一九四三年）「戰爭的考驗」即病逝，也沒有寫完。

4. 吉卜林詩起首幾句如下：

Oh, East is East, and West is West, and never the twain shall meet,
Till Earth and Sky stand presently at God's great Judgment Seat;
But there is neither East nor West, border, nor breed, nor birth,
When two strong men stand face to face, though they come from the ends of the earth!
From "The Ballad of East and West" (1899)

這首詩旨在嘲諷弱者，在吉卜林看來，如果是強者不管你在哪裡都不需要邊界來保護或怕人家歧視你。吉卜林是一個達爾文主義者、帝國主義者。"Take up the white man's burden"（有色人種是白人的負擔）就是他說出來的。他沒有像孫中山一樣有天下一家的大同思想。此詩是諷刺我們東方人的，可是常被國人誤解了。此詩作於一八九九年，正是東方文明衰落的時候。印度早已亡了。美國新從西班牙手中擒取菲律賓群島。老大中國則奄奄一息。

5. 劉鳳翰，〈蔣廷黻博士對中國近代史上幾個問題的見解〉，《傳記文學》第七卷第六期（一九六五年十二月），頁二七。

6. 《蔣廷黻回憶錄》，謝鍾璉譯，傳記文學出版，一九七九年，頁二〇九。

7. 詳閱唐德剛《晚清七十年》第二冊，頁一二〇。及其英文著作 Tekong Tong, *United States Diplomacy in China, 1844-1860*, Seattle, University of Washington Press, 1964, p.232.

8. 後來的雅爾達密約及外蒙古獨立也都是從這個密約而來的，這些當不是日後蔣介石所能應付得了的。蔣介石於一九四九年退處臺灣，在小島上稱外蒙古為外蒙省，並且於一九六一年在聯合國嚷著要否決外蒙古，這是胡鬧。

9. 第一次世界大戰時中國參戰，在協約國這邊，德國敗了，德國在山東的權益及青島和膠州灣應交還給中國，結果一九一九年在巴黎和會上把這些權益移交給日本，因而引起全中國驚天動地、怒潮澎湃的五四運動。

10. 這是史達林於一九四五年在雅爾達會議上，向羅斯福開價蘇聯對日作戰代價的歷史根據。

11. 美國對中國的門戶開放政策也是符合李鴻章搞的「以夷制夷」的一套小把戲，如無這套小把戲，中國就可能被瓜分了。李鴻章的外交政策向來以「以夷制夷」而著稱。他善於聯甲國來對付乙國，如在甲午之戰他想聯俄以制日；德佔膠州時，李想聯俄、英、法以制德，均未成功。甲午戰後三國逼迫日本還我遼東小有「成效」，但隨之而來的是Scramble of Concessions，他就應付不了了。美國的門戶開放政策是李鴻章一生所搞的「以夷制夷」唯一倖成的一次。

12. 參閱蔣廷黻《近代中國外交史資料輯要》（中卷）序言，臺北，商務，一九五九年，頁二。筆者甚贊同蔣廷黻的說法。甲午之戰，我國受創深鉅。馬關條約除了割地賠款外，常為人所忽略的即在約中規定日人在華各通商口岸得自由從事工藝製造，並將機器進口，只交進口稅。但日人在華製造貨物則比照日本輸入物品，享受一切優例豁免。這項條款是中國國民經濟上最大的致命傷。西方帝國主義屢挫清廷，訂城下之盟，但均未提出如此刻薄狠毒的條款。馬關和約後，西方各國皆援引最惠國待遇，亦共同享此優惠。從此中國工業的萌芽全被東西帝國主義摧殘殆盡。馬關條約是中國與外國訂約以來，受害最深、損失最大的一個條約。在這個條約第四款，中國賠款二萬萬兩，其中五千萬兩於六個月內交清。第二次五千萬兩應於一年內交清，其餘款項應於七年內交清，但如果於三年內付清則一概免息。至一八九八年，因三年期滿將屆，中國亟想盡速了此公案，議借款於外國。一八九七年十一月俄國願貸款給中國，條件是允許俄在華北各省築鐵路及罷黜總稅務司赫德。英人獲悉亦願承貸此款，利息較輕，條件是管理中國財政，許英人自緬甸築鐵路通到揚子江邊以及開大連灣為通商口岸等等。總理衙門考慮接受，唯俄、法、日大為反對。日人更以強暴語言威脅總署。總署之人不勝其苦，乃於翌年（一八九八）一月回絕各國，一概不借，而與日本商議將賠款延期至二十年攤還，日本不許。此時，中國已是「山窮水盡，進退無路」（梁啟超語），最後由赫德設法，向滙豐銀行及德華銀行借款一千六百萬鎊，了結此案。梁啟超說我們「吃虧甚重」。（梁啟超《論李鴻章》頁六五）兩國交戰，戰敗國對戰勝國所提條件，割地賠款視為國際常例。馬關和議，日本所提條件再苛，我國只得俯首承受，因為我們戰敗了。但反觀八年抗戰勝利後的中日和約又如何？戰後連蕞爾小國如菲律賓、緬甸等均向日本索取應得賠償。唯獨中國受創最深，陷區最廣，為時最久，破壞最重，生命財產損失最鉅，然而戰後無論臺北或北京所簽的兩種中日和約，對賠款一項，隻字不提，八年抗戰的血債一筆勾消。七七抗日戰爭，事關民族存亡，千秋萬世之事，而中日和約如此草率，不知怎麼對得起一千多萬為國捐軀的英勇將士及死難同胞，治史者至此，無不掩卷歎息。

13. 蔣介石是一個大阿Q。勝利後對日政策「以德報怨」，真是莫名其妙。戰後看日本人的作為（如竄改教科書、祭神社），不知悔改，對於我們阿Q式的「以德報怨」無動於衷。《孟子・離婁篇》云：「夫人必自侮，然後人侮之。」此之謂也。毛澤東呢？一丘之貉。質言之，戰後蔣介石和毛澤東分別與日本訂這種不索賠款的和約，是說不過去的，實在有負國人，愧對國家。蔣廷黻在《中國近代史》書末講到蔣介石時，最後一句話說「蔣先生的事業是讀者們所熟知的，留待另書細說。」後來我在哥大東亞圖書館目錄上看到一冊《軍政領袖蔣介石》（已攝成微卷，原書已紙蔽墨渝），作者是蔣廷黻，我看到了真是大喜過望。但後來很失望，因為這本書不是蔣廷黻寫的，是哥大編目時把作者張冠李戴弄錯了。這本書的編譯者姓蔣名鼎黼。他從董顯光的英文本《蔣介石傳》譯成中文，書名為《中國最高領袖蔣介石》，再從這本全譯本節譯成這本《軍政領袖蔣介石》。譯者在序言中說「節譯工作與全譯本略有不同，修正之處亦復不少」，故書名也改了。《軍政領袖蔣介石》於一九四一年由上海長風書店出版，封面上印的是蔣鼎黼編著。這本書與蔣廷黻無關，蔣廷黻從政後沒有時間寫書了。

14. 陳之邁，《蔣廷黻的志事與平生》，頁三六至三七。

蔣廷黻與蔣介石

蔣廷黻與蔣介石攝於1940年代。（Ann Salazar提供）

蔣廷黻與甘迺迪。（Ann Salazar提供）

1947年9月蔣廷黻第一次以中國常任代表身分出席第三屆聯合國大會。左為當時的外交部長王世杰。

蔣廷黻與時任聯合國秘書長的哈馬紹。

之邁我兄：控蘇案文已在排印中，大概能在本月中出版。述渡
委員會閱全份，弟擬利用現有材料作補充說明。以目前形勢看
來，代表團全人力勉強應付。美國援華以防守台灣及海南
島為限，如有發展，請隨時賜告。專此即頌
政祺

弟 廷黻 一、二一、

中華民國駐聯合國代表辦事處

蔣廷黻與陳之邁時常通信，但大多是用英文書寫，這是難得看到的中文信。

「控蘇案」時陳之邁是蔣廷黻的得力助手。這張照片攝於1949年10月下旬，那時聯合國總部尚在成功湖。

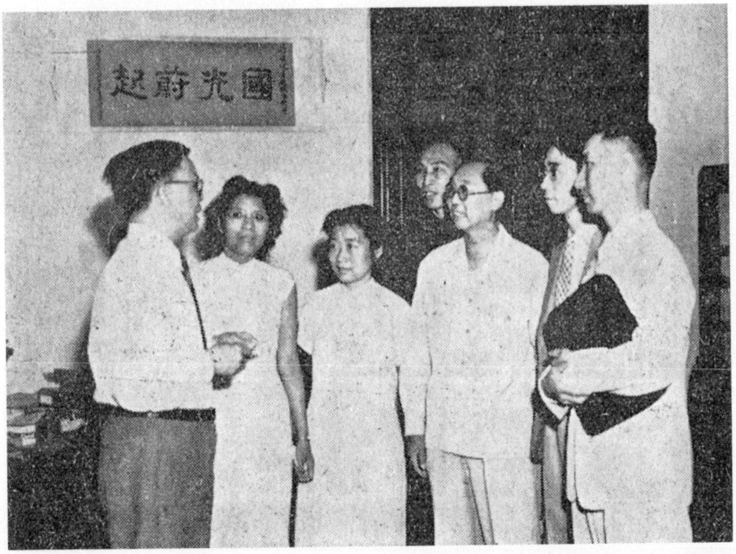

蔣廷黻（左一）於1946年7月在中國善後救濟總署署長任內，對即將赴美受訓人員講話。（張仁濟提供）

蔣廷黻在紐約享有盛譽的遊艇俱樂部，對美國頗具影響力的共和黨政要演說。
據陳之邁說蔣廷黻很喜歡這種社交聚會。

1964年蔣廷黻夫婦參觀紐約世界博覽會中國館時攝。
蔣氏夫婦兩側為紐約總領事張平群夫婦。（蔣居仁提供）

1944年蔣廷黻襄助孔祥熙，出席美國新罕布夏州布萊頓塢舉行的國際貨幣基金會籌備會議。

蔣廷黻與美國國務卿杜勒斯。他在杜勒斯擔任國務卿之前即已結識，但無深交。

蔣廷黻與顧維鈞（左）都曾參加1921年在華盛頓召開的九國海軍裁軍會議，時顧為駐英公使，蔣廷黻尚在哥倫比亞大學讀書，他是余日章的英文秘書，算是見習生。圖為1947年兩人同時代表中國出席聯合國第三屆大會。

1961年副總統陳誠訪美，在華盛頓與甘迺迪總統及國務卿魯斯克會談後，赴紐約訪聯合國總部，蔣廷黻為其講解會場情形。

1964年蔣廷黻在雙橡園宴請華府使節團。圖為蔣大使夫婦與使節團團長尼加拉瓜駐美大使薩克博士談話時攝。

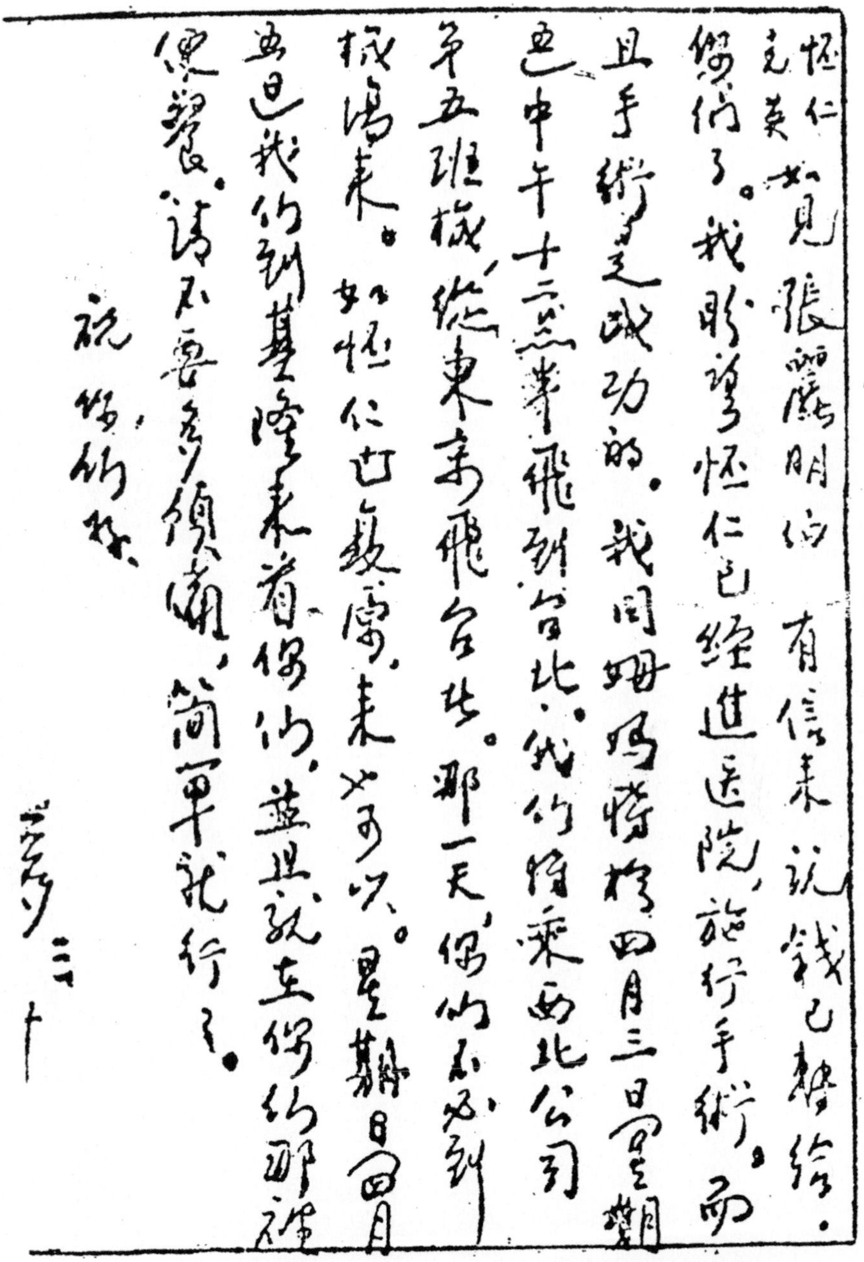

懷仁
克英如見：張靄明 有信來說錢已轉給你們了。我聽說懷仁已經進送醫院施行手術，而且手術是成功的。我同媽媽將於四月三日星期五中午十二點半飛到台北。我們將乘西北公司第五班機從東京飛台北。那一天你們不必到機場來。如懷仁也[illegible]要來也可以。星期日四月五日我們到基隆來看你們，並且就在你們那裡便餐。請不要多預備，簡單就行了。
祝你們好。
[illegible] 三十

1964年4月蔣廷黻第一次攜妻子沈恩欽返台，臨行前寫給兒子媳婦的信。

蔣廷黻1965年5月29日退休，移居紐約。是日告別雙橡園與使館同仁合影。（蔣居仁提供）

1965年5月美國國務院遠東事務副國務卿威廉・彭岱夫婦在惜別酒會上與蔣廷黻夫婦談話時攝。（曹志源提供）

蔣廷黻與沈恩欽合影於1965年6月。從照片上來看蔣大使形容憔悴，廉頗老矣！

蔣廷黻退休後移居紐約，每天去哥倫比亞大學開始錄他的口述自傳。那時醫生叫他戒煙，因此停抽雪茄。

蔣廷黻與何廉（右）合影。何廉是中國口述歷史部的主任，那時主任有兩位，另一人是韋慕庭。

蔣廷黻與何廉是多年的好朋友。右為蔣廷黻的助理 Miss Crystal Lorch。她是一個很能幹的助手，可惜兩人一起工作為時甚短。

Sunday, Jan. 2, 1944

2nd day — 364 days follow

Rose at 9. Bright sunshine, but towards noon pouring rain. All morning in hotel, chatting with Robert about personalities in Chungking politics. Consul-g'l Fang invited leaders of Chinatown to meet me at luncheon, 4 tables in all. I spoke about Unrra and post-war industrialization then I told them to ask questions. They were surprised that I talked frankly & to the point. Afterwards, I spoke to consulate staff. At 4.30, went with C.W. Li & C.H. Li to Berkeley to visit U. of C.: campus beautiful. Dinner with the Li family, chatting. Came back at 11 P.M., sky clear.

Yesterday, wrote letter to Katherine. Much puzzled as to what to say. First draft, detailed, did not satisfy me, because it would not comfort her in the least. Second draft, simpler, less emotional, sent: still not satisfied that I said the right thing, in the right way.

蔣廷黻一生勤寫日記，不管多忙幾乎每天都記，他的英文很有文采，字又寫得漂亮，遒勁秀逸，且有內容，故他的日記價值高，為士林所重。

第十二章

重慶

1938—1943

國破山河在
城春草木深
——杜工部

蔣廷黻出使莫斯科時，留下的政務處長職位一度由他的朋友何廉擔任，後來政府任命何廉為經濟部次長，政務處長的位置空在那兒。所以當蔣廷黻從莫斯科回來時，孔祥熙（自一九三八年元旦起接替蔣介石出任行政院長）邀請蔣廷黻重回行政院任政務處長。孔說「懸缺以待。」蔣廷黻認為這是官場客套，並不認真。後來孔又再三邀請，並說蔣委員長請他做政務處長，他若不請豈不是不禮貌。又說因為蔣廷黻接受了委員長的任命，如不接受他的邀請，這就是不賞臉。孔一派官場油腔滑調的說詞使他無法拒絕，蔣廷黻終於答應了。於是一九三八年五月又返行政院重作馮婦。這時行政院祕書長是魏道明，原來的祕書長翁文灝已轉任經濟部長。

II

一九三八年七月武漢保衛戰開始，政府決定遷都重慶，雖然從這時起，在漢口的國民政府絡繹西遷，但重慶正式成為中國戰時首都則始於一九三八年十一月二十日。蔣廷黻於七月底離開漢口，飛赴重慶前一天，蔣介石的祕書通知他，說委員長今天晚上餐會要他也參加。當他從漢口至武昌赴宴時，在輪渡上遇見張群，他也應邀出席當天晚上的餐會。那天報紙已有很多報導偽滿的日軍與蘇聯的軍隊在邊界發生武裝衝突，日後稱之為「張鼓峰事件」，俄人稱「Zaozernaya」，西人稱之為「Battle of Lake

Khasan」。張鼓峰位在海參崴西南約一百三十公里，在中蘇邊界上，與北朝鮮的邊界近在咫尺。張鼓峰本是中國的疆土，俄國於一八五八年的璦琿條約奪了過去。因為當時未立好界碑，後常成為爭議之地。張鼓峰事件發生於一九三八年七月二十九日。七月初日本佔領下的東北（即偽滿）關東軍軍部解密蘇聯密電稱蘇聯將駐軍張鼓峰。兩週後蘇聯遠東區司令部布魯轍將軍部隊即進駐該地，並建築防禦工事。關東軍不知蘇軍動向，日本在朝鮮的軍部除向東京報告外並向蘇聯抗議，要求蘇軍撤退，並說這是滿洲地界，而蘇軍說這是蘇聯的領土，雙方相持不下，七月二十九日日軍攻佔張鼓峰，於是打起來了。此時蘇聯遠東區總司令布魯轍被黜，新任司令 Grigori Shtern 要求增加援軍，最多增加到二十七個步兵師炮兵團以及坦克車部隊，日本雖也增援部隊至邊界，但軍事實力遠遜於蘇聯。

日本當時有兩個方案：(1)用和平運動瓦解重慶政府，對蘇聯強硬；(2)避免與蘇聯軍事衝突，全力攻打武漢。日本為張鼓峰事件曾就商於德國，德國於此時才併吞奧地利，復有侵佔捷克蘇台區的打算，故德國對日本與蘇聯邊界之爭鞭長莫及，愛莫能助。德國忠告日本，應予冷靜態度審慎處理。德國的忠告影響了日本的決定。日本於八月二日內閣會議決定，採取第二個方案，與蘇聯和平解決邊界衝突。八月四日，日本駐蘇大使重光葵見蘇聯外長李維諾夫稱，日本認為張鼓峰事件是屬於地方性事件，雙方應以和平方式解決。李維諾夫欣然允諾，雙方於八月十一日簽約，本來很可能一觸即發的新日俄戰爭終於平息了。張鼓峰事件從七月二十九日起至八月十一日簽約止，前後計十四天。其實真正戰鬥只有一星期。日本死亡五百人，蘇聯兩百三十六人。蘇聯遠東區司令布魯轍於十一月九日被判極刑處死。[1] 以上是張鼓峰事件的一個大概。

我們回到蔣廷黻在輪渡上與張群的談話，以及蔣介石官邸餐會上大家討論張鼓峰事件的情形。這幾天張鼓峰事件是大新聞，報上已經有很詳細的報導，大家都認為這就是我們企盼已久的日俄戰爭。張群在輪渡上對蔣廷黻說，晚上餐會討論的主題很可能就是張鼓峰事件，並猜測由於蔣廷黻新從蘇聯回來，委員長一定會要他發表意見。不出所料，晚餐後蔣介石即對大家說，今晚討論張鼓峰事件。《大公報》主筆張季鸞首先發言，一開始即說，他肯定張鼓峰事件一定就是新日俄戰爭的開始。之後很多人相繼發言，也都贊同張的看法，大家都想說一些好聽的話，有一位為了強調樂觀的遠景，甚至宣稱日本的財政將於九月崩潰。在蔣廷黻看來，他們在蔣介石面前表示的意見，都有各種不同的幕後動機。有些確是相信自己的看法，但有一些是揣測蔣的意思來附和或討好他。蔣廷黻說：「當晚發言的情形，也大致如此。」（《蔣廷黻回憶錄》頁二一一）一個元首做到這樣地步是很危險的，因為沒有人會在他面前講真話。那時蔣介石左右的天子近臣，只有蔣廷黻在他面前講真話，也敢講。當晚許多人發言後，蔣介石轉身對蔣廷黻說：「廷黻，你對蘇聯很瞭解。你分析一下張鼓峰事件。」蔣廷黻即答說：「我認為那只是一次邊界衝突，起於雙方的帶兵官，並非雙方政府事先命令他們開戰的。就布魯翰本人說，我認為他的行動不僅未受到上級命令，而且可能是違反上級規定的。」蔣廷黻發言時，所有之前發言的人都反對他的看法，都認為他不智。可是蔣介石在討論結束時說：「廷黻說的對，散會吧。我們要自己努力，就當作張鼓峰事件沒有發生。」（《蔣廷黻回憶錄》頁二一一至二一二）蔣介石說這幾句話時，憂鬱之情，不言可喻。後來蔣廷黻私下對那天的談話作如下評論：「如果說他（蔣介石）對蘇聯軍事援助曾經存有任何幻想的話，他一定是放棄這種幻想而面對殘酷事實的第一人。」（《蔣廷黻回憶錄》頁二一二）抗日戰爭是中國生死存亡的急要關頭，但英美隔岸觀火，未予援助，還與日本大做買賣。中國在絕望中環顧宇宙，可能給中國武裝援助的只有蘇聯。但是蘇聯的援助說說而已，口惠而實不至。或者就像掛在兔子前面的紅蘿蔔，只是滿足了蔣介石及一般中國人的幻想。這種幻想似乎一直到一九四一年四月十三日，日蘇簽訂了互不侵犯條約，一般中國人（像孫科、邵力子或者包括蔣介石在內）才死了這條心。蔣廷黻曾說過遠東戰爭違背了蘇聯本國利益，所以他始終不相信蘇聯會幫助中國抗日。那晚在蔣介石餐會上所發表對張鼓峰事件的看法，即是如此。他不想討好誰，只是秉持他所受的史學訓練，以歷史的眼光來分析論斷張鼓峰事件。蔣廷黻對這事件推測的結果，事後證之所言不誣。

張鼓峰事件結束後，蘇聯遠東區司令布魯轍被處死（蔣廷黻的推測是因為布魯轍想把蘇聯拖入遠東戰爭），蔣介石在當時似乎並不知情。一九三八年德國受日本壓力撤掉在中國的顧問團時，中國即以蘇聯顧問團替代，蔣介石還特地要求他以前在黃埔時期的顧問加侖將軍（即布魯轍）來華服務，史達林告蔣說加侖將軍已死。

抗戰初期，蔣介石亟盼蘇聯與中國並肩對日作戰而不得。及至一九四五年日本敗象畢露，美國欲減少攻打日本本土的傷亡，出賣了中國，犧牲中國權益，與蘇聯簽訂了雅爾達密約。蘇聯得了很多好處，欣然出兵。此時蔣介石頗不願蘇聯插足遠東戰爭，可是它來了，代價不貲。蔣介石雖一國之君卻作不得主。蘇聯出兵不數日，美國兩顆原子彈轟炸日本，日本很快投降了。俄國的外交狡猾機詐，著稱於世。甲午之戰及第二次中日之戰，中國均吃了大虧。帝俄時代的威德當非李鴻章的對手，蘇維埃時代的史達林呢？蔣介石能應付得了嗎？

III

張鼓峰事件後不久，汪精衛脫離中央。這在當時是一個大新聞，在歷史上是一件大事。汪精衛於一九三八年在重慶通敵求和前，曾急著找蔣廷黻談話。蔣廷黻新任政務處長，蔣介石常在前線。在重慶蔣廷黻是行政院最高級官員，很多聯絡工作和行政上的決定都由他負責。那時汪精衛是國民黨副總裁（總裁為蔣介石），名義上汪的地位在一人之下，但沒有實權。蔣廷黻與汪精衛並不陌生。蔣廷黻說在南京時曾見過他幾次，漢口未淪陷前，蔣廷黻說「我發現他對這種貶抑有些怨恨。」（《蔣廷黻回憶錄》頁三〇九）蔣廷黻從政前就與汪精衛見過多次。第一次見汪時他還在南開教書，正確時間年份不詳，當在一九二九年以前，汪精衛應邀到南開演講，蔣廷黻晚年回憶說：「那次演講非常成功，口才好，內容精彩。」（《蔣廷黻回憶錄》頁一四七）第二次是在國難會議時期，會議是汪精衛召開的，時於一九三三年春天，地點在洛陽當年吳佩孚練兵的營房。他在會議上講了好多次話，以人而論，他是一個美男子，又很會講話，有一種磁性的魅力，很迷人的，如用英文來說，他有一種 charisma 是也。

第三次見面在一九三三年秋天，蔣廷黻已在清華任教，汪是行政院長兼外交部長。這年秋天中國駐蘇大使顏惠慶返國述職，當時有一種傳說，如果中日戰起，蘇聯會武裝援助中國。就在那個時候，汪精衛邀約蔣廷黻到南京一談（這是蔣介石在牯嶺約見蔣廷黻之後）。蔣廷黻到南京後與汪精衛共進晚餐，在座的有顧孟餘（交通部長）、唐有壬（外交部次長），還有曾仲鳴（機要祕書）。汪精衛是親日派的領袖，這是大家都知道的，可是蔣廷黻說他（汪）任行政院長之前，汪的手下也曾發動過學生運動要求對日作戰，增加政府困難。但他出任行政院長後，言行就比較謹慎，不再談對日作戰。蔣廷黻晚年回憶，那天晚飯後他問汪，顏惠慶對蘇聯有何意見。汪立即回答說就是為這件事找你來南京商量。汪說顏惠慶建議用公民投票的方式來決定中日和戰。汪問蔣廷黻是否贊同。蔣廷黻答說如果政府已經準備作戰，不妨一試，不然此舉甚幼稚。汪對蔣廷黻的說法深表贊同。蔣復問汪，顏是否帶來一旦中日戰起蘇聯會武裝援華的承諾。汪答說顏並未帶回此種承諾。顏是一位有經驗的職業外交家，不應該有這種幼稚的想法，蔣廷黻認為汪可能曲解了顏的報告。蔣廷黻深為此事不安，回到清華後求教於同事錢端升教授，錢是顏的好友。他也認為顏的這個提議不妥。那時顏惠慶住在天津租界，蔣對錢說可否到天津勸顏惠慶以後不要再提這種建議。錢即前往天津，回來後說他已達成任務。並說顏確有此建議，答應以後不再提。可是蔣廷黻晚年回憶說，一九三四年年初，蔣介石從南昌行營打電報約蔣廷黻前往一談。出乎意料之外，蔣介石問他的問題和汪精衛問的一樣。蔣廷黻後來說，他從報紙上已獲悉顏大使晉見委員長的消息。很顯然，顏也向蔣介石提出同一建議。蔣廷黻說他答覆蔣介石的話和答覆汪精衛的一樣。（《蔣廷黻回憶錄》頁一四七至一四八）顏惠慶出使蘇聯似乎並不很賣力，無甚表現。抗戰期間他人在香港，很想接替胡適出任駐美大使，常散佈流言說，「適之要回來了，我去華盛頓。」然未成事實。自駐蘇大使後，蔣介石沒再重用他。一九四九年顏惠慶投向北京，一九五〇年病逝。[2]

孫中山於一九二五年去世（同年廖仲凱被暗殺），國民黨內可能繼承孫中山衣缽的有胡漢民、汪精衛及蔣介石三巨頭，論年齡論資望都輪不到蔣介石。自一九三六年胡漢民卒後，只有汪、蔣兩人，而汪佔優勢，他自始即不願居蔣一人之下，但蔣有槍桿。汪精衛一九三五年在南京遇刺後，即請辭行政院長兼外交部長，赴歐洲養病，從此大權旁落。西安事變後他匆匆自歐洲返國，對他來說這是他東山再起的天賜良機。像西安事變這樣的兵諫，在中外歷史上被劫者很少有生還的機會。但沒有想到事變有了戲劇性的結果，張學良伴蔣介石安返南京。事變後蔣聲譽日隆，當非汪精衛所想像得到的。正如美國學者易勞逸所說，蔣介石在西安事變後「享有廣泛的聲望，同時也加強了他在政權內部日益增加的獨裁權力。」[3] 易勞逸的話，可以用蔣廷黻於一九三八年自莫斯科回來後所得的觀察來佐證。蔣廷黻說：「蔣委員長集大權於一身的程度令我感到驚異。」當時汪精衛是國民黨的副總裁，地位僅次於蔣介石。「但汪的副總裁並不意味著可以代他行使權力，汪的副總裁銜頭僅意味著是向蔣委員長個人負責。這種關係從另一方面看也很清楚，汪在行政院沒有地位，行政院的院長是孔祥熙。換句話說，汪不能干涉行政院的事務。」（《蔣廷黻回憶錄》頁二〇九）汪精衛對這種「貶抑」有點「怨恨」，也許這種「怨恨」最後迫使汪精衛「逼上梁山」去南京建立汪偽政權。

武漢失守後（一九三八年十月二十七日），日本首相近衛文麿於十一月五日發表一項聲明，我人稱之為第二次近衛聲明。這是日本自德使陶德曼調停失敗後第一次和平攻勢。近衛在聲明中稱國民政府已失去七個大城市，蔣介石政權今後僅是一個地方政權而已，希望中國有遠見而明智之士出來領導，並與日本共同完成在東亞新秩序的使命。[4] 這個聲明日後有人說是針對親日派如汪精衛和何應欽等人而發，當時在重慶主和最力者是汪精衛。政府由漢口遷重慶後，蔣介石戎馬倥傯，大部分時間都在前線指揮督戰，因此他最後一個到重慶。預計蔣介石到重慶那天，汪精衛派人通知蔣廷黻說汪立刻要見他。當蔣廷黻抵達汪精衛官邸時，汪與其妻陳璧君同時出來迎迓。汪對蔣廷黻說他想儘早爭取最佳時機，請求委員長對日談判。並說他有德國與義大利的管道，透過這些管道可以與日本談和。蔣廷黻回答說，與日本談和戰這些重大問題，有任何意見應該與委員長直接談。又說，不過比和戰更重要的問題是統一問題，即統一作戰、統一言和，中國才有辦法；不然，如果是分裂的話一定會失敗。蔣廷黻又說，最後的決定還是取決於委員長，因為他是一國之君。蔣廷黻發表上述意見時，發現汪深受感動，但是陳璧君則怒不可遏。(《蔣廷黻回憶錄》頁二一三)蔣同時對汪說，利用他與德國及義大利的關係做為中日關係的調人不是頂理想，因為國人都知道德義是日本的同黨，對中國不利，應該找別的國家，否則中日直接談判。汪精衛不太贊同蔣廷黻這個意見。蔣廷黻告辭時，汪說等他見了委員長後再談。當天汪精衛與其他一些要員同去機場迎接蔣介石，汪隨蔣介石至官邸，他們當然會談到中日和談問題，且談的很久。之後蔣廷黻等候汪精衛召見，一直等了三天。蔣廷黻見到汪精衛時，汪的樣子很沮喪，垂頭喪氣。汪對蔣廷黻說，委員長徹底反對他的意見。蔣廷黻說，既然如此，我們只有服從。幾天後，汪即離開重慶前往法屬越南河內，從河內到南京，成立了傀儡政權「南京政府」。蔣廷黻說：「這件事完全出乎我的意料。雖然我一直對他未寄以厚望，但我確曾認為像他那樣文化背景和有革命歷史的人，實在不該去從事違反國家民族利益的叛行。」汪早年參加革命，一九一〇年二十七歲時謀刺攝政王，事敗被捕，在獄中寫下「引刀成一快，不負少年頭」名垂千古的詩句，轟動全國，像他這樣有「烈士情結」的革命英雄人物，怎麼到最後成了中國的「起士林」。蔣廷黻的分析：「汪的叛國行為也許有原則的，也許是為了滿足一己的私欲，但他太太卻完全是為了滿足一己的虛榮心。汪之走叛國之路可能是她將滿足虛榮心的要求與汪的政治原則相結合。這種作法，合了他們雙方的胃口。」(同上)關於汪精衛及其隨從者，可參閱林

博文〈抗戰時代的漢奸〉。(《關鍵民國》,大塊文化,頁一三七至一四七)

汪精衛曾是革命英雄,但自通敵求和組織南京傀儡政府,卻成了遺臭萬年的大漢奸。在當時大後方如有人遭人謾罵,必定說他是漢奸,他是汪精衛。這裡有一個例子,據翁文灝日記:有一次在紀念週上,同時亦為社會部長谷正綱及次長洪蘭友、黃伯度就職典禮上,監誓人是國民黨黨國元老張繼(字溥泉,1882-1947)訓詞,他借題發揮說:「漢奸有兩類,一為大眾共知,彰明昭著之漢奸,如汪精衛;一為後方服務,常言抗戰建國而行為實多害國之人。許多壞行為,使社會崩潰,政事紛亂而實大官庇護,甚至其家太太、小姐、少爺種種妄行,法律不加處治。」翁文灝在日記上說,這很明顯地是「指孔輩而發」,他又說:「此人向肯直言,此日尤見精神。」此人即指張繼,「孔輩」是指孔祥熙家族一批人。[5]

IV

抗戰時期政府確有很多問題與缺點,除了傅斯年或黨國元老張繼等人外,無人敢批評。蔣廷黻在七七事變前後曾不止一次說過:「對中國來說,與日本作戰乃是生死交關的事。我建議中國要傾全力以赴。」(《蔣廷黻回憶錄》頁一九三)蔣廷黻說這話的時候,是出使莫斯科前夕,等到他一年後從莫斯科回行政院工作,抗日戰爭已打了一年,他發現「戰時重慶最大的困難是政府無法將僅有的貧乏資源集中使用到戰爭上。」戰時的口號「抗戰建國」涵義太大,於是政府人員把「抗戰」一詞擴大解釋,一旦把「建國」列為首要,在蔣廷黻看來,「等於是像黃河開閘板一樣,人力物力就被分散了。」(《蔣廷黻回憶錄》頁二一三至二一四)由於軍事失利,節節敗退,日本侵佔的淪陷區越來越大,中國的領土只剩了一半,而且是較落後的一半。長江下游精華區盡入日軍魔掌,因此固定稅收減少了,鹽稅減少百分之七十五,工業稅減少了百分之八十,土地稅少了百分之五十,在這樣窘迫的情形下,政府高級官員還好高騖遠地推一些諸如行新縣制、義務教育、煉鋼廠及鐵路計畫。這些新措施照蔣廷黻的說法是不切實際的，因這些措施與迫在眉睫且與民族存亡生死攸關的抗日戰爭無關。（《蔣廷黻回憶錄》頁二二八）

蔣廷黻說新縣制是政府在戰時後方一項重大措施，一九三九年政府在新縣制上花費了很多時間與精力，一般輿論也都支持。但要實施這一制度則每個鄉鎮要增設學校，設立衛生所，同時要增加縣政府工作人員及經費。蔣廷黻請財政部提出建立新縣制的正確預算，依蔣廷黻的估計，創建新縣制的費用要比原有的制度增加一倍以上。當時最熱心贊助實行制度的是張群，他是國防最高會議的祕書長兼行政院副院長。蔣廷黻一向傾向革新的一面，但在戰時，他對張群說，目前政府財政無法負擔這個制度，即使我們能夠籌到這筆錢，也無法物色到能推行這種新制的專業人才。有一次蔣廷黻代表行政院出席討論制度的圓桌會議，再三申述他的主張及實行的困難，因為抗戰，用蔣廷黻常說的一句話：抗戰於中國乃是「生死交關的事，」希望大家慎重考慮，「能將錢和人力集中起來用於抗戰上。」蔣廷黻說：「他們對我的請求無動於衷。」於是乃建議將新縣制修改一部分，分作五期進行，即每年實行五分之一的縣份，但與會諸公堅持一定要全面實行。蔣廷黻所做的努力都失敗了，但是他們的勝利最後也只是紙上談兵而已。因為政府財政異常窘迫，沒有經費推行這種不切實際的新縣制，只是增加幾個沒有工作的新機構，過去一年多所花費的時間與精力可謂白白地浪費了。在蔣廷黻看來，一項新措施在立法時大家都還很認真，一旦立法程序完成後大家也就把它淡忘了。所以所謂新縣制措施就變成了一種虎頭蛇尾的具文了。（《蔣廷黻回憶錄》頁二一四）也許在這時侯，蔣廷黻體會到在官場作官與在象牙塔裡作學問是兩回事。

為了熟稔各省縣市實際情形，也為了推行新縣制，蔣廷黻於一九四〇年春天到湖南、江西、浙江、福建及廣東、廣西做了一次視察旅行。隨行的有吳景超（社會學家，過去是翁文灝的主要助手，也曾是《獨立評論》一員）、李銳（公共財政專家，當時是財政部高級祕書），還有一位倪渭卿是內政部的官員。[6]蔣廷黻一行全程以汽車走了一千五百公里，經過日本轟炸區，也經過盜匪出沒的崎嶇山路，很幸運一路無恙，「車子一直都沒有拋錨。」整個視察旅行中，蔣廷黻說他們會見的省主席裡最有精力的當推福建省的陳儀，他是一個國家社會主義者，設法在福建實現他的理想。他控制商業和分配，將公家機構取代私人的商業組織，此外還「推行嚴格的文官制度，並盡力袪除徇私主義和族閥主義。」蔣廷黻說：「他的廉潔和苦幹實在是沒話說。只要是他能替福建做的，不論有多大犧牲他都傾全力以赴。」蔣廷黻又說：「但他在當時的省主席中是最不得人緣的。」陳儀治下的福建（日本人只佔領廈門及福州兩大城市）首府設在閩北山區永安。蔣廷黻在福建一個小鎮上，當地人對他說，他們「生活比過去好。在平時，每十天殺一條豬，鳴鑼通知，請大家來買新鮮豬肉。」現在「經濟繁榮了，每天都要殺豬，所以用不到再鳴鑼了。」（《蔣廷黻回憶錄》頁二一四至二一六）

蔣廷黻這次旅行得到的結論有三：(1)他們到過的地方都有健全的自給自足經濟，有些戰時都市如衡陽、贛縣、衢縣、金華及桂林等地都相當繁榮。如上述的福建小鎮即是一例；(2)蔣廷黻發現一般人普遍抱怨徵兵制度腐敗。過去南開或清華的學生私下告訴他，一些負責徵集令的地方政府官吏難以置信的罪行。這些不健全的徵兵制度的結果是很不好的：比如說徵兵一百名，鄉村損失一百個生產者，而前線最多增加二十五名士兵（因途中有人逃亡）。蔣廷黻回到重慶後，建議把徵兵的數目減半，薪餉增加一倍。但軍政部長何應欽卻認為蔣廷黻「神經不正常」；(3)蔣廷黻另一發現是中央政府給各省市大部分的改革方案均原封不動。一因經費不足，二沒有訓練有素的人員，三是惰性（inertia），蔣廷黻舉了一個有趣例子，在一個實行新縣制的模範縣，有所模範小學，教室裡僅有的一面窗子被黑板遮擋著，蔣廷黻問老師，為何不把黑板移到別處。他當著省主席面答說：因為它一向在那裡。蔣廷黻最後說，儘管各省省主席和縣長都以全副精力來推行新縣制，可是最後結果還是完全失敗。（《蔣廷黻回憶錄》頁二一五至二一六）

一九四〇年七月蔣廷黻結束了東西南各省的考察。回來時正值日本瘋狂轟炸重慶的時候，所有的交通工具如輪渡都被炸毀了，他一度被困在重慶近郊一所小房子裡。蔣廷黻的房子被炸得片瓦不存。事後有人告訴他，他們只找到一條毯子，已被炸成碎片掛在電線杆上。蔣廷黻回到辦公室時，在堆積如山的文件裡看到一件教育部的提案等他處理。這是教育部長陳立夫提出要在後方推行五年義務教育，這一提案是繼新縣制之後第二個新措施。當時行政院祕書長是魏道明，他雅不欲拂CC龍頭陳立夫意，等蔣廷黻回來，設法請陳立夫打消這個提案。在蔣廷黻看來，平時都沒有想到要實行義務教育，戰時提出這種議案真是匪夷所思。蔣廷黻認為教育是很重要的，特別是小學教育，但是在戰時推行新的義務教育，顯然是不適時宜。蔣廷黻深知政府沒有錢，經費甚困難。有一次他與軍政部長何應欽閒談，悉聞有些部隊及軍事機關已三個月沒有錢發薪水了，政府財政困難情形當思之過半矣。起初蔣廷黻想把教育部的提案壓一壓，但一想陳立夫是國民黨大老，個性那麼強，誰都不敢得罪他。事也湊巧（自一九三九年十一月二十日起蔣介石任行政院長，孔祥熙任副院長。但蔣介石常在前線指揮作戰，通常院會由孔主持），那次院會因孔生病不克到會，乃由蔣介石親臨主持。開會時，蔣廷黻將陳立夫的提案和未來五年計畫支出明細表一併放在主席桌上（會議之前蔣廷黻曾將政府財政困難及陳立夫的義務教育提案，做了一個簡單的口頭報告），蔣介石宣讀這些檔後，稱義務教育留待勝利後再辦。陳立夫雖一再陳述其他理由，均不得要領。後來陳立夫又提了一些變通辦法：分批實行，但蔣介石回答：「這種工作，政府絕不可以分批去實施。」（《蔣廷黻回憶錄》頁二一八）如果那天主持會議的是孔祥熙的話，不知會出什麼花樣，很可能鬧出下面馬上要講到的類似翁文灝在戰時後方要辦煉鋼廠的笑話。

一九四一年珍珠港事變後，翁文灝是經濟部長，呈文請求撥款在重慶建一煉鋼廠。蔣廷黻起初是贊成的，他認為戰時增加鋼的產量是必要的。為了慎重起見，他去求教兵工署署長俞大維，但俞不贊成這個計畫。他說原料、燃料、技術工人等在重慶有很多困難，增加新的煉鋼廠只不過是轉移現有工廠、人力和原料而已。最關緊要的，俞大維說，「軍隊需要的是特種鋼，新廠不能煉。」經俞大維這麼一說，蔣廷黻就反對翁文灝籌建新鋼廠的提案。當大家在例行的行政院院會上辯論提案時，孔祥熙為了平息爭議，一開始即對翁文灝的工作熱誠及忠於職守稱讚一番，然後轉身對蔣廷黻也說了幾句好話，一派舊時官場油腔滑調、官腔官調、浮而不實的話。蔣廷黻說他好像調停兩個人之間爭端做和事佬一樣。最後他說：「因為你們一方面要撥七千萬，另一方面認為一分錢也不能撥。我不偏袒你們任何一方。我決定撥四千萬。」對於這件事蔣廷黻在回憶錄中稍有微詞，他說大多數類似這種事，孔的決定是明智的，但對籌設新鋼廠事，他說：「我卻希望他要幹就撥給七千萬，要不幹就採納我的意見一文不撥。因為七千萬還可以生產一些鋼材，四千萬就等於白白浪費。抗戰時期中國的妥協精神往往就導致上述的結果。事實上，這都是因為中國人缺乏在一個時期內集中力量從事一件事的習性所造成的結果。雖然人們口頭上叫『軍事第一』，但他們心裡卻想從事許多與戰爭毫無關係的事。」（《蔣廷黻回憶錄》頁二二二至二二三）因此到後來他不惜嚴辭質問過去祕書處共事的夥伴翁文灝，為什麼他主辦的國營鋼鐵廠煉出來的鋼，價錢比從美國匹茲堡經滇緬鐵路運來的鋼還要貴？[7] 孔祥熙對煉鋼廠事莫名其妙的處理，在孔擔任行政院長時太多了，日後傅斯年私下對蔣介石說，孔不夠資格任行政院長。

戰時重慶辦煉鋼廠是經濟部的事，蔣廷黻對中央各部會都不很滿意，但最不滿意的是交通部。蔣廷黻在回憶錄中講了一兩個交通部築路的故事。當時中國對外僅有的一條交通線是經過緬甸出口。政府經過一段時期爭論與研討後，決定在雲南修一條鐵路通往緬甸。蔣廷黻認為如果這個計畫既經決定則必須傾全力以赴，所以建議擱置其他鐵路修建計畫，把全副精力用在建築緬甸鐵路，但交通部長張嘉璈要求將湘桂路延長到貴州，此外，並要求在西安將隴海路延長。可是蔣廷黻編預算時，把八千萬元全編列在通往緬甸的鐵路內。交通部長利用中國人妥協的天性到處遊說，終將修建緬甸路的經費分出一部分移作修建湘桂路及隴海路的延長。蔣廷黻很遺憾地說，這兩條延長的鐵路對抗戰來說毫無貢獻。鐵路的故事還沒有完；日本佔領新加坡後，[8] 蔣廷黻認為英國的力量不足以保衛仰光，因此建議修築通往緬甸鐵路的工程應立即停止。這樣可以省下七千萬元，起初蔣介石同意了，但是緬甸鐵路局長曾養甫利用蔣介石巡視昆明之便說服了他，於是蔣介石乃命蔣廷黻對於停止修建通往緬甸的鐵路工程消息暫勿發表。蔣廷黻說政府白白浪費了三個月的功夫。（《蔣廷黻回憶錄》頁二二二）蔣廷黻有時候有很好的意見及主張，他做事有原則性，也比較客觀，很美國化。可惜的是他的權力及影響力有限。中國政府要現代化，需要更多像他這樣的人在政府工作。

V

蔣廷黻在行政院時，大多商討的是內政問題，但有時也會討論外交上的國際問題，比如一九四二年二月蔣介石訪問印度前夕即是一例。蔣介石於一九四二年二月五日偕夫人宋美齡去印度作親善訪問，英國政府表面上同意，實際上很不高興，但重慶政府並不在意英相邱吉爾的反應。[9] 此時甘地及尼赫魯所領導的反英獨立運動如火如荼，動亂蔓延各地，英國政府認為應該加強控制。中國朝野及輿論同情印度人民支持印度獨立是必然的，但是當時宣傳部長王世杰是親英的，他籲請各報基於政治立場不要發表反英言論。於是輿論界就效金人三緘其口，大家不談印度問題，這是不對的。職是此故，黨政兩方人員對王世杰的政策甚為不滿，群起反對。正在這個期間，有一天蔣介石在官邸請一些近臣午餐，蔣廷黻晚年回憶說，這天他一進官邸就覺得氣氛很緊張，過去慣例都是在飯後討論問題，可是那天一反常例，蔣介石要大家在飯前聚集在飯桌四周，一俟大家坐定後即說：「今天我們來討論印度問題。」一位黨國元老首先發言，他說國民黨是一個革命的政黨，一向反對帝國主義，我們必須支持印度的民族主義運動。接著發言的一位年齡較長但職位較低，他厚詆帝國主義，特別痛罵英國帝國主義，說欺淩弱小民族、壓迫亞洲人民已經成為英國人的傳統一部分。他主張對英國採取強硬態度，但並未提出具體的方法。第三位發言者強力譴責中國宣傳部的新聞政策，他說中國壓制親印度的言論是不值得的，他講得很有道理。這時張群想替王世杰講話，但蔣介石阻止了他。其他人發言後，蔣廷黻問他是否可以發表意見？蔣介石說可以。蔣廷黻站起來說：「儘管大家說了很多，但沒有一個人提出可行的辦法。我認為我們實際能夠做到的，才是真正能夠幫助印度的。在當時，我們僅僅能充當一個中間人。要充當中間人，中國就不能得罪英、印任何一方，任何譴責都或多或少對於居間調停有損害。我建議宣傳部應該讓報界自由討論，但要請他們注意：儘量避免趨於極端。」蔣廷黻發言時，有些人認為他是傻瓜。他坐下後會場一片沉寂。最後蔣介石作結論：「我們照廷黻的意見做。」（《蔣廷黻回憶錄》頁二二三至二二四）

午餐後的翌日，重慶所有報紙都報導了印度的新聞，很是突然，而且內容都一樣。蔣廷黻說，其言論尺度不僅超過了宣傳部的許可，也超過了他所意料。當時蔣廷黻除擔任政務處長外並兼任政府發言人，每星期三要舉行例行記者招待會，發佈新聞，接見中外記者。當時駐重慶的外國記者有三、四十人，他們認為重慶突然報導印度消息，中國政府採取了反英政策，他們向總社發稿時，這種報導當然會遭到中國新聞檢查機構扣留。當時國際宣傳處處長董顯光對蔣廷黻說，外國記者宣佈要從重慶撤離，因為他們的新聞電稿被扣查。後來蔣廷黻在記者招待會上，就蔣委員長在午餐席上的建議向他們作了簡單的說明。中外記者對他的解釋都明白了且很滿意，新聞稿的遲發關係並不太大，可是當天晚上有位中國報館的編輯打電話給蔣廷黻，埋怨說新聞檢查人員禁止中國報紙刊佈外國記者已被允許拍發的電稿。（《蔣廷黻回憶錄》頁二二四）

蔣廷黻說，蔣介石左右的人，有些人本身根本沒有定見，有些人即使有，怕委員長對某些事事先已經有腹案，一旦把自己的意見說出來，如與委員長的腹案不合，豈不尷尬，因此在會議上乾脆不發表意見，藏拙為上策，這已成普遍現象。不過他也聽人家說過，蔣介石也會聽忠言逆耳的話。蔣廷黻談到自己，他說只有一次是例外，那就是答覆日本首相近衛聲明的那一次（一九三八年），蔣廷黻說：「他（蔣介石）沒有接受我的意見。」（《蔣廷黻回憶錄》頁二二三）一九三八年十月二十七日日軍佔領武漢後，日本首相近衛文麿發動一次和平攻勢，旨在瓦解中國人民抗日士氣，認為蔣介石的重慶政府是一個地方政府，希望汪精衛、何應欽等親日派與日本談和。他又說：「至於他對我所發表的不合他意的意見是否表示過不快，我就不知道了。」（同上）

當了幾年政務處長後，蔣廷黻以他過去從政的經驗，認為中國傳統的文書制度、公文程序應該要改革。他說幾世紀以來，中國知識分子是「肩不能擔手不能提」，他們從塾師學的是紹興師爺那一套，一旦把公文寫好，工作就完了，這種積弊大部分還保留到現在。（《蔣廷黻回憶錄》頁二二六至二二七）又說：「像中國這樣古老的國家應該把這聰明用在研究人類心理和實際管理人方面。就私人關係方面說，我認為中國已經到相當高的文化水準。但在公共生活方面我卻不敢說已經達到理想地步。中國的政治領袖當然也知道人類都有追求權力和財富的天性。在過去，有許多皇帝，他們曾利用這種天性得到某種程度的成功。」他也批評孔祥熙任行政院長時幾件幼稚而錯誤的判斷。但筆者認為他（蔣廷黻）批評的最好的是下面幾句批評國民黨的話，既尖銳又中肯，他說：「但是他們當時行為的動機在我國的歷史中又沒有正確的記載。過去國民黨的作風就是反對揭露中國英雄聖人的短處，他們忘記了，除非我們能揭過去的短，我們就不能更進步，就不能生活得更理想。」最後說：「中國政治領袖在建國時很少利用人類好工作的本性。我們都想有機會去做一己的工作，追尋工作圓滿完成的滿足。當然，政府應該予其工作人員以實質的酬勞。雖然人生不完全為了麵包，但是沒有麵包他們是不能生存的。為了使人們努力工作，倒也用不著給以過分的諾言。因為國民黨要建立一個半社會主義的國家（我完全贊成），所以就要較過去更努力，去引發人類工作的天性，使他們參加工作。建立一個社會是使其中男女在公私生活方面都能夠有足夠的機會去發展、滿足他們工作的天性，是中國政治家的首務，我敢大膽的說，這也是每個國家政治家的主要工作。目前人類已不再完全追求權力和金錢，因此，文明的進步應該依靠人在工作中的自尊。」（《蔣廷黻回憶錄》頁二二七）這段是蔣廷黻的至理諍言，值得我人深思。不久他就離開重慶去美國參加即將成立的聯合國善後救濟總署大會。

---

1. O. Edmund Clubb, *China and Russia: The "Great Game"*, New York, Columbia University Press, 1971, pp. 312-313.
2. 陳雁，《顏惠慶傳》，保定，河北人民出版社，一九九九年。此書予人印象，顏惠慶工作並不很賣力。
3. 《劍橋中華民國史，1912-1949》下卷，北京，中國社會科學出版社，一九九三年，頁一八三。
4. 趙佳楹，《中國現代外交史》（1919-1949），上海人民出版社，二〇〇五年，頁七一八。
5. 翁文灝，《翁文灝日記》（11/18/1940），北京，中華書局，二〇一〇年，頁五六三。
6. 《蔣廷黻回憶錄》裡，譯者謝鍾璉將李銳誤譯成崔禮，倪渭卿譯成魏景南（頁二一四及二一五）。李銳湖南邵陽人，是何廉的表弟，南開畢業；倪渭卿浙江金華人，時任內政部參事。詳見臺北《傳記文學》總號二七九。
7. 陳之邁，《蔣廷黻的志事與平生》，臺北，傳記文學出版，一九六七年，頁三九。
8. 日本人於一九四二年二月五日佔領新加坡，英軍八萬人投降，這麼多人投降在英國歷史上是史無前例的。
9. 林博文，《跨世紀第一夫人宋美齡》，時報文化，二〇〇〇年，頁一四五。邱吉爾曾電告蔣介石不要拜訪主張獨立運動的聖雄甘地。蔣介石訪問印度當然要對甘地和尼赫魯所領導的反英獨立運動表示同情與敬意，哪有到了印度不去拜訪甘地。蔣介石夫婦到了印度受到熱烈歡迎，甘地送了一部紡車給宋美齡，這位反對暴力倡導不合作主義者對宋美齡說：「你有武器，我也有武器，現在將我的武器（紡車）送給你。」甘地並以土法「滿地打滾」傳統的印度禮節來歡迎蔣氏夫婦，訪問團隨員張道藩代表蔣介石亦以「翻滾」來答謝甘地（詳見龔選舞著《龔選舞回憶錄》，時報文化，一九九一年，頁二一二）。

第十三章

善後救濟總署

1943—1946

善後救濟的主持不是廷黻得意之筆。
他對這項工作雖然盡了很大的力量，
但是困難之多，阻力之大，效果之微，
都不是他在一九四四年和我談話時所曾預料到的。

——陳之邁

從珍珠港事變到一九四二年夏季，日本在太平洋上獲得一連串不甚費力的勝利，但是年五月日本在珊瑚海一役失敗後，從此一蹶不振。可是日本並不死心，擬於六月初作戰計畫想攫取中途島。中途島位於珍珠港東約一千海里。珍珠港雖遭日本破壞，但仍不失為美國在東太平洋上一個重要的軍港。如果日本佔領中途島，則對珍珠港是一大威脅。可是日本想攻取中途島的野心未得逞，而且自珍珠港事變後，日本在太平洋上獲得的制海權也失去了。在歐洲戰場，軸心國也不很順利。一九四三年二月初，德國在列寧格勒的大將包羅拉（Friedrich Wilhelm Ernst Paulus, 1890-1957）率領第六軍八萬殘餘部隊向蘇軍投降，在德國軍事史上沒有一個元帥向敵軍投降的先例。是年七月盟國在北非登陸，八月義大利投降，此時盟軍勝利指日可待。這時美國羅斯福總統（Franklin Delano Roosevelt, 1882-1945）即有重建戰後善後救濟事宜的全盤計畫。在中外歷史上發生戰爭是很平常的事，但每次打完仗即算了，沒有人想到在戰後辦理救濟與善後。其結果是戰爭結束後餓死的、凍死的，加上因瘟疫而死亡的，往往要比在戰場上死亡的人數還要多。蔣廷黻是歷史學家，故在他寫的《中國善後救濟總署》這本小書裡，舉了很多歷史上相關的例子。一個是在十七世紀的德國，十七世紀上半葉（一六一八至一六四八）歐洲的三十年戰爭，受害最深的是德國，戰後德國元氣大傷，在歐洲一、兩百年都爬不起來。蔣廷黻進一步說與歐洲三十年戰爭的同時，中國有明末清初的大亂，根據史料，四川有一縣人口報告說某年年初計九百七十餘人，一年之內被野獸吃了三百多人。這是康熙十七年或十八年的報告，離戰亂已三十多年了，而留下來的災情，尚且如此。[1] 羅斯福總統有鑒於戰爭後果之嚴重，未雨綢繆，故戰爭尚未結束，他即用心於戰後世界所面臨的糧食問題以及難民問題等善後救濟工作，他有個周密的計畫，希望戰後的盟國，即是他心目中所構想的日後的聯合國，運用所有的人力、物力及近代科學，有系統、有計畫地善後與救濟，在戰後要盡義務來援助在戰時受害嚴重而無力重建的同盟國，務使儘量減少因戰爭帶來的災害及犧牲，早日復元。有人說，他以美國處理內政上的新政（New Deal）方針運用到國際上，也不無道理。也許羅斯福的戰後善後救濟計畫的靈感（inspiration）來自「新政」。

II

自一九四三年起，同盟國在美國宣導下開始積極籌備戰後救濟工作。最具體的行動即在這年十一月初旬於美國華盛頓召開的國際性善後救濟會議，四十四個國家派代表參加。蔣廷黻代表中國出席這個大會。十一月九日所有代表齊集白宮簽訂了聯合國善後救濟公約。[2] 公約簽訂後，各國代表就到華盛頓北約兩小時車程的新澤西州大西洋城出席第一次國際善後救濟大會。參加的四十四個國家與會代表在大會上發佈宣言，即正式成立了「聯合國善後救濟總署」，英文名稱為 The United Nations Relief and Rehabilitation Administration，簡稱ＵＮＲＲＡ（中文簡稱「聯總」）。根據公約，聯總最高職掌權力來自代表大會，大會由每個會員國派遣代表組成。每半年召開一次，決定預算和其他重要政策。第一次大會並決議總部設於華盛頓，設署長一人，對中央委員會負責。中央委員會由中英美蘇四國組成（後來中央委員會由原來的四國擴大至九國，新增的五國為澳洲、巴西、加拿大，法國和南斯拉夫。聯總會員國由原來的二十六國，至一九四九年三月聯總結束時，已增至五十二國）。開會時以署長為主席，中央委員會則須對大會提出年度報告。聯總轄下還有兩個區域委員會，此即遠東及歐洲委員會。此外，另有五個技術委員會：(1)衛生；(2)農業；(3)工業；(4)福利；(5)難民。遠東區域委員會之下同樣設有五個小組委員會，其中衛生與農業委員會的主席分別由中國的劉瑞恒和謝家聲擔任，這是聯總的立法和技術部門。聯總成立時公推美國前紐約州長李門（Herbert H. Lehman, 1878-1963）為署長，輔助李門的有八位副署長，其中之一為我國前財政部常務次長郭秉文，並另兼任祕書。聯總在中國設有分署，署長為季賽（Benjamin H. Kizer, 1878-1978）。[3] 中國在行政院另設有善後救濟總署（簡稱行總），署長是蔣廷黻。

蔣廷黻本在行政院工作，但自一九四三年秋天起，奉命參與籌辦聯合國善後救濟工作，因此參加了華盛頓及大西洋城的國際會議。他是中國代表兼聯總中央委員會委員。因此他自一九四三年十月二十一日離開重慶赴美至一九四四年十月二十一日離開華盛頓，二十四日搭美國軍用飛機返國，這一年間他都在國外；除了參加華盛頓及大西洋城會議外，也曾代表中國到加拿大蒙特婁（Montreal）出席聯總會議。回國後，一九四五年二月參加澳洲雪梨及八月英國倫敦的聯總區域會議。後來中國政府在行政院下特設行政院善後救濟總署，他才留在國內。以後聯總在美國的會議，及其在中央委員會的會議，均由中國駐美大使館參事陳之邁代表蔣廷黻參加。蔣廷黻在美國一年，除了出席聯總會議外，也參加了一九四四年七月一日至七月二十二日在美國新罕布夏州布萊頓塢舉行的貨幣基金會（International Monetary Fund），即後來的世界銀行（World Bank）。代表中國出席會議的首席代表是孔祥熙，孔當時是行政院副院長兼財政部長。蔣廷黻是政務處長，但他出席這個會議的身份很特別，不論他的身份是代表或顧問，實際工作性質是孔祥熙的顧問兼機要祕書，孔祥熙重要的中英文演講稿或宣言均由蔣廷黻擬稿。孔參加重要會議或記者招待會，蔣廷黻陪伴在側。[4]

舉辦任何事業都需要錢，像善後救濟總署這樣龐大的國際機構則需要很多錢，聯總的經費來源，是由各援助國家捐出，如在戰時未被敵軍佔領的會員國，像美國、英國、加拿大、澳洲、巴西和其他一些較小的國家。在第一次國際會議中，決議由上述這些國家各捐出其每年總收入的百分之一強，做為聯總的經費（美國捐出最多，數目最大，其次是英國及加拿大）。照這一標準來計算，聯總的經費當可得十八億至二十億之譜。但是戰後世界所面臨的問題，絕非這二十億所能解決得了的。所以在第一次大會上通過了一個決議案，規定聯總工作的範圍。救濟的範圍比較具體而且容易確定：如在兵燹之後，應設法幫助流離失所者（即被迫離開本鄉的難民，在英文裡稱 displaced persons）回歸故鄉；而老弱傷殘無力謀生者，應設法收容。至於善後，伸縮性較大，範圍不易確定。根據大西洋城的決議案，聯總只能幫助會員國恢復戰前原有的生產必需品事業。如果成功，這已經夠好了。蔣廷黻說：「這種有計畫的國際合作救濟是歷史上空前的創舉，其成敗不但有關目前苦痛民眾的幸福，而且有關戰後世界的繁榮及聯合國相互的瞭解和合作。」[5]

聯總規定接受援助的國家有一個標準，即限於戰時被敵軍佔領又遭破壞的國家，本身無力復興而且沒有別的國家援助。由於這個基本標準來衡量，中國不僅合格，且是受害最嚴重的，所以被列為接受聯合國善後救濟最主要的國家（即最主要的受益國）。因此中國得向聯總報告，請求援助。聯總要求中國提出受援專案及數字的草案。這種請求須有詳細的經濟統計數字，並且使用聯總援助物資的具體計畫。然後將這個計畫書繳予聯總中央委員會審訂。這是一項極其繁雜的工作，由蔣廷黻總司其職。對蔣廷黻來說足堪勝任，因他做過類似這種編造國民政府預算的工作，他在行政院即有編撰全國年度總預算的經驗。此外，善後救濟計畫的執行需要中央各部會和各省市政府協調合作，所以正如陳之邁所說：「廷黻在行政院的經驗是非常珍貴的。」[6]

遠在第一次大會召開前一年，即一九四二年，西歐幾個國家在倫敦設立了一個善後救濟調查委員會，蔣廷黻曾密切注意這個委員會的發展與功能。他認為這個委員會工作認真，計畫周詳，調查精確，建議中央政府也應該有一個這類性質的委員會。政府接納了蔣廷黻的建議，於一九四四年在行政院成立了一個同樣性質的調查設計委員會，任命蔣廷黻為該會主任委員，他那時在美國，除了提供意見外，並未參加實際工作，在國內的工作由顧翊群擔任。這個委員會對中國善後救濟貢獻很大。該會調查結果，向聯總提出中國善後救濟的報告，認為對中國的善後救濟需美金二十五億，相當於戰前的購買力法幣二十七億。這個數字雖然很大，但中國抗日為時最久，陷區最廣，破壞最重，受害最深，事實上二十五億美金還是不夠的。蔣廷黻說聯總的經費總共只有二十億美金，總不能要聯總把所有的錢都給我們，但經蔣廷黻及就近在美的中國專家再三商討，最後只希望聯總援助中國九億四千五百萬美金。這裡必須說明一下，聯總不是給受益國現金，這九億多美金，是請求分配給中國物資的價值。

蔣廷黻提出請求援助的計畫書所列專案如下：

交通佔	三億三千萬
糧食和衣料各佔	一億五千萬
工礦器材佔	一億一千萬
農業佔	七千七百萬
衛生佔	六千六百萬
其他佔	六千萬

此外還有漁業及農業計畫，因需改良的地方很多，聲明保留。中國的善後救濟計畫書於一九四四年九月三十日送交聯總，負責審訂計畫的是中央委員會。當計畫書送出後，蔣廷黻即準備返國述職。他從紐約搭軍用飛機經加拿大、紐芬蘭、北非、中東、印度及昆明於十一月一日抵達重慶，在美國前後剛好

一年。

蔣廷黻說過善後救濟計畫雖好，如果執行不力，進行不順利，將來仍不能收到預期效果。倘若有絲毫浪費，不僅對不起捐助的友邦好意，更對不起受難的苦難同胞。所以他在歸國的途中一再思考這個問題，究竟未來的善後救濟新機構應該具備些什麼條件呢？思考的結果，他認為應該有下列幾個具體的要素：第一，這個新機構辦事要迅速，要有效率。因為聯總在各國的援助不會很久，倘若遲緩則頓失援助我們的機會；第二，新機構應與行政院所屬的其他相關部會竭誠分工合作，不可有絲毫摩擦或相互衝突；第三，新機構辦事人員自上至下必須清廉。如有舞弊不但物資損失，在國際上的名譽損失則更是可惜。此外蔣廷黻根據中外經驗，認為救濟事業應該堅守兩個基本原則：第一，救濟的物資和救濟款項不可由太多機關轉手，因為多轉手一次，就多一層舞弊的機會。救濟手續越簡單越好，使救濟物資很快到受益者手裡，這樣可能性的舞弊就消失了；第二，救濟應該統一辦理，善後應該分工合作。蔣廷黻說上述這些基本原則，「是我在歸國途中所想到的執行標準和方法。」[7]

蔣廷黻十一月一日晚上回到重慶，休息了一天，十一月三日晉見蔣介石（當時擔任行政院長），與蔣介石在官邸共進午餐，在座的有陳布雷和張厲生。午餐期間，蔣廷黻向蔣介石報告他過去一年來的工作、有關國際善後救濟事項，以及中國所需請求援助的數額。同時建議政府應設立一個執行機構，以配合聯總在中國的計畫，並說明這個新機構該具備哪些條件。蔣介石對蔣廷黻的工作報告很滿意，對他的要求和建議，言聽計從，一一答應。他隨即囑咐蔣廷黻起草新機構的組織法。蔣廷黻並對委員長說，他計畫明年二月出席在澳洲召開的聯總區域會議，蔣介石也都答應了。[8]

這個新機構的名稱為「中國善後救濟總署」，是蔣廷黻自己定的，在孔祥熙任行政院副院長時，他想命名這個新機構為「公共救濟局」，因蔣廷黻堅決反對而作罷。在蔣廷黻心目中，這個新機構應分設廳、處、室；廳下面設有儲運、分配、財務、賑恤四廳；處有總務、會計、調查、編譯四處；室有人事室；業務部都在四廳；儲運廳負責點收物資以及運送物資；分配廳則依據各省縣市及各事業所需來分配數額，並決定緩急先後；財務廳掌管物資出售；賑恤廳辦理緊急救濟，幫助難民還鄉；會計室與其他機關的會計室並無二致；但總務處與普通機關一樣，此外需管聯總駐華辦事處的庶務並接待外國專家；調查處調查各地需要。這個新機構的組織法有關法律方面是由端木愷起草，其他關於內部組織由蔣廷黻自己擬稿。中國善後救濟總署籌辦甚是積極，進行得很快，蔣廷黻安排人事物色人選，忙得幾無片刻之暇。一九四四年十二月十九日，報上正式發表政府任命蔣廷黻為中國善後救濟總署署長，這一天是星期二，是例行的行政院院會，由宋子文主持（自一九四四年十二月七日起代理蔣介石為行政院長）。宋在院會上提出善後救濟組織法來討論。糧食部長徐堪說主要有兩點：一新機構與其他部門的關係不太明確；二新機構組織龐大。接著是宋子文講話，他說組織法與其他部門有侵權的可能，如很可能與外交部有衝突。其他人也有講話但問題不大，蔣廷黻在日記中記，這些問題只要有耐心，他可以應付。[9]

善後救濟總署組織法送交立法院後，他不斷在立法院裡裡外外奔走，希望能順利通過。他曾去拜訪立法院長孫科，為了組織法，蔣廷黻在一月十三日親至立法院作二十分鐘聲明，並回答立法委員三十分鐘的詢問。善後救濟總署組織法終於在一月十九日正式通過，只有一個重要的地方修改，此即是副署長，原來要求五位改為兩位，雖然如此，蔣廷黻甚為滿意。組織法通過那天，他在日記上記：「如釋重負。」（I felt much relieved.）組織法於一九四五年一月二十一日公佈，乃正式成立「中國善後救濟總署」，隸屬於行政院，簡稱「行總」，以別於「聯總」。蔣廷黻為署長，浦薛鳳和李卓敏為副署長。署長是部長級，副署長是次長級。此外又在各重要省市設立分署，這是一個組織甚是龐大的機構，權柄很大，掌握及可以支配的物資相當可觀，怪不得宋子文及陳立夫都眼紅，很想分一杯羹。宋子文想要的是權力及錢，陳氏兄弟則為國民黨著想，主張救濟總署物資應由各地地方黨部來分配，宋子文和陳家兄弟的想法都違背聯合國善後救濟總署的基本原則和宗旨，蔣廷黻當然不肯。這些因素，也就註定了蔣廷黻日後在行總孤軍奮鬥，導致最後他在行總失敗的原因之一。（宋子文聯合陳果夫、陳立夫在蔣介石面前「告狀」，說蔣廷黻諸多弊端，最重要一點說蔣廷黻的行總援助共區物資遠較國民黨控制的區域還多，最後蔣廷黻終於去職。正確的日子是一九四六年十月四日。）

「行總」初設於重慶，日本投降後遷至南京，但實際工作單位都在上海。蔣廷黻即在上海辦公，副署長浦薛鳳在南京。此外在江蘇、浙江、福建、江西、湖南及華北、東北地區各省均有分署。且在全國各大都市如長沙、鎮江、杭州、武漢、開封、桂林、瀋陽、南昌、臺北、太原、天津、青島等地亦設有分署。[10]「行總」確實是一個相當龐大的機構。至於中國與「聯總」方面的聯繫，蔣廷黻除了擔任中國代表，還兼任中央委員會代表，鄭寶南是中國駐華盛頓辦事處主任，這是在中國方面的一套機關組織。在聯總方面，他們在中國又有另一套組織。聯總在中國設有分署，中國分署於一九四五年十一月十三日成立於陪都重慶，署長為季賽。李門本屬意Thomas C. Blaisdell，Blaisdell 與蔣廷黻同庚，自賓州州立大學畢業後，曾在紐約哥倫比亞大學獲經濟學碩士，帶了新娘子赴北平，在燕京大學教經濟學，其妻在北平一所中學教英文，但沒有多久，他們即雙雙回美國，Blaisdell 在哥大教書，同時讀博士學位。一九三三年羅斯福當選總統後 Blaisdell 參加政府工作。以他的教育背景與經歷，在一九四四年任命他擔任中國分署署長實是很適當的人選，但出乎大家意料的，他對這個工作沒有興趣。聯總因 Blaisdell 不願屈就，乃任命季賽為中國分署署長，他是一個十分通達的人（a liberal man），蔣廷黻說季賽人很好，是一個和氣且平易近人（easy going）的人，他不但很樂意擔任斯職，而且「對於我們的善後救濟事業十分熱心和努力。」又說：「因為他是通人（erudite），他在短期之內已經認識我們的問題和困難。」行總搬到上海後，聯總中國分署隨即遷至上海。季賽每週一、三、五上午九時至十二時，必帶兩位高級助手來蔣廷黻辦公室商談聯總與行總之間事務。為了公事與蔣廷黻之間常有爭吵（即蔣廷黻在日記上所記的「hard words」），但不傷感情，季賽很敬佩蔣廷黻的學識與才幹，一般來說兩人相處得很好，合作無間。他們有私交，他退休時，蔣廷黻送他一幅中國畫，他很高興。他來中國之前，對中國有點興趣，但他不是中國通。季賽壽命很長，他生於一八七八年，卒於一九七八年，活了一百歲。晚年卜居美國西北部華盛頓州的西雅圖，這是他的故里。退休後與蔣廷黻仍有往來，蔣廷黻在聯合國或在駐美大使任上，如有機會到西雅圖演講或開會必去看季賽。季賽卒後，他的文件均贈予西雅圖的華盛頓大學（University of Washington）。行總與聯總中國分署總部均在上海，工作密切，此外，聯總也像行總一樣，在中國若干地方設立辦事處，聯總的中國分署也是一個很龐大的機構，加上各地辦事處，職員最多時達四百多人，來自十六個國家，他們都是聯總的職員，與行總無關。[11]

III

善後救濟組織法通過後十天（一九四四年一月二十九日），蔣廷黻正式向宋子文提出辭呈，辭去政務處長一職，並給蔣介石一簽呈，推薦周枚蓀或邱昌渭接他的遺缺。他本想推薦顧季高，但甚是猶疑。也有人提到陳之邁及張平群，他認為陳不夠老練，張不是一個很能幹的人。後來接替蔣廷黻任政務處長的是徐道鄰，[12]他是宋子文的一個朋友推薦的。隔了兩天即二月四日，蔣廷黻飛澳洲開會，經印度加爾各答轉錫蘭可倫坡，在那裡夜宿一宵，第二天直飛澳洲西岸。這是最長的一段航程，那時飛機沒有現在那樣快速，他搭的飛機本是運輸機改裝為客機，只有四個馬達，且中途引擎常有故障，蔣廷黻是一個皈依基督教的教徒，可是每當飛機有問題時，他從不禱告求上帝，而是相信近代科學。他終於在二月十二日晨七時飛抵澳洲西岸伯斯（Perth），在伯斯休息一天，第二天清早直飛澳洲第二大城墨爾本（Melbourne），休息一天，翌日再飛澳洲第一大城雪梨。二月十五日早晨十時，聯合國善後救濟總署遠東區區域會議正式揭幕。地點是在 Lapstone，距雪梨大約一小時車程的旅遊勝地；參加的國家計有澳洲、中國、法國、英國、印度、荷蘭、紐西蘭、菲律賓及美國等九國。蔣廷黻是大會主席，在第一天揭幕典禮上作簡短的開幕詞。澳洲外交部長伊瓦特（Herbert Vere Evatt, 1894-1965），也是澳洲出席大會的首席代表，在大會上作了十二分鐘的演講，對中國艱苦卓絕、英勇抗戰備極讚揚，唯對聯總工作有所批評，他指出三個要點：(1)聯總辦事不夠快速；(2)權力過於中央化；(3)職員不夠國際化。雖然蔣廷黻私下認為伊瓦特對聯總的批評也許稍苛，但聯總西南太平洋代理署長 Frank S. Gains 認為伊瓦特的演講正合時宜。可是當晚六時蔣廷黻在記者會上這樣說的：「Dr. Evatt 的演講是第一次也是最重要的是呼籲聯總現在是實際行動的時候了。」蔣廷黻的話得到各國代表支持。蔣廷黻又說，伊瓦特對頌揚中國的好話「將獲得吾人永誌不忘的感激」。[13]

這次在 Lapstone 的會議一共五天，至二月二十日結束。雖然此時遠東民族主義獨立運動如火如荼，但西方殖民帝國主義國家如荷蘭、法國和英國仍在理想的夢境中，希望在戰後捲土重來，所以像印尼、越南和馬來亞均無代表與會。因此蔣廷黻在會議上常與西方國家代表有衝突。第一及第二天主要討論的問題是「displaced persons」，這兩個英文字，一般譯為「難民」，陳之邁譯為「被迫離開本鄉（原居地）的難民」（陳之邁《蔣廷黻的志事與平生》頁四七），在這裡來講較恰當。中國經過八年抗戰，破壞甚是嚴重，戰前的建設被日人炮火摧殘殆盡。因戰爭而死亡的軍民當在兩千萬以上，被迫離鄉的難民就有四千四百萬之多，如何處理這些問題也是蔣廷黻當時主要的工作。但在 Lapstone 所面臨的同是 displaced persons的問題，性質迥異。中國在南洋一帶有很多華僑，因戰爭而離開僑居地，戰後應該讓他們重返原居地，但是荷蘭反對這批 displaced persons 返回荷屬東印度群島（即今日的印尼），英國亦反對他們重回英屬馬來亞。但是澳洲、印度等支持中國的立場，此即「沒有一個政府在任何情形之下因戰爭而不許以前的居民重返原居地」列入會議紀錄。（《蔣廷黻日記》2/15/1945及2/16/1945）

第三天，上午除聽取麥克阿瑟將軍的代表及英國蒙巴頓爵士代表的報告外，仍繼續討論未竟的

displaced persons 問題、醫療問題、物資需求及運輸問題。東歐幾個國家如波蘭、捷克、南斯拉夫、希臘及阿爾巴尼亞等國，要求七億美元的援助，聯總列入預算。但中國向聯總提出九億美元的援助，據蔣廷黻說，聯總署長李門甚是憤怒。（蔣廷黻日記 2/17/1945）蔣廷黻說，明顯地洋人不瞭解我們抗戰之久，陷區之廣，破壞之重，受害之深，抗戰前所有的現代化建設都被日本人摧毀了。因戰爭而死亡的軍民在兩千萬以上，被迫離開本鄉的難民就有四千四百萬之多（其中大部分是婦孺）；糧食缺乏，衣著缺乏，醫藥缺乏，我們面臨的問題比東歐幾個國家加起來都要大好幾倍，李門恐怕不甚了了。

十七日下午伊瓦特有酒會，會後邀請蔣廷黻晚餐。這三天來，大會重要議程總算進行得尚算平穩，之後兩天較為輕鬆，宴會及酒會酬應頻繁。會議於二十日結束的那天，由中國駐雪梨總領事段茂讕致辭，感謝澳洲政府的隆情厚誼。會議於是日下午圓滿結束。在大會上蔣廷黻與荷蘭代表晤談片刻，但他對蔣廷黻說，荷蘭政府為了保護本國利益，還是要在東印度群島限制華人入境。蔣廷黻對他說，中國並沒有想解決人口問題而移民到荷屬東印度，最後又強調一句，中國的工業復興計畫不會超過戰前。蔣廷黻在那天的日記上最後記下，這個會議具有教育意義，使我們可以瞭解國與國之間一些實際問題，對吾人大有助益。（蔣廷黻日記 2/20/1945）荷蘭代表對蔣廷黻說為了本國利益，要限制華僑重返荷印，這是西方帝國主義欺侮弱小、侵略他國的口實。今日美國在世界上橫行霸道，打伊拉克，打阿富汗，到處惹是非、興風作浪，就是拿「保護本國利益」來作藉口。

在 Lapstone 會議結束的翌日，大會全體代表搭機飛赴澳洲首府坎培拉。坎培拉位在雪梨西南，是一個內陸城，人口三十五萬，為澳洲第八大城。這個城市像美國華盛頓一樣是完全人造的國都。當年（一九〇一）澳洲聯邦政府成立時，雪梨與墨爾本都爭取為聯邦的首府，相持不下，妥協的結果在雪梨與墨爾本之間另擇一地做為首都，就是坎培拉。澳洲地廣人稀，所以蔣廷黻說坎培拉是一個很美麗的「小城」，街道整潔，住宅區花木扶疏，一棟棟小洋房座落在幅員廣袤、綠茵繽紛的草地上。蔣廷黻對這美麗的 small town 印象彌佳。澳洲在南半球，四季節序剛好與北半球相反，蔣廷黻在那裡時，正是夏秋之際，所以他在日記上記只是中午熱一點，早晚甚涼爽。蔣廷黻抵坎培拉的當天，與其他代表參觀議會，並晉見澳洲總督 Duke of Glochester（他是英王喬治六世的三弟），晚上有盛大宴會，各國駐澳外交使節、內閣閣員、議會上議員及下議員等達官顯要皆出席。蔣廷黻及各國代表在坎培拉度過忙碌而愉快的兩天，隨即返回雪梨。在雪梨難得悠閒，在這兩天曾遊覽雪梨港口，也曾至鬧區逛街，他說澳洲人特別友好，店員都很有禮貌，服務周到。也曾訪問雪梨大學，並與一些教授晤談交換意見。星期日蔣廷黻邀請領事館全體同仁午餐。下午應邀參加當地華僑會議，就軍事、共產黨問題及經濟問題作四十分鐘演講。晚上與領事館的朋友晚餐。翌日（二月二十六日）離開雪梨，經墨爾本西飛伯斯首途返國。

伯斯是西澳的大埠，也是蔣廷黻離開澳洲大陸的最後一站，他希望返國前能在伯斯休息兩天。後因附近有颶風，飛機耽誤了二十四小時才起飛，結果在伯斯停留三天，也像在雪梨和墨爾本一樣有個愉快的短暫逗留。他在伯斯訪問了西澳大學（University of Western Australia），蔣廷黻說這所大學雖小但辦得很不錯，並與該校福克斯（Fox）教授晤談良久，福克斯對中國知識階級甚感興趣，他們談得很投機。蔣廷黻還忙裡偷閒去看了一場電影，他去看電影是因為想看他們在 Lapstone 開會的新聞片。因他是聯總遠東區域會議的大會主席，報上常會看到他，很多人都知道他是中國代表，又是大會主席。因此蔣廷黻從墨爾本飛伯斯，在機上就有人認出他來。在伯斯他與朋友到中國餐館去吃飯，一家是南京飯店，另一家是重慶樓，老闆見了蔣廷黻都不要他付錢。陳之邁在《蔣廷黻的志事與平生》裡說：「參加國際工作就得開會，而且要到世界各地開會，大部分時間過著孤獨的旅館生活。」（頁四八）陳之邁的話也許是事實，也是經驗之談，但參加國際會議「過著孤獨的旅館生活」只是一面，在另一面卻有很多樂趣，如有機會到世界各地觀光，參加各種國際會議，沿途均有人招呼，每到一地地主國必肆筵設席，觥籌交錯，膏粱之味，不亦樂乎，這種樂趣是別的工作得不到的。如西澳中國餐館的老闆均拒絕收費，除了充分表示澳洲華僑的人情味外，對蔣廷黻來說也是一種無上的敬意。蔣廷黻是喜歡到國外旅行開會的，根據他的日記，當他尚在政務處長任內，張厲生是行政院祕書長，一天早晨張打電話給蔣廷黻說政府內閣改組，政府會任命他為內政部長，蔣廷黻可能接替張厲生的位置，蔣廷黻說他還是喜歡現在的位置，因為可以經常出公差到國外旅行。[14]

蔣廷黻離開伯斯前曾對澳洲及澳洲人作了簡單而扼要的總評。他說澳洲人是很可愛的，他們不像英國人那樣有明顯的種族優越感，在對人的態度上，雖沒有美國人那樣熱忱，但也沒有英國人那樣冷酷。澳洲民族意識很強，他們希望澳洲人有一天能在世界舞台上扮演重要角色。一般來說，澳洲的教育、醫療衛生、社會福利都辦得相當好。在西澳時福克斯教授曾對蔣廷黻說，知識分子在澳洲並未受到應有的尊敬與重視，蔣廷黻後來回憶說，雪梨大學的羅勃茨（Roberts）教授也講過這樣的話。因此蔣廷黻得到一個結論：澳洲很像十九世紀末二十世紀初的美國西部墾荒拓疆時代（a frontier country），他們比較需要體力強壯的人，而不是有頭腦的人（requiring more body and less soul of men）。不過，他驚奇的是澳洲人沒有像美國西部拓荒時代的人那樣粗獷而蠻橫。蔣廷黻說澳洲是很富裕的，整個一個大洋洲（二千九百萬平方公里）只有七百萬人口（那時是一九四五年，戰後從歐洲大量移民，現在人口是兩千兩百萬）。澳洲人生活過得很安逸、很愜意，不需要戰戰兢兢去做艱鉅的事業，不像美國人那樣注重事業心與進取心，以致生活匆忙而緊張。在政治方面，澳洲採英國的代議制，在政治及公眾輿論方面，在蔣廷黻看來，澳洲絕對要比加拿大或美國來得高明。（蔣廷黻日記 3/1/1945）蔣廷黻學識淵博，善於分析事理，對於澳洲的觀察與事實相去不遠。我也認為英國的議會制要比美國的總統制好。特別是美國每隔四年兩黨角逐總統寶座所花的錢，就像《紅樓夢》第十六回所說的，皇帝南巡時，賈府只預備接駕一次，「把銀子都花的淌海水似的」。民主政治有許多優點，但不是十全十美，也有很多弊端。像二〇一六年美國兩大政黨花了那麼多財力與精力分別提名兩位候選人，在民主黨裡希拉蕊・柯林頓（Hillary

Clinton）獲得提名，在共和黨裡選出來的是川普（Donald Trump）。因為這兩位總統候選人都很糟糕，無論從個性、人品、氣度來講均不足為民表率楷模四方。用美國人常說的話要在這兩個魔鬼中選一個，多可怕！希拉蕊很像《紅樓夢》裡的王熙鳳。川普是一個財大氣粗、口無遮攔的人，他是焦大型或薛蟠型的人物。在十一月八日美國全民投票結果王熙鳳失敗了，現在焦大要來治理寧國府了，大家人心惶惶，川普當選後的翌日，美國全國各地均有零星示威反對川普，這種事件在美國歷史上是史無前例的。美國人常常想把他們的民主政治推行到別的國家去，一般而言也是逾淮之橘，像陳水扁用苦肉計，一顆子彈當選了總統。卸任後，因他在總統任內，犯了法，吃官司，這種臺灣式的民主政治不足為外人道也。

蔣廷黻三月三日飛離澳洲，經錫蘭可倫坡、印度加爾各答（均有過夜），於三月六日抵昆明稍作停留，午後一時起飛，下午四點半抵重慶。澳洲之行前後計一個月另三天。旅途勞頓，備極辛勞，當可想見，但翌日九時即準時上班，這是他的慣例（出差旅行回來第二天即上班）。這天是星期三，每逢星期一、三、五，聯總的季賽帶了他的兩個高級助理 Arnold 和 Johnson 來見蔣廷黻，這天亦不例外。季賽走後，蔣廷黻即去見張厲生告澳洲 Lapstone 會議，並詢及他去澳洲之前遞交的辭呈（辭政務處長）下文，張答說：「尚未批下來。」這時宋子文在莫斯科。這年四月二十五日至六月二十六日在三藩市召開的國際組織會議（商討成立聯合國大會），中國代表團有一百零八人，其中十位是代表各黨派的，另外如無黨派的胡適、駐英大使顧維鈞等也都參加了。首席代表是宋子文，蔣廷黻不在代表團名單內，在重慶時張厲生曾問蔣廷黻是否有意參加，蔣廷黻回答是否定的。不是因為他不願意參加，也不是因為善後救濟總署的國際會議忙不過來。主要是因為宋子文反對，不要他參加這個歷史性的聯合國大會。蔣廷黻於一九四五年七月初旬到華盛頓開會，在華府碰到很多朋友；他的朋友對他說宋子文傲岸不群明示反蔣（廷黻），他們對宋討厭極了。特別是施肇基，他很推崇蔣廷黻的學識人品，在宋子文面前力薦，他說中國代表團很需要像蔣廷黻這樣中英文俱佳且有學識遠見的人，但宋子文對蔣廷黻成見太深，不為所動。據參加過聯合國大會的朋友後來都說，他們對這次參加三藩市會議的中國代表團很是失望。大家認為在宋子文領導下的中國代表團組織甚是散漫（unorganized），很多國家代表團人員均有怨言。[15]

IV

蔣廷黻自澳洲回來後四個月，又馬不停蹄去英、美開會，先去美國出席華盛頓的聯總大會，然後赴英國參加在倫敦召開的聯總區域會議。他於七月三日清晨六點半離重慶飛印度，在昆明稍作停留，傍晚抵加爾各答停留一、兩小時，然後直飛孟買，途中經過德里，但在喀拉蚩停留一整天。終於在七月八日早上九時抵達紐約拉瓜迪亞機場，從紐約搭十一點三十分的夜車去華盛頓，他在那天日記上記他又來美國對美國的感想，他說，從飛機或火車上看窗外，景色依舊，江山如此多嬌，美國善盡開發，「這是一個很富裕國家。」（蔣廷黻日記 7/8/1945）這幾句話發人深思，相形之下，多年來因日本鐵蹄蹂躪，中國是「國破山河在」，有待戰後復興開發，不勝感慨繫之。下午三時蔣廷黻抵華盛頓即直奔 Broadmore 旅館。少頃楊紹震、許亞芬來訪，談至夜半。[16]

蔣廷黻這次在美國前後三週，在華盛頓除參加大會外，也參加了聯總的重要會議如漁業會議及撥款委員會的常會。他在華府籌建了行總（CNRRA）駐華盛頓的辦事處，並正式任命鄭寶南為辦事處主任，此外他也見了一些朋友，有舊雨也有新知，有中國人也有外國人，他見了 Roy Hendrickson（英國人，聯總的副署長），也遇見了費正清、Mary Webb。在雙橡園除見魏道明大使外，還碰到王寵惠、張忠紱及浦薛鳳。赴英前夕，蔣廷黻與胡適徹夜長談，談的問題很多、很廣，從宋子文的辦事能力與行事作風到他去莫斯科「送禮」（指談判喪權辱國的中蘇友好條約——把外蒙古丟掉），再談到蘇聯在東北。胡適對宋子文討厭極了。最後談到組黨，胡適對蔣廷黻說他不想組黨，但願意參加蔣廷黻構想中的自由黨前身「新啟蒙運動」。蔣廷黻則談他自己的從政經驗及他與唐玉瑞不睦的婚姻現狀。離開華盛頓前一天，許亞芬來幫他整理行裝。翌日許亞芬和丈夫來餐敘送行。他於晚上搭英國海外航空公司班機飛倫敦。（蔣廷黻日記 7/27/1945 至 7/29/1945）

因為在戰時且當時的飛機沒有現在那樣快速，終於在七月三十一日清晨在愛爾蘭中部 Foynes 降落，Foynes 位於愛爾蘭南方，西部臨大西洋，二次大戰時是一個很重要的空運中心。蔣廷黻從那裡搭十一點火車於下午兩點抵達倫敦。倫敦是蔣廷黻舊遊之地，他十年前曾來過，但這次不太一樣，是有公務在身，不過在開會之前，正如洋人所說的他有一個 good time：白天去觀光，晚間有酬應，友人還請他看了一場莎翁名劇《哈姆雷特》。開會前一天是星期天，他應熊式一之邀去牛津鄉郊他家作客玩了一天，時熊式一在牛津任教，陪他參觀了牛津的 New College（創於一三七九）、Magdalen College（一四五八）及 Christ Church（一五二四）。牛津建於一〇九六年，這三所學院在牛津大學裡並不算是最古老的。牛津大學現有三十六所學院，其中最古老的學院為 University College, Balliol（建於一二六三）及Merton（一二六四）。眾所周知，牛津為英國及歐洲（也是世界上）最古老的大學之一。蔣廷黻參觀後，棖觸難免，他在日記裡有如下的記述：「牛津能夠保留古蹟傳統如斯，真是了不起。中國也是一個歷史悠久的國家，我們應該向英國人學，如何保持永恆不斷的國民生活而不破壞傳統，而這些與牛津學院相關聯的土壤和建築及其逸事傳聞，對今日英國人來說是國家的瑰寶。」（蔣廷黻日記 8/5/1945）雖然七十年快要過去了，時至今日還是值得我人深思。[17]

翌日倫敦會議揭幕，蔣廷黻擔任大會主席，會議裡蘇聯集團與西方對峙日漸明顯，因此給蔣廷黻帶來很多困惑，因為他是主席，一般來說他處理的很好。比如在開會的第二天（八月七日）討論區域委員會的主席分配時，英國推薦印度，英美站在一邊，可是蘇聯及南斯拉夫反對。蔣廷黻覺得很為難，最後他建議：捷克為政策委員會（Policy Committee）主席，波蘭為程序委員會（Procedure Committee）主席，他的建議為大家所接受，蔣廷黻很高興地在日記上記：「為大家解決了一個難題。」（蔣廷黻日記 8/7/1945）這種難題在倫敦會議上屢見不鮮。過了幾天，大家討論聯總署長李門的報告。毋庸諱言，英、美是支持聯總的，英國代表貝克（Baker）口才很好，在大會上演講支持李門，美國代表 Clayton 發言勢所必然回應貝克支持李門。但蘇聯及南斯拉夫則持異議。南斯拉夫代表在大會上作不著邊際的冗長演說批評聯總。等到南斯拉夫代表講完後，蔣廷黻很簡短地說了幾句公道話，他說聯總目的是善意的。援助國家並不是拿剩餘物資來援助人家，而是本身緊縮褲帶來援助戰時受害國家（後來貝克在雞尾酒會上遇見蔣廷黻，對其發言表示感謝）。會議上蔣廷黻以大會主席身份接納法國及加拿大為中央委員會（到一九四六年初又新增加了澳洲、巴西及南斯拉夫等國。中央委員會由原來的中美英蘇四國擴充為九國）。下午的會議大會接受捷克、波蘭、菲律賓及挪威為供應委員會（Committee of Supplies）成員，但是美國及英國反對擴大。蔣廷黻作為大會主席感覺極其困難，他找不出一個能使各方滿意的辦法，也不能袒護哪一方。他認為這是這次開會玩政治把戲（petty politics）最壞的一種，最後他沒有辦法只好交給常務委員會（general committee）來處理。（蔣廷黻日記 8/11/1945）雖然有時覺得蘇聯集團常在國際會議中作梗，令人討厭。但據後來代表蔣廷黻出席這種國際會議的陳之邁說：「在各國中最跋扈的是英國。」（陳之邁《蔣廷黻的志事與平生》頁五〇）但戰後英國國勢式微，代之而起的是美國、蘇聯，戰後在國際會議桌上態度最蠻橫的就是這兩國代表。

蔣廷黻任大會主席時，接納了烏克蘭及白俄羅斯為會員國。中國因受戰禍既久且深，受災地區最廣闊，所以為接受聯總援助的最主要受益國。但蘇聯情形不太一樣，蘇聯雖部分受德軍佔領與破壞，因為蘇聯是一個神秘的國家，它的經濟力量如何，它有沒有能力像法國一樣自立復興，外界不得而知，在倫敦會議上經過幾次討論，採取了一個折衷方案，決定准許烏克蘭及白俄羅斯接受聯總援助，而蘇聯本身則不接受援助。陳之邁說：「這個方案本來是不通的。」西方帝國主義的決定，不合理的、不通的不止一端。雅爾達密約即是一個「不通」的會議結果，結果塑造了戰後世界。蘇維埃聯邦共和國一共由十五個共和國組成，但史達林在雅爾達會議時（一九四五年二月四日至十一日）就要求烏克蘭及白俄羅斯將來單獨參加聯合國，與別的獨立國家享受同樣待遇，這個要求不僅乖戾且不合理，但羅斯福與邱吉爾同意了史達林的要求。所以一九四五年春天（四月二十五日至六月二十五日）聯合國在三藩市開成立大會時，烏克蘭與白俄羅斯成為聯合國的會員國，且是原始會員國。所以倫敦會議根據雅爾達協定，也就「順理成章」接受了烏克蘭與白俄羅斯為聯總會員國，並接受聯總援助。正如倫敦《觀察報》所言，雖然蘇聯在遠東佔盡便宜，但是它仍不滿足。英、美與蘇聯常在國際會議上對峙，唱反調，但是英、美在在遷就蘇聯，這一說法從聯總倫敦會議上可以看得出來。蔣廷黻在日記裡（8/7/1945）埋怨說，今天下午兩點半開會，英國衛生部長比萬（Aneurin Bevan, 1897-1960）蒞會演講，說工黨政府執政後（工黨於一九四五年七月大選大敗邱吉爾的保守黨而執政），要大力推行公共房屋及免費醫療，重建被德軍炸毀的房屋。蔣廷黻說比萬的演講很好，但是他像保守黨的邱吉爾一樣，在演講中根本沒有片言隻語提到中國或遠東。這樣看來，英國更是明顯的重歐輕亞，如果它看重亞洲，則是為亞洲殖民地著想。[18]

蔣廷黻參加倫敦會議雖同樣擔任大會主席，但似乎沒有像他在雪梨那樣鋒芒，可能有幾個原因，一因在戰時，雖然德國已投降，但戰爭尚未結束。開會最初幾天，適值歷史上幾件重大事件發生，八月六日美國在日本廣島投下第一顆原子彈，是故翌日英國所有的報紙都在報導原子彈的消息。隔一天即八月八日，蘇聯廢除一九四一年日蘇互不侵犯條約，對日宣戰。八月九日美國在日本長崎又投了一顆原子彈。接著日本無條件向盟國投降。八月十五日為戰敗日本勝利日（V. J. Day），這幾天大家都在談原子彈及日本投降，報上很少看到倫敦會議的消息，因戰爭結束了。英國物資缺乏，英國人本來就沒有像澳洲人那樣大方，在倫敦，英國是會議的地主國，似乎沒有個像樣或體面的宴會來招待各國代表。會議完畢，也沒有像澳洲那樣有餘興節目，招待各國代表觀光遊覽。且在會議桌上各國代表間並不友好，特別是英、美與蘇聯集團都在唇槍舌戰，遠不如在雪梨 Lapstone 會議和諧。一般來說，蔣廷黻在大會期間及擔任主席的時候都很謹慎，小心翼翼，不得罪人，他說他在開會之前抱持兩個原則⑴爭取與會人士的友好合作；⑵與英人建立較為良好的關係。總結來說，這兩個目的都達到了。（蔣廷黻日記 8/22/1945）會議於八月二十三日結束，蔣廷黻即準備於隔天搭機返國，後因天候欠佳而於翌日傍晚七點半離開，此行在倫敦前後共計二十五天。

V

蔣廷黻離開倫敦後經巴黎、羅馬、雅典、開羅、印度及昆明等地，因為飛機不是故障就是沒有空位，為了等飛機耽誤了很多時間，終於在九月七日下午兩點半抵達重慶九龍坡，三點到家，[19] 四點就去辦公室，桌上堆滿了檔案等他批閱，其實堆積如山的不僅是文件，還有很多問題等他解決。行總組織龐大，人員眾多，可謂千頭萬緒。因為行總要辦理的事情至為繁雜，蔣廷黻在《中國善後救濟總署》這本小冊子中寫道，他預料到現在和將來的困難，頗有一展平生抱負，如他要聘雇外國專家，希望推動中國的現代化，他最後在結論中說：「善後救濟是短期的，不過接連著就是經濟建設。如果短期中，行總任用外籍專家的試驗能夠成功，而與本國專家又能產生美滿的行政與技術的配合，行總在這方面精神上的貢獻或將不在物質之下。」蔣廷黻在日記中認為這段結論是全文中最好的，借鏡於李鴻章的自強運動。蔣廷黻對行總是有理想的，他對陳之邁說：「倘若我們能夠善用國際援助，與救濟之外，兼顧建設，『寓建設於救濟之中』，對於國家的貢獻就更大了。」[20] 那時蔣廷黻尚年輕，精力充沛，人極其能幹，工作又勤奮，操守廉潔，任勞任怨，是可以大刀闊斧幹一番事業。但戰後中國實在太糜爛了；連年兵燹之後，適逢大饑荒，此時共黨興起作亂，後來演變成大規模的國共內戰，加上政府內部人事傾軋，蔣廷黻與宋子文不和，結果被迫去職。這些因素與變化將在下面逐一說明。

中國在戰後有大荒年，這是一個大問題。俗語說「大兵之後，必有荒年。」這句話不幸在中國應驗了，連一向有穀倉之稱的湖南也有災荒，災情之重當可思之過半矣！戰後中國糧食問題尤其是稻米至為嚴重。以中國所需要的稻米來說，一九四六年上半年為例，全世界可供輸出的數量僅等於需要量百分之二十四，下半年等於百分之五十。但仍是粥少僧多，分配困難，外加政治因素，要求合理分配難矣哉！據參加國際糧食會議的陳之邁說，在會議桌上最囂張跋扈的是英國人，所以各國中最令人不齒的要算英國。因為世界上幾個產米國家都受英國人控制，如緬甸、暹羅或巴西（英國與巴西有雙邊供應協定）。當時印度也有饑荒，因此英國公然偏袒印度，或其他英屬地區如馬來亞等。那時中國有三千萬待賑的災民，糧食的需要急如星火。行總不得不將聯總所得的五億多美元援助中的百分之八十用之於輸入糧食，臨時救急。其餘百分之二十用之於醫藥及衣料。聯總運到中國的物資甚少有農工建設器材。陳之邁說，當初蔣廷黻所懷有「寓建設於救濟之中」的理想，「終成泡影，真太可惜」。[21]

另一個頗使行總傷透腦筋的問題是如何安全地將聯總救濟物資運送至共區。照聯總章程，有關善後救濟物資的支配，「應以人民相對的需要為原則，不得有種族的、宗教信仰的和政治主張的歧視。」當時中國有很多省份部分或全部為共產黨軍隊所佔領，聯總堅持行總也應該輸送救濟物資到共區去，這一點行總原則上無異議，但發表了一個聲明：如果前往共區的工作人員或交通工具遭到劫持或扣留，則行總對該區立即停止援助。可是當行總派員將聯總善後總救濟物資輸送到山東、河南、河北、山西、綏遠、察哈爾、江蘇、湖北、安徽及東北各省共軍佔據的地方，卻遭到阻撓，並將運輸的卡車劫持充作軍用。行總即按照既定原則，停止對該區援助。因此共區官員報告聯總說行總輸送到共區物資太少，對於共軍扣留行總人員劫持交通工具則隻字不提。而聯總在中國分署也借題發揮，指摘行總辦事不力，聯總物資到了中國以後堆積在上海港口的倉庫，未能盡速趕運內地分配給災民。據陳之邁為官方解釋，因為共軍有計畫地破壞鐵道，以致使堆積在港口的物資無法貨暢其流運到內地。宋子文亦曾質問蔣廷黻何以輸送物資遲緩，蔣廷黻答說此非行總之過。至於說到行總管理不善，陳之邁說，中國戰後亂作一團，政府機關也有許多缺點，他舉了錫蘭做例子，錫蘭戰後辦理糧食定量分配，辦得頭頭是道，頗有口碑，他說這種定量分配：「科學管理中國平時就辦不到，何況在大戰之後共黨作亂之時？」[22]

當時中國的確實在太亂，不僅共軍會劫持運貨卡車，連國民黨的軍隊也會，有時還扣留行總運貨船。行政院下達命令嚴禁這種海盜行為，無濟於事。最後蔣介石親自下命令給各個部隊，才相安無事。（蔣廷黻日記 10/4/1945 及 10/17/1945）關於共軍部分，蔣廷黻曾找宋慶齡幫忙，那時還在重慶，他去拜訪宋慶齡，開門見山地說，他現在負責行政院善後救濟總署工作，行總「沒有因政治主張不同而有所歧視」，希望她用她私人的影響力請求共黨不要阻撓行總的作業。宋慶齡很欣賞行總這種開明立場，一口答應盡力而為（promised to do her best），同時勸蔣廷黻要直接與共黨接觸。（蔣廷黻日記 10/3/1945）後來蔣廷黻聽了宋慶齡的忠告，如有問題直接與周恩來磋商，而且很多次，不僅是為輸送物資問題，其他有關黃河水災問題也均如此，且都很順利，他們有時亦會有函電（電話或電報）來往。據蔣廷黻日記記載，他於五月二十日因公赴南京公幹，因黃河問題於二十二日在南京的辦公室接見周恩來，事後說他們有一個很愉快的談話：「我們同意有關黃河問題的意見。當我提醒他說共軍在安徽及湖北常阻撓行總的操作，他答應以後會改正。」蔣廷黻又記：「對我來說，我們兩人很談得來。」[23]

國民政府於十一月十七日（一九四四）內閣改組。宋子文接替孔祥熙任副院長，蔣介石仍是行政院長，陳誠接替何應欽任軍政部長，朱家驊替代陳立夫任教育部長，王世杰任宣傳部長，張厲生為內政部長。這天蔣廷黻在日記上沒有作任何評論，可是隔了一個星期，他收到在華盛頓的友人許亞芬來信，附寄了《紐約時報》駐華記者艾金遜（Brooks Atkinson）寫的講史迪威撤職事件（The Stilwell Case）的剪報（刊於《紐約時報》10/30/1944）。蔣廷黻在那天的日記（11/24/1944）裡有評語，先評蔣介石，然後評其他內閣人員。評蔣介石也就是兼評艾金遜，他認為艾金遜忘了兩項具體事實：中國基本上不能打仗，中國老百姓在飢餓線上掙扎，已經沒有餘力能幫政府抗日了。關於蔣介石，他說，是的，蔣介石不是一個具有現代意識的政治家，但是他比其他大多數軍事領袖要現代化得多。如果他過去做得更現代化（或更開明）一點，他就不會成功。其次談到內閣改組，他說這次內閣改組最使他高興的是陳立夫下台。蔣廷黻認為陳立夫違背了他所受現代化教育的背景，他的教育宗旨是幫助中國早日現代化，結果卻成為無知軍人階級的走狗（He turned out to be a running dog for halfbaked ideas of the military class.）。陳誠換何應欽，在他看來換湯不換藥，無甚意義。（蔣廷黻日記 11/24/1944）後來蔣廷黻與傅斯年談天，傅講到延安對國民黨內閣改組的反應，乃說中共很遺憾這次內閣改組，孫科及宋子文沒有實權的職位。蔣廷黻說他們（中共）想找一個克倫斯基。（蔣廷黻日記 12/1/1944）按：克倫斯基（Alexander Kerensky, 1881-1970）是俄國革命家，溫和的社會主義者，一九一七年七月，他繼李沃夫親王成為臨時政府的首相，因為立場搖擺不定，促使列寧推翻了沙皇政府，革命成功。

宋子文任行政院代理院長，一九四四年十二月五日循例開院會，由蔣介石（院長）親自主持，除各部會首長外，行政院祕書長及政務處長亦列席參加。蔣介石說近來太忙（他一向忙，因為管的事太多，不應該管的也管），行政院長由副院長宋子文暫代，希望大家與他合作。各方反應如何，或許可以拿胡適來做代表。胡適在華盛頓做大使任內曾與宋子文共事，對宋印象壞極了。胡適脾氣好、修養好，不是拍桌子罵人的人，可是當他在報上看到宋子文出任行政院代理院長時，憋不住了，他當天（那時胡適在美國，因時差關係，美國與中國相差一天）記：「如此自私自利的小人，任此大事，怎麼得了。」（胡適日記 12/4/1944）蔣廷黻在日記裡沒有像胡適那樣罵宋。這不是說蔣廷黻對宋沒有成見，在這天日記裡他這樣寫：「等到會議結束，我即上前向他（宋）說我要辭卻政務處長的職務。他對我說，請等一下，等到你另一個任命發表後。」（指將出任善後救濟總署署長）這也對。（蔣廷黻日記 12/5/1944）過了兩天（十二月七日），宋子文正式視事代理院長，蔣廷黻與宋子文有機會在一起，宋對蔣廷黻說：「我們要合作，你知道我是一個正直的人，如果我有錯，請坦白地對我說。」（蔣廷黻日記 12/7/1944）過了幾天蔣廷黻遇見翁文灝，對翁說了他曾當面向宋子文辭却政務處長一事，翁反對那麼快提出，翁說：「宋認為你不願與他合作。」（蔣廷黻日記 12/12/1944）

十二月十九日，重慶各報正式發表政府任命蔣廷黻為中國善後救濟總署署長的消息，這天是星期二，行政院舉行例行院會，由宋子文主持。宋首先提出善後救濟組織法要大家討論。糧食部長徐堪首先發言，他提出兩點：(1)善後救濟總署與其他各部會許可權不清；(2)善後救濟總署組織太龐大；徐堪所提的兩點大致沒有錯。宋子文對第二點批評尤多，他認為善後救濟總署日後會侵犯到外交部的許可權。蔣廷黻是一個固執但通達的人，他很冷靜地洗耳恭聽，認為這些都是小問題，故未作不必要的爭辯。（蔣廷黻日記 12/19/1944）翌日蔣廷黻與宋子文同去午餐，席間又談到組織法及副署長問題。蔣廷黻對宋說，他將於明年（一九四五）出席三個國際會議：二月去澳洲、夏天去美國，然後去英國開會。蔣廷黻在日記中記：「他一再地說，他會支持我。」（蔣廷黻日記 12/20/1944）雖然宋子文一再說他會支持蔣廷黻，但做起來又是另一回事了。在一次院會中，蔣廷黻擬定七月出席於華盛頓召開的聯總大會代表名單裡，沒有糧食部人員，糧食部長徐堪即有異議，蔣廷黻說因為聯總會議沒有糧食委員會，故也，但宋子文站在徐堪一邊，蔣廷黻只好讓步同意糧食部派一官員參與。比如蔣廷黻赴澳洲開會，代表團內有團員高淩培，在美國華盛頓會議名單內列有劉鍇，宋子文卻把高淩培及劉鍇的名字否決了。（蔣廷黻日記 1/16/1945 及 1/19/1945）這些雖是小事，非佳兆也。還有蔣廷黻聽到有人推薦黃雪汝（譯音）到行總來，宋子文即阻撓。蔣廷黻有意延攬李卓敏為行總副署長，私下已對蔣介石說過，且已經同意，李亦願意來行總服務，但是宋子文給李卓敏澆冷水，宋說聯總不會給什麼物資援助中國，在行總做事沒有什麼

前途，類似這樣的事件很多。（蔣廷黻日記 7/9/1945）

一九四五年二月四日蔣廷黻飛赴澳洲出席聯總區域會議。在去之前正式提出辭呈，辭去政務處長一職。蔣廷黻在澳洲前後一個月，三月六日回到重慶。那時宋子文忙著在國外開會，四月二十五日至六月二十六日在三藩市召開的聯合國成立大會，宋子文是代表團團長，蔣廷黻不在代表團名單內，雖然施肇基向宋子文大力推薦，但未予採納。六月二十五日在國父紀念週會上，蔣介石宣佈宋子文真除為行政院長，翁文灝為副院長，徐道鄰為政務處處長，然後他們就宣誓就職。（蔣廷黻日記 6/25/1945）蔣廷黻於七月三日離開重慶去華盛頓出席聯總大會，在美國將近一個月，於七月二十九日離美赴英開會，八月二十五日離開倫敦首途返國，九月七日下午抵達重慶九龍坡。自此到他被撤職為止，他的工作都在國內，在美國的聯總會議，都由在華盛頓中國大使館任職的陳之邁代表出席，所以蔣廷黻與宋子文兩人都在國內，工作上摩擦的機會就多了。他們有宿怨，蔣廷黻是個有原則的人，他像葉公超一樣不怕洋人，比如他有一個原則，到中國聯總善後救濟總署任職的洋人，過去曾在遠東殖民地如緬甸、印度、越南或荷屬東印度服務過的概不錄用，因他們有帝國意識，會把中國當作過去殖民地看待。宋子文（孔也一樣）喜歡諂媚洋人，無視國人。蔣廷黻與聯總有一契約，所有聯總運來的物資必須交給行總分發。但宋子文常常越級，以行政院長的身份直接找聯總駐中國分署署長季賽，要求某某物資。比如說宋子文向季賽要棉花及大麥，他說他可以給，但必須得到行總同意，但蔣廷黻拒絕。（蔣廷黻日記 10/6/1945 及 10/22/1945）像這些問題，即使是原則問題也會引起紛爭。另一個問題，所有聯總運來的善後救濟物資不得給政府，不得給軍隊，關於這些，蔣廷黻關照社會部及糧食部必須嚴格遵守。國民黨ＣＣ系陳氏昆仲一再要求蔣廷黻將物資交由各地地方黨部來分發，蔣廷黻堅決反對，陳果夫就對蔣廷黻有微詞，認為他對國民黨有偏見。

一九四六年二月七日宋子文約見蔣廷黻（這天是農曆初五，此時行總及聯總已遷至上海，政府亦已還都，所以宋要找蔣廷黻談話，蔣通常坐夜車去南京，見了宋即返滬。他偶爾也會坐飛機）。宋開門見山地說，他對行總工作並不滿意，特別是運輸問題，蔣廷黻對這方面沒有經驗，他說運輸遲緩非行總之過。但宋說如果我們做得好，可使聯總改善，宋又說對蔣廷黻處理政治問題及辦事的能力很佩服，但沒有商務上的經驗，他要增加一個署長級或副署長專司這項工作，英文稱 Director of Operation，宋子文已有腹案，屬意劉鴻生（O. S. Liew）。宋先打通聯總洋人，用意是要分散蔣的權力。劉鴻生是一個典型的上海商人，聖約翰大學畢業，長袖善舞，洋人很喜歡他。在這之前一個月，據李卓敏告，宋對行總在華北各署人事及一般事務不太滿意。蔣廷黻聽了不太高興，這是人之常情。他在日記上記：「Let the storm come. Life is a succession of troubles.」（蔣廷黻日記 1/8/1946）這句話的意是，「等著暴風雨來臨，人生本是一連串的麻煩」，蔣廷黻說這話是有無可奈何的意思。隔了幾天報上發表了劉鴻生的任命，現在蔣廷黻的政治風暴真的來了。李卓敏深為不安，蔣廷黻還安慰他。星期五上午十一點半蔣廷黻有事至官邸見蔣介石夫婦。宋美齡先見他，夫人要買五十隻母牛、兩隻公牛以及五十個醫院床位。蔣廷黻趁這個機會請求夫人向魏德曼（Gen. Albert C. Wedemeyer）要運輸船運糧食至湖南，夫人立即答應。然後面見蔣介石，他對蔣廷黻說要與谷正倫（社會部長）合作，與他們合作會改善你與黨的關係，蔣廷黻在日記裡說：「他的意思說，當然，ＣＣ系會更喜歡我。」這樣看來，社會部、糧食部及ＣＣ系的人對蔣廷黻都有怨言，已有小報告給蔣介石了。從官邸回來，蔣廷黻看到桌上留有浦薛鳳一函（浦是在南京辦公的行總副署長），講宋子文構想中劉鴻生在行總的職責，這樣一來，事實上行總就有了兩個署長。蔣廷黻閱後立即起草辭呈。不久魏道明來訪，他勸蔣廷黻應該暫緩：一因宋子文隨時會垮台；再則劉鴻生不一定願意擔任斯職。蔣廷黻接受了魏道明的勸告。（蔣廷黻日記 2/15/1946）

三天後他碰到劉鴻生，他對蔣廷黻說他在水深火熱中，意思是他在宋與蔣（廷黻）之間左右為難，又說他尚未看到宋對他的新職位的草案。但蔣廷黻說不管怎樣，很明顯地宋對「我沒有信心，我要辭職」。劉鴻生說：「假如你辭職，我可能不就這個職位，你帶我到行總來，現在要我接這個位置，我可能永遠不會原諒我自己。」他又說：「政治有時會有變化，今天宋在位，明天可能下台，你為什麼要辭職？」蔣廷黻在日記上說這是劉的意見。（蔣廷黻日記 2/18/1946）後來南京政務處長時期的助手端木愷來見，對蔣廷黻說不要現在就辭職，要好好對付宋及劉，以自己的將來為重。晚與李卓敏談良久，他建議把整個事件的前因後果報告蔣介石，蔣廷黻說：「我尚不知道應當如何來處理這個問題。」（同上）翌日蔣廷黻在日記上記，最近這幾天經過一段思考決定採取下列幾項步驟，說明劉鴻生熟悉行總業務，如果宋三月還不走，他就辭職。如果宋下台則會繼續做下去，他把上述情形寫信給季賽，叫他不要干預。蔣廷黻這麼做是避免與宋子文公開決裂。後來劉鴻生來，蔣廷黻把他的決定給劉說了，叫他趕快簽訂棉花合約，並把運輸問題解決。中午時分蔣廷黻收到浦薛鳳的電報，宋子文派他到英國去談判糧食問題，在蔣廷黻看來這是調虎離山。如蔣廷黻去英國則劉鴻生可以獨當一面，蔣廷黻當即決定，他不去的理由：此時印度也在鬧糧荒，英國一定要控制暹羅米，如果一定有所談判，則由駐英大使顧維鈞擔當即可。（蔣廷黻日記 2/19/1946）宋子文派蔣廷黻去英國的信第二天亦收到，並說或可能去一趟美國，蔣廷黻即答說由顧大使在倫敦就地談判。宋即著蔣廷黻與季賽去重慶一行，週五去週一即返。週五在重慶遇傅斯年，告宋子文去留尚是一個未知數，據稱蔣介石對宋子文的工作不甚滿意。週六蔣廷黻偕季賽去見宋，季賽說了一些無甚意義的話，宋子文也說了一大堆不著邊際的廢話。後來糧食部長徐堪來了，談了糧食問題，大家都很擔心糧荒。最後作了如下決定：顧維鈞就地在倫敦與英國人交涉；蔣廷黻代表中國出席第四屆聯總大會，徐堪同行。在重慶時蔣廷黻見到了王世杰及翁文灝，王世杰告蔣不要辭職，因為劉鴻生在行總的職位可能立法院不會通過。翁文灝見了蔣廷黻則向他訴苦，他說大家都抱怨宋子文，所有的部長都不愉快，並說蔣廷黻是比較幸運的一位。翁文灝像胡適一樣都是保姆型好脾氣的人，都埋怨與宋子文很難共事，想來宋子文這個人是很難相處的。（蔣廷黻日記 2/23/1946）蔣廷黻與季賽於週下午四點搭機飛返上海，晚上九點到家。他此行所得印象，認為重慶上下對三個問題憂心忡忡：(1)東北；(2)共黨；(3)物價。皆無良方。蔣廷黻對於自己的處方：忠於職守，忠於中央政府。（蔣廷黻日記 2/25/1946，此時政府似尚未還都）

但是對宋子文，蔣廷黻絕對與他鬥，這就是他的湖南騾子脾氣。在他看來宋決心要擒取行總在政治上及物質上的利益，那就要與他鬥到底。（蔣廷黻日記 2/27/1946）宋打電報來要蔣廷黻赴美時由劉鴻生為代理署長，照理講李卓敏資深應為代理部長，但宋子文當然要提拔自己人。（蔣廷黻日記 3/7/1946）在蔣廷黻看來，行總內部雞犬不寧，都是宋子文惹出來的。如果宋下台，蔣廷黻能處理的好一點。（蔣廷黻日記 3/10/1946）

蔣廷黻於三月十一日赴美，首途關島，一切都準備好了，但去關島的飛機就等了好幾天，一直到三月十四日抵東京，翌日才到關島。蔣廷黻說關島機場的工作人員看起來很像菲律賓人，可能是馬來人。三月十六日到夏威夷，十七日抵三藩市稍作停留即飛紐約，晚上八時抵達，妻子唐玉瑞及四寶（居仁）在紐約機場迎迓。到了紐約即在 Penn Station 搭火車至大西洋城。隔天（三月十九日）下午一時聯總大會正式揭幕。聯總署長已由 LaGuardia 接替李門。會議於三月二十九日（星期五）結束。LaGuardia 致閉幕詞，他口才很好，講得很精彩，有很多美國俚語，人很幽默。大會於上午十時五十分正式結束。蔣廷黻於會議結束後即赴華盛頓，唐玉瑞帶四寶從紐約來華府會面，三人共度一個難得的週末。蔣廷黻夫婦琴瑟不調（已到無可挽救的地步），但蔣與四寶父子感情很好，那時四寶尚未成年（十四歲），蔣廷黻很疼愛他。翌日蔣廷黻帶他們出去觀光，遊覽華盛頓紀念塔、傑佛遜及林肯紀念堂、國會大樓、動物園及一所著名的畫廊（Free Gallery）。第二天是星期天，蔣廷黻帶他們參觀華府近郊維吉尼亞州亞歷山大利亞城附近的 Mount Vernon 華盛頓故居。下午四點，唐玉瑞和四寶搭火車返紐約。蔣廷黻在華盛頓還有很多公事要辦，答應下週末去紐約。可是下星期五（四月五日）有事要見國防部長馬歇爾將軍。他打電話給唐玉瑞告訴她週五他不能到，四寶想跟他講話時，蔣廷黻在日記上記：「His voice broken, and my heart sank!」（四寶泣不成聲，我心疼）蔣廷黻第二天一早搭火車去紐約，可是到了紐約找不到百老匯線的地下鐵。最後改搭到布朗克斯（The Bronx）的火車，應該在一一六街下車，結果他在一一〇街就下車，多走了好幾條街（差不多有十個街區）。一一六街是哥倫比亞大學所在地的車站，那時唐玉瑞住在 Morningside Drive 與一二〇街口，與哥大校園近在咫尺。哥大是蔣廷黻讀研究所的母校，他應該很熟悉，他說隔了二十一年（其實是二十三年），變得像陌生的地方了。到了唐玉瑞寓所，蔣廷黻在日記上記，他很失望，因為四寶不在家，沒有等他，去看電影去了。四寶回來後與四寶玩拼圖。然後去看哥大校園，以及鄰近的格蘭特墓（Grant's Tomb）和河邊教堂。晚上去看馬戲團。隔天（星期天）蔣廷黻幫四寶造一玩具橋。後來有朋友（Robert and Katherine Huang 夫婦）來接他們去唐人街吃飯。飯後去長島，然後繞道新澤西州經華盛頓大橋回來，蔣廷黻說四寶很樂（在日記上記四寶「enjoyed this trip very much」），唐玉瑞是否同行不詳。[24]

週一中午與亨利．魯斯（Henry Luce）午餐（Robert and Katherine Huang 邀宴），下午去看胡適，他們是老朋友，在《獨立評論》時代為民主與獨裁打過筆戰，但不傷感情。雖在戰亂，仍維持著生死不渝的友情。那時胡適住在八十一街大都會博物館附近哈特門夫人（Mrs. Virginia Hartman）的寓所，就快要回國就任北大校長。蔣廷黻說胡適的書都已裝箱，所以那天胡適大談箱子裡的書籍及一些手稿。蔣廷黻說在政治上胡適仍像中國舊式的新娘「羞顏未嘗開」，吞吞吐吐，不切實際。一般朋友不希望胡適投入政界，但蔣廷黻不然，他希望胡適脫下青衫換紅袍出來大幹一番。所以蔣對他說如有人請他出山做教育部長，不要推辭。說他應當集中幾項重要的做一番革新，有問題的暫且不要去碰他（蔣廷黻用英文寫：「Let them sleeping dogs lie.」），胡適不置可否。（蔣廷黻日記 4/8/1946）

翌日上午蔣廷黻搭九點半火車離開紐約返華盛頓，下午與國務院有約談糧食問題。會談的結果很順利，事後曾向宋子文報告。宋亦有電賀他成功。辦完公事，蔣廷黻準備回國，回國前一天是星期五，唐玉瑞偕四寶來華府團聚，蔣廷黻得暇帶他們出去遊覽觀光。四寶玩得很高興，這樣看來蔣廷黻是一個好爸爸。他是四月十六日（星期二）七時上飛機返國。十七日上午十點抵達三藩市，曾舉行記者招待會並接受電台訪問，翌日下午四時抵檀香山（二十日過國際換日線）。二十一日收到宋子文電報，除祝賀他美國之行成功，蔣介石要他留在美國參加五月二十日召開的國際糧食會議。但蔣廷黻決定不回美國，他認為參加這個會議不會有多大收穫，且他要主持六月七日在上海舉行的聯合國遠東經濟區域會議，而且他掛念著行總未來的演變。蔣廷黻這些考慮也是正確的，但他也有膽識敢不聽從蔣介石的命令，也許他認為這是宋子文耍的花樣，用蔣介石的名義來嚇唬他。上午九時起飛，七時抵威克島（Wake），本地時間下午八點。四月二十二日下午一時起飛，八小時後抵東京。上午十點半起飛，四個半小時抵達上海，本地時間為下午兩點。李卓敏、季賽、沈維泰、沈恩欽夫婦等人在機場迎迓。第二天蔣廷黻即照常上班，這是他的慣例。

VI

蔣廷黻回來了，看到的是辦公桌上堆積如山的電報和檔案，這些都是待解決的頭痛問題。有的他能解決，有的他解決不了。回來當晚等所有的朋友走後，李卓敏告他外界說行總省市分署有貪污劣跡，有些省份甚是嚴重。此外另一使他頭痛的問題恐怕一時解決不了，比如宋子文的為人，他的個性蠻橫跋扈，就是上海洋派商人碰到麻煩的事就大叫 headache、headache，宋子文給蔣廷黻的 headache 是不易解決得了的。自蔣廷黻從美國回來後，宋與蔣明爭暗鬥日漸明朗化。有一個聯總洋人名 Prince 對宋子文說，蔣廷黻處理行總事務很好，希望宋要善待蔣廷黻。宋說他希望行總成功，他無意阻礙年輕的少壯派出人頭地（on the top），位居要津。（蔣廷黻日記 5/2/1946）宋子文講是一回事，做起來又是一回事。蔣廷黻從南京回來沒有幾天（五月七日），宋子文官架子大得很，又叫他的女祕書打電話給蔣叫他馬上去南京，蔣廷黻不買帳，回說他沒法去。那天傍晚七點，宋的祕書又來電話催他，蔣廷黻答說：「我也許星期五會去。」（蔣廷黻日記 5/7/1946）他在這天日記上記：「晚去看電影。」也沒有很要緊的事要做。第二天蔣廷黻在日記上有評，他說：「宋要我立即去南京做什麼呢？什麼事這麼要緊？」又記：「沒有什麼重要的事要我做，因為他極不可能讓我處理任何重要的事務。」（蔣廷黻日記 5/8/1946）這好像宋子文在戰時華盛頓對待胡適（任大使）如出一轍。翌日蔣廷黻準備一早去南京，他的大女兒還擔心飛機引擎延誤，結果飛機沒有耽誤，九點四十起飛，十一點十分抵達南京，直奔行政院，在大門口巧遇宋子文，他對蔣廷黻說：「我下午三點半見你。」蔣廷黻準時前往，宋說廣東亟需糧食，行總能給多少？蔣廷黻給宋一個數字，時糧食部長徐堪來了，他說他手頭沒有糧食，沒有餘糧分配給廣東。俞鴻鈞進來，四點廣東代表團來了，蔣廷黻說他們四個人與他們對談，徐堪與代表團爭執殊甚。最後蔣廷黻出來打圓場，他說他可能會從聯總撥百分之四十的米給廣東，加上一些雞湯粉（加了熱開水即成雞湯），但是他們要囤積在九龍所有的米糧，蔣廷黻說他已答應給廣西，不能食言。廣東代表團要雞湯粉，蔣廷黻拒絕了，並說這是要給別的省份，廣東代表抱怨他們只能拿到六千六百噸，太少了。蔣廷黻對他們說，廣西只拿到廣東的一半，湖南只拿到五分之一。於是他們似乎也就滿足了。蔣廷黻在日記最後評語說：「宋子文要我特地從上海來南京就是為了見廣東代表團，這簡直是胡鬧。」（蔣廷黻日記 5/9/1946）

過了幾天蔣廷黻又去南京，他所得印象，宋子文決心要控制行總，改組行總，他把他的想法對劉鴻生說了，他認為如果宋子文有一個健全的通盤計畫，我們有責任繼續努力付諸實行，「我有我的良知。不能與宋整天打游擊戰」，不然「我就辭職」。劉鴻生對蔣廷黻說：「如果你辭職，我亦辭。」蔣廷黻

對劉說：「我很感謝你，但是我不鼓勵你也辭職。」（蔣廷黻日記5/25/1946）

蔣廷黻於（五月）二十三日回上海，宋又要蔣廷黻去南京，蔣於二十七日晚十點搭夜車去南京。在行政院有一個善後救濟委員會，這是一個諮詢委員會，似是由宋子文提議設立的，其目的是削弱蔣廷黻的權力。五月三十一日星期五又是月底，宋子文召開會議，要蔣廷黻提出行總報告。蔣廷黻在會議上對行總各專案從一月至六月作了很詳細的總結報告，但是有人認為報告不夠詳盡。宋子文提出要確定行總與行政院的關係，最重要的是宋子文在會上提出行總所有的物資與分配須經這個委員會同意，最後他提議行總總部應在南京不應在上海。（蔣廷黻日記 5/31/1946）宋子文的作法是要儘量削弱行總的權力，要照宋的意思去做。宋子文錯了，他忘了行總的許可權是有法律根據的。行總的成立是依照立法院通過組織法而成立的。宋子文與蔣廷黻內鬥日漸明朗化、白熱化。蔣廷黻準備辭職，他與朋友、親信幕僚都商量過，很多朋友都勸他不要辭職，像翁文灝、王世杰、魏道明或張厲生等都叫他做下去。李卓敏認為他應直接報告蔣介石。朋友都是支持蔣廷黻的，其中唯一的例外是蔣夢麟，他不置可否。這可能有兩個原因：一是交情淺，二是個性使然，他沒有膽識說出他的意見或立場，可能怕宋子文，因當時蔣夢麟是行政院祕書長。這時候蔣廷黻內外夾攻：內有唐玉瑞（蔣廷黻要離婚但唐不肯），外有宋子文（宋的一切舉措是反行總的），弄得他焦頭爛額，晚上常常睡不著覺。（日記上寫 sleepless nights）

蔣廷黻與唐玉瑞琴瑟不調，自一九三八年從莫斯科回來後即分居，未結識沈恩欽之前即想離婚，唐不肯。後來唐帶幼子居仁（四寶）去美國。沈恩欽是蔣廷黻部屬沈維泰之妻，兩夫婦常來蔣廷黻寓所打橋牌，蔣與沈日久生情，準備先各自離婚然後結婚。一般報刊上報導說，蔣廷黻覬覦部屬的妻子（沈恩欽），乃先將部屬（沈維泰）調至國外。但根據蔣廷黻日記（6/8/1946），沈維泰要求把他調到美國，因為其妻 Hilda（沈恩欽英文名）堅決要離婚。蔣廷黻在日記上記：「對他說，我要時間考慮。」（Told him I had time to consider.）（6/8/1946）沒有多久沈維泰與沈恩欽同意離婚（結婚十年，沒有子女），沈維泰隨即調往美國。這與一般報刊報導的稍有出入。因唐玉瑞堅決不肯離婚，蔣廷黻沒法名正言順與沈恩欽結婚，他為此怏怏不樂，困擾多年。

六月十八日國民黨黨報攻擊糧食部長徐堪，翌日徐辭職，由谷正倫繼任。徐堪辭職，在工作上對蔣廷黻有點影響，因徐比較開明，與蔣廷黻是朋友。後來宋子文聯合谷（正倫）及CC陳氏兄弟在蔣介石面前說蔣廷黻壞話，最惡毒的即是說行總送往共區的物資比政府控制區要多。次數說多了就信以為真。六月二十四日週一紀念週，朱家驊報告教育，結束後蔣廷黻如約晉見蔣介石時，訴苦行總的預算被宋子文刪削甚多，蔣介石同情，但沒有說什麼。不像以往他做行政院長時對蔣廷黻一切計畫言聽計從。此一時也，彼一時也。七月九日晚報大標題刊載聯總在中國分署總計有四百名職員，卻有三百名聯名簽署致電總部對南京政府處理聯總物資有所批評，其中最重要的有二：一，政府最重要且能做事的機構是行總，但行總沒有錢；二，行總運送到共區的物資太少，沒有得到應有的百分之二。請求總部勿再繼續輸送物資給中國。蔣廷黻說前者是事實，但後者與事實不符。根據蔣廷黻日記，他與周恩來直接談判多次的結果，行總同意給共區一百四十億與一百五十億之間的救濟金，這不是錢，而是相當於這個價值的聯總物資，而且不是給共產黨政府，是直接給共區的老百姓。洋人說這個數字很可觀（most generous），蔣廷黻說他是照章程秉公辦理，且周恩來要求的更多。（蔣廷黻日記 7/15/1946 及 7/18/1946）蔣廷黻認為聯總也在玩中國政治把戲（蔣廷黻日記7/9/1946），但聯總職員這個電報很有效果。翌日（十日）路透社記者來告蔣廷黻說，聯總署長 LaGuardia 已下令停止輸送物資給中國（蔣廷黻日記 7/10/1946），這個問題夠嚴重的了。第二天所有的報紙均在顯著版面刊登 LaGuardia 停運物資往中國的命令。宋子文打電話叫蔣廷黻即刻去南京，蔣廷黻說他沒辦法，明天有記者招待會。蔣廷黻在日記中說，週五的記者招待會較平時擁擠，但問的問題卻很和氣。他說他的目的使人諒解，不讓大家（記者及公眾）知道我與宋不和。當記者問行總浪費之事，蔣廷黻斷然否定，他說行總是中央政府的一部分，如果行總浪費即浪費國帑。詢及行總經費，蔣廷黻答行總經費不足，因為政府財政有困難。有人問宋子文曾薦引一些不稱職的人員到政府來服務，蔣廷黻說他未聽到有此等事。（蔣廷黻日記 7/12/1946）

翌日蔣廷黻搭七點飛機飛南京，即偕劉鴻生（他早一天到）同去見宋子文。宋對他們說：「We are in the same boat.」（我們在同一條船上）意思是希望大家同舟共濟，來解決目前的困境。蔣廷黻給他看昨天記者招待會上的聲明，他看完後說「很好」，乃問蔣廷黻有什麼建議。蔣廷黻說，第一我們應設法籌款改善分配；第二及早恢復正常運輸。關於財政方面我有三條路可以走：(1)政府撥款；(2)向中央銀行貸款，年內付清貸款；(3)我辭職。宋子文選擇第二項。不過他說要在十月、十一月及十二月內付清貸款是不可能的，他說請貝祖貽及劉鴻生設法。蔣廷黻提出七月份需兩百億，宋說他會告訴貝將這筆款項匯到行總帳戶。行總的危機暫時告一段落。在蔣廷黻看來，宋子文這次應該得到一個教訓：與聯總打交道不是好玩的。（蔣廷黻日記 6/13/1946 及 6/14/1946）依我看來是不會的，俗云江山易改，本性難移。

七月二十二日蔣廷黻又與周恩來長談一次，談什麼內容他沒有記下來（很可能談黃河計畫）。在他與周恩來談話的那一天，收到傅斯年來信說在參政會裡ＣＣ系提出一個議案要 censore 他，要把他去之而後快。（蔣廷黻日記 7/22/1946）而在這幾天，上海小報開始報導蔣廷黻與沈恩欽的花邊新聞，蔣廷黻甚是不安，怕事情鬧大，弄出緋聞來。七月二十三日蔣廷黻搭七點的飛機飛南京，浦薛鳳來機場接他，並告日前在最高國防會議上張繼帶頭批評陳布雷，攻擊宋子文，也點到他的名。蔣廷黻曾與宋子文談到最高國防會議批評他們的事，他明告宋子文，他自己會辭職，將以私人公民身份為自己辯駁。宋子文說這些控告（指張繼）其實很幼稚，他對蔣廷黻說，這些事應該讓他來處理。然後宋也談到美國《時代》週刊曾攻擊他。（蔣廷黻日記 7/23/1946）四時杭立武來，談到行總事，他說宋對他講只是錢的問題。這是宋子文的片面之詞。在蔣廷黻看來如沒有宋子文干擾，他會做得好。（蔣廷黻日記 7/23/1946）隔了幾天，報載監察院要調查行總。蔣廷黻對人說，如監察院派人來調查，他將公開帳目，事實真相可和盤托出。他真的這樣做了，各報對此頗多稱許。此外他也向外界做了一些解釋性的演講。他於七月三十日七時飛南京，九點半至十點半在立法院向立法委員作一小時的演講，講到行總的困難：運輸問題，缺少基金，善後救濟物資本身的問題。後來他對聯總中國分署的職員也做過一次演講，大致是談⑴他本人在政府裡的地位；⑵行總與政府的關係；⑶中國官場的特性。聯總職員對蔣廷黻很好。八月十四日監察院對行總調查完畢，對行總工作甚是滿意。但是很多問題還在，如輸送物資問題，以及宋子文的問題等等。九月四日宋子文要蔣廷黻去南京，是日晨蔣飛南京見了宋子文，他要借五千噸大麥，二人為此大吵一場。蔣廷黻說像這類事要事先告訴他，並且要有書面說明如何償還。（蔣廷黻日記 9/4/1946）後來結果如何不詳，因為蔣廷黻在日記上沒再記述。此時外界謠諑紛紜，宋子文即將解除蔣的職務。白天李卓敏聽到謠言即對蔣廷黻說了，但他很有自信。到了晚上蔣廷黻看到晚報上有他的消息，稱他政躬違和有倦勤之說。蔣廷黻自己分析：「這是揣測之辭。」（It is guesswork.）他說他生病是在會議後，他在會議上說的話只是反對政府財政政策，此外在前些時候他曾說過他還是喜歡教書，這些也許為外界提供了一些揣測的材料。他的結論是宋不善鬥，宋喜歡打游擊戰。（蔣廷黻日記 9/11/1946）

一般來說，蔣廷黻分析事理深入而透徹，與人談起來鞭辟入裡，雖不中即不遠矣，但這次宋子文要 fire 他，也許他過於自信，蔣廷黻謬矣。九月十六日行總華盛頓辦事處主任鄭寶南打電報給他說，宋子文請外交耆宿施肇基接替蔣廷黻出任行總署長，但施肇基拒絕了。施肇基拒絕是必然的，因為施對宋的人品政聲並無好評，但對蔣廷黻學識才幹以及中英文造詣都非常欽佩。一九四五年在三藩市召開聯合國成立大會時，中國代表團出席的有一百零八人（蔣廷黻不在內），首席代表為宋子文，時為外交部長。胡適（代表）及施肇基均參加。施是代表團特別顧問，他向宋子文力薦蔣廷黻（因蔣曾參加一九二一年華盛頓裁軍會議），但宋未予採納，事後外界對中國代表團印象欠佳。現在宋要罷黜蔣廷黻請施來代替，揆諸常情這是不可能的。當蔣廷黻獲得這一消息後，唯一的直覺反應：蔣介石會同意嗎？當然同意，因為沒有蔣介石首肯，宋子文不敢這樣做。蔣廷黻乃自己找答案：他認為蔣介石有一個理由可以將他撤職，即是他不讓CC昆仲插足輸送聯總物資。他與周恩來長時談判的結果，行總同意給周恩來價值一百五十億的物資，用以救濟共區的黃河災民。因此宋子文利用這一點與CC掛鉤，在蔣介石面前力陳蔣廷黻之非，終於得逞。蔣廷黻自己分析，離開行總後有幾個可能：政府可能給他一個職位，但沒有實權（蔣廷黻很喜歡權力）；蔣介石可能任命他一個有實權的職位，但他人會干擾（如CC系），有沒有其他辦法可獲得有實權的位置？他自己答說：「有。要付很大的代價。」他又說：「我快要五十一歲了，還有十年至十五年的政治生命。如果轉入外交界，能成為某方面的專家，生活得很寫意，有機會發表演講，而且我的名字成為頭條新聞。如重執教鞭，我可能成為一個傑出的學者，對公眾事務有影響力，但沒有實權。對我的餘年這也許是一個較為安全的辦法。」最後蔣廷黻下結論：「沒有一個人長期擔任公職，操守廉潔而能獲得權力的。」（to win power in a honorable way.）（蔣廷黻日記 9/16/1946）這是什麼意思呢？自我解嘲或是自我安慰，不是有點阿Q嗎？我倒是很欣賞他為自己算命，他後來從事外交，成為一個傑出的外交家，他在聯合國的表現不就是這樣嗎？這一點蔣廷黻很了不起，足可楷模四方。

九月下旬，宋子文在上海反對陳納德用空運，後來蔣廷黻聽到的消息是，宋用陳納德的合約來反對蔣廷黻。李卓敏去見王寵惠，他（王）討厭宋子文，支持蔣廷黻。蔣廷黻去南京想瞭解情況。他於九月二十四日晨七時飛赴南京，參加九時院會，後與鄭道儒長談，鄭建議應面告蔣介石。張厲生說他聽到都是反對宋子文的。吳鼎昌在牯嶺，他沒有聽到有人說蔣廷黻與共產黨的關係。蔣廷黻當晚十時飛返上海，並決定十月去廣東、福建視察糧荒。但情勢的發展等不到十月了。九月三十日傍晚七時，浦薛鳳來電稱宋子文要蔣廷黻明晨去南京。翌日八點半蔣廷黻抵南京，先去找浦薛鳳，浦說他不知宋何事要見他。蔣廷黻乃直奔行政院。宋子文開門見山對他說：「你以前說過你要辭職，我現在接受你的辭呈。我坦白地對你說，我們兩人合不來。你與外國人交涉辦的洋務很好，我很佩服。但你辦的國內事務不太高明。委員長說你可以辭職，希望你擔任另一職務。」蔣廷黻起身就走。這天是星期二，有例行的行政院院會，宋子文臨時動議稱蔣廷黻辭職獲准，繼任者為P. H. Ho（蔣廷黻英文日記這樣寫）不知是誰？陳之邁書中說是霍寶樹，不知確否？蔣廷黻搭下午一點半的班機回上海。回到辦公室就先對李卓敏說了，然後清理辦公桌。四點半見沈恩欽，沈對蔣廷黻安慰一番。晚上與傅斯年長談。在這天的日記結尾蔣廷黻記：「One chapter of my life is over.」（是我生命中的一章已成過去）

VII

第二天各報報導蔣廷黻辭職的消息，對於繼任者未作任何評論，稱許蔣廷黻的較多，有的說洋人信任他。有一家上海英文晚報（《大美晚報》*Shanghai Evening Post and Mercury*）的社論說，蔣廷黻是政府裡學者從政中最好的一位。很多人私下憎恨宋子文，說他想控制行總，要弄錢，翁文灝即如此說，翁還有其他因素反對宋殊甚，但外界公開反對的尚沒有。十月四日這一天，蔣廷黻陪一洋人（Gen. Egerton）見蔣介石。蔣介石乘機說他沒有事先講明白要派你去印度或土耳其做大使，所以讓你辭職。蔣廷黻說謝謝他，但很遺憾沒有做得更多，並請求不要再任命他擔任公職，準備休息一、兩年後回到學術崗位。蔣介石說「不，王世杰會與你談。」傍晚六點二十分王世杰來訪，希望他出使國外，但沒有講哪一個國家。蔣廷黻對他說：「我希望不再服事公職。」王世杰似乎明白他的意思，乃說這個政府不是一個人的政府，人來人往，今天來明天就走了。他希望蔣廷黻不要做得太消極，不然委員長會誤會的。（蔣廷黻日記10/4/1946）十月九日王世杰派代表攜一函來上海見蔣廷黻，要他出任駐印度大使。蔣廷黻明告來使說，他不能接受。一九四三年重慶政府派一親善訪問團訪印，英人建議他擔任團長，他拒絕了，因當時蔣介石親印（主張印度獨立）反英。王世杰是親英的，當然希望蔣廷黻出使印度。蔣介石十分重視印度及中印關係，他也希望蔣廷黻去新德里。但是蔣廷黻另有想法，只要宋子文在位一天，他決心不再擔任公職。（蔣廷黻日記 10/9/1946）十月十四日蔣介石正式召見他，蔣廷黻搭七時的班機，八點三刻抵南京後直奔總統府，這天是星期一，正在做紀念週，蔣廷黻在會客室幾乎等了一個小時，蔣介石第一句話即問見過王世杰沒有，蔣廷黻答說，我決定要休息一陣，然後回去教書。「你既然目前不想到國外，」蔣介石又說：「你是否願意擔任南京或北平市長？」蔣廷黻又再度拒絕。蔣介石說國家缺少人才，他將立即發表這一任命，不必立即上任，你可以休假一個時期。並說你可以考慮，不必馬上答覆。（蔣廷黻日記 10/14/1946）蔣廷黻分析蔣介石的動機及用意如下：⑴他是想平息公眾與論對宋的不滿；⑵討好學術界自由主義派人士；⑶要照顧他的追隨者。至於他自己，他絕不考慮新職任命，他要讓人家知道他對宋子文如何憎恨與討厭，只要宋在位一天，他絕不願在政府工作。（同上）這句話他好像沒有對蔣介石直接講，但對王世杰講過不止一次（王是天子近人，他一定會面告蔣介石）。他對宋子文仇視之深當可思之過半矣！蔣介石祕書陳布雷後來對人說，他很佩服蔣廷黻有此膽識，敢在蔣介石面前連續兩次拒絕新職任命。（蔣廷黻日記 10/23/1946）宋子文戰時做外交部長，胡適任駐美大使，做得有聲有色極為起勁的時候遭解職，幾乎與宋子文要蔣廷黻「辭職」如出一轍。日後胡適就不想再見到宋子文，也不太願意提到這個名字，胡適耿耿於懷，埋怨政府在戰時沒有善待他，即指在大使任上無故將他撤職。後來政府任命胡適擔任大使或外交部長或國府委員他都堅決不幹，胡適與蔣廷黻均具中國傳統讀書人的風骨。宋子文在胡適眼裡是一個小人。宋子文做人能做到使他的「部屬」（胡適、蔣廷黻等人）恨他到斷絕仕途，這個人大可讓心理學家在手術檯上解剖一下，宋自己也應該反省。

行總對一般人來說只是一個中央政府的機構，其性質與社會部、農林部、糧食部或其他部門別無二致，但在宋子文看來，行總組織甚是龐大，人員眾多，各省市均有分署，其「掌握與支配的物資，更是全國的命脈」。署長比部長還大，權柄之大為其他任何一部無法企及。對於蔣廷黻來說，行總是他一手創辦起來的，這是他的小 baby，他對行總是有感情的。與宋子文不一樣，他對行總有一番抱負。據陳之邁回憶：「我在民國三十三年（一九四四）六月奉派到駐美大使館工作，我到華盛頓的時候，廷黻也在那裡，我們湊巧同住在一所公寓裡，就在那個時候他和我談中國的善後救濟工作。他說中國經過七年多的戰爭，國家殘破，戰前所有的一點點現代建設都毀光了。因戰爭而死亡的軍民在二千萬以上，被迫離開本鄉的難民（英文稱為 displaced persons）估計就有四千四百萬之多，其中一大部分是婦孺。糧食缺乏，交通工具缺乏，衣著缺乏，醫藥缺乏。我們應當怎樣處理這些問題是他當時主要的工作。倘如我們能夠善用國際援助，於救濟之外，兼顧建設，『寓建設於救濟之中』，對於國家的貢獻就更大了。那時我甫自重慶來到華盛頓，對於善後救濟之事一無所知。聽他侃侃而談，深受感動。那時我們相交已有十年，但是我好像看到了他的另一個方面，意會到他除了是一位學者、一位行政家之外，還是一位富有感情的人道主義者。當時胡適之先生也在美國，他也有同樣的感覺。」（陳之邁《蔣廷黻的志事與平生》頁四七至四八）最後又說：「善後救濟的主持不是廷黻得意之筆。他對這項工作雖然盡了很大的力量，但是困難之多，阻力之大，效果之微，都不是他在民國三十三年和我談話時所曾預料到的。」（同上，頁六〇）不幸的是，當時中國實在太紛亂了，戰後大饑荒，連年兵燹之後又有內戰，再加上一個宋子文增加了不少工作上的困難，蔣廷黻哪裡還有餘裕談得上「寓建設於救濟中」的理想。

蔣廷黻在行總的問題紛繁，但迫使他去職的不是上述這些問題，而是宋子文人品問題。蔣廷黻與周恩來很合得來，但他無法與宋子文相處，性情與脾氣扞格不入或者說是個性不合。也許有人要問，誰可以與宋子文相處？這是一個問題，人品問題或者如英文裡的 personaity，與宋子文相處很難。蔣廷黻在行總，宋子文是行政院長，是他的頂頭上司，但宋想抓權，他要控制行總，先要控制蔣廷黻不成，乃處處挖行總牆角，他希望蔣廷黻做得不好，使行總失敗、垮台。他有這種內部傾軋的怪誕心理，蔣廷黻雖然盡了很大的努力，但困難之多非他意料所及，蔣廷黻常說，如無宋子文他會做得好。（蔣廷黻日記 3/10/1946 及 7/23/1946）宋子文要他走，可是宋子文在財政政策上弊端太多，蔣廷黻被撤職後不久，傅斯年在二月十五日出版的《世紀評論》發表了一篇〈這樣子的宋子文非走開不可〉，五個月後宋子文也下台了，宋、蔣鬥的結果兩敗俱傷。像宋子文這樣的人在南京政府裡所在多有，兩年後國民政府也跨台了，蔣介石在大陸上無立錐之地，則良有以也。蔣介石何以丟掉大陸有千百種說法，近世史家嘗言，國民黨在大陸潰敗，政治、經濟或軍事的因素尚屬次要，癥結所在乃由於自相殘殺也。[25]

---

1. 蔣廷黻，《中國善後救濟總署》，上海，一九四六年，頁一。
2. 這裡所說的「聯合國」是指參戰的同盟國家而言，並不是指一九四五年十月二十四日在三藩市正式成立的United Nations（聯合國）。
3. (a)李門是猶太人，他的父親從德國移民美國，因作投資生意而致富，有名的 Lehman Brothers 投資公司，即是他們的家族企業。一九三三年至一九四二年李門是紐約州州長。一九四三年羅斯福任命他擔任聯總署長，但只做了三年，一九四六年卸辭，去競選紐約州聯邦參議員未成，一九五〇年捲土重來當選了。他是紐約州選出來的聯邦參議員，只做了一任，又回到家族企業。
(b)季賽是美國西北部華盛頓州人。據說他是美國的共產黨員，唯黨性不強。
4. 陳之邁，《蔣廷黻的志事與平生》，一九六七年，頁六一至六二。
5. 蔣廷黻，《中國善後救濟總署》，頁三。
6. 陳之邁，《蔣廷黻的志事與平生》，一九六七年，頁四六。
7. 蔣廷黻，《中國善後救濟總署》，頁四。
8. 見《蔣廷黻日記》（11/3/1944）。

9. 見《蔣廷黻日記》（12/19/1944）。十一月十七日政府任命宋子文為行政院副院長，蔣廷黻甚不悅。他與宋子文雖都是留美的，是紐約哥倫比亞大學先後期同學，但他們個性不合，正如洋人所說的chemistry有問題。宋子文於十二月五日第一天走馬上任出席院會（相當於西方的內閣會議），蔣介石親臨主持，蔣說他近來太忙，行政院長由宋副院長暫代，希望大家與他合作。開完會後，蔣廷黻即趨前對宋子文說他請辭政務處長職，宋對他說請稍等，等到你新工作發表後。隔了一天即十二月七日，宋子文正式就任副院長職，蔣廷黻與宋曾有機會稍談片刻，宋對他說：「我們要合作，你知道我是一個坦白、正直的人，如果我有錯，請坦白對我講。」英文原文為Let us cooperate, you know I am frank and straight forward. If I should make a mistake, speak to me frankly. 宋子文的中文文字粗通，英文遠比中文好，蔣廷黻中英文俱佳。只要是宋、蔣兩人在一起，通常都用英語交談。宋子文對蔣廷黻說的話很漂亮，並且口口聲說：「我支持你。」但事實上並非如此。宋後來真除，在行政院長任內處處制肘蔣廷黻，時時找蔣的麻煩。蔣廷黻是個性很倔強的人，他工作認真，任官清廉，蔣介石很器重他，對他言聽計從，所以他不怕，凡事與宋據理力爭。宋子文後來聯合了陳氏兄弟與蔣廷黻鬥，終於說服了蔣介石，最後強迫蔣廷黻辭職。

10. 行總臺北分署設在火車站館前路一棟白色大樓內。筆者猶憶一九四七年二二八事變時，目睹暴民橫行街頭，但對館前路中國分署及聯總臺北辦事處未犯秋毫。

11. 見《蔣廷黻日記》（9/19/1944 及 10/3/1944）；蔣廷黻，《中國善後救濟總署》，頁二；及陳之邁，《蔣廷黻的志事與平生》，頁四六。

12. 徐道鄰是北洋軍閥時代新疆巡邊使徐樹錚的哲嗣，他接替蔣廷黻任政務處長為時甚暫。一般慣例，行政院祕書長或政務處長外放，官都很大，如在國內通常外放是省長，國外是大使。徐道鄰為什麼要離開行政院，不是像別人所說的他不想做官，他不是一個很能幹的人，對於繁雜的政務處長工作做不來，做了幾個月只好請辭。他離開行政院後，有一年新年向蔣廷黻拜年，徐曾請托蔣廷黻為他謀一個歐洲小國大使職。後來魏道明出任臺灣省主席，徐道鄰任祕書長。

13. 詳見《蔣廷黻日記》（2/15/1945），及《雪梨前鋒早報》（*The Sydney Morning Herald*, 2/16/1945）。蔣廷黻的記者招待會及伊瓦特批評聯總的談話，都刊載在雪梨早報頭版頭條。蔣廷黻在記者招待會上英語運詞遣字很得體，用的字彙很典雅，頗得與會人士的好評。

14. 見《蔣廷黻日記》（11/20/1944）。後來由蔣夢麟接替張厲生祕書長的位置。

15. 見《蔣廷黻日記》（7/9/1945 及 7/10/1945）。

16. 七月三日，當蔣廷黻於晚七時飛抵加爾各答時，中國駐加爾各答副領事來告蔣廷黻稱，唐玉瑞及幼子居仁（四寶）於昨天離此赴孟買，準備在那裡候船赴美。唐玉瑞和四寶於四月五日搭機飛赴加爾各答，在加爾各答停留三個月。楊紹震和許亞芬是夫婦，他們倆都是蔣廷黻在清華的學生，那時都在美國聯邦政府做事。一九四三至一九四四年間，蔣廷黻在美國一年，夫婦間往來最多，尤其是蔣廷黻與許亞芬是相當親密的朋友，他們之間有否肌膚之情，不詳，因為蔣廷黻日記裡沒有記載。他的日記不像胡適日記虛應故事，蔣廷黻日記記得很翔實、坦白，很多私事都記得很詳細，比如：他與許亞芬常常一起午餐或 shopping；其他如蔣廷黻短時間離開華盛頓去外地開會，他們之間必有長途電話聯絡（打到許亞芬工作的辦公室）。蔣廷黻於一九四四年回國後魚雁往返不輟，即使蔣廷黻在澳洲開會亦然；如一九四五年二月二十三日蔣廷黻剛從坎培拉回到雪梨，他在那天日記上記：「收到亞芬來信。」但蔣廷黻自澳洲回來認識沈恩欽後（沈恩欽第一次在蔣廷黻日記裡出現是在一九四五年三月十日），他們之間（蔣、許）函件日疏，一直到一九四五年七月八日來美國，在華盛頓做三週短期停留又過從甚密。但以後許亞芬的名字在日記中出現就漸漸地少了。一九四七年秋天蔣廷黻來美出席聯合國大會，許亞芬特地從波士頓到紐約來找蔣廷黻，此行目的是要蔣為她丈夫找工作，蔣廷黻沒有推辭。如果蔣廷黻在華盛頓過境或短期停留都住在 Broadmore 這家旅館。

17. 關於保留古蹟及古建築，蔣廷黻這句話也值得我人深省。自中共柄政後把北京城內的古蹟差不多破壞殆盡。今日大陸正熱衷於大力推行都市化，英文叫 urbanization，鄉村裡的古廟或老建築也都岌岌可危了，聽了，余心有戚戚焉。

18. 陳之邁，《蔣廷黻的志事與平生》，頁四五。

烏克蘭面積為蘇聯面積的百分之二・七一，人口五千一百萬，佔全蘇聯百分之十八；白俄羅斯比烏克蘭小很多，其面積佔蘇聯百分之〇・九三，人口一千萬，佔蘇聯百分之三・五；克里米亞半島本不屬於烏克蘭，一九五四年在赫魯雪夫當政時劃給烏克蘭。一九九一年蘇聯解體後，烏克蘭是一個明正言順的獨立國，克里米亞還是歸附於烏克蘭，但克里米亞的居民卻大部分是說俄語的俄國人。從二〇一三年下半年至二〇一四年年初，烏克蘭天天成為世界各報頭條新聞，先是群眾示威反抗政府，這種示威運動是美國人鼓動起來的，希望烏克蘭參與北大西洋公約組織（NATO），但是親蘇聯的烏克蘭政府不肯，這是俄國的後院，美國人想在他後院放火，俄國總統普丁豈能容忍。在目前世界的領袖中，如以機詐狡猾則普丁為第一人，他乃運用手腕巧取豪奪，二〇一四年初又把克里米亞劃入俄國版圖。烏克蘭聽了美國人的話想放火，結果丟掉了克里米亞。迄目前為止（二〇一六年三月）烏克蘭事件尚未了結，因蘇聯陳重兵於烏克蘭東境，東烏克蘭境內又有百分之九十是俄國人，所以西方國家憂心忡忡，怕的是東烏克蘭步克里米亞後塵。普丁的野心要恢復史達林所建立的蘇維埃帝國。

倫敦《觀察報》是英國一份很好也很有影響力的 Sunday paper，它與《曼徹斯特衛報》（*The Guardian*）是姊妹報。《觀察報》於一九四五年八月十二日星期天那天有兩篇文章，一篇是講原子彈，主張英美對原子彈呼應互通情報。另一篇是呼籲英美對蘇聯在東歐的影響不可忽視。它認為蘇聯在遠東已佔了很多好處，英文裡是用 substantial prizes 字眼。《觀察報》列舉蘇聯所獲得的「獎品」如下：⑴中東鐵路；⑵內外蒙古；⑶中國東北；⑷廢除樸茨茅斯條約、朝鮮獨立、南庫頁島給蘇聯等等。

19. 蔣廷黻在返國途中經印度，在喀拉蚩停留兩天，他看到當地的 *Karachi Gazette* 報曾刊有社論，對中蘇條約有所稱許，社論稱中國、蘇聯及印度三國戰後應攜手合作維持亞洲和平。蔣廷黻在九月一日的日記上評：「這一想法有違俄國的理想主義（即擴張主義）及英美的帝國主義。」盛哉斯言！在回來的途中因為天候或無飛機，蔣廷黻在昆明也停留了前後三天，他二女兒在昆明讀書，曾到旅舍見他。第二天航空公司通知他無飛機飛重慶，他即打電話給陳岱孫、張奚若，李繼同及錢端升等老朋友見面，結果是日晚上在聯大給蔣廷黻一個盛大的party，到的人很多，都是過去南開、清華的同仁，或是北大的朋友，現在在西南聯大教書。後來蔣廷黻說他沒有想到這些朋友在一個半月後，有十個教授聯名公開反對蔣介石，其中就有張奚若、陳岱孫、周枚初、李繼同及聞一多等人。

20. 蔣廷黻，《中國善後救濟總署》頁八至九。蔣廷黻受李鴻章的影響，見《蔣廷黻日記》（6/7/1945）及陳之邁，《蔣廷黻的志事與平生》，頁四七。

21. 陳之邁，《蔣廷黻的志事與平生》，頁四九至五一及頁五八。

22. 同前注頁五九。宋子文質詢蔣廷黻，見《蔣廷黻日記》（2/7/1946）。

23. 《蔣廷黻日記》（5/22/1945）。在陶涵寫的《蔣介石傳》裡說到兩岸統一時，周恩來對訪員說他在臺灣有很多朋友，其中就有蔣廷黻的名字。現在我們看了《蔣廷黻日記》，足證周恩來講的話雖是統戰，但並不是隨便講的。

24. 四寶名居仁，英文名 Donald，一九三二年生，中學是上 Horace Mann，在紐約也是一所很有名的私立學校，算是貴族學校。中學畢業後上匹茨堡的 Carnegie Institute of Technology（一九六七年與 Mellon Institute of Industrial Research 合併，更名為 Carnegie Mellon University），學的是工程，後讀麻省理工學院，獲有建築碩士，畢業後即在波士頓附近創業，獨資辦建築營造業，很成功，不僅生活得很好，且很富裕。他人很能幹，個性好動，喜歡游泳及各種球類運動，網球打得很好，在中學時代膺選為網球隊校隊。他參加全紐約市網球比賽，打到最後決賽，冠亞軍賽那天蔣廷黻曾特地去中央公園觀戰，打得難分難解，後來下雨了，中止比賽，不知鹿死誰手。因為蔣廷黻後來在日記裡沒有記。二〇一六年四月十四日筆者在 Scarsdale 訪問蔣居仁先生結束後。我便想起來，乃問當年他參加紐約市的網球冠亞軍賽因雨而終止，後來誰贏了。他還記得，回說：「我贏了。」四寶的橋牌打得也很好，也是他父親很好的partner。蔣廷黻很喜歡散步，四寶與父親自重慶郊外起及至華盛頓雙橡園常在一起散步。他高爾夫球也打得很不錯，蔣廷黻任駐美大使時，常在週末與四寶在雙橡園打高爾夫，是為晚年一大樂事。蔣廷黻身罹絕症，他的身後安排，比如每月應該寄多少錢給三寶（住在基隆的哥哥），以及他們應如何善待姆媽（即沈恩欽），這些細節大多是他與四寶在雙橡園高爾夫球場上談好的。他們的關係不僅是父子，也是很好的朋友。

25. 見唐德剛撰寫的《李宗仁回憶錄》序，頁五。（我用的版本是一九八一年回台時，在台大校門口路攤上購買的一本翻印本）

1947—1962

第十四章 聯合國

聯合國是一個馬戲團。

——賴伊（一九四八）

上面這句題詞是聯合國第一任祕書長賴伊（Trygve Lie，任期 1946-1952）於一九四八年對蔣廷黻講的話。那時紐約曼哈頓的聯合國總部大廈尚在鳩工興建中，聯合國總部就臨時借用紐約長島成功湖（Lake Success）一個輪轉機工廠做為開會的場所。賴伊的原文是 It（Lake Success）is a 4-ring circus. 成功湖即指聯合國，按：那時巴勒斯坦與以色列在聯合國爭論不已，像馬戲團一樣。他說這話或許是戲言。（蔣廷黻日記 2/24/1948）一九五〇年代蔣廷黻代表中華民國因代表權案與蘇聯代表維辛斯基等相互對罵，喋喋不休。到了一九六〇年，赫魯雪夫在大會上用皮鞋敲講台大肆咆哮。直到本世紀初還是吵個不停。二〇〇六年委瑞內拉的總統查維茲在聯合國痛詆美國帝國主義，並咒罵小布希是魔鬼。查維茲口才很好，也有台風，相形之下小布希遜色多矣。這樣看來賴伊之言雖為戲言，值得深省。在這裡我們很想知道蔣廷黻是在何時又如何參加這個「馬戲團」的？他與蘇聯代表打對台相互咒罵，所扮演的是什麼樣的角色？他在「馬戲團」表現又如何？要知道這些答案，我們得先從蔣廷黻如何離開善後救濟總署說起；一九四六年十月四日他於行總去職後，蔣介石給他駐印度大使或土耳其大使，他不幹，稍後讓他在南京市長或北平市長任選擇一，他也不就。蔣介石近臣陳布雷對人說蔣廷黻膽子夠大，委員長給他四個職位均拒絕了。他對蔣介石說他要去教書。清華得悉後，歷史系特派雷海宗教授專程南下請他重回清華。山東基督教會辦的齊魯大學董事會請他出任齊魯校長，且他又是個基督徒，他都一一謝絕。但他倒底是個書生，具有中國傳統文人的吐屬，仍不脫書生本色，在上海賦閑時他很勤快地用英文撰寫回憶錄，勤練毛筆字，讀《資治通鑑》及秦漢史，偶為《大公報》及《申報》撰稿，所以依然忙得很。但在另一方面，這段時期——從善後救濟總署被解職到一九四七年八月十九日正式成為聯合國代表為止，對他來說是一生中最黑暗的時期——此時他的未來工作（career job）未定。對內家有婚變，一時不易解決。沈恩欽已與沈維泰離婚，與蔣廷黻同居，但蔣廷黻妻子唐玉瑞不肯離婚，蔣有時對自己說「終不能讓沈恩欽一直做一個 grass widow（離婚尚未再婚的女子）」。蔣廷黻卒後，臺灣報刊曾譽他為「一代學人」或「外交鬥士」，這些榮銜對蔣廷黻來說實至名歸。在外交上他的鬥士之銜，是一九四九年國民政府退處臺灣後，他代表蔣介石政府在聯合國裡奮鬥出來的，得來不易。他在聯合國有兩大成就：一是控蘇案，另一是代表權問題。特別是前者，蔣廷黻功績在國家民族（不單指那時所代表的臺北政府，還包括後來的中共在內），且有永恆價值。代表權問題已成歷史，但是諸如蔣廷黻學問淵博、中英文造詣、處事才能、國際禮儀、外交藝術以及說話技巧，足可供今日有志於外交工作的年輕人慕效。他山之石，可以攻錯，還是值得我們討論的。

II

中華民國駐聯合國大使（即常任代表）本是郭泰祺。郭因病請辭。蔣廷黻能夠接替郭泰祺出任中國駐聯合國常任代表是不容易的，也不是偶然的，且過程頗為曲折。聯合國的常年大會主要工作是開會、演講及談判妥協，調和鼎鼐，解決國際爭端。安理會是聯合國最重要的機構，處理的都是世界上最緊急的事件，謀求和平解決糾紛，因此得常常集會討論，這份工作不僅很重要，而且十分困難，要勝任這份工作必須有淵博的學識及雄辯的口才，此外還得處理開會時一些技術上的應對諸如議事日程、開會程序以及如何控制會場等等。蔣廷黻在這些方面已有很豐富的經驗，學生時代他曾是學生領袖，在哥倫比亞讀書時，曾任余日章（代表青年會）的英文祕書，參加一九二一年華盛頓的裁軍會議，他就像《紅樓夢》裡的趙嬷嬷一樣，是見過世面的。從政後，他曾代表中國參加一九四三年十月在華盛頓召開的善後救濟總署籌備會議及成立大會。而後也參加了聯總在大西洋城及加拿大渥太華（Ottawa）召開的一連串善後救濟總署區域會議。因蔣廷黻當時人在美國，所以也參加了一九四四年七月一日至二十一日在美國新罕布夏州布萊頓塢召開的聯合國金融財政會議，這個會議決定成立國際貨幣基金組織及國際開發銀行兩個機構。中國方面出席的專家及顧問有二十多人，首席代表為當時行政院副院長兼財政部長孔祥熙。會議期間，孔祥熙重要的英文演講由蔣廷黻擬稿，記者招待會及其他事務等均由蔣廷黻在旁輔助，孔對蔣廷黻言聽計從。此外蔣廷黻以代表名義出席，在會議中被推為一個委員會的主席，他處理議事程序甚是老練，深為各國代表稱許。[1]

蔣廷黻參加的另一個重要國際會議即是代表中國出席聯合國遠東經濟委員會（Economic Commission for Asia and Far East），簡稱ECAFE。此會議於一九四七年六月十五日起至二十五日在上海舉行。中國是東道國，當時的外交部長王世杰慎重其事，在一年前就囑咐外交部有關部門加緊籌備，並內定蔣廷黻為首席代表，他也是大會主席。這是臨時性的職務，每屆會議的代表都是臨時指派的，會議結束，代表的職務隨即解除。那時蔣廷黻尚是善後救濟總署署長，王世杰是一個很仔細謹慎的人，他問蔣廷黻：「會不會影響你現在的工作？」蔣答說：「不會。」後來蔣廷黻行總去職，沒有工作上的壓力，時間很是充裕，他也很賣力。戰後蘇聯在任何國際會議上不是張牙舞爪，就是提出一些成事不足敗事有餘的議案，在會場上搗亂。因蔣廷黻過去在國際會議上見過很多，所以胸有成竹，現在擔當大會主席又因當時中蘇之間的微妙關係，很是小心，但他應付得很好，可謂遊刃有餘。茲舉一例：在會議上菲律賓提一議案，蘇聯反對，爭辯甚久，沒有結果，休會，下午復會，蔣廷黻以主席身份接受菲律賓的建議，蘇聯又反對。蔣廷黻乃以議會章程裁斷訴諸票決，結果九比一，蘇聯敗了。這種例子很多。蔣廷黻處理會議的技巧深得各國代表讚許，特別是英國代表Andrew Clow在閉幕詞中對他稱許備至。大會於二十五日圓滿閉幕，各報均一致讚揚，特別是上海《大公報》強調這次會議是成功的，蔣廷黻功不可沒，而對他擔任大會主席的圓熟技巧一再叫好。這個會議成功的因素，蔣廷黻在日記中說，他們（指各報）稱許我做主席的技巧圓熟（chairmanship），他們只看到表面（the formal show），卻不知我們祕書處人員辛勤的策劃之苦。他自己定了幾個原則⑴儘量不牽涉到政治；⑵著重在我們經濟建設；⑶實事求是（這一點很重要，蔣廷黻頗得英美法荷澳諸國代表的信任）；⑷考慮到每一個國家所關心的事項。會議於六月二十五日中午十二時四十五分正式結束，蔣廷黻在大會閉幕時致謝辭，會議圓滿成功。大會閉幕後蔣廷黻在日記上記：「如釋重負。」（蔣廷黻日記 6/23/1947、6/24/1947 及 6/25/1947）

隔兩天蔣廷黻搭夜車至南京。蔣介石在官邸接見在上海開會的各國代表，由蔣廷黻一一介紹，輪到澳洲代表 Copland[2] 時，他當面對蔣介石說蔣廷黻這次大會討論議事日程安排很妥當，制訂議事程序運用得宜，甚是嫻熟，深獲各國代表讚揚。蔣廷黻聽了當然很是高興，也很感激。（他在日記上記：“It was very kind of him.” 蔣廷黻日記 6/27/1947）二十八日上午十時，蔣廷黻去外交部見王世杰，王暗示可能另外有工作給他，但沒有說是什麼樣性質的工作，只說現在還沒有到公開的時候。後來蔣廷黻去見葉公超，他們是好朋友，過去是清華同事。這時候葉公超新近（才一個多月）升官，從歐洲司司長升為常務次長，他對蔣廷黻暗示，很可能是接替郭泰祺的位置。（蔣廷黻日記 6/28/1947）時郭泰祺擔任駐聯合國常任代表，並出席安理會。郭泰祺（1888-1952）湖北人，為中國著名的職業外交家，一九一一年美國常春藤盟校之一的賓州大學畢業。歸國後進入外交界，一九三二年至一九四一年任駐英公使（後為大使）兼駐國際聯盟代表（1934-1938）。一九四一年四月郭泰祺出任外交部長，因郭在重慶買屋置產出了問題，《大公報》寫了社論批評他，因此丟了紗帽，只做了八個月的外交部長。聯合國成立時，中國代表團由他與外交界耆宿顧維鈞主持，當時外交部長王世杰也偶然出席。郭泰祺是中國第一任駐聯合國常任代表，出席安全理事會。據陳之邁回憶：「安理會第一次在紐約集會，郭代表擔任主席，那時安理會尚未制訂議事程序，郭代表以多年參加國際聯盟的經驗，主持討論，有條有理。《紐約時報》曾將會議紀錄全部刊載，博得各方一致欽佩與讚揚。可惜那時電視尚不發達，否則更是搶盡鏡頭。」

III

近因郭泰祺染病，臥病醫院，病情如何，不詳，所以王世杰也沒辦法對蔣廷黻詳細明白地說明。後來外交部臨時指派蔣廷黻代替郭泰祺出席七月中旬在紐約召開的聯合國安理會會議。蔣廷黻於七月五日赴美。啟程前夕，王世杰從南京打電話來說希望他在紐約 The Committee of the Whole會議（安理會）結束後，能留下來參加秋季聯合國大會（General Assembly）。翌晨蔣廷黻赴美，七月六日傍晚抵三藩市，在西岸停留一天，八日午夜到達紐約，下榻於第五大道六十一街的皮埃爾酒店（The Pierre）。中國代表團辦事處當時在帝國大廈，那時聯合國尚在紐約近郊的成功湖。蔣廷黻於七月十日上午參加安理會的 The Committee of the Whole，當天下午去醫院看望郭泰祺。後來郭泰祺出院，蔣廷黻於七月二十六日帶四寶（居仁）及張忠紱去長島郭的寓所拜訪他。當蔣廷黻告辭時，郭泰祺對他說他應該留在安理會，蔣廷黻說他的興趣在經濟發展。可是國內謠諑紛紜，合眾社自上海發了電訊稱國民黨中常會已接受郭辭職，任命蔣廷黻繼任，蔣廷黻看了說：「這消息顯然是不確實的。」一日與張平群談天，蔣廷黻問張是否願意擔任安理會代表，張說：「最理想的人選是你。」蔣廷黻說因為正要辦離婚手續，會引起很多麻煩，蔣廷黻還關照張平群不要跟他太太講，張說他們太太之間很少來往。（蔣廷黻日記 7/30/1947 及 7/31/1947）[3]

一個月後蔣廷黻又去看郭泰祺，這次是與張彭春一起去的。郭看起來雖較前起色，但他不認為郭能夠在半年內復元，恢復正常工作。（蔣廷黻日記 8/8/1947）可是王世杰要他（蔣）出席安理會，並說他以前已經答應過的，蔣廷黻在日記裡說他未曾作過這樣的承諾，回電說他工作至九月十五日。（蔣廷黻日記 8/8/1947）蔣廷黻現在的工作，照勞動階級工人的說法是「散工」，是故翌日（八月九日）外交部有電報給蔣廷黻稱他的薪金比照郭泰祺為一千元一月，外加醫藥補助費。並說郭泰祺病重，短期內不能復元，希望他留在紐約。（蔣廷黻日記 8/9/1947 及 8/10/1947）這幾天函電頻仍，在紐約活動又多。八月十八日郭泰祺遣張忠紱來告蔣廷黻要他留在這裡（to stay here），蔣廷黻在日記裡說他不明白郭的意思是要他代理（acting）還是代替（replacing）他呢，郭泰祺沒有明講。（蔣廷黻日記 8/18/1947）

八月十九日外交部電報正式任命蔣廷黻為本屆聯合國大會（Assembly）中國代表團第三級代表（3rd position，通常外交部部長是代表團團長。這一年駐美大使顧維鈞也參加大會，他當然比蔣廷黻資深，為第二級代表，這些都是臨時性的）。王世杰同時任命他為中國駐聯合國及安理會常任代表，要他在四天內（星期六以前）答覆。他在日記上記因為婚變他不想接受。（蔣廷黻日記 8/19/1947）翌日蕭蘧（蕭公權堂弟）來，得悉此事，堅持要蔣廷黻接受新的任命，並向蔣廷黻建議與唐玉瑞妥協，不離婚；但對沈恩欽則睜一眼閉一眼，不干預。蔣廷黻說他本來也有這樣的想法，他同意了。（蔣廷黻日記 8/20/1947）第二天蕭蘧與唐玉瑞商談，回來說她要求與蔣廷黻住在一起（co-habitation），這一要求蔣廷黻最為反對。後來何廉來，他與何廉談的結果有三點：⑴不離婚；⑵兩人偶然在公共場合露面；⑶她不管他的私生活。蔣廷黻復請蕭、何二人翌日去晨邊高地與唐玉瑞談。因為星期六他必須對王世杰的任命案做一個決定。（蔣廷黻日記 8/21/1947）以後幾天蔣廷黻在日記裡沒有記二人與唐玉瑞談判的結果，也沒有記他如何回覆王世杰的電報。可是一個月後他在日記上記，是晚他以中國駐聯合國大會常任代表及安理會代表的身份宴請王世杰。（蔣廷黻日記 9/23/1947）很明顯地他已接受了任命。但蕭、何二人的使命並沒有達成，因唐玉瑞要與蔣廷黻住在一起，這對蔣廷黻而言可用上海洋涇濱來說是「拿鉛桶」（No Can Do）。後來蔣廷黻的朋友告訴他，美國的法律沒有強迫夫婦同居的條款，蔣廷黻在日記裡記：「A big burden is lifted off my shoulders.」（如釋重負）（蔣廷黻日記11/10/1947）[4]

蔣廷黻於一九四七年十一月底奉命赴菲律賓開會，十一月五日收到外交部電報，希望他能出席十一月二十四日在菲律賓碧瑤召開的遠東經濟委員會會議（ＥＣＡＦＥ）。蔣廷黻覆電，聯合國大會十一月二十六日結束，安理會並無甚重要事，他前往碧瑤，會議完後從那裡回國述職。蔣廷黻十一月十八日離開紐約，中途在三藩市及檀香山稍作停留，二十二日中午抵馬尼拉。二十四日ＥＣＡＦＥ如期在碧瑤召開，前後大約一週，十二月二日夜飛離馬尼拉，於十二月三日晨飛抵上海龍華機場，沈恩欽及行總舊同事多人來迎，然後直駛福履理路五七〇號，這裡從前是法租界，一九四九年後改為建國西路。他在上海停留四十六天，期間去南京無數次，第一次前後四天訪舊友、酬酢頻繁，當可想見。第二次是十二月十八日搭夜車至南京，二十日夜車回上海，前後計三天，見了張群、王世杰等大老。他在日記裡記，預計返美前能有一週休息。第二次甫自南京回上海，可是當天（二十一日）下午三點三十分南京來長途電話，說蔣介石次日要見他，時間未定。蔣廷黻接到電話後趕快去買火車票。結果當晚搭夜車去南京，這是第三次，後因蔣介石有新派任務，他奔波於京滬國道中前後有六、七次之多。

二十二日下午五點半，蔣廷黻至官邸晉見蔣，出乎他意料之外，蔣介石要他擔任政務委員兼財政部次長，部長是內定行政院長張群兼任。對蔣廷黻來說不是很恰當，雖然張群可能會把財政部業務都交給他辦，這等於降級，因為善後救濟總署署長是部長級。其實如果任命他為財政部長也許他會接受。[5]他對蔣介石說現在在聯合國的工作駕輕就熟，而且他有信心可以做得好，但財經界他不太熟悉，所以無法從命。可是蔣介石「一再堅持。蔣廷黻意識到在未作進一步考慮之前，他不應該拒絕了事。」（He insisted again and again, that I should assume, at least, not to reject without furthur consideration.）蔣廷黻乃起身告辭，並對蔣介石說，「我對張群瞭解不夠，在國民黨內部的其他人員會妒忌或會要杯葛我的。」又說：「我知道這個工作的重要性，謝謝你想得很周密，用張群來保護我。」（原文是：I recognized the importance of the work, thinking out of its arrangement whereby Zhang Qun would act as my shield for a time.）「我現在不能考慮這些問題，我要立即回上海。」（蔣廷黻日記 12/22/1947）之後去見王世杰，王世杰馬上想到一些其他問題，他對蔣廷黻說我們應該有另外一種安排，使張群不願意兼任財政部長，王感覺到蔣廷黻怕CC（即陳果夫、陳立夫一派），他對蔣廷黻說我們會把財政部裡的徐克定（譯音）調走（徐是CC系的）。蔣廷黻說他還需幾天考慮，（蔣廷黻日記 12/22/1947）翌日即回上海。

一月七日那天，蔣廷黻在南京國際俱樂部等了一天電話，下午張群打來了，說他們幾個人討論的結果，咸認為他回紐約聯合國任所為上策。我想王世杰所處的角色很是重要，他救了蔣廷黻一「命」，蔣廷黻即回上海，就像小學生放學回家一樣高興，雖然他不願意離開在上海的沈恩欽，但他必須回美國。他於一月十七日晨離開上海，一月十八日抵三藩市，在加州大學任教的趙元任及金山總領事及李卓敏的弟弟李卓皓等人在機場迎迓。蔣廷黻在三藩市停留兩天，於二十日在 Commonwealth Club 發表演說。於六時搭機飛紐約，後因氣候惡劣，中途在克利夫蘭降落，改乘火車至東岸，二十一日返抵紐約。

蔣廷黻回美後不久，國內政府改組，翁文灝將接替張群出任政府行憲後第一任行政院長。五月二十五日蔣廷黻接到王世杰來電說政府要他出任財政部長，蔣廷黻立即答說「No」，中午收到翁文灝的電報稱：「財政部僅次於國防部，是一個最重要的部門，亟須一個有魄力、一個極其能幹的人來擔任。」蔣廷黻即覆電稱：「要調和政府與黨的關係，我不能勝任此一艱鉅的工作。」（蔣廷黻日記 5/25/1948）雖然他又打了一個電報給翁文灝，堅拒出任財政部長，但怕蔣介石可能會迫他回國。翌日寫信給沈恩欽，要她將來美日期延至六月中旬。（蔣廷黻日記 5/26/1948）蔣廷黻於五月二十七日赴西岸波特蘭（Portland）參加一個國際會議，三十日始返紐約。回來當天即打電話給傅斯年，那時傅在美國。傅斯年贊成他應該接受財政部長一職。但在蔣廷黻看來，美援無望，國民政府的財政前景是死路一條，他的朋友除了傅斯年外，都認為蔣廷黻不就財政部長的決定是正確的。但後來結果如何，蔣在日記裡就沒有再提了，想來蔣介石與翁文灝沒有迫他回國，他就留在紐約。[6]

在紐約他又有別的煩惱——唐玉瑞仍困擾著他。他決定先與唐辦離婚手續，然後與沈恩欽結婚。但唐玉瑞不肯離婚，在紐約要辦離婚是很難的，因為紐約州的離婚法律極其複雜，且曠日時久，蔣廷黻的朋友說紐約州外如佛羅里達、內華達等州都很容易辦。後來有位朋友告訴他在墨西哥辦離婚更是方便。於是聽從了這位朋友的建議，他在德克薩斯州 San Antonia 城聘請了一位名 Gozales（西班牙人最普通的姓氏）的律師辦理，果然沒幾個星期就辦完，準確的日子是年五月四日收到律師寄來文件，告訴他在墨西哥法院辦理申請離婚已獲准。本來沈恩欽來信準備於六月二日搭機來美。後來因為內閣改組，怕蔣介石逼迫他回國，沈恩欽來美日期改於六月十八日。她來美國一個月後，終於在一九四八年七月二十一日與蔣廷黻在康州格林威治結婚，證婚人是年長的柯林斯（An elderly gentleman, Collins, justified of the peace, performed the ceremony），證人為 Robert 及 Mary Cook。如果照唐玉瑞說墨西哥法庭離婚在美國無效，則蔣廷黻在康州結婚應算是重婚，照美國法律重婚是不合法的，怎麼政府可讓這位老紳士做非法的事呢？蔣廷黻在日記裡記載，早晨有點不安，在他的自身反省（reflection）中說，他生命裡沒有沈恩欽，再回到唐玉瑞那裡，這是不可能的。最好的辦法還是結婚，因此最後說：「一切後果逆來順受。」（The consequences have to be met and accepted.）（蔣廷黻日記 7/21/1948）日後唐玉瑞確是給他很多麻煩與困擾，關於蔣廷黻的婚姻糾紛，可以另外寫一本書。本書主旨是討論蔣廷黻與蔣介石，著眼點在於蔣廷黻與蔣介石之間的政治關係，蔣廷黻的婚姻點到即止。[7]

IV

清華是蔣廷黻治學的平台，他是史學界的一位革命者，但革命尚未成功，他就離開了清華。聯合國是他一生事業的巔峰，一展他平生抱負。他在聯合國有兩大成就：一是控蘇案，另一是代表權案。在這一章我們先談控蘇案，然後再來談代表權案。中國政府準備在聯合國控告蘇聯侵略中國的議案，最初發起的是立法院。時間是一九四八年春，那時立法院曾請蔣廷黻發表意見，他拒絕了，拒絕的理由是自從一九四三年秋至一九四七年秋季離開善後救濟總署為止，他專心一意籌劃戰後復原、救濟及後來成立了善後救濟總署，對於外交事務無暇兼顧，他說：「雅爾達會議的時候，我在澳洲出席善後救濟會議。中蘇簽訂友好同盟條約的時候，我正在倫敦，也是出席善後救濟會議。馬歇爾將軍在華的一年半，我和他只談善後救濟的問題，他也幫忙不少，但是我們沒有談過任何政治問題。我和他談中共和蘇聯第一次是在三十七年（一九四八）秋，那時我們在巴黎參加第三屆聯合國大會。」因此他說對於抗戰末期及戰後幾年的中蘇關係及其演變一無所知。一九四九年初，政府決定推行此案，是年夏季，外交部也以同樣方式請蔣廷黻對控蘇案提供意見，他仍以同樣的理由拒絕，但是有兩個建議：一、請求部長允許他回國看檔案，專門研究這個問題；二、或者由外交部把有關檔案、卷宗運到紐約，並派專家來美國協助研究。政府採納了他的第二個建議，就是將外交部的中蘇關係檔案從南京運到紐約。（蔣廷黻〈三年控蘇的奮鬥〉）外交部派了俄文專家盛岳前來協助，盛當時是亞西司幫辦，亞西司是對蘇外交的單位。盛岳精通俄文，對中蘇外交甚是熟悉。除盛岳外，南京外交部還調來三位助理協助蔣廷黻，此即賴家球、胡駿，還有一位是聶崇信，他是檔案專家，負責檔案保管與安全。中蘇關係檔案數量相當龐大，大別分三類：一、中蘇間官方文書，包括條約、換文、備忘錄、抗議書等；二、各項報告（包括情報）；三、蘇聯在中國罪行的照片。因盛岳不諳英文，蔣廷黻乃請調在華盛頓駐美大使館任職的參事陳之邁到紐約來協助他負責起草控蘇案主文。據陳之邁晚年回憶說：「我們幾個人埋頭起草這一文書。自九月十八日起至十一月二十五日正式提出，共兩個月一星期，稿經數易，仔細至極。」他還說了一個小掌故：「有一次我們要引用莫斯科《真理報》一篇社論，盛曉戈（岳）和我在紐約市立圖書館找到了原文。他諳俄文，我諳英文，兩個人都諳中文。於是他眼看俄文，口唸中文，我則耳聽中文，手錄英文，居然用上了這一資料。有一天廷黻和我在審查初稿，一位負責打字的華僑小姐陳女士進來說，她發現蘇軍在東北暴行的表裡有一項搶劫案，紀錄是發生於一九四九年九月三十一日。因為九月是沒有三十一日的，她請我們複查。廷黻就說：『這位雇員真了不得，我們應當重酬她，因為這個錯誤倘未發覺，被維辛斯基抓住了，這個案就一子錯，全盤差了。』」（陳之邁《蔣廷黻的志事與平生》頁八三至八四）

在一九四九年夏末秋初，為了準備控蘇案，蔣廷黻說：「我又恢復了研究歷史檔案的生活，好像是幾年前我在北平故宮博物院研究軍機檔案一樣。」蔣廷黻的基本原則就像做學術研究一樣，對於我們有利或不利的重要文件一視同仁，都要注意、研究和考慮。他特別強調「任何結論必須有充分的證據。憑空罵人是不可以的，斷章取義也是不可以的，強詞奪理更是不可以的。」他認為「如果證據不夠，蘇俄實際沒有違反條約，那我就只有據實報告外部，並且建議不提控蘇案。如果證據充足，蘇俄實已違反條約，無論國際輿論如何不利於我，我一定奮鬥到底。」他說，我們「提出的說明書，不但在聯合國委員會審查的時候可以站得住，就是數十年後歷史家如來複查也能站得住。這是我當時的希望和決心。」（蔣廷黻〈三年控蘇的奮鬥〉）

蔣廷黻開始認真研究一九四五年簽訂的中蘇友好條約，他是學歷史的，是一個有訓練、有成就的史學家。這個條約經他仔細研究後，有了驚人的發現，他認為這個條約與五十年前李鴻章與帝俄時代財相威德訂的中俄條約如出一轍。兩個條約的對象均為日本，不同的一個是勝利的日本，這一次是戰敗的日本。但在兩個條約之下，中國所付的代價是一樣的，蘇聯得到的好處是日俄戰爭失去了的，此即是東北的鐵路幹線及旅順、大連兩個港口，也是一樣的。但是蔣廷黻接著又強調：「這一次又加上了外蒙的獨立。」（蔣廷黻〈三年控蘇的奮鬥〉）蔣廷黻在他的《中國近代史》裡說：「光緒二十二年的中俄密約是李鴻章終身的大錯。」威德不是來援助中國的，是利用建築鐵路侵略中國，李鴻章卻簽訂了這個喪權辱國的條約，「以後瓜分之禍，及日俄戰爭、二十一條、九一八這些國難都是那個密約引出來。」蔣廷黻在書中第四章第一節用「李鴻章引狼入室」作標題，這是史筆。現在蔣廷黻為了在聯合國控告蘇聯侵略中國，比較了這兩個條約，等於間接說這條由蔣介石決策、宋子文談判、王世杰簽字的一九四五年中蘇友好條約與李鴻章所訂的喪權辱國的中俄密約不分軒輊，甚至有過之而無不及，因為一九四五年的條約我們丟掉一個外蒙古。我很佩服蔣廷黻的膽識。抗戰勝利後，蔣介石失去那麼多權益，還失去了外蒙古。蔣介石作何想法，我們不知道，因為他對這個條約諱莫如深。中國官方對雅爾達密約的反應太軟弱了，易言之，蔣介石對雅爾達的反應太軟弱了，他怕史達林，又怕美國戰後不援助。他敗退到臺灣後在聯合國要否決外蒙古入會，寫信給沈昌煥時提到外蒙古稱外蒙省。這些有什麼用呢？此外，他就是拿葉公超來出出氣，這些都是阿Q式的作法，無濟於事。俄羅斯由帝俄到蘇維埃，儘管朝代變了，其侵略中國的政策是一貫的。不管蔣介石如何想，在這方面蔣介石與李鴻章實是一丘之貉。我們可以這樣肯定，一九四五年的中蘇友好條約丟掉外蒙古是蔣介石終身大錯，喪權辱國比起李鴻章來有過之而無不及。

蔣廷黻研究中蘇友好條約後，認為條約裡的換文條款有三項對中國有利：一、蘇聯政府對中國的援助，「當完全供給中國中央政府」（指國民政府，換文一甲一）；二、關於旅順、大連及中長鐵路（及以前的中東鐵路及南滿鐵路）在中蘇會商時，「蘇聯政府以東三省（即滿洲）為中國之一部分」（換文一甲二）；三、對於新疆事變，蘇聯政府「無干涉中國內政之意」（換文一甲三）。他說除第一項外，其他兩項為蘇俄承認中國在東北的主權及領土的完整，以及在新疆不干涉中國內政。這兩項在聯合國憲章國際公法均有明文規定，用不到中蘇兩國特別在條約上載明。無庸諱言，條約很明顯地是「有利於蘇俄的，簡直可說是片面的、不平等的，蘇俄如嚴格遵守這條約及換文，與蘇聯只有利而無害。」史達林像威德一樣，他的目的是要侵略中國。蘇聯哪肯遵守這個條約。蔣廷黻研究條約的結果，蘇聯違約比比皆是，滿筐滿簍，鐵證如山。一九四八年秋，聯合國第三屆大會在巴黎召開，蔣廷黻即乘機和美國國務卿馬歇爾商談此事，馬歇爾聽了除要徵求國務院的專家意見後才能答覆外，並懷疑是否能夠提出充分的證據？馬歇爾似乎憂心忡忡，他還顧慮到如果提出證據，蘇聯會採取報復手段，也許對美國來說，得不償失。蔣廷黻聽了馬歇爾的話，心中不勝怏怏。[8] 這一年（一九四八）反正來不及提出控蘇案。後來政府決定積極推行，並與有關的友好國家磋商，蔣廷黻雖表示懷疑，但認為關鍵在於我們能否提出有力的證據。在他研究中蘇條約之前，蔣廷黻也問自己，蘇俄究竟違反中蘇友好條約了沒？他研究盛岳帶來的卷宗，愈覺得我們有充分的證據及足夠的理由向聯合國控告蘇俄違約。他在卷帙浩繁的檔案裡整理出十個專案，鐵證如山。列舉的專案如下：

1. 蘇俄軍隊進了東北以後，拆遷工廠運回蘇聯，破壞工礦設備，這是無法否認的，而這違反了簽約的精神及第六條的具體規定。條約第六條：「締約國為便利及加速兩國之復興及對世界繁榮有所貢獻起見，同意在戰後彼此給予一切可能之經濟援助。」蔣廷黻在大會上特別強調：「中國從條約上的盟友—蘇俄—所得到的，事實上不是經濟援助，而是掠奪。」
2. 蘇俄曾阻止我們經由大連進兵東北。這是事實，也是違約的。
3. 蘇俄曾在營口給予共軍首先佔領的便利。
4. 俄軍把持東北鐵路，妨礙我們的軍運。
5. 俄軍把持東北的飛機場，妨礙我們的空運。
6. 俄軍把日本軍隊投降以後所交出的器械轉給中共的部隊。
7. 俄軍阻礙我們在東北就地編組保安隊，而且協助中共收編偽軍。
8. 俄軍曾派技術人員及日韓軍人直接上前線幫助共軍作戰。
9. 俄軍撤退時不事前通知我們退出的確切期限與程序，以致國軍無法接防，而共軍則常因先得俄軍退出的消息，能先進佔沿鐵路線的要點。

10. 北京中共一成立，蘇俄即予承認。

蔣廷黻舉證上述十項違約行為，均指出蘇聯違約。最後他說：「中蘇條約，名為友好同盟，實際是蘇俄侵略中國的工具，因為蘇俄違約的行為都是侵略行動。以友好之名，行侵略之實，這是從帝俄到蘇聯一貫的外交手段。」（《蔣廷黻選集》第五冊，頁八九〇至八九二）

在控蘇案主文中，除了指出蘇俄在東北的罪行外，還指出蘇俄在外蒙古、新疆、唐努烏梁海等地的侵略罪行。此外蘇俄還曾以大量經濟、軍用物資援助中國共產黨，並附列表舉出蘇軍在瀋陽、長春、哈爾濱等地搶劫、殺人、放火、姦淫的案件共計四五五件。這些侵略罪行都是有鐵證的。一九四九年九月召開的第四屆聯合國大會提出控蘇案，乃成定議。（陳之邁《蔣廷黻的志事與平生》頁八五）蔣廷黻說在未正式提出之前，曾與一些友邦國家的代表作了非正式協商，但沒有一個國家答應支持我們。等到控蘇案提出後，蘇聯代表維辛斯基（Andrei Vyshinisky, 1883-1954）說這個提案是由美國指使的。其實美國代表傑賽普（Philip C. Jessup, 1897-1986）代表國務院是反對中國提案的。他與蔣廷黻是舊識，過去同在哥倫比亞大學研究所讀書時即相識，事前曾私下力勸蔣廷黻打消此案，並警告如果中國堅持提出，則美國在聯合國辯論時將會唱反調。蔣廷黻答說，蘇聯代表維辛斯基已一再引用白皮書來攻擊中國政府，如果美國願意與蘇聯站在同一陣線，悉聽尊便。（陳之邁《蔣廷黻的志事與平生》頁八七）蔣廷黻在〈三年控蘇的奮鬥〉一文中說：「對於遠東利害關係較深的國家覺得控蘇案列在聯合國大會的議程上是一種麻煩。不許中國提出這個案子顯與憲章不符，但是提出以後又有什麼辦法呢？於是外交官就作起官樣文章來了。他們從九國公約摘取幾個空洞的原則，絲毫不著邊際，不生效力，編成一個議案提出委員會。」（《蔣廷黻選集》第五冊，頁八九三）蔣廷黻在這裡講的「對於遠東利害關係較深的國家」

是指英美法等國。文中的「外交官」就是指傑賽普。傑賽普於十一月二十八日代表美國發言，除了說些空洞的話，還拉攏澳洲、墨西哥、菲律賓及巴基斯坦聯合提出一個提案，亦稱五國提案。陳之邁說，傑賽普的用意「明顯在用抽象原則干擾控蘇案，旨在拖延或撤銷，其用心之險惡是不可思議。」（陳之邁《蔣廷黻的志事與平生》頁八七）一九四九年十一月底至十二月初，控蘇案在政治委員會辯論最激烈的時候，蔣廷黻向委員會把蘇聯的違約侵略行為，平心靜氣、有條有理的詳細申述。他特別強調說：「美國人民發生良心上不安，若干代表，尤其是南美的代表，也覺得如敷衍了事良心上過不去。」（《蔣廷黻選集》第五冊，頁八九三）但他並不氣餒，美國不幫忙，就找別的國家來幫忙。於是與代表團裡的代表、副代表分別向友邦國家的代表遊說，他們所作的努力，正如佛家所說「功不唐捐」。果然在十二月五日，古巴、厄瓜多爾、秘魯代表相繼發言，指出傑賽普的提案（即五國提案）等於宣告蘇聯無罪，這是在姑息蘇聯，中國政府的提案尚未審查之前，不應提這個提案（指傑賽普的提案）。厄瓜多爾代表說，中國控蘇案指出蘇聯有違同盟條約及聯合國憲章、威脅遠東和平一節至為重要，他建議（三國提案）應交由小型大會（過渡委員會）處理；並且支持過渡委員會確認蘇聯違反一九四五年八月十四日簽訂的中蘇友好同盟條約以及聯合國憲章的基本原則，宜詳加研究，並於下屆（第五屆）常會時提出。十二月八日付之投票，結果是三十二票贊成、五票反對、十七票棄權，「結束了第一回合之控蘇案外交戰」。後因自二月七日以後，小型大會未再集會，控蘇案討論遂告擱置。[9]

一九四九年厄瓜多爾提案初步通過，帶來一線希望。蔣廷黻率領中國代表團準備控蘇案緊鑼密鼓之際，一件意外事件發生了；此即一九五〇年六月二十五日韓戰爆發，國際局勢丕變。對臺灣局勢而言，美國改變了對臺灣奄奄一息的蔣介石政府的政策，韓戰後美國開始援助臺灣，第七艦隊巡弋臺灣海峽。此時適逢美國大選，由於韓戰爆發，頗使國際輿論有所警覺，復因美國國內大選，美國人民厭惡共產國際，衡諸客觀形勢，有利於臺北。不好的方面，此際國民政府軍隊節節敗退，相繼自海南、舟山等地撤退到臺灣。在自由世界，大家厭戰，不願戰事擴大，因此國際間共產姑息氣氛甚濃厚。蔣廷黻要推動控蘇案益形困難。但外交部仍依照既定政策，促使大會確認蘇聯違約。蔣廷黻基本策略集中在一個目標：促使大會裁定蘇聯違反聯合國憲章以及中蘇友好同盟條約。一九五〇年九月第五屆聯合國大會在紐約召開。因韓戰爆發，大會的全部注意力集中在朝鮮半島，無暇他顧。且大會揭幕後，節外生枝的問題很多；諸如印度代表提議邀請中共派代表參加，加拿大提出韓國停戰五原則，其中最後一條即召開遠東會議，並邀中共及蘇聯參加，來解決一切遠東問題，包括臺灣問題及中國代表權問題。結果中共拒絕接受五原則，而美國民意代表也反對五原則。情況甚是複雜，用蔣廷黻的話來說，第五屆大會是「一個討好中共的大會。我雖得了一個機會重提控蘇案，那不過是給我們面子。在非正式接洽之中，我發現最高的希望是把控蘇案留待下一屆大會討論，我們只有將計就計。」第五屆大會揭幕後，因國際局勢緊張，會期似永無止境，一直延至第六屆大會開幕前夕始閉幕，控蘇案又被擱置。[10]

聯合國第六屆大會於一九五一年十月於巴黎召開，大會在十月十三日以三十票對八票、十三票棄權，通過了將控蘇案列入議程。中國代表團提出的提案要點為：「聯合國大會認為在日本投降後，蘇聯曾阻撓國民政府為在東三省重建中國主權所作種種措施，並曾以軍事及經濟援助給予中國共產黨以對抗中國國民政府。」此提案另一段說：「日本投降後，蘇聯在對中國的關係上沒有履行一九四五年八月十四日所簽訂的中蘇友好同盟條約。」這一段還有一個小插曲，據當時在外交部任條約司第一科科長翟因壽（他參加在巴黎召開的第六屆大會襄助蔣廷黻）的回憶：「這是聯大討論我國控蘇案的第三年，記得一九五一年冬季聯合國巴黎大會由於聖誕節休會，延到第二年二月才散會，即在我國控蘇案獲得大會通過之後才散會。正當我國控蘇案在聯大第一委員會中辯論終結，我國提案行將交付表決之際，泰國首席代表萬親王（Prince Wan）忽提修正案，主張將原來提案中蘇聯『業已違反』（has violated）中蘇條約字樣，改為蘇聯『並未履行』（has failed to carry out）中蘇條約，但對原案之其他部分毫無更動。當時蔣先生提議要馬上休會，但在幾分鐘內即決定接受泰國修正案，因為時間上來不及向國內請示，他說雖然在文字上稍微沖淡一點。」但一想為了爭取其他會員國的支持，他只好勉於接受。在政治委員會付表決時，遂以二十四票贊成、九票反對、二十五票棄權、二國缺席，獲出席的會員國三分之二的多數通過了泰國修正案。聯合國大會於二月一日正式表決這個重要提案，其結果是贊成的二十五票、九票反對、二十四票棄權（小型大會表決時棄權的敘利亞與缺席的厄瓜多爾，均於大會最後表決時投贊成票，超過三分之二多數）。翟因壽最後說：「控蘇案經過三年的努力奮鬥，終獲通過，這便是一個大成功。我想控蘇案從開始準備，經過臨場奮鬥到最後通過，假定不是蔣先生主持其事，我不知道結果會怎麼樣。」[11]

具有歷史性的第六屆大會於焉結束。隔了一天，一九五二年二月三日《紐約時報》（星期天版）稱週五（二月一日）中國控蘇案之能順利通過是國民政府代表蔣廷黻的「個人勝利」（a personal triumph）。當蔣廷黻人尚在巴黎準備行裝回紐約時，蔣介石以私人身份打電報給蔣廷黻，恭賀他在控蘇案中卓越成就；接著行政院長陳誠也有賀電給蔣廷黻及中國代表團成員；稍後外交部長葉公超也有同樣的賀電。那天他在日記上記：對第六屆大會的結果，「差強人意，唯余倦甚，希望無任何干擾能休息數週。」（蔣廷黻日記 2/5/1952）美國代表 Ernest Gross 見了蔣廷黻即說對他的政治家風範（statesmanship）大為激賞。（蔣廷黻日記 2/9/1952）陳之邁說自從這個案（指控蘇案）通過後，蘇聯侵略中國的罪行「已為國際上正式肯定。」（陳之邁《蔣廷黻的志事與平生》頁九〇）

蔣廷黻知道控蘇案的歷史意義，他在日記上記：「我想重寫自傳」，（蔣廷黻日記 2/10/1952）可惜他的自傳只寫到抗戰末期「戰爭的考驗」一章即病逝。他在善後救濟總署被宋子文撤職後自我反省，將來如何設身自置。他早年身懷大志，立志做一番事業，想做一個偉大的學者，現在是重回學術崗位出版重要著作，還是投入外交界，發表演說蜚騰報章，為青史留名？現在時機來了，在國家多難的時候，在逆境中，他代表一個風雨飄搖的政權（日本人說蔣介石政權是一個流亡政權），能夠把險象環生的控蘇案通過了，做到這一點，這是奇蹟，蔣廷黻功不可沒。控蘇案是他一生事業的巔峰，也是他為國家民族所作的最大貢獻。二〇一四年夏天報載，中共出版的地圖把外興安嶺烏蘇里江以東的土地（即帝俄與清廷於一八五八年締訂璦琿條約及一八六〇年的北京條約所獲土地）稱為「暫時失去的土地」，頗受西方世界注意，俄國外長拉夫羅夫（Sergey Lavrov）即發表聲明，他說：「我們注意到了不用擔心，這些地圖與現實政治無關。」（詳見香港大公報 8/28/2014）不會影響目前政治以及中蘇關係。關於這些微妙的中、蘇領土問題，我們就會聯想到蔣廷黻。因為他在一九三〇年代就叫國人注意東北，又於一九五〇年代在聯合國正式控告俄國侵略中國。二〇一四年俄國與烏克蘭的糾紛，普丁併吞克里米亞後，中國人又提起俄國於一八五六克里米亞戰敗了，帝俄於一八五八年至一八六〇年從中國獲得外興安嶺烏蘇里江以東的廣大土地，因此又激起中國人的民族意識，要收回「暫時失去的土地」。筆者認為蔣廷黻對國家民族的功德在此。

V

蔣廷黻在聯合國所面臨的兩個艱鉅的任務：一是控蘇案，另一是中國代表權問題。控蘇案於一九五二年獲大會通過，已成歷史。中國代表權問題雖與控蘇案同一天提出，但是拖了很久。一九六一年駐美大使葉公超被黜，政府任命蔣廷黻代替葉公超，但仍兼任聯合國常任代表，至一九六二年停止兼職，專任駐美大使，遺缺由駐加拿大大使劉鍇繼任。蔣廷黻離開聯合國時，代表權的問題還在，直到一九七一年十月二十五日大會決議，臺北國府在聯合國的席位由北京的中華人民共和國的代表取而代之，才結束了為時長達二十二年、一年一度的鬧劇。聯合國祕書長賴伊有一次對蔣廷黻說，成功湖（早期聯合國所在地）是一個馬戲團（馬戲團裡唱雙簧的要角是美國與蘇聯）。賴伊的話雖是戲言，值得我們深思。因為臺灣面積這麼小，自一九四九年至一九七一年代表全中國，正如甘迺迪的特別助理史萊勝覺（Arthur M. Schlesinger, Jr.）說，「這不像話」（原文是 It really doesn't make any sense—the idea that Taiwan represents China. 見史氏書 *A Thousand Days*, Boston, Houghton Mifflin, 1965, p.404）。但這個「不像話」把戲是美國千方百計要阻止中共進入聯合國想出來的「錦囊妙計」，所以蔣介石的國民政府在聯合國席位才能維持那麼久。[12] 我們暫且不欲細表，在這裡要談的是從一九四九年至一九六二年蔣廷黻擔任常任代表時期的中國代表權問題，至於蔣廷黻一九六二年離開聯合國後，有關中國代表權問題不在本文討論之列。

中國代表權問題第一次在聯合國提出來是在一九四九年十一月二十五日，這天也是國民政府在聯合國政治委員會討論控蘇案的同一天，蘇聯外交部長維辛斯基首先發言，他說：「蘇聯代表團已經通知聯合國大會，蘇聯代表團支持中華人民共和國致聯合國的節略，否認以蔣（廷黻）先生為首領的代表團，認為這個代表團無權代表中國政府和人民。」（陳之邁《蔣廷黻的志事與平生》頁九一）陳之邁說這是蘇聯在聯合國提出來的中國代表權案問題的「第一炮」。一九四九年十二月二十九日，蘇聯駐聯合國常任代表馬立克（Yakov Malik, 1906-1980）又在安理會提出中國代表權問題，陳之邁認為馬立克是有計畫的，因為翌年一月是蔣廷黻輪值擔任安理會主席，屆時想把他「轟走」，但未得逞。一九五〇年一月十日，安理會在這一年的第一次集會由蔣廷黻任主席，馬立克立即要求就程序問題發言，聲稱蔣廷黻無權代表中國，應由中華人民共和國中央政府指派的代表擔任，並立即提出一個類似的草案。蔣廷黻以主席身份裁決，決定將蘇聯代表的草案交付祕書廳油印分發，然後定期集會再予討論。馬立克不服主席的裁決，蔣廷黻乃以主席身份依照議事程序交付表決，投票結果：八票贊成、二票反對、一票棄權。蔣廷黻的裁決得到大多數的支持。[13] 陳之邁說這個問題是沒有前例的，大家對程序問題「發言盈庭，爭辯不休」。（陳之邁《蔣廷黻的志事與平生》頁九三）到了一月十三日，蘇聯的提案交付表決，時古巴代表為主席，投票結果是三票贊成、八票反對，贊成的三個國家為蘇聯、南斯拉夫、印度，因不足三分之二

的多數，馬立克失敗了，隨即退出會場。（蔣廷黻日記 1/13/1950）

在韓戰沒有爆發以前，美國對中共進入聯合國的態度甚是曖昧，以美國代表格魯斯（Ernest Gross, 1906-1999）於一九五〇年一月十二日在安理會的宣言可為明證。他說：「我願意在此明白表示美國政府認為蘇聯所提的決議草案（排斥中華民國代表容納中共代表案）是一項程序問題，涉及一個會員國代表的證書的程序問題。因此我的政府投反對票，不能認為是否決權的行使，就是有七國贊成此案也不能作此解釋。我願意明白表示如果安理會中有七票贊成此案，我的政府就接受這個決定。」（陳之邁《蔣廷黻的志事與平生》頁一二九）臺北國民政府對格魯斯的聲明很不滿意。據《紐約時報》的蠡測，當時美國國務卿艾契遜（Dean G. Acheson）本意是主張中共進入聯合國的，但當時中共很敵視美國，比如逮捕在大陸的美國人、沒收美國財產等等，美國一般輿論不容許美國此時即承認中共。所以不能投贊成票，倘其他國家贊成湊足七票，美國也就順手推舟了。（《紐約時報》一九五〇年三月十日，轉引自陳之邁《蔣廷黻的志事與平生》頁一二九）當時安理會會員國中已有蘇聯、南斯拉夫、英國、印度、挪威等五國承認中共。聯合國祕書長賴伊認為在安理會另外找到兩國，即可湊足七票。他屬意法國及埃及（後因中共支援越盟而未能如願）。這是賴伊的如意算盤，且二月初他在聯合國私下會見各國代表為中共遊說，蔣廷黻得悉後親往見他，賴伊答應停止活動。但是三月初旬他發一備忘錄給全體會員國，很明顯賴伊違背了他對蔣廷黻的諾言。蔣廷黻除了發表聲明駁斥並給賴伊一份書面抗議，抗議書除了指出賴伊違背諾言外，「而且他的行動顯然超越憲章賦予祕書長的職權以外，並且列舉事實與理由來說明賴伊的備忘錄之非：(1)政治上不通；(2)法理上不通（bad politics and bad law）。」陳之邁說這篇抗議書：「大義凜然，頗有春秋筆法，是廷黻的一篇傑作。」抗議書發表後，美國各報均有評論指責賴伊為共產黨的「工具」或「姑息者」。陳之邁說賴伊「一不做，二不休」，到四月間，親自出馬訪問歐美，為中共遊說，可謂不遺餘力。（陳之邁《蔣廷黻的志事與平生》頁九四至九六）可是天有不測風雲，等到他周遊列國回到紐約已是五月下旬了，不到一個月韓戰爆發，國際局勢不變。兩天後美國在安理會提案，呼籲各會員國支持南韓抵抗侵略。斯時蘇聯仍在杯葛，拒絕出席安理會，提案乃順利通過。如果蘇聯那天在場，一定使用否決權，則美國提案就不能成立。等到八月蘇聯重返安理會為時已晚，因此時韓戰方酣，各會員國忙於如何解決朝鮮半島上的烽火燃眉之急，蘇聯雖再提代表權案，但經多數票決沒有列入議程。聯合國第五屆大會，蔣廷黻稱之為「討好中共大會」，終於在他的運籌帷幄、折衝樽俎、奮力鬥爭之下，安然度過。

韓戰以後，美國對遠東的政策變了，開始援助臺灣的國民政府，並不是厚愛於蔣介石，而是為了美國本身利益。對中共進入聯合國，美國不再模棱兩可或像格魯斯於一月十二日在安理會講的話，含糊其辭。特別自一九五二年共和黨執政後，美國政策力阻中共進入聯合國。自杜勒斯（John Foster Dulles）任國務卿後，政策更是明朗。一九五四年七月八日杜勒斯就中國代表權問題對報界發表談話說：「我認為在聯合國大會裡，這個（中國代表權）問題無疑是一個重要的問題，需要三分之二投票才能取決。說這個問題不是重要問題，這顯然是忽視了情勢的實況。我認為在安理會是可以對之使用否決權的問題，應無異議。」（陳之邁《蔣廷黻的志事與平生》頁一三〇）陳之邁對杜勒斯的談話曾有評語，評得很好，茲錄如下：「艾契遜、格魯斯、杜勒斯都是負有重名的法律專家，他們對法律的解釋有這樣想法的結論。西洋人常說『法律不過是政治的僕役』，確也有至理存乎其間。」（同上）善哉斯言。

從一九五一年第六屆大會至一九六一年（即蔣廷黻在聯合國的最後一年）的第十六屆聯合國大會，中華民國的代表權問題，就靠國務院主事者三寸不爛之舌，翻來覆去度過了有驚無險最「穩定」的十年。這十年當中中國代表權問題採取緩議方式。所謂「緩議方式」，在英文裡為「moratorium」，意即「拖延」。魯斯克（Dean Rusk）說這是他匠心設計出來的一套拖延辦法：「We will not consider this question until next year.」（我們今年不考慮這個問題，明年再說）所謂「這個問題」即指「中國代表權問題」。

那時他（魯斯克）在國務院做國務卿艾契遜的助手。據他說為了阻止中共進入聯合國，想出了這個萬無一失的辦法，他說當時凡是討論「中國代表權問題」均交由「中國代表權問題所屬特別委員會」審查討論，經簡單的辯論之後，再交由大會表決。通常以多數過半來決定，每次均獲通過。但自一九五一至一九六一這十年中，國際現狀變化很大；歐洲國家的殖民地，特別是在非洲最多，其次是在亞洲及美洲的加勒比海，先後相繼獨立而加入聯合國，會員國的數目幾乎增加了一倍有餘。雖然親共國家一年一度提出中國代表權案，美國代表以緩議對之，美國與國民政府遊說友邦，雖表決的比數年年不同，當初蔣廷黻在聯合國時尚能應付，仍佔大多數。但總覺得越來越費力。因為新獨立的國家很多，美國在聯合國的資本不夠。比如一九五八年十月二十一日杜勒斯訪台時，曾親口對蔣介石說，聯合國第十三屆聯合國大會，美國維護國府在聯大之代表權案深感困難，那年投票結果是四十四票贊成、二十八票反對、九票棄權，平安度過。中南美國家、西方如法國、東方如日本都認為第十三屆聯大的緩議案可能是最後一次，他們對於此案已感厭煩。一九五九年第十四屆大會適逢西藏抗暴，國際輿論對臺較好，這年聯大代表權問題幸獲通過。第十五屆大會（一九六〇年）仍沿用緩議案，雖獲通過但形勢極為驚險。投票結果四十二票贊成、三十四票反對、二十票棄權；贊成與反對只差八票，贊成票為歷年最低，而反對票為歷年最高。棄權者多為非洲國家，此非佳兆也。蔣廷黻在日記上記：「我很失望，我無能為力，明年將更糟。」陳之邁說：「這個結果之獲得也不是容易的，廷黻之功，實不可泯。」[14]

VI

一九六一年第十六屆聯合國大會是多事的一年。對台灣來說是暴風雨的一年，這屆大會有很多困擾，最大的問題是外蒙古進入聯合國。此外美國贊成兩個中國，蔣介石反對，蔣介石處理這個問題得當與否會牽涉到在聯合國「存亡」的代表權問題。這一年美國新選出來的民主黨年輕的總統甘迺迪入主白宮，在京畿「文武衣冠異昔時」，華盛頓一片新氣象，新政府的政策捉摸不定。一九六〇年代獨立的非洲新興國家如雨後春筍，他們的動向如何也很難把握，且他們很團結，行動一致，雖不能左右大會，但可以興風作浪。亞非集團不容小覷，甘迺迪總統特別重視非洲集團。這屆大會對臺北來說真是海闊風浪大。

這年聯合國最大的問題是外蒙古申請進入聯合國，所以約略從外蒙古說起。外蒙古本來是中國領土的一部分。蒙古的歷史在中國史冊裡，遠可溯自秦漢，近則在十三世紀時，一代天驕成吉思汗（元太祖）建立蒙古汗國。元世祖忽必烈是統一中國的皇帝，此即在中國歷史上的元朝（1279-1368）。元亡後，蒙古入明、清版圖。這就是蔣廷黻在聯合國發表演說時所說的外蒙古是中國政治家庭的一分子，幾百年來「中國與蒙古一直是同一個國家的構成部分」。但帝俄與蘇聯覬覦日久；第一步是為外蒙古脫離中國宣佈獨立，第二步則吞併。但中國不承認獨立。一九一七年俄國共黨革命，新成立的蘇維埃政府欲獲得外交上的承認，乃宣佈：「前俄國政府與中國所訂一切條約一律無效。」並且放棄在華租界以及將「沙皇政府與俄國布爾喬亞分子自中國掠奪的一切，一律交還中國而不要任何賠償，並且永遠交還。」一九二四年中蘇建交，於是年五月簽訂中蘇協定，其中特別規定：「蘇維埃社會主義共和國聯邦政府承認外蒙古為中華民國不可缺少的一部分，並且尊重中國在外蒙古的主權。」蔣廷黻說：「當時像現在一樣，蘇俄對國際間條約的違反是毫不猶豫的。」一九二四年中蘇協定墨瀋未乾，蘇聯就鼓動外蒙古於是年七月八日獨立。[15] 外蒙獨立是片面的，因為中國不承認。

一九四一年四月十三日，日本與蘇聯於莫斯科簽訂互不侵犯條約，其中有一條：「蘇聯保證尊重滿洲國的領土完整和不可侵犯；日本保證尊重蒙古人民共和國的領土完整和不可侵犯。」重慶政府立即駁斥。英、美、蘇三巨頭羅斯福、邱吉爾、史達林，二次大戰末期在俄境克里米亞的雅爾達會議上訂了一連串密約。羅斯福把中國出賣了，史達林在遠東得了很多好處。中國受創最深的其中一條是「外蒙古（蒙古人民共和國）的現狀應維持」，這在史達林的解釋是外蒙獨立，但中國從未承認，照法理及中國的解釋，外蒙古是中國的一部分。但蔣介石太軟弱，對雅爾達密約照單全收，一點微弱的反應都沒有。一日蔣廷黻在華盛頓偶遇張忠紱，張對蔣廷黻說宋子文去莫斯科談判是去送禮的。（蔣廷黻日記 7/10/1945）又蔣廷黻於一九四五年夏天赴倫敦出席善後救濟總署區域會議，他與美國的中國通文森（John Carter Vincent, 1900-1972）早餐，文森說如果宋子文有一個聯合內閣做後盾，則他去莫斯科談判就可強硬，不然如果宋子文回來即辭職，以示蔣介石不滿宋在莫斯科談判太軟弱。雖然蔣廷黻不同意文森的看法，但由此可看出中外人士對此一問題的看法。（蔣廷黻日記 8/3/1945）西方輿論亦然，可以英國的《觀察報》（*The Observer*）來做例子，蔣廷黻在日記上記：「今天《觀察報》刊登兩篇文章，第一篇，一、主張原子秘密，英美應合作；二、蘇聯在東歐，英美態度應強硬。第二篇，蘇聯在遠東斬獲太多（substantial prizes），一、中東鐵路；二、內外蒙古；三、東北；四、朝鮮獨立；五、南庫頁島及小笠原群島給蘇聯。」《觀察報》是《衛報》（*The Guardian*）的姊妹報，是很有影響力的一份報紙。

在歷史上外蒙獨立反反覆覆不知多少次，除了蔣介石外，沒有一個中國人肯承認外蒙獨立，昏庸的清廷官吏不為也，民國時代無知的軍閥不為也。蔣介石是一個沒有原則的人，樂於接受。[16]蔣介石馴順地照雅爾達密約，於一九四五年與蘇聯訂立中蘇友好條約，承認外蒙獨立。一九五二年聯合國通過中國控蘇案。一九五三年二月臺北廢止了中蘇友好條約。在蔣介石想來，外蒙古又「重回」中國「懷抱」，所以他寫信給在紐約的沈昌煥稱外蒙古為外蒙省，但國際法不是這樣簡單的。越二年（一九五五年）外蒙申請加入聯合國，臺北國府否決。一九六一年外蒙案又捲土重來，申請加入聯合國，蔣介石想重施故技，否決外蒙。但此一時彼一時也。這次蘇聯是有備而來，一九六一年的國際局勢極其複雜，此時美國已改朝換代，民主黨執政，美國國務院想與外蒙建交，此其一。非洲新獨立的國家毛利塔尼亞

（Mauritania）與外蒙一起申請入會，屆時蘇聯答應投票支持毛利塔尼亞入會，非洲國家支持外蒙古。如果臺北否決外蒙，則非洲國家集體反對臺北在聯合國的席次。可是年輕的甘迺迪新政府，不惜任何代價幫助毛利塔尼亞進入聯合國，因美國需要非洲票來拒絕中共進入聯合國。甘氏對僚屬說「If we lost this fight, if Red China comes into the UN during our first year in town, your first year and mine.」（不要一來華府，中共就進入聯合國）甘迺迪又說明年會準備研究一下「兩個中國的方案」（見 Arthur Schlesinger, Jr., *A Thousand Days*. p.404），這是甘迺迪政府的底線。甘迺迪對美國駐聯合國常任代表史蒂文生（Adlai Stevenson）說，「我要寫一封信給蔣介石來說明我們美國的利益，不是為臺灣的利益。同時請洛奇（Cabot Lodge）對魯斯（Henry Luce）講。」甘迺迪對史蒂文生說，「Adlai，你去找 Roy Howard（赫華德），我去對周以德（Walter Judd）講。」[17] 他們要這麼多人去對蔣介石說項，不是玩的。甘迺迪又說，「我們不要因他（蔣介石）的內政問題把我們在聯合國的全盤計畫弄亂了。」（同上，pp.404-405）。這就是只許狗搖尾巴，不許尾巴搖狗。

蔣介石不知他已踩到美國的底線，還在喊「漢賊不兩立」或「寧為玉碎，毋為瓦全」等口號，不計後果要否決外蒙。蔣介石認為甘迺迪總統年輕、沒有經驗，對美國政策不妨強硬。蔣介石看錯了人，不知道自己的斤兩，對美國政治制度也不甚了了。所以他一定要否決外蒙進入聯合國，「此乃為我基本國策，決不容改變」，外交部長沈昌煥就是理直氣壯地這樣說的。（沈昌煥是應聲蟲，蔣廷黻說他是 yes man）但不是臺北政府官員均持這樣看法，比如蔣廷黻與葉公超就不認為應該如此，他們說臺北對外蒙古案應該有彈性。葉公超於一九六一年三月返國對陳誠說，他認為美國朝野不主張我退出聯合國，如退出對美國亦不利。蔣廷黻於是年（一九六一）春天返國述職，在外交部對同仁講話，他說：「如果外蒙古入會若使用否決權，則反感大；若棄權，則反感小。在將來使用否決權所招之反感，可能對我代表權有不利之影響，我不可不考慮；代表權要緊？抑外蒙古要緊？」蔣廷黻說得很明白，簡單而扼要。當時的常務次長王之珍說，國內輿論認為應該採取一九五五年的立場，即否決外蒙。若投棄權票，國內反應不好。蔣廷黻當即建議，對外蒙古基本立場不變，但運用時要考慮，又說：「如果在安理會不及七票，則我國投反對票無此必要，當可棄權。至於國內輿論只好聽之。」[18] 其實在蔣介石治下的中國或臺灣哪有輿論。蔣介石堅持否決外蒙，於是臺北街頭很多人應聲而起大喊；「寧為玉碎，毋為瓦全。」七月底副總統陳誠訪美，其成效如何很是難說，因為蔣介石還是堅持否決外蒙入會。蔣廷黻見政府沒有採納他的意見，即於八月間辭職，但沒有批准。葉公超沒有請辭，蔣介石還是一意孤行要否決外蒙。

美國認為蔣介石「無理取鬧」，有點惱怒，魯斯克故意把美國攤牌性的談話不先跟外交部長沈昌煥講，而是提前一天先跟蔣廷黻講。[19] 這年九月十八日，聯合國祕書長哈瑪紹（Dag Hammarskjold, 1906-1961）因公在非洲空中遇難。九月二十八日美國國務卿魯斯克在紐約哈瑪紹追悼會上與蔣廷黻不期而遇，他對蔣說：「你可否散會後在大廳等我？」蔣廷黻說：「好。」散會後，魯斯克見了蔣廷黻第一句話：「臺北會不會改變初衷？」蔣廷黻答說收到訓令是：「依然故我。」魯又問：「你的意思還是否決外蒙。」蔣廷黻答說：「是的。」於是魯斯克說了一些大道理後說現在蘇聯代表提議，如果非洲國家贊成中共進入聯合國，蘇聯就不否決毛利塔尼亞，這是新的情況，他問蔣廷黻，我們要中共入會，還是要外蒙入會？魯斯克說，如果臺北堅持否決外蒙，對臺北來說是一種「政治自殺」。魯斯克接著說代表權問題會影響到美國，不能讓你們把我們拖下水。我們必須考慮改變我們的基本政策。蔣廷黻乃問他心目中要改變的美國政策是什麼樣的呢？魯斯克遲疑稍頃，答說：「To disassociate herself from Taipei.」（與臺北不來往）（在美國檔案裡用的是「washing our hands off」〔洗手不幹〕，意思是差不多的，都是 strong words〔很不客氣的話〕）蔣廷黻當然瞭解這句話的嚴重性，他即對魯斯克說他會把今天的談話向政府報告。魯斯克答說：「請。」又補充了一句說：「我剛才說的話都可以列入紀錄。」蔣廷黻打電報給臺北外交部代理部長許紹昌，把當天與魯斯克談話內容轉告張群及蔣介石來作決定。（蔣廷黻日記

9/28/1961）翌日，魯斯克與沈昌煥正式談話，葉公超在場，這是很早就約定的，談話內容就是魯斯克與蔣廷黻的談話，葉公超與沈昌煥均分別有電報向臺北報告會談情形。

根據蔣廷黻的日記，許紹昌又來一電報說張群、王雲五收到蔣廷黻及沈、葉等與魯斯克談話報告後，立刻去見蔣介石，很明顯地如果堅持否決外蒙，會失去聯合國席次，以及影響中美關係。（蔣廷黻日記 10/1/1961）在臺北本來有人大叫，我們有這個否決權的「法寶」，現在應該要運用的時候了，但卻不知如果運用不當，人家會把你的「法寶」拿走的。聽了魯斯克的談話後，蔣介石有點慌，立即召見莊萊德大使（Everett F. Drumright），提出一連串問題。蔣介石關心的是，如果中華民國否決外蒙，美國是否即與中華民國斷交，莊答說不會，但會失去聯合國席次。（蔣介石的「法寶」就沒了）蔣又問，如果中華民國否決外蒙入會，國際間即否認臺灣目前地位，視臺灣為中國領土？莊萊德說，「美國最關心的是要制止這種發展，而阻止其發生最好的辦法在保障中華民國政府在聯合國的地位。」（王景弘，頁一六七）蔣介石這些問題可反映出他內心的不安與空虛。其實他要「寧為玉碎、毋為瓦全」此其時矣！他沒有膽量，這些口號也只是喊喊而已。最後像阿Q一樣，終於屈服了。第二天（十月二日）蔣廷黻一進辦公室，薛毓麒即告訴他，華盛頓大使館來電話稱外交部來電話說，對於外蒙入會，「老頭子」（指蔣介石）已改變主意。正在這個時候，沈昌煥進來說許紹昌（代理外長）有一個很重要的電報，唯一個很要緊的字不解（蔣廷黻在日記上用 deciphered），蔣廷黻看了電報後，乃對沈昌煥解釋說：「如果美國需要我們合作讓毛利塔尼亞進聯合國的話，則我們就不否決。如果一味威脅，我們仍守既定立場，堅持到底（意即否決外蒙）。」這個沈昌煥沒有看清楚的電報，蔣廷黻看了認為蔣介石放棄否決外蒙。他就不等外交部的訓令，囑薛毓麒通知美國代表團，建議安理會延期。是日下午一時非洲四個國家（中非、象牙海岸、喀麥隆、達荷美）的代表來見蔣廷黻，他坦白地告訴他們，如果今天下午投票，他投否決票，如果延期兩、三天則政府考慮改變否決外蒙的可能性很大，但我不能保證。四國代表決定要求安理會延期。下午三點半安理會開會，另一個非洲國家賴比瑞亞動議，要求延期，無人反對，於是安理會通過決定延期。（蔣廷黻日記 10/2/1961）

蔣介石要求美國公開聲明必要時在安理會用否決權阻止中共進入聯合國，但美國拒絕，所以這個僵局還在。十月三日甘迺迪特別助理麥克喬治．彭岱（McGeorge Bundy）打電話給葉公超，葉說他正要找他，是晚彭岱親自到雙橡園會晤，主要談蔣介石與外蒙問題。後來甘迺迪在雙十節前夕有一通慶祝賀電給蔣介石，給蔣一點面子。一般人咸認為這是葉公超在雙橡園舉行的二人夜話給彭岱出的點子；後來證實很有作用。因為雙十節後一天當葉公超被召回國即出局（被罷黜）了，彭岱與臺北的直接聯繫斷了，於是彭岱乃命美國中央情報局臺北站站長克萊恩（Ray Cline）直接與蔣經國談判，答應美國給蔣介石一個口頭保證，在必要時美國會使用否決權阻止中共進入聯合國，這個保證必須是秘密的，如對外洩漏，美國將否認。蔣介石「欣然同意」，僵局就這樣打開了。這個口頭保證於十月十七日由莊萊德大使在蔣介石面前宣讀完成。蔣廷黻隨即於十月十八日要求安理會又延期一週，此即十月二十五日（星期三），延了三次的安理會終於如期開會，那天蔣廷黻在日記上記載：「I did not veto O. M.」（我沒有否決外蒙）外蒙古以九票對零票通過進入聯合國，美國棄權，中華民國沒有投票。越二日（十月二十七日）聯合國大會以多數票通過外蒙入會，中華民國沒有投票。在臺北與華盛頓之間，將近一年吵吵鬧鬧弄得雞飛狗跳的外蒙案終於結束了。

Ⅶ

外蒙問題解決了，另一個問題還在，此即代表權問題。中國代表權問題是一個很惱人的問題。臺北政府一些人員也許不耐煩了，有一次光復大陸設計委員會邀請葉公超到該會演講，一位委員問葉公超，對於聯合國代表權問題有沒有一勞永逸的辦法。葉公超一本正經的答說，有，有！等到貴會所設計的辦法一旦在大陸能付諸實行就可以解決了！光復大陸設計委員會的工作是一種遊戲。其實在安理會討論的中國代表權問題也是一種遊戲，在聯合國裡玩的一種遊戲，大家都在玩，美國、臺灣、蘇聯以及聯合國其他會員國，如非洲國家等都在玩著一種遊戲。遊戲要有規則，緩議案就是美國想出來的遊戲規則，過去近十年的緩議案，一年復一年都能安全通過，但於一九五八年拉警報，杜勒斯警告蔣介石說魯斯克發明的這種「遊戲規則」——緩議案，不能無限期使用，要想出一種新的規則來代替。這就是一九六一年美國國務院想出的一套新辦法，利用聯合國憲章第十八條第二項，說明代表權為重要問題，「應以到會及投票之會員國三分之二多數決定之」。如果這個提案通過了，則改變中國代表權的提案就要三分之二多數才能通過。聯合國大會為此一提案曾有很冗長的辯論，蔣廷黻發表了兩篇演說，第一篇是在開始辯論時，等於導言；第二篇是在辯論結束時，等於總答覆。十二月十五日下午舉行投票，先表決使用憲章第十八條，結果是六十一票贊成、三十四票反對、七票棄權。然後表決蘇聯提出排斥中華民國代表，容納中華人民共和國代表案，結果是三十六票贊成、四十八票反對、二十票棄權。一九六一年的中華民國代表權問題就這樣通過的。用這個「新規則」，臺北國府在聯合國裡又苟延了十年。這就是陳之邁前面曾說過的：「法律不過是政治的僕役，確也有至理存乎其間。」此之謂也。（陳之邁《蔣廷黻的志事與平生》頁一三〇）

---

1. 根據蔣廷黻的日記，他是一九四三年十月二十一日離開重慶赴美，一九四四年十月二十一日離開華盛頓赴紐約及加拿大紐芬蘭首途返國。另根據《蔣廷黻日記》（7/15/1944），胡適也曾參加布萊頓塢會議，並發表演講。蔣廷黻對胡適說，

他對這個會議並不很滿意，因為美國太霸道，而中國則事事依從美國。

2. 陳之邁，《蔣廷黻的志事與平生》，一九六七年，頁六三至六四。Copland 全名是 Douglas Berry Copland（1894-1971），生於紐西蘭，後定居澳洲，為澳洲著名經濟學家兼外交家，也像蔣廷黻一樣是學者出身，二十六歲即任 Tasmania 大學教授（蔣廷黻二十八歲為南開大學教授），一九四四年為墨爾本大學 Truby Williams 講座教授。一九四六至一九四八年曾任澳洲駐華公使。蔣廷黻自善後救濟總署去職後，欲應聘前往澳洲國立大學任教，推薦者即是 Copland。因蔣介石不希望他到外國教書，要他繼續在政府工作為國家服務，因而作罷。Copland 對中國友善，關於他的生平，一位澳洲女學者 Marjorie Harper 於二〇一三年出版了一本傳記，書名為 *Copland: Scholar, Economist, Diplomat*，由墨爾本大學出版社出版，有興趣的讀者可找來一讀。

3. The Committee of the Whole，在英美是一種議會性質的立法團體（如國會、城市或鄉鎮的議會），所有的會員（如參議員或市議員或鄉鎮代表）聚會在一起，事先討論某些問題，在中文裡類似預備會議或作籌備會議解。在聯合國裡有六個主要委員會（Main Committees），安理會是其中之一。每一個 Committee 都有一個 The Committee of the Whole。這裡講的 The Committee of the Whole 是指屬於安理會裡的。凡事要在大會或安理會討論的有關國際安全事項，須先在 The Committee of the Whole 裡商討，委員會均由全體會員國參加，所以稱之謂 "The Committee of the Whole"。蔣廷黻對代表團的職員及辦事能力不是很滿意，有一天他準備為聯合國遠東經濟委員會發佈一個聲明，發現這位女秘書不會速記，英文也不夠好。（原文是："The girl could not take shorthand, her English is very limited. She simply made a mess."）（詳見蔣廷黻日記 7/30/1947）後來蔣廷黻正式在聯合國工作，他雇用的幾個女秘書都極其能幹，大多是當地華僑。

4. 後來蔣廷黻接受朋友的忠告，委託律師於一九四八年五月四日在墨西哥辦妥離婚手續。蔣廷黻與沈恩欽於一九四八年七月二十一日在美國康乃迪克州格林威治城結婚。

5. 蔣廷黻在大學讀書時，無論在奧柏林或在哥大讀研究所對於財政經濟問題向來有興趣，回國後在南開教歐洲經濟史多年。他不願意接受這一任命有下列幾個因素：(a)雖然張群掛名兼部長，但實權將在蔣廷黻手裡，但名義上是降級；(b)從蔣廷黻日記上來看，張群不是一個很能幹的人，有時談話沒有重心。當時一般人看來（特別是高級知識分子），張群內閣是一個過渡性的內閣，將是一個 "do nothing cabinet"，蔣廷黻無法施展長才；(c)婚變。

6. 蔣廷黻的其他朋友如李卓敏及代表團的高級僚屬都一致反對他回國任財政部長。後來蔣廷黻的替死鬼是王雲五。蔣介石、翁文灝任命王雲五為財政部長。王雲五受蔣介石之命推行金圓政策，結果是一個 disaster（大災禍），一九四八年幣制改革金圓政策，胡適說這是 crime（罪惡），把老百姓的錢騙光了，老百姓痛恨政府，最後金圓垮掉，一年後政府也垮台了。

7. 蔣廷黻很多宴會或集會唐玉瑞常會作不速之客，也常到蔣廷黻的寓所不請自到，賴著不走。蔣廷黻與沈恩欽結婚後，唐玉瑞雇了律師寫信給駐美大使顧維鈞及紐約總領事張平群說墨西哥離婚無效、蔣、沈結婚不合法等等。唐玉瑞曾去聯合國見祕書長賴伊，賴伊沒有見她，派了一個助手見她，但她到處說她見到了，賴伊對她很客氣。蔣廷黻最困擾的是在一九四八年秋蔣廷黻赴巴黎出席第三屆聯合國大會，攜新婚的沈恩欽同行，回來時有很大的麻煩，當他們返抵紐約時，移民局官員在碼頭上如臨大敵，因為有人舉報船上有非法移民入境，這個「非法移民」不是別人，就是沈恩欽，因為舉報人說蔣廷黻在墨西哥辦離婚是無效的，蔣、沈結婚不合法。這給蔣廷黻帶來很大很大的麻煩，可是蔣廷黻非等閒之輩，且又有外交官身份，他找洋朋友與華盛頓移民總局通了幾個電話，沈恩欽就安然登岸了，就是耽擱了幾個小時。舉報的不是別人，就是堅稱她是蔣廷黻夫人的唐玉瑞。還有一件事與這也有連帶關係，第二天《紐約時報》刊登蔣廷黻及沈恩欽夫婦從巴黎開會回來的消息及照片，因圖片說明蔣大使與夫人等云，唐玉瑞要《紐約時報》更正說她才是蔣大使夫人。報館不答應，並說要更正應該由蔣廷黻寫信給報館，於是唐要求蔣去函更正，但蔣廷黻不肯，他說照片不是他拍的，標題不是他寫的。其他類似這樣大小的事件很多，蔣廷黻在日記裡記常為這種大小事困擾他而煩惱，使他徹夜不能安眠，到半夜兩、三點才入睡是常有的事。

8. 蔣廷黻在巴黎正式拜訪馬歇爾至少有三次，第一次是十一月六日早上九點半至十點五分，他在日記上記，馬歇爾接見他甚是禮遇，蔣廷黻對他說，中國局勢甚是危急，共軍渡江在即，希望美國援助，但他不作任何承諾。蔣廷黻說「我從未像今天這樣沮喪。」（Never felt so depressed in my whole life.）第二次是十一月九日下午二點一刻，談多久不詳，但日記上記「對馬歇爾大失所望。」（Greatly disappointed about Marshall.）第三次是十一月十三日上午十一點三刻，希望美國採取新的外交政策，馬歇爾說願聞其詳，蔣廷黻乃說希望美國援助，中國應當與美國援助歐洲一樣平等待遇。馬歇爾說今年美國援助日本、韓國、菲律賓及中國二．五億美元上下。除非改變戰時經濟政策，美國不可能在同一時期援助西歐及中國。蔣廷黻與馬歇爾也談到控蘇案，馬歇爾說控蘇案恐怕不會成功，他願意幫忙。（蔣廷黻是這樣寫的：He was sure that it did not pay, if necessary he would help. 最後一句話是應酬話。蔣廷黻日記 11/6/1948、11/9/1948 及 11/13/1948）

9. 王世杰、胡慶育，〈我國向聯合國提出控蘇案始末〉，收入《中國不平等條約之廢除》，王、胡合編（《中華民國重要史料初篇——對日抗戰時期》第七篇戰後中國〔二〕，蘇聯侵略外蒙、新疆與我國對蘇聯的控訴），頁八四〇，臺北，一九八一年。

10. 一九五〇年九月二十六日大會第五屆常會以四十四票對六票、七票棄權，通過控蘇案列入議程，也只能做到這一步。詳請閱蔣廷黻〈三年控蘇的奮鬥〉（《蔣廷黻選集》第五冊，頁八九七），及王世杰、胡慶育，〈我國向聯合國提出控蘇案始末〉。

11. 陳之邁，《蔣廷黻的志事與平生》，頁八九至九〇。王世杰、胡慶育，〈我國向聯合國提出控蘇案始末〉，頁八四三。控蘇案(1)贊成的國家計有：玻利維亞、巴西、哥倫比亞、薩爾瓦多、哥斯大黎加、古巴、多明尼加、厄瓜多爾、希臘、海地、宏都拉斯、伊拉克、黎巴嫩、尼加拉瓜、巴拿馬、秘魯、菲律賓、泰國、土耳其、美國、委內瑞拉、賴比瑞亞、巴拉圭、烏拉圭、中華民國等二十五國；(2)反對的國家有：緬甸、白俄羅斯、捷克斯拉夫、印度、印尼、以色列、波蘭、烏克蘭、蘇聯等九國；(3)棄權的國家有：阿根廷、澳大利亞、比利時、加拿大、丹麥、埃及、阿比西尼亞、法國、瓜地馬拉、冰島、伊朗、盧森堡、墨西哥、荷蘭、紐西蘭、挪威、巴基斯坦、沙烏地阿拉伯、瑞典、敘利亞、英國、葉門、南斯拉夫等國。錄自王世杰、胡慶育合編《中國不平等條約之廢除》，收入《中華民國重要史料初編——對日抗戰時期》第七篇戰後中國——蘇聯侵略外蒙、新疆與我國對蘇聯的控訴，一九八一年，頁九四五至九四六。翟因壽，〈控蘇案的點滴和廷黻先生的風範〉，臺北，《傳記文學》二十九卷五期，頁三二。

12. 現在美國在聯合國還常利用這個國際組織來達到其維護「本國利益」的目的，美國對中東的政策即使如此。維護「本國利益」不顧他國利益，這就是帝國主義。今日美國常喊"Pivot toward Asia-Pacific"（亞太再平衡或重返亞洲），這些就是帝國主義的口號，我們亞洲人也跟著喊，豈不可笑。

13. 蔣廷黻在日記上記："At 3 Malik talked a resolution to 'repel' me. I ruled that it should be considered at a later meeting and was sustained 8 to 2, 1 abstained."

14. 關於緩議案見Dean Rusk, *The Winds of Freedom*, Boston, Beacon Press, 1963, p.217. 魯斯克這本書出版後，曾贈送一冊給蔣廷黻，他看完後私下評論說，本書的主題是美國向世界各地推銷它的「自由」意識（即本國自身利益），但對過去兩年的說得很少。蔣廷黻說這本書是「新瓶裝舊酒」，原文是這樣寫的："It is a new sermon—not too new—on an old gospel."（蔣廷黻日記 2/6/1963）外交部檔案，「陳副總統與葉大使談話紀錄」（一九六一年三月二十六日於副總統官邸），轉引自周谷編，《胡適、葉公超使美外交文件手稿》，臺北，二〇〇一年，頁三六二。王正華，〈蔣介石與一九六一年聯合國中國代表權問題〉，臺北，《國史館館刊》二十一期（二〇〇九年九月號）頁一〇一。蔣廷黻說「很失望……」（蔣廷黻日記 10/8/1960 及 10/10/1960）陳之邁評語，見陳之邁，《蔣廷黻的志事與平生》，頁九九至一〇〇。

15. 蔣廷黻，〈在安理會討論外蒙入會案的演說〉，原載臺北《中央日報》（一九六一年十月二十七日），後收入《蔣廷黻選集》第六冊，頁一二二七至一二二九。

16. 一九五九年西藏動亂，蔣介石為了自身利益，於是年三月宣稱他主張西藏民族自決。宋美齡、蔣廷黻及葉公超等人對此均甚生氣。蔣廷黻說，達賴喇嘛而後即改變口氣要爭取獨立了。（蔣廷黻日記 9/14/1959）

17. Cabot Lodge 是美國駐聯合國大使，甘迺迪要他對《時代》週刊的發行人魯斯講，要史蒂文生對赫華德（美國名報人）

講，甘迺迪自己對周以德講。魯斯、赫華德與周以德（眾議員）是親臺的人，是可以直接與蔣介石講得到話的人。

18. 葉公超與陳誠談話紀錄，見周谷，《胡適、葉公超使美外交文件手稿》，頁三六四。「蔣廷黻代表與部長等會談簡記」（一九六一年五月六日），〈中美兩國重要文件第一冊〉，《外交部祕書處檔案》，中央研究院館藏805/0008。

19. 蔣廷黻與魯斯克雖沒有深交，卻是很熟的朋友。一九六四年魯斯克訪問遠東，也曾到臺灣，適蔣廷黻也在臺北。魯斯克與蔣介石正式會談時，蔣廷黻是駐在國大使卻不在場，令人驚異，他（蔣廷黻）在意的（雖然蔣介石正式晚宴時蔣廷黻應邀參加）。這次是蔣廷黻最後一次訪臺，蔣介石父子對他甚是冷淡（蔣廷黻在日記上記：「不知何故？」我想他是應該知道的），翌年即病逝。據蠡測，不要蔣廷黻參加，是因為蔣介石不讓他知道一九六一年蔣氏父子與特務克萊恩（Ray Cline）所訂的口頭保證美國否決外蒙進入聯合國細節。魯斯克此行是renew一九六一年密約的承諾。中國在歷史上不知道吃了多少密約的虧，現在蔣氏父子也東施效顰！

1949

第十五章

自由黨

君子與君子，以同道為朋；
小人與小人，以同利為朋。

——歐陽修〈朋黨論〉

蔣廷黻喜與「同道為朋」進而組黨。綜觀他一生，有三次想出來組黨。第一次是一九四五年在重慶，第二次是一九四七年在上海，第三次是一九四九年在紐約：籌組中國自由黨。一九四九年蔣廷黻組黨同時，曾與顧維鈞、宋子文等人敦促胡適出來擔任行政院長，組成一個以自由主義為骨幹的新內閣。胡適組閣與蔣廷黻組黨，乍看似是兩回事，其實是有連帶關係的，如果成功，中國自由黨可能首創世界政治史上，以最短時間內成立的政黨而取得政權的先例。所以我們把這兩件事連在一起討論，先談一九四九年中國可能出現一個自由主義的內閣，然後再談一九四九年蔣廷黻籌組的中國自由黨。至於蔣廷黻於一九四五年及一九四七年組黨的經過，下面也會談到，但在這一章主要討論的是一九四九年蔣廷黻與胡適、顧維鈞及宋子文等人討論組閣及籌組自由黨的來龍去脈。

雖然蔣廷黻畢生醉心籌組一個反對黨，但很少有人有系統地提出來討論。坊間有兩本蔣廷黻傳記，一是陳之邁的《蔣廷黻的志事與平生》，另一本是林子候寫的《蔣廷黻傳》，均未曾提到蔣組黨之事。在西方，美國哥倫比亞大學出過一套四冊包華德（Howard Boorman）編的《民國名人傳》（*Biographical Dictionary of Republic China*），收錄的蔣廷黻傳（pp.354-358）亦未提到蔣組黨，顯然蔣廷黻組黨被大家疏漏了。本章是根據《蔣廷黻回憶錄》及其英文日記（現藏哈佛大學圖書館）、胡適日記、《胡適口述自傳》及《顧維鈞回憶錄》等書撰寫而成。每當我讀蔣廷黻生平及其著作，常有幾個問題縈繞在心頭：他身居要津，高官厚祿，為何還要組黨？如何組織？他對國民黨的態度如何？他對蔣介石又如何？

在未來的新黨內他扮演什麼樣的角色？他的自由黨是摹仿英國工黨，則他將是一個拉斯基（Harold J. Laski）？還是一個麥克唐納（Ramsay MacDonald）呢？這些問題都是我所關心的。

蔣廷黻組黨，他心目中的黨魁是胡適。蔣廷黻初識胡適於一九二三年，那時他尚在南開教書，而真正與胡適締交則在清華時代：一九三〇年代初他與北方學術界重鎮如胡適、丁文江、傅斯年，任鴻雋、陳衡哲等人創辦《獨立評論》。蔣廷黻是《獨立評論》一員大將。為了民主與獨裁，他（主張獨裁）與胡適（主張民主）打過筆戰，但不傷感情，他們兩人是好朋友，有著生死不渝的友情，而且均是徹頭徹尾的自由主義者，胡適思想是屬於約翰・穆勒的自由主義者，注重個人自由、民主政治。蔣廷黻在美國讀書時，深受海斯及拉斯基等人的影響，因此傾向於經濟自由、政治平等，他是一個拉斯基式的自由主義者，所以有時他說他是一個開明的社會主義者（Liberal socialist）。

史家唐德剛曾說過：「三十年代底初中期，適之先生的朋友們，一個個脫青衫，換紅袍，都做起官僚來了。初入官場做學徒，有時還有點臉紅，出師之後，就樂此不疲了。『乍迴跡以心染，或先貞而後黷』，試問《獨立評論》這個山洞出身的『幹員』和『能吏』，有幾個例外的？」（《胡適雜憶》傳記版，頁一五）唐公謬矣！我認為他說得太重了一點，厚誣《獨立評論》諸君子了。試看《獨立評論》社出來的人如翁文灝、蔣廷黻、吳景超、陳之邁、何廉及張忠紱等人，比起其他國民黨任何派系出來的人要正派得多，也比較清廉。除了有「國家興亡，匹夫有責」的責任感外，他們還敢勇於認錯、認輸。讓我錄一段蔣廷黻寫給胡適的信給大家看看。一九四八年十二月中旬，蔣廷黻任聯合國常任代表在巴黎開會，得悉共軍進城前夕，蔣介石派專機接胡適（時北大校長）南下，安全離開了北平，他於十二月十六日寫了一封長信給胡適，他說：「目前國民黨的危機，即可意識到我們這一代過去的努力失敗了，也即是你、我，以及我們這一批所有《獨立評論》社的朋友們都失敗了。」[1] 翌日蔣廷黻搭郵輪回美國。不久胡適也來了美國。

II

胡適於一九四九年四月二十七日抵紐約。他此行是有任務的，擔任蔣介石遊說工作。他住在紐約東八十一街一〇四號，這是他以前看護士哈特門夫人的房子，一九四二年卸任駐美大使後曾寓居於此。這時蔣廷黻已與沈恩欽結婚，住在紐約西六十七街二十七號，相距甚近時常晤面，彼此相約午餐或晚餐，有時在社交場合亦常碰到。此時國內局勢惡化，不能與胡適離開北平時可比了。一月二十四日蔣介石下野，三月國共和談破裂，四月二十一日共軍渡江，而後江南戰事如疾風掃落葉，四月二十三日南京失守，國民黨倉皇辭廟，一個月後共軍佔領上海，政府遷廣州。六月初立法院通過閻錫山為行政院長，六月十二日閻錫山任命胡適為外交部長，胡適事前不知，直到他接到顧維鈞及宋子文的賀電，才知道他在閻內閣當了外交部長。胡適也收到蔣介石的電報，大意是明知他不願接受任命，但要求他暫勿公開拒絕此項任命。[2]

閻錫山任命胡適為外交部長後，外界一般反應甚佳。在任命的翌日（因時差其實是第三天），《紐約時報》在六月十三日社論對胡適入閣甚表讚揚，對胡適本人則推崇備至，因胡適在戰時任駐美大使時頗有口碑。社論中說：「沒有一個中國人像胡適這位溫文爾雅的學者兼哲學家受到美國人普遍尊重。」也沒有一個中國人像胡適那樣能瞭解美國，最後說胡適出任外交部長有利於中美邦交。對美國朝野頗有影響力的魯斯夫人柯萊兒（Mrs. Clare Boothe Luce）有一次對中國大使館的一位官員說，如果中國以自由主義的班子組成一個新內閣，就很可能使國務院改變其既定的援華政策。該官員即對魯斯夫人說，胡適已入閣任外交部長，她說：「這還不夠。」顧維鈞是一個很謹慎、樂觀的外交家，他對蔣廷黻說他認為美援還沒有絕望，全看我們能否振作，彼此能否合作，以取得老百姓的支持來對抗共產主義，要任用新人。蔣廷黻對顧維鈞的意見深表贊同，因此當時對李宗仁提名居正（差一票在立法院未通過）及閻錫山感到遺憾。蔣廷黻一九四九年五月三十一日在收音機聽到居正提名為行政院長，他在日記上記：「政府提名居正出來組閣，國民黨無可救藥了，在這千鈞一髮之際，找不出一個比居正更行的人。」他們希望胡適出任行政院長，組織一個 Liberal cabinet（開明人士內閣）。至於任用新人，顧維鈞建議孫立人為國防部長，俞大維為交通部長，蔣廷黻為財政部長或外交部長，晏陽初為農林部長或社會部長。（《顧維鈞回憶錄》第七冊，頁一二六）在胡適被任命為外交部長之前，已有蔣廷黻、顧維鈞、宋子文等人敦促胡適出任行政院長，從表面上看這與蔣廷黻籌組中國自由黨無涉，其實是有關聯的，因為蔣廷黻籌劃中的自由黨已內定胡適為黨魁，胡適出來組閣成敗則與自由黨的發展息息相關。談蔣廷黻與胡適組黨而不談胡適出任外長或組閣，就不免有點因果不明。所以在這裡我們先談胡適組閣，然後再來談蔣廷黻組黨。

最先鼓動胡適出任行政院長的是宋子文，宋的洋朋友柯克倫（Thomas Corcoran）給他出的點子。[3]宋子文把柯克倫的意見對顧維鈞講了，顧甚表贊同。顧對宋說，陳之邁告訴他，胡適很尊重蔣廷黻及傅斯年的意見。但宋人緣不好，與蔣廷黻及胡適均不睦，如同水火，他們雖因同在紐約，但宋與他們沒有往來，蔣廷黻對宋子文仇視之深，遠在胡適之上。宋要蔣廷黻也相識的朋友傳話，叫蔣打電話給他，但蔣廷黻未予理會。六月九日下午，宋子文自告奮勇打電話給蔣廷黻。蔣廷黻於下午三點半至座落在派克大道五十一街口的大使旅館（Ambassador Hotel，現更名為 Sheraton East Hotel）去看他的老上司，宋對他特別客氣。蔣廷黻在日記上用英文這樣寫：He made an unusual effort to be polite.（蔣廷黻日記 6/9/1949）宋子文對蔣廷黻說政府為了爭取美援，想組一個自由主義內閣，胡適是最理想的人選。大家希望胡適出來組閣，宋又說蔣廷黻也入閣（任外交部長），他本人只在幕後做點化緣工作（宋子文是以蔣介石私人代表身份來美國的）。蔣廷黻對宋子文說，這個構想至佳，但胡適沒有國民黨ＣＣ系的合作與支持是做不下去的，宋子文立即答道，委員長會說服陳氏兄弟，這是在發表胡適為外長之前，那時胡適正在紐約上州 Colgate 大學演講，演講完後就去鄰近的綺色佳，參加母校康乃爾大學一九一四級畢業生三十五週年同學會。蔣廷黻打長途電話給胡適，把宋子文要見他的用意在電話中說了。胡適對宋子文印象壞極了，他認為與宋打交道是一樁「冒險的事」（He felt it a risky business to deal with T.V.）。（蔣廷黻日記 6/10/1949）對胡適來說，一提到「宋子文」三字，他就忘不掉在戰時駐美大使任內無端受宋子文的氣，說宋是一個「自私自利的小人」。[4] 胡適猶疑至再，不想再見到他。但蔣廷黻勸他，宋這次處理這件事即敦促胡適出來組閣，沒有什麼地方不對，並說「我們應該胸懷磊落，寬宏大量。」經蔣廷黻一說，胡適乃不念舊惡，答應於六月十四日與宋會面。（蔣廷黻日記 6/10/1949）六月十四日上午，胡適打電話給蔣廷黻說他已從紐約上州回來了。蔣廷黻即於十一時去胡適寓所談他任命為外長事，並安排最後接任行政院長。在蔣廷黻敦促之下，胡適於中午去大使旅館見宋，晚上六點胡適打電話給蔣廷黻，告與宋談話情形。他說在去見宋途中心臟病發，稍事休息即癒。晚上，蔣廷黻又去胡適寓所談他參加政府工作的可能性。蔣廷黻對胡適說：如「他出任行政院長，則獲得美援的機會比任何人都要來得大，他也同意。」（蔣廷黻日記 6/14/1949）胡適日記一向很簡略，這一天所記亦不多，胡記：「見廷黻兄，他說宋子文兄從歐洲回來後，極力主張要我出來領導救國的事業，他願從旁力助。我去看宋子文，途中忽發心臟病，下車後進入 Ambassador Hotel 的北面小門，在椅子上靜坐幾分鐘，警報才解除。與子文談，果如 T. F. 所說。我猜想他在歐洲必見了 Thomas Corcoran，受了他的影響，故作此幻想。」（胡適日記 6/15/1949）這裡應稍作解說，胡適所說「領導救國的事業」即指他出來擔任行政院長，組一以自由主義為主的內閣。文中「T. F.」即指蔣廷黻。這幾天蔣廷黻為了促使胡適領導「救國的事業」，與胡、宋三人常在一起（顧維鈞後加入），四個人幾乎天天見面，從六月十五日至二十二日，胡適活動最頻繁的一週，他的日記卻是一片空白。茲參考蔣廷黻日記及《顧維鈞回憶錄》來填補這段空白。六月十五日蔣廷黻去胡適寓所，時宋子文已在那裡。蔣廷黻在日記上記：「我與宋子文盡最大努力勸駕胡適接受外長職，同時準備接任行政院長的職位。但胡適仍猶疑未決，但最後說他過幾天再作決定。」（蔣廷黻日記6/15/1949）就在這天下午，胡適搭火車去華盛頓，顧維鈞到車站接他，他告訴顧已見了宋子文，並說宋勸他接受外長任命，宋和蔣廷黻亟盼有一個自由主義內閣。第二天晨胡適至雙橡園與顧維鈞作了三小時長談。顧維鈞也勸胡適暫時接任外交部長，如不接受對新內閣將是一個打擊，同時顧維鈞建議胡適在決定外長去就之前，應該以未上任的外長身份在華府與美國政要就援華問題作一深入商談。胡適對前者不置可否，對後者並不反對。顧對胡適說，他（胡）是我們的王牌，這一點以六月十三日《紐約時報》的社論即可明證。胡適此行華府主要是應麥克基（Fredrick McKee，為一說客）之邀參加圓桌會議以及副國務卿魯斯克宴會而來，會議完畢即返紐約。

十七日中午蔣廷黻至胡適寓所晤談，不久宋子文亦至，胡適對他們說，昨天曾與幾位議員談過，也與魯斯克及明尼蘇達州眾議員周以德談過，他們都建議應由蔣介石、李宗仁、何應欽、白崇禧等巨頭發表一個聯合聲明，這個聲明（中英文）由蔣廷黻負責起草。翌日中午，胡適與蔣廷黻至大使旅館與宋會晤，蔣廷黻請他們二位在初稿上提供意見，胡看中文稿，宋看英文稿。二人對原稿均有修改，蔣廷黻說修改後的宣言，無論在情緒上或文字上均較原稿來的尖銳而有力。這份宣言要旨是維護國家獨立，保障人民自由，加強經濟發展，大家團結一致，共同合作，對抗共產主義作戰到底。胡、宋對上述這些大原則及詞句上未作任何修改。（蔣廷黻日記6/17/1949及6/18/1949）

關於胡適任命外長事，胡適把他擬就的給閻錫山請辭的底稿給他們看，略謂：「蒙不棄委適分任外交部務，甚深感激。然日夜自省，實無能力擔任此職，絕非謙辭。乃七、八日仔細考慮之結論。千萬請公許我辭職，即日另任賢能，以免貽誤國事。」這個電報是由紐約中國領事館密電打回去的。照詞句上來看，胡適的辭職電報不是像蔣介石所想像中的那樣「斷然拒絕」。（同上）雖然胡適辭卻外長職務，但蔣廷黻對促駕胡適領導「救國事業」工作努力不懈，可謂不遺餘力。六月二十日蔣廷黻即寫信給傅斯年及邱昌渭（總統府祕書長）等人籲請通力合作，幫助任命胡適為行政院長。（蔣廷黻日記 6/20/1949）翌日，蔣廷黻又至宋子文住所，宋子文給蔣廷黻看他給蔣介石的電報，推薦胡適任行政院長，蔣廷黻任外交部長，不久胡適來了，宋子文又把蔣介石的電報給胡適看。電報大意是他們（胡、蔣）立即回中國去，胡適為行政院副院長，蔣廷黻為外交部長。他們都認為胡適應先回去擔任外交部長，但胡適說他已向閻錫山發出辭卻的電報，他們對胡適說這是第一個電報，因為按中國官場舊習，任官時即使想做，但在禮貌上應該辭謝，第二次才正式接受，所以他們對胡適說，他已發的第一個電報，無關宏旨。蔣廷黻在日記上記：「今天不知什麼原因，胡適比往常難於交談，他一再說他不能勝任。」（6/21/1949）事實上胡適的憂慮並不是多餘，國民政府在風雨飄搖中搖搖欲墜，外援無望，一國三公，要胡適一介書生挽狂瀾於既倒，戛戛乎難兮哉！胡適那天又說到戰時在華盛頓任大使時政府（指宋子文也包括蔣介石最後無故將胡適撤職）沒有善待他，他一直耿耿於懷。蔣廷黻在日記上記：「T. V. urged him to keep an open mind.」於是胡適說到他與蔣介石的關係。一九四七年蔣介石要他出使美國，胡適曾忠告蔣介石說翁文灝不適宜擔任行政院長，蔣介石沒有聽他的話，結果怎樣呢？幣制改革是一 crime（罪孽），老百姓的積蓄被騙光了，怨恨政府。（蔣廷黻日記 6/21/1949）

六月二十二日《紐約時報》刊出駐華盛頓記者 James Reston 的電報，稱國務卿艾契遜可能重新考慮改變美國外交政策。宋子文看到了很興奮，立刻打電話給蔣廷黻，請他注意，約他下午去見他。當蔣廷黻三點多抵大使旅館時，宋的洋朋友柯克倫已在，他（柯）對艾契遜未來的政策性聲明，抱很大希望。因此他主張國民政府應由留美具有自由主義思想的開明分子來組成一個嶄新內閣。胡適任外長或駐美大使，蔣廷黻立即說胡適應擔任行政院長。柯氏又說艾契遜將發表聲明，希望胡適能於兩、三天內去見艾契遜。宋子文立即打電話給胡適，時胡適正在準備那天晚上在 Town Hall Club 的演講稿，但他答應講完後十點半與他們在宋住的旅館晤面。是日晚四人又重聚。柯克倫說中國要爭取美援必須任用一批新人，組織一個新政府來取得國務院同情，胡適聽了大致都同意，十一點散會。（蔣廷黻日記 6/22/1949）胡適這天的日記極其簡略，他記：「Dinner at Town Hall Club（Informal）. 10:30 at TV's Apt. 今夜作了一個演說，頗沉痛。Thomas Corcoran 自法國回來，在子文兄（處）見面，他力主張我出來擔任救國事業的領導工作。我早猜宋子文是受 T. C. 的影響，T. F. 不信。今夜我聽 T. C. 的話更恍然明白了。」[5] T. C. 是柯克倫，T. F. 即蔣廷黻。T. V. 是宋子文，TV's Apt. 是指宋子文住的旅館。那天胡適在日記上只記：「今夜做一個演說，頗沉痛。」顧維鈞晚年回憶說（根據顧自己日記），胡適那晚講得很好，他說：「胡適講話時沒有講稿，他講了一小時，開始時有些緊張，但逐漸興奮起來以後，講話頗為感人，他列舉了一百年來中美友誼的三塊主要基石：(1)包括門戶開放政策在內的美國對中國的友好政策；(2)在中國進行傳教活動，這方面的努力，開啟了一個新的途徑，建立了新的觀點（例如纏足問題的觀點）；(3)留美歸國學生的影響。他尖銳而直率地問道：『自從我上次到美國致力於扭轉美國人民對中國的態度以來，發生了什麼變化呢？那就是沉默、懷疑和對中國政府抱著批評的態度。然而正是這個政府進行了八年抗日戰爭，而且在這個政府成立的最初幾年，為國家作出了許多貢獻。』隨即自己回答了這個問題。他說美國和馬歇爾將軍雖然滿懷好意，但操之過急，在抗日戰爭勝利後三個月內，就想促成一個和共產黨聯合的政府以重建中國，而當時美國對鐵幕的含義以及鐵幕後面發生的一切都還缺乏瞭解。他說：『中國必須從內部重建』，而且『這樣做需要時間』。」（《顧維鈞回憶錄》第七冊，頁一五八至一五九）

顧維鈞大使於六月二十三日在紐約邀請胡適、宋子文及蔣廷黻午宴，胡適是主客，這次宴會是在顧維鈞來紐約之前安排好的。席間顧維鈞用盡所有動人的言辭（used all his eloquence）想說服胡適，希望他同意接受行政院長一職，同時對他說時間是一個很重要的因素。但是胡適一再說他不能勝任，因為他不願對他人發號施令。顧維鈞說那是一種美德，如在行政院例行的院會中，以這種民主作風、平和的態度來討論問題是一件好事。（《顧維鈞回憶錄》第七冊，頁一五九至一六〇及蔣廷黻日記 6/23/1949）

隔了兩天蔣廷黻又去大使旅館見宋子文及胡適。那天宋子文問他如果胡適不願擔任行政院長，你是否仍願意擔任外交部長？蔣廷黻的答案是否定的。（蔣廷黻日記 6/15/1949）宋子文問這個問題不是沒有原因的，因為如果蔣廷黻回國擔任外長的話，宋子文打算接替蔣廷黻在聯合國常任代表的位置。（蔣廷黻日記 6/23/1949）胡適與蔣廷黻在宋子文處未逗留許久。稍後蔣廷黻邀請胡適至其寓所午餐，於是二人又抬起槓來。蔣廷黻對胡適說，目前中國的危機是道德上的危機。談到二次大戰時，邱吉爾在敦克爾克（Dunkirk）後所面臨的危機，蔣廷黻問：「我們的邱吉爾在哪裡？」胡適說邱吉爾那時在議會裡佔極大多數的議席，還有艾登（Anthony Eden）幫忙。蔣廷黻說：「邱吉爾出任首相時，保守黨搖搖欲墜，至於艾登他無甚作為。」胡適說：「廷黻，不管你怎麼說，但是我還是對我的能力缺乏信心。」（蔣廷黻日記 6/25/1949）[6]

蔣廷黻六月二十七日的日記：「H. C. Kiang 帶來宋子文與蔣介石之間來往兩個電報，蔣介石希望胡適先回國，然後再決定任行政院長、副院長或外交部長。」翌日蔣廷黻日記上記：「晚上張彭春、胡適來晚餐。」蔣廷黻說「企圖再想說服他參加政府，像往常一樣，未成。」胡適在日記上記：「得閻伯川（錫山）一電（二十七日），仍不放我辭職。7:00 T. F. & P. C. Chang。」T. F. 指蔣廷黻，P. C. Chang 即張彭春，臺北聯經版日記誤寫成 D. C. Chang。如果沒有看蔣廷黻日記則「T. F. & P. C. Chang」不知何意？蔣廷黻在一九四九年六月二十九日的日記上記：「昨夜見子文給介石先生電（梗—23）說商量，勸其（適之）就副院長職，留美一個月，與美政府洽商後，回國任行政院長。但不知國內情形許可此種佈置否？適之昨謂李代總統始終未來電邀就外長。堪注意。」又記：「又見介石先生後感（二十七）電：梗電悉。甚望適之先生回國，再商一切也。」這兩個電報就是胡適在二十八日蔣廷黻寓所看到的電報。

胡適堅辭外交部長，於六月三十日發了三個電報，一給閻錫山，一給杭立武，「皆堅辭外交部長事」。給蔣介石則說「宋子文梗電所說，我從未贊成，亦絕不贊成。」六月三十日蔣廷黻也在日記上記，在電話中胡適說他已致電給蔣介石稱宋子文及蔣廷黻促其出任行政院長一事是一種「幻想」，又說在給閻錫山的電報稱「他無此能力任外長」。蔣廷黻說很使他失望。

儘管胡適已辭外交部長，在顧維鈞較早的時間安排下，胡適仍以未就任外交部長的身份於七月中赴華盛頓，預定七月十五日去見國務卿，但艾契遜拒絕接見。胡適於翌日即返紐約，在電話中與蔣廷黻長談。胡適很生氣，他去華府本想見國務卿，結果吃了閉門羹，只見了馬歇爾及魏德曼，他們兩人均未作任何承諾，鎩羽而歸，失望之情不言可喻。宋子文問顧維鈞何以艾契遜不見胡適，顧答說⑴艾不願影響胡適的決定，是否應接受外長的任命；⑵他不可能給胡適任何承諾。（《顧維鈞回憶錄》第七冊，頁二〇二）後者較為實際，合乎邏輯。據宋子文說，有一次在宴會上企業家斯塔爾（C. V. Starr, 1892-1968）
7 問艾契遜為何不接見胡適？艾契遜說胡適已被蔣介石「收買」了。（《顧維鈞回憶錄》第七冊，頁二〇八）這是艾契遜拒絕接見胡適的真正原因。華府盛傳胡適將任閣揆是由蔣宋美齡、孔、宋在幕後安排的，所以艾契遜把胡適一筆勾銷（write off），認為胡適已「出賣」了（Hu Shih has "sold out" to Chiang），蔣廷黻說，他聽到這種話「很令人沮喪」（蔣廷黻日記 8/15/1949），認為對胡適來說這是一種侮辱。

一九四九年七月十一日《新聞週刊》（*Newsweek*）有兩篇文章報導跟中國有關的消息（pp. 28-29），一篇可以算是評論，是該刊外交記者 Edward Weintal 寫的，他說華盛頓某些專家認為蔣介石國民政府已無戰鬥能力抵抗共軍，任何對國民黨的援助都是一種金錢上的浪費。Weintal 又說艾契遜自巴黎回來後說國務院人事將更動，並說他要做一些公共關係工作來說明中國失敗的原因。《新聞週刊》是很開明的新聞雜誌，不像《時代》一面倒向國民黨，幫蔣介石講話。這一期的《新聞週刊》還有一篇文章談論中國問題，批評蔣介石，也批評共軍佔領下的上海敵視西方，很客觀平和。如果有人看了這兩篇文章，特別是 Weintal 的那篇，要期望美國人慷慨解囊援助國民黨則難乎其難。胡適看了，特別提醒蔣廷黻

要注意這兩篇文章。（蔣廷黻日記7/23/1949）

胡適參加政府的主要目的爭取美援，但自艾契遜上台後，對國民政府即採取「Hand off」（袖手旁觀）的政策，或者說是採取「Write off」政策。八月初國務院發表白皮書，可說明瞭了一切。白皮書說中國今日的局面是「中國自己造成的」，這是國務院發表白皮書的動機所在，白皮書的發表即是艾契遜在較早時說過的國務院要做一些公共關係的計畫之一。質言之，艾契遜對華政策不會有任何改變。下面我們即講白皮書。

III

白皮書的發表對國民政府來說是一件創傷性的事件，對蔣介石來說是落井下石。美國國務院於一九四九年八月五日發表的白皮書是中美關係史上一件很重要的文件，正式名稱是「United States Relations with China with Special Reference to the Period 1944-1949」（一九四四年至一九四九年間中美關係），簡稱「白皮書」（The White Paper）。主要負責策劃撰稿者係當時國務院巡迴大使傑賽普。在書中重要部分即是國務卿艾契遜上杜魯門總統書，相當於一般書籍的導言，最重要的幾句話，茲錄如下：「中國內戰之惡果，非美國政府所能左右，此項結果，不因我國之任何所為或我國能力合理範圍以內之所能為，而即可以使之改變者。」[8] 白皮書是為美國外交政策辯護，公佈一批外交檔案來說明蔣介石的失敗與美國無涉。在西方於適當時期公佈過去的外交檔案，是從第一次世界大戰之後開始的。歐戰結束後，德國首先公開一批有關如何引起歐戰的秘密外交文件。因為一九一九年巴黎和會在凡爾賽和約裡把第一次世界大戰的戰爭責任歸諸於德國，但是德國一些有學養的學者認為這是不公平的，他們承認年輕的德皇威廉二世對戰爭應負一部分責任，但是西歐列強英、法兩國也應該負一部分責任。德國秘密檔案公佈後，很受學術界歡迎。因此英、法也相繼公佈了他們的外交檔案。（蔣廷黻編《近代中國外交史資料輯要》上卷自序，頁一至二及《蔣廷黻回憶錄》頁一五一）德國公佈外交檔案是學術性的，可是美國的白皮書急於要發表是政治性的。此時「誰失去中國」正囂塵上，為了應付國際輿論及國內共和黨的抨擊，是故國務院急於公佈這批外交檔案。因為是政治性的，所以對於白皮書的反應各式各樣。

在臺灣或其他各地親國民黨政府的人稱白皮書是美國人「打落水狗」的故技。毛澤東批評白皮書說「白皮書是美國帝國主義在中國失敗的明證，美國的白皮書就是一部破產的紀錄。」又說：「司徒雷登走了，白皮書來了，很好，很好。這兩件事都是值得慶祝的。」毛帶有譏笑的意味。蔣介石在日記中記：「對白皮書可痛可歎。」[9] 蔣廷黻在白皮書發表那天在日記裡記：「我大失望，我斷定將來美國人會認為白皮書是一本羞恥性的文件。」（蔣廷黻日記8/5/1949）他在〈三年控蘇的奮鬥〉一文裡說：「在這最近這二、三十年來，友邦政府給予我們精神上的打擊沒有比這本白皮書更重的。」（《蔣廷黻選集》第五冊，頁八八六）胡適在那天的日記裡什麼都沒有記，只寫了一個英文字 Dictation。胡適的日記有時很做作矯情，有時太簡略，在這裡 Dictation是什麼意思呢？我百思不得其解。（比起蔣廷黻日記及吳宓日記，胡適日記太差了，可供參考的材料不多，他記日記是在虛應故事，聯經出版的胡適日記編得更差，把很多毫不相干的材料及一些胡適日記裡夾的剪報也照單全收都排印進去，比如把蔣夢麟與徐賢樂結婚及婚變的消息和照片都編印在日記本裡，這簡直在胡鬧，我花了錢買這樣一套九冊胡適日記全集覺得上當了）。但隔了幾天，胡適見了蔣廷黻，指出白皮書中司徒雷登的報告有很多錯誤，錯得令人可笑，蔣廷黻勸他應該撰文一一指出來。胡適也想寫一篇文章來批評馬歇爾、艾契遜及司徒雷登是錯誤的，但蔣廷黻提醒胡適，他們對中國的好意應該肯定，如果犯了錯誤，應該讓他們知道。（蔣廷黻日記8/9/1949）筆者認為蔣廷黻的意見很好，客觀公正。

胡適批評白皮書的文章，宋子文準備設法刊於亨利．魯斯的《生活》雜誌上，宋對魯斯說了，他一口答應。但後來因為某種原因，胡適這篇文章始終未寫，一直到一九五四年司徒雷登的回憶錄（*Fifty Years in China*）由紐約藍燈書屋出版，請胡適寫序，到那時他才把胸中對白皮書的怨懟一傾積憤地寫出來。他在序言中有趣地說：「一個偉大的基督教領袖所寫的這本回憶錄，既然由一個不信上帝的人來寫序言。」然後引用新約聖經「馬太福音」第二十七章第二十四節一段故事來批評白皮書；這一節是這樣開始的：「彼拉多（Pilate）看見說也無濟於事，反要生亂，就拿水在眾人面前洗手，說，流這義人的血，罪不在我，你們承當吧。」最後兩句英文是「I am innocent of this man's blood see to it yourselves.」然後胡適說美國：「因為在雅爾達出賣了中國，因為在緊要關頭的時候停止了對華有效援助，而且最主要的，因為自己是有大的權力和無人可與抗爭的世界領導地位，所以倒下來的中國，流著血的時候，美國可以說『罪不在我』。」[10]

這種「罪不在我」的推斷，似不只是白皮書的作者，也許這是人類心理上的弱點。有一天，正確的日子是八月十二日，蔣廷黻到 Riverdale（紐約市北區沿哈德遜河一個高尚的住宅區）去見孔祥熙，那時白皮書是一個熱門話題，於是他們兩人就談起白皮書來，孔祥熙認為國民黨失敗，造成今日局面，一是軍方，二是CC系要負責任。（蔣廷黻日記 8/12/1949）他（孔）自己沒有責任嗎？從一九三五年至一九四七年，蔣介石、孔祥熙及宋子文三位連襟郎舅輪流坐莊做了十二年宰相，好事沒有，壞事一大把，把國家弄成這個樣子，難道他們沒有責任，恐怕很難取信於他人。蔣介石怎麼想呢？蔣夢麟於一九五〇年三月從臺北來美國參加中華基金會年會，三月六日與蔣廷黻一起從紐約搭車去華盛頓開會，途中蔣夢麟告蔣廷黻說，蔣介石最近甚悲觀，他說國民黨過去三年的失敗也是「罪不在我」，他怪部屬工作不力（蔣廷黻日記 3/6/1950），此外他也怪「俄史美馬」，即是他的失敗歸諸於俄國的史達林及美國的馬歇爾。（蔣介石日記 1/31/1949）因為俄國在戰後除援助中共外，在東北趁火打劫佔了很多便宜，又把本屬中國的外蒙古拿去，對蔣介石傷害很大。至於美國因民主黨政府在杜魯門、馬歇爾時代對蔣介石早已絕望，坐觀待斃。

IV

一九四九年蔣介石的南京政府即將垮台，蔣廷黻籌組中國自由黨的目的是希望將來能取得政權（替代國民黨），或者成為一個有力的反對黨。近代民主政治的特質，一定要有一個反對黨。眾所周知，如果號稱自由民主的國家而無反對黨，正如《王子復仇記》裡沒有哈姆雷特一樣，一般受過英美教育的知識分子都有這種信念。胡適在一九四九年赴美途中在船上為《陳獨秀的最後見解》一書序言一再提到他的鄉賢陳獨秀晚年在四川江津覺悟到這一點，在他（獨秀）的〈我的根本意見〉（第八條）中謂近代民主政治，除了一切公民有集會、結社、言論、出版、罷工之自由外，尤其強調「特別重要的是反對黨派之自由。沒有這些，議會與蘇維埃同樣一文不值」。胡適在「序言」一再提到這段話，他說：「獨秀抓住了近代民主政治的生死關頭。近代民主政治與獨裁政治的基本區別就在這裡，承認反對黨派之自由，才有近代民主政治。獨裁制度就是不容許反對黨派之自由。」蔣廷黻認為一個健全的民主國家，應該有一個反對黨隨時監督政府，像國民黨在一九四九年局面早就下台。蔣廷黻說他自己不是反對國民黨，但反對國民黨一黨專政，在他看來，國民黨執政太久，蔣介石權力太大，蔣廷黻有一次說「委員長集大權於一身的程度令我也感到驚異。」（《蔣廷黻回憶錄》頁二〇九）不禁令人想起英儒阿克敦爵士（Lord Acton）說過的話：「權力使人腐化，絕對權力，絕對使人腐化。」回顧一九四九年國民黨的失敗，阿克敦的話實是至理名言。[11]

蔣廷黻醞釀組黨已非一日。依現有的資料來看，最早有意組黨是在一九四五年五月國民黨三中全會以後。蔣介石提名蔣廷黻為中常會委員，是無記名投票，因為陳果夫、陳立夫的CC系激烈反對，結果沒有當選。（蔣廷黻日記 5/22/1945）蔣廷黻心中怏怏不樂，屬人之常情。這樣看來，那時他是國民黨黨員，但後來蔣廷黻不再是國民黨黨員，什麼時候脫離國民黨的，不詳。蔣廷黻在三中全會落選後就有組黨的念頭，新黨名新自由黨，與新啟蒙運動攜手合作，黨員重在知識分子，以教授、新聞記者、工程師、醫生、中產階級為骨幹。（蔣廷黻日記 6/1/1945）

隔了三、四天即六月五日晚上，蔣廷黻與傅斯年談組新自由文化協會，一半政治性，一半文化性，旨在推動一個新的啟蒙運動，決定先舉辦一次過去《獨立評論》的同仁聚會。（蔣廷黻日記6/5/1945）傅斯年、吳景超與蔣廷黻三人決定於下星期日召開，後來這個會議曾否召開，不詳，因為蔣廷黻日記裡沒有記載。那時他在重慶。七月三日他離開重慶，先到美國出席聯合國善後救濟總署大會，在美國前後一個月，那時胡適尚在紐約，兩人曾晤談多次，七月二十七日長談，談到組黨，胡適不想組黨，但願意參加蔣廷黻的新啟蒙運動。（蔣廷黻日記 7/27/1945）蔣廷黻在美國開完會後，八月初到倫敦開會，八月十五日日本投降時他在倫敦。從英國回來後，他忙著籌備設立中國善後救濟總署，同時與宋子文鬥，又鬧婚變，無暇他顧。一九四六年十月五日蔣廷黻被撤職，賦閑在上海，忙著寫回憶錄。[12] 稍後他復萌組黨之念，三月二十二日曾應邀至上海聖約翰大學演講，講題為「On Achieving Socialism Through Liberal Parliamentary Institution」（談開明代議制度與社會主義），可見他的思想仍不 liberal socialism（開明社會主義）。三月二十三日他在日記上記：「想組一新黨。」翌日他嘗試把新黨的黨綱寫出來，新黨的黨名為「新社會黨」（The New Socialist Party），他說：「想把我的想法明確地寫出來，此非易事也。」（蔣廷黻日記 3/24/1947）[13] 三月三十一日，蔣廷黻把黨綱完成了，寄一份給胡適。也給他的哥哥廷冠（Leo Tsiang，芝加哥大學教育碩士）一份。新黨黨綱內容我們沒有看到，不過他的哥哥評說，這個「新社會黨」政綱，很像國民黨。（蔣廷黻日記 3/31/1947）

一九四七年春天起中國局勢動盪不安，他在日記上一個月來對黨國不甚滿意，他說：「工業化是中國唯一的出路，一個新黨可能把國家改善。」（蔣廷黻日記 5/6/1947）五月底，蔣廷黻過去的親信僚屬李卓敏（時任中國善後救濟總署副署長）自北平公幹後回上海，對蔣廷黻說，有一晚他與胡適（時任北大校長）、梅貽琦（清華校長）及北大、清華教授陳岱孫等人談天，對時局大家都很悲觀，這批北方自由主義精英認為國民黨與共產黨一丘之貉，學生運動是自動的。周枚蓀教授認為中國唯一的希望是組織一個新黨，胡適說如果新黨是標榜社會主義的他不參加，但是大家一致都認為中國需要一個第三黨。（蔣廷黻日記 5/30/1947）這些北大、清華的教授都是蔣廷黻過去的同事，他們的意見，實也反映當時一般中國知識分子對時局的普遍看法，與李卓敏一夕談，對蔣廷黻組黨有鼓舞的作用。

這時期外交部人事有更動。一九四七年六月，蔣廷黻代表中國在上海參加聯合國經濟委員會遠東區區域會議，這個工作是臨時性的，會議完畢後任務即告結束。一九四七年夏天，原任中國駐聯合國常任代表郭泰祺染病，政府臨時指派蔣廷黻擔任安理會代表。是年夏天，郭病癒調任駐巴西大使，政府乃正式任命蔣廷黻繼郭泰祺為駐聯合國常任代表。也在這個時候，中國駐英大使顧維鈞調任駐美大使。據顧維鈞晚年回憶：「如果我記得不錯，蔣廷黻第一次向我提出這個問題（組黨）是我抵美不久，一九四七年底或一九四八年初。」一般來說，當時國民黨還統領全國。又說：「他在和我談話中要我參加，我大體贊同這個設想。一度我們甚至討論了這個黨的綱領和章程。」但後來中國局勢惡化，大家忙別的事去了。（《顧維鈞回憶錄》第七冊，頁四八〇至四八一）

唐德剛在《胡適雜憶》中說：「在五十年代的初期，臺灣的問題，在胡適看來，便是缺少個『反對黨』。最好的辦法，自然是國民黨效法華盛頓當年的大陸黨，『一分為二』。要不然那就得另外組織一個真正的反對黨，他這一主張深得蔣廷黻的同意。這兩個秀才在紐約因而也就有聯合『造反』的意圖了。」（傳記版，頁二九至三〇）但根據顧維鈞回憶說，組織反對黨「蔣廷黻可能先想出個主意，並獲得胡適的贊同，於是他們之間進行了探討，然後取得其他人的支持。」（《顧維鈞回憶錄》第七冊，頁四八〇）顧維鈞的說法與唐德剛說的剛好相反，根據蔣廷黻日記，顧維鈞說的對，唐德剛說的與事實不符。

一九四八年秋聯合國大會在巴黎召開，蔣廷黻於是年九月八日至十二月十七日在巴黎出席大會。他在法國三個月，聽到的國內消息都是壞消息，諸如國軍士氣低落，共軍一來不戰而降，動輒失土千里，大家都認為國民黨朝不保夕要垮台了。十二月十五日，蔣廷黻對代表團同仁講話，他要組黨，但不準備用黨的名稱，他稱作「中國自由運動」（The Movement for Chinese Freedom），他闡明這一運動的宗旨是反共的、獨立的，不依附任何黨派。（蔣廷黻日記 12/15/1948）

翌日寫信給胡適，請求胡適支持他的「中國自由運動」，這個運動的最終目標是一個無階級的自由社會，他心目中的未來是一個既非蘇維埃的共產世界，亦非美利堅合眾國高度資本主義的社會，毫無疑問他所嚮往的是近於烏托邦開明社會主義（Liberal Socialism）的自由社會。（蔣廷黻日記 12/16/1948）當晚在巴黎，朱經農和陳通伯為蔣廷黻餞行，席間朱經農談陳布雷自殺事，因陳對國民黨太失望，無可救藥了。朱及陳同意支持蔣廷黻的「中國自由運動」。（同上）翌日，蔣廷黻夫婦搭瑪麗王后號啟程回紐約。胡適沒有很快回信。到了一九四九年三月十四日，蔣廷黻收到胡適的回信，對蔣廷黻的「中國自由運動」，他說，大家都說很好，但有些朋友如陶孟和、吳景超等人有點意見，說「自由運動」，「自由」兩字對一般大眾來說稍嫌抽象，沒有多大意義，而胡適自己對蔣廷黻說用「社會主義」一詞近於烏托邦思想，此外大家都很贊同他的構想。（蔣廷黻日記 3/14/1949）胡適的信是什麼時候寫的，不詳。蔣廷黻收到胡適信後一個月，胡適也來美國，於四月二十一日抵舊金山。[14] 胡適來美後最初三個月想幫政府爭取美援，與朋友為籌組一個自由主義的內閣而忙碌，但在美國白皮書發表後，國民政府所有的希望都落空了，蔣廷黻又致力於籌組中國自由黨。據顧維鈞晚年回憶說，自由黨的構想與敦促胡適出任行政院長組織一個自由主義內閣有密切關係，「但又截然不同」，因為蔣廷黻和胡適組成這樣一個黨，以做為反對黨的計畫，「發生在由開明人士組閣的建議之前。」（《顧維鈞回憶錄》第七冊，頁四八〇）開明人士（Liberals）即是自由主義者的另一種翻譯，顧維鈞這一說法大致是正確的。他又說蔣廷黻組黨的想法，早在他一九三五年從政前和他在《獨立評論》時代就有了。筆者就現有材料作了一些查證，無法證實，尚待查考。譬如胡適於一九三二年提議成立「建國大同盟」，以監督、指揮並援助政府，這個大同盟是學術團體和商界團體的結合，其性質與一般政黨迥異。[15] 顧維鈞最後說，胡適是「一個兩黨制的堅定信仰者。那就是說，他認為無論哪個政黨執政，都應該有一個反對黨。」（《顧維鈞回憶錄》第七冊，頁四八〇）誠然如此，一般留學英美的自由主義者都有這個想法。

胡適最早有組黨的想法，則於一九二六年為庚款去英國開會，在歐洲途經德國，忽然有組黨的念頭；胡適於一九二六年八月三日在日記上記：「今日回想前日與和森的談話，及自己的觀察，頗有作政黨組織的意思。我想我應該出來作政治活動，以改革內政為主旨，可組一政黨，名為『自由黨』。充分的承認社會主義的主張，但不以階級鬥爭為手段。」（《胡適日記全集》聯經版，第四冊，頁三三六至三三七）胡適日記裡的和森是指蔡和森，但後來沒再聽說他要試圖組黨的想法。如有那是一九四九年胡適一度想回國組黨。當閻錫山任命他為外交部長後不久，他對閻內閣人選並不很滿意，他說舊人太多，有點像徐堪內閣。胡適向顧維鈞透露說他是一介平民，在美國能做什麼呢？所以他計畫在九月間回國，屆時可能籌組一個自由主義為骨幹的政黨。他覺得沒有這樣一個政黨，如一旦組閣就沒有可以挑選的班子，要有所革新，扭轉乾坤，是不太可能的。（《顧維鈞回憶錄》第七冊，頁一四四至一四五及頁四八一）在胡適看來，組黨應在國內，但後來他也沒有回國，正如唐德剛在《胡適雜憶》裡笑他「只說不做」。（傳記版，頁三〇）

美國的白皮書發表後，胡適對組黨興趣已大減，而蔣廷黻則興趣仍濃，到處向他的朋友宣揚他的自由黨，自由黨是他的小 baby。他曾寫信給朱經農說自由黨歡迎所有的自由主義者（不限任何黨派）來參加。自由黨主張維護國家獨立及個人自由，盡速加強經濟現代化，最後經由議會多數取得政權。這封信是八月二十四日寫的，後來他根據以上幾點開始草擬自由黨黨綱。就在這天下午，蔣廷黻遇見胡適，將自由黨綱領向胡適說了，胡適說構想很好，但他不願出來領導。（蔣廷黻日記 8/24/1949）

八月二十九日，蔣廷黻與胡適討論國內外可以做為中國自由黨核心人物的名單，蔣廷黻寫了下列幾個名字：胡適、顧孟餘、童冠賢、翁文灝、周貽春、傅斯年、俞大維、陳光甫、郭泰祺、顧少川（維鈞），胡適加了蔣廷黻和梅貽琦，後來他們又加了于斌、蕭公權及張佛泉。（蔣廷黻日記 8/29/1949）照蔣廷黻計畫，國內外需六十人贊助，國內四十人，國外二十人，上述名單為贊助人的一部分。

蔣廷黻草擬「中國自由黨組織綱要草案」，這也就是中國自由黨黨綱。他給女祕書Gladys 口述他的自由黨章程草案。翌日黨章初稿擬定，經僚屬徐叔希（聯合國副代表）及江季平看過並提供意見，徐、江二人建議軍人不得干政，注重教育，然後去找胡適商討，胡適加了一個自由企業，蔣廷黻不太完全同意。關於教育，胡適認為應特別注重人文教育，蔣廷黻欣然接納。（蔣廷黻日記 9/1/1949）隔了三天，蔣廷黻修改黨章，採納了胡適及徐、江的建議，黨章大致定稿，蔣廷黻說他前後修改達三十二次之多。（蔣廷黻日記 9/1/1949）黨章乃蔣廷黻嘔心之作，並不很長，但很重要，全名為「中國自由黨組織綱要草案」，蔣廷黻在「前言」中說明他組黨的動機。

除「前言」全部抄錄外，其他章節均擇要摘錄如後：

> 前言
>
> 中國目前遭遇的危機是我們悠久歷史上所未有的。如果共產黨的統治不被遏止推翻，中國便將喪失了國家的獨立；中國人民便將受極權政治的統治，喪失了一切的自由，永遠度著非人的奴隸生活。共產主義的經濟思想及政策是幻想的、謬誤的。它的實行必將使中國人民更貧窮更飢餓。我們因為想要把我

們的國家和人民從奴隸苦惱的生活裡挽救出來，所以我們提議組織中國自由黨，來號召全國同胞，團結一切愛國家愛自由的人士，大家努力、擔負起國家解放與復興的大責任。

然後，他把自由黨的建黨宗旨、目標、黨員及組織很詳細地納入黨章。茲摘錄於下：

一、自由黨的宗旨及目標。(1)保存國家獨立；(2)民主政治，保障個人自由——人民的自由意志為政府一切權力的來源；思想自由，信仰自由；反對一黨專政；(3)改善人民經濟生活，實行土地改革；(4)促成各級政府現代化，軍人不應干政；(5)提倡教育文化事業。

二、黨員：(1)凡中國人民，不分性別、宗教及種族，願為本黨宗旨和目標而努力的均歡迎加入本黨；(2)入黨由地方黨部負責；(3)黨籍以黨證為憑。

三、組織：中國自由黨的最高機關，由各地方黨部所組成的全國代表大會，定期舉行並得召開非常會議。[16]

一九四九年九月八日，邀請胡適來晚餐，蔣廷黻給他一份自由黨黨綱，同時胡適同意為自由黨贊助人之一。九月十三日，陳之邁來，蔣廷黻即請其英譯中國自由黨組織章程草案（即黨章），並告陳之邁說，中國自由黨政綱大致仿英國工黨。九月十五日，胡適來，他看了自由黨黨章後說其中一條「黨籍以黨證為憑」（此即蔣廷黻仿英國工黨），他反對，他反對的理由是好像中國自由黨是一個 closed shop（不對外公開的）。胡適比較喜歡美國政黨，黨員無需黨證的辦法。

一九四九年九月二十六日，顧維鈞到紐約訪胡適。胡適說陳之邁提議在自由黨黨綱裡加上一條自由企業經營原則，但蔣廷黻反對，可是顧維鈞說他完全贊同陳之邁的建議。在顧維鈞看來，此時自由黨的準備工作大有進展。蔣廷黻把黨章給英國駐聯合國大使賈德幹（Sir Alexander Cadogan O. M.，曾任駐華公使、大使）、美國駐聯合國代表傑賽普（白皮書主稿人）及司徒雷登看了。（《顧維鈞回憶錄》第七冊，頁四八二）

十月十四日蔣廷黻有備忘錄給胡適，請他出來領導自由黨。十月十五日，胡適來談，他終於接受擔任自由黨主席，但保留下列兩項決定權：(1)決定自由黨加入政府的權利；(2)自由黨加入政府時擔任何種職務。蔣廷黻說：「我樂於接受他的條件。」（蔣廷黻日記 10/15/1949）「十月二十七日晚訪胡適，他對中國自由黨缺乏信心，他坦白對我說他同意出來領導中國自由黨，完全是為了我的緣故。不使我失望耳。」（蔣廷黻日記 10/27/1949）胡適答應領導中國自由黨後，蔣廷黻很高興寫了封信給在香港第三勢力的顧孟餘及童冠賢。顧、童算是同道（童是蔣廷黻的僚屬，曾任善後救濟總署河北分署署長），蔣廷黻寫信的用意，促其推進自由黨在中國的發展。[17] 是日與程天放午餐，蔣廷黻出示自由黨黨綱、程天放禮貌性的說「很好」。但要他本人參與，不作任何承諾。蔣廷黻問他CC是否會反對自由黨？程答說得暇當與陳立夫商談。（蔣廷黻日記 11/2/1949）過了兩天蔣廷黻與胡適見面，並出示致顧、童信函。胡適閱後頗不悅，說這種函件易遭別的黨派忌妒。蔣廷黻私下在日記上對胡適作如下評語：「時至今日，他膽小若是，如何能在千鈞一髮之際，領導群倫，此君無勇也。」（蔣廷黻日記 11/4/1949）但我認為胡適的顧慮——易遭別的黨派顧忌——是很可能的。

一九四九年十一月八日，在電話中胡適對蔣廷黻說，紐約一共黨小報 *New York Campus* 刊登一些有關於他的惡言蜚語（gossip），想與組黨有關，胡適非常生氣，他幾乎要脫離自由黨了。蔣廷黻不得不好言相勸，也就平息下來。（蔣廷黻日記11/8/1949）過了幾天，蔣廷黻見美聯社記者卡本特（Frank Carpenter），卡本特是多年朋友，一直想要為蔣廷黻寫一篇特稿，所以有一天（十一月六日）約他來訪，專談籌組中國自由黨事，卡本特馬上問蔣廷黻：「你與蔣介石決裂（broke up）了嗎？」蔣廷黻覺得這個問題很是唐突，反問卡本特，我組黨即表示與蔣介石分裂嗎？（Does this mean a break with Chiang Kai-shek?）蔣廷黻說：「我從未從這個角度想到這個問題。」所以他天真得很，還要請蔣夫人支持他的自由黨。又說：「憲法上沒有說人民不可以組黨，因此一個新黨並非不合法，我沒有犯法。」（蔣廷黻日記 11/16/1949）可是十年後《自由中國》雷震被捕，組黨即是多項罪名之一。也有人認為雷震即是因組黨而被捕，如費正清於一九六〇年十一月七日於《紐約時報》的讀者投書，即是一例。

蔣廷黻並不反對國民黨，但他反對國民黨執政太久，黨國不分；反對國民黨某些部分政策，反對國民黨用共產黨的方法來對付非國民黨人；也反對國民黨用共產黨的辦法來對付國民黨人。蔣介石對蔣廷黻有知遇之恩，他們之間有私人感情。一九六四年四月二十三日，蔣廷黻面見蔣介石，蔣介石要他回來做行政院副院長。蔣廷黻說他明年七十歲了，他要退休，不要位置。他想回來利用南港中央研究院的藏書，重理舊業寫中國近代史。然後說：「這三十年來總統給我的愛護與提拔是我永遠不能忘的。」（蔣廷黻日記 4/23/1964）蔣廷黻的答話甚得體，不失中國傳統讀書人的風骨，這是兩人最後一次見面（翌年蔣廷黻去世）。蔣廷黻講的話是肺腑之言，他是一個諍臣，是一個良臣。但嚴格說來，他不是一個忠臣；他忠於蔣介石，但並非「愚忠」。有時對蔣介石有利或對國民黨有利之事未必對國家有利，這種例子太多了，不能一一例舉，在這裡只舉一例，譬如說，蔣廷黻要組反對黨即是一個很顯明的例子，反對黨對蔣介石或國民黨不利，但對國家有利，所以他要組黨。

一九四九年十二月九日，蔣廷黻去西一六八街哥倫比亞大學所屬的長老會醫院（Harkness Pavilion）看李宗仁。當時程天放及一位唐人街僑領亦在。程及僑領走後，李宗仁大談宋希濂在鄂西擁數十萬大軍，按兵不動，坐視白崇禧敗亡。蔣廷黻對李說他在籌組中國自由黨，李宗仁立即說蔣介石不會贊同，但又說他會幫忙。（蔣廷黻日記12/9/1949）[18]筆者同意李宗仁的說法，蔣介石沒有這個雅量，讓蔣廷黻出來組黨，何況他曾經是國民黨黨員。至於蔣廷黻是不是國民黨黨員，常有不同的說法，但根據胡適一九四七年三月十八日的日記，下午四點蔣介石約胡適談話，胡適對蔣介石說：「現時國內獨立超然的人太少了，前幾年把翁文灝、張嘉璈、蔣廷黻、張伯苓諸君都邀請入黨，又選他們（廷黻除外）為中委，這是一大失策。」蔣介石承認「那是錯誤的。」[19] 這樣看來蔣廷黻確曾是國民黨黨員，何時脫離國民黨，不詳。以我推測，最晚於一九五〇年在臺灣國民黨改組，黨員須重新登記時，他沒有歸隊。所以當胡適於一九五二年及一九五四年訪臺時，蔣介石要胡適轉告蔣廷黻：「叫廷黻不要組黨了，還是回到國民黨來吧！」（《胡適雜憶》傳記版，頁三〇）一九五九年春天蔣廷黻回臺灣曾與蔣經國長談，蔣經國即曾邀蔣廷黻回到國民黨來。（蔣廷黻日記 4/4/1959）

顧維鈞晚年回憶說，王世杰曾主張自由黨執政，蔣介石默許，甚至同意予以資助。顧又說：「我想，這裡所指的並非上回所談的自由黨。王世杰和委員長所想的不是一個有組織的政治上的反對黨，而是一個自由主義的團體。」至於蔣介石的想法，顧維鈞認為「從基本上來講，他（蔣介石）並不贊同成立一個由強有力而受歡迎的自由主義領袖所組成的政黨。」（《顧維鈞回憶錄》第七冊，頁四八二至四八三）筆者認為顧維鈞的分析是很正確的。蔣介石是一個舊式軍人，在他心目中沒有兩黨或政府應有反對黨的觀念，他腦中仍有君臨天下的想法，反對黨在他看來就是造反，是不容許的。

蔣廷黻天真得很，似乎沒有想到這一點。他於一九四九年十月二十六日去見蔣夫人（宋美齡），對夫人說，他最近籌組中國自由黨，希望她支持，夫人不置可否。（蔣廷黻日記 10/26/1949）與李宗仁談話的翌日，蔣廷黻曾函王世杰，除有關在聯合國控蘇案外，並希望他支持他的新黨。宋美齡是第一夫人，王世杰是天子近臣，蔣廷黻毫無顧忌。一九四九年十二月十二日國民政府新任駐智利公使保君健上任時路過紐約，蔣廷黻給他一份中國自由黨黨綱，希望他幫助推動自由黨在中南美洲的僑界發展，這陣子是蔣廷黻宣揚自由黨最熱心的時候。一九四九年十二月二十二日，蔣廷黻在記者招待會上發佈一宣言，說明他組黨的基本態度及其宗旨：

一、中國自由黨並不反對國民黨；二、中國自由黨反對極權共產黨；三、中國自由黨的積極目的，在增進中國人民的經濟生活及政治自由。

是日晚蔣廷黻去見胡適，胡並不否定自由黨的聲明，因為他贊同蔣廷黻的積極目的。至於他自己，較喜歡從事教育運動，從未想到政治上的權利。蔣廷黻私下評胡適，說他本質上是一個學者、考據專家，沒有政治才幹，不適宜做政治領袖。蔣廷黻最後說：「我必須繼續下去，一直等到自由黨能帶他上路，或者我沒有他也能繼續下去。」（蔣廷黻日記 12/22/1949）蔣廷黻雖曾說過，沒有胡適出來領導這個黨不會成功。但在這裡很明顯地沒有胡適，他還是有努力辦下去的決心。蔣廷黻是一個有野心的人，他要做中國的麥克唐納。後來，很可能是蔣介石給他壓力叫他不要組黨了，「還是回到國民黨裡來吧！」蔣廷黻不另外組黨，但他沒有「歸隊」。這也許是蔣廷黻「湖南騾子」獨立超然的個性具體表現。

我們看了一九五〇年五月二十六日的蔣廷黻日記，胡適似乎不再是中國自由黨的黨魁（主席），至於胡適何時辭卻主席，不詳。這一天日記，蔣廷黻問胡適：「你是否願意重新考慮領導中國自由黨？」他斷然回答說：「我朽木不可雕。」蔣廷黻在日記上記，他本想再問一個問題：「如果有人組織這樣的一個政黨，你是否會在道義上支持他。結果我沒有問，我想問這個問題也許是多餘的。」（蔣廷黻日記 5/26/1950）

V

蔣廷黻的自由黨日後給雷震組黨很大的靈感（inspiration）。雷震最早看到蔣廷黻在紐約籌組的自由黨黨章是在王世杰寓所看到的，那時王世杰的兒子王紀五在紐約哥倫比亞大學讀書，他把黨綱寄了一份給他父親。雷震看到了很是興奮，就把自由黨的章程草案分兩期刊在《自由中國》半月刊上（第二卷第一、二期）。（詳見《雷震全集》第十二冊雷案回憶〔二〕〈胡適與反對黨〉，臺北，桂冠出版，一九八九年，頁三四七至三四九）他即寫信給王紀五，殷殷垂詢：「中國自由黨近來情況如何？是否已經組織？適之先生熱心否？如何打算組織，是否擬返國組織？請弟詳細問明函告。」（馬之驌《雷震與蔣介石》，臺北，自立晚報社，一九九一年，頁三五〇）

一九五〇年代因客觀環境，又因胡適對自由黨「不熱心」，蔣廷黻也「只說不做」，中國自由黨在美國也就消沉下來。到一九五〇年代中期以後，雷震的《自由中國》與「地方選舉改進座談會」連在一起，這些實際上就是積極地為組織反對黨鋪路，籌組反對黨的呼聲甚囂塵上。胡適以擔任中央研究院院長的身份不宜組黨為藉口，但勸雷震出來組黨，他可從旁協助，（《雷震全集》第十二冊，頁三四九）以雷震帶頭，胡適雖不直接參與，但他於一九五八年五月二十七日對《自由中國》同仁臨時演講，題為「從爭取言論自由談到反對黨」。（刊於《自由中國》第十八卷第十一期）他不認為有了反對黨就可解決一切問題，建議未來的新黨為「在野黨」，比較溫和一點。即使如此，一般人仍認為胡適這篇演講有煽風點火之嫌，當時國內外局勢如縣市長選舉、出版法、蔣介石競選總統三連任，以及國外，如韓國及土耳其政變均有助於新黨的發展。到了一九六〇年新黨的發展已是箭在弦上不得不發了，具體一點來說，新黨的黨名也有了。據雷震晚年回憶說：「他們主張仍用蔣廷黻中國自由黨為名，但是胡適說那個倒了楣的名字不必再用，他說我們今日組黨是改善選舉，是爭取民主，就叫中國民主黨好了。」（《雷震全集》第十二冊雷案回憶〔二〕，頁三四九）中國民主黨原定於一九六〇年九月底正式成立，雷震即於九月四日被捕。群龍無首，《自由中國》半月刊即停刊，中國民主黨胎死腹中。雷震被捕，由軍法審判，判刑十年，後人稱之為雷案。

雷震被捕後，外交部即有電報通知蔣廷黻，告雷震以叛亂罪名遭逮捕。蔣廷黻的直覺反應，認為這與孫立人案如出一轍。他在日記上記：「雷震是一個普通人，但有遠大的志向及無比的勇氣。」（蔣廷黻日記 9/5/1960）一九六〇年十月八日，蔣廷黻在收音機上聽到雷震判刑十年的消息，組反對黨是眾多罪名之一，他在日記上記：「雷震是一個手無寸鐵的人，國民黨用軍法來對付他。」[20] 愚不可及。

哈佛教授費正清於一九六〇年十月二十七日致書《紐約時報》說，雷震被捕是因為他籌組反對黨之故。（一九六〇年十一月七日《紐約時報》讀者投書欄刊出）但臺大歷史系教授張忠棟說，雷震被捕除組黨外尚有其他因素：如在《自由中國》一連串激烈批評國民黨及反對蔣介石修改憲法連任總統。（張忠棟著《胡適・雷震・殷海光》，臺北，自立晚報社，一九九〇年，頁一二五）我想還是因為組黨觸犯當軸，不然為什麼雷震要宣佈組黨前夕被捕，組黨是駱駝背上最後一根稻草。如果只是雷震一人，那是秀才造反，國民黨對他只是討厭，能容忍。但他與地方勢力揉合在一起，非同小可，國民黨就畏懼三分，打草驚蛇，不得不對他下手。

雷震與蔣廷黻的關係亦很友善。一九五一年蔣廷黻回臺灣住在圓山飯店，雷震曾去看他。後來亦常有書函往還。他有困難也會向蔣廷黻訴苦，譬如一九五七年《自由中國》受到黨報及軍報圍剿，中央日報拒刊《自由中國》的廣告。此外一家軍方報紙甚至主張鼓動群眾以暴力來對付《自由中國》雜誌。蔣廷黻在日記上記：「在我看來這是蔣經國總政治部指使的。這些人，殊不知希特勒一世之雄，今安在哉，最後自殺的。」（蔣廷黻日記 2/17/1957）蔣廷黻對雷震是同情的，對法西斯作法憤慨之情溢於言表。

蔣廷黻也曾在蔣介石及蔣經國面前幫雷震講話。（蔣廷黻日記 4/9/1959 及 4/4/1959）這裡順便提一下，一九六〇年十一月十八日胡適的日記，他見蔣介石那天曾談到雷案，胡適說：「總統忽然講一件事。他說，去年□□回來，我對他談起，胡先生同我向來是感情很好的，但這一、二年來，胡先生好像只相信雷儆寰（雷震別號），不相信我們政府，□□對你說過沒有？」（胡適日記 11/18/1960）這裡

□□是指（蔣）廷黻。蔣廷黻於一九五九年三月二十日至四月十日在臺灣述職。筆者多年來一直採用胡適考證《石頭記》脂硯齋的辦法，想找出胡適日記裡的□□是誰？看了蔣廷黻的日記恍然大悟，才知□□原來就是（蔣）廷黻。現在我們回過頭來談蔣廷黻與蔣夢麟，一九五〇年三月六日去華盛頓途中，在火車上他對蔣夢麟說，他現在籌組中國自由黨，希望總統復職後（蔣介石三月一日復職），應尊重憲法上所賦予的權力行使職權，此外應與第二黨合作，蔣夢麟說他回臺北後當轉告。（蔣廷黻日記3/6/1950）蔣廷黻這番話當以西方民主國家政治常規來看待國民黨，因為今天國民黨失敗了，無法取信於民，似乎不能也不應該再像過去一樣一黨專政，應有一個聯合政府。如果當時胡適願意出來，組成一個自由主義的內閣，則就像英國工黨領袖麥克唐納於一九二四年領導下的聯合政府一樣，不僅為中國憲政史上開一新紀元，亦為新成立的政黨於最短時間內取得政權，為世界政治史上創一罕見的例子。惜胡適組閣未成事實，中國自由黨失去了一個大好時機。最後蔣廷黻的自由黨，就像魯迅筆下的柿油黨，成為歷史名詞。[21]

VI

總結來說，蔣廷黻的自由黨有其先天的缺陷以及時代與客觀環境的限制。論學問、名望及人品，胡適做黨魁是最理想的人選。若論組織能力、政治手腕、體力及健康，要他出來組黨或組閣，在兵慌馬亂、千鈞一髮之際領導群倫，挽狂瀾於既倒，是不太適宜的。一九四九年的國民政府紛亂極了，一國三公，胡適任命為外交部長後，李宗仁代總統始終沒有電報給他，胡適是在意的。蔣介石以「一介平民」還在運籌帷幄，駕馭政府操作，要胡適參加政府工作，但胡適似乎始終未曾忘掉他在戰時出使美國時，蔣介石及宋子文沒有善待他。復次，蔣介石下野後，未將憲法上的權力交給李宗仁，如果現在出來組閣，蔣介石會把權力交給他嗎？這些問題他都要考慮。所以以胡適的性格，他拒絕受命為外交部長及不考慮做行政院長的安排也是必然的，他是一介書生，究竟不是一個拍胸膛的江湖好漢，也不像他同鄉陳獨秀那樣是一個情緒化的人物。自由黨的黨員，蔣廷黻著重於 intelligentsia（高級知識階層），如教授、新聞記者、工程師、律師及醫生，以中產階級為主。所以自由黨假使日後能茁壯長大，但沒有群眾基礎，即美國人所說的沒有 grassroots。在世界上任何一個國家，一個政黨沒有群眾基礎是走不遠的，何況蔣廷黻人在國外。不然就得效法十九世紀俄國大思想家赫爾岑（Alexander Herzen, 1812-1870）。蔣廷黻畢生醉心於開明社會主義（Liberal Socialism），一如赫爾岑之於俄國民粹主義（Russian Populism）。然赫爾岑的父親是俄國貴族，遠祖可溯至十五世紀伊凡三世，近則為羅曼諾夫（Romanov）王朝宗室一支。一八四六年他父親去世後留下一筆相當可觀的巨額遺產，當他流亡倫敦時還設有印刷廠，辦了兩份俄文雜誌宣揚他民粹主義的理念。他的言論及思想影響了十九世紀後半葉俄國所有的革命黨人，如尼古拉·車爾尼雪夫斯基（Nikolai G. Chernyshevsky）及列寧。他公認為是俄國社會主義之父。俄國的民粹主義、民粹黨就是受他的影響而產生的。論才華與學識，蔣廷黻不讓於赫爾岑，但他沒有赫爾岑煊赫的家世及萬貫家財。

蔣廷黻生錯了時代，他是有野心的，他想做麥克唐納，但在蔣介石治下的中國或臺灣，任何人要組黨是不可能的。天下是他打出來的，怎會把社稷和權力以和平方式拱手讓予他人。蔣介石亦侈談民主，也談自由，但他最忌反對黨，則談民主、談自由又有何用？最後蔣廷黻的自由黨就變成「柿油黨」也是必然的。所以奉勸諸君不必為蔣廷黻及胡適組黨未成、組閣失敗而感到遺憾。

蔣廷黻對於他組黨未成而感覺遺憾的人們，曾有過幾句金玉良言留下來，值得我們深思。一九六二年胡適去世後，蔣廷黻曾撰一文情並茂的悼文紀念胡適，題目是〈我看胡適之先生〉。原文用英文寫的，曾載英文《自由中國評論》（3/31/1962），後由邱楠譯成中文刊於《文星》第五十四期。其中有關反對黨問題，意義深長。我現在把它抄在下面，做為本章結束；他說：「胡先生是否應該試組一個政黨參與實際政治，的確是值得討論的問題。他曾經一再慎重地考慮過，經過考慮以後，他決定不這樣做。有一個時期我渴望他領導中國具有現代頭腦的人組成一個政黨。我知道，他和他的朋友們最多只能擔任反對黨的角色，因為：他不可能使他的黨成為自由中國的多數黨。但是，我認為中國人應該學習做一個負責的反對黨的藝術和實際經驗。有具備不同程度的優點和缺點的好的和壞的政府，也有具備不同程度的優點和缺點的好的壞的反對黨。假如一個國家不能產生一個好的反對黨，大概也就不能產生一個好的政府。兩者對於一個民主政府的成功都是必要的因素。」最後他說：「那些對胡先生沒有組黨感覺遺憾的朋友們，應該試著研究一個反對黨的責任和技術。」這篇文章寫於一九六二年，光陰荏苒，俯仰之間，已五十六年了。蔣廷黻於胡適卒後三年亦逝，但作者有很多觀點即使今日讀來還是歷久彌新，值得我們深省。對於在香港或在大陸，現在或將來追求自由民主的中國人來說，仍不失其時代意義。即使今日臺灣，我們不禁要問問自己，我們有好的政府嗎？有好的反對黨嗎？

---

1. 蔣廷黻給胡適的信及胡適的回信，筆者查遍胡適的來往書信集均未找到，這一段是根據蔣廷黻日記（現藏哈佛大學）一九四八年十二月十六日及十九日，以及一九四九年三月十四日。
2. 顧維鈞，《顧維鈞回憶錄》第七冊，中國社會科學院近代史研究所譯，北京，中華書局，一九八八年，頁一四四。
3. Thomas Corcoran（1899-1981）是宋子文的洋朋友，早年就讀布朗大學，畢業後上哈佛法學院。他是律師，曾是國民政府的說客，在華府頗具影響力。一九四〇年應羅斯福之召幫宋子文設立中國國防物資供應公司，做為掩護支援中國抗日。後與陳納德飛虎隊合作。他是一個機敏的政客、能幹的律師；在政界有很多朋友，可以隨意出入宮（白宮）門（衙門）。晚年與雷根政府官僚打交道，專門做中南美洲軍火買賣，是近代說客創始人之一。

4. 一九四四年十二月四日胡適讀報悉政府任命宋子文為代理行政院長。胡適好脾氣、不是拍桌子罵人的人，但這天他憋不住了，在日記上記：「如此自私自利的小人，任此大事，怎麼得了！」蔣廷黻與宋子文的關係比胡宋的關係要壞十倍。

5. 胡適日記一九四九年六月二十二日，《胡適日記全集》第八冊，曹伯言整理，臺北，聯經，二〇〇四年，頁四一七至四一八。

6. 邱吉爾於一九四〇年五月拜相組閣時，組的是國民內閣（coalition），即聯合政府，蔣廷黻說「保守黨搖搖欲墜」是事實，至於他說「艾登無甚作為」非也。

7. 斯塔爾全名為 Cornelius Vander Starr，為荷蘭後裔，一八九二年生於加州。他是美國國際財團法人（AIG）創始人，一九一九年二十七歲那年到上海，口袋只有一百塊洋錢。後來經營保險業（業務不僅在中國，更遍及香港、菲律賓、荷屬東印度（今印尼）、英屬馬來亞及其他東南亞各地）成為鉅富，到一九六八年逝世時，他擁有萬貫家財，為全美國十大富翁之一。他也是胡適的朋友（在珍珠港事變前，胡適寄錢或帶東西給在上海的江冬秀，都是由斯塔爾經手）。他不是一個為富不仁的人，捐了很多錢給教育及醫療機構。柏克萊加州大學及紐約哥倫比亞大學的東亞圖書館即用其名，因他捐了一大筆錢。在柯林頓總統第二任期內，報章喧騰、轟動一時的彈劾柯林頓緋聞案，辦案的特別檢察官即是斯塔爾的侄孫。

8. 司徒雷登，《司徒雷登回憶錄：旅華五十年記》，胡適序文，臺北，大華晚報社，一九五四年（李宜培、潘煥昆譯）；轉引自胡頌平編著《胡適之先生年譜長編初稿》第六冊，臺北，聯經，一九九〇年，頁二〇九八。

9. 林博文，《1949石破天驚的一年》，臺北，時報出版，二〇〇九年，頁一二二及一三〇。

10. 見胡適為《司徒雷登回憶錄，旅華五十年記》寫的序文，《胡適之先生年譜長編初稿》第六冊，頁二〇九七至二〇九八。

11. 陳獨秀，〈我的根本意見〉油印本，後收入陳獨秀著《陳獨秀的最後見解》，臺北，自由中國出版社，一九四九年。《蔣廷黻回憶錄》，臺北，傳記文學出版，一九七九年，頁二二九。Lord Acton, "Power tends to corrupt, and absolute power corrupts absolutely". (Letter to Bishop Mandell Creighton, April 5, 1887).

12. 蔣廷黻一九六五年卒後，留下來的一本十七章未完成的回憶錄（止於抗戰中期），即是在上海寫的。在紐約聯合國任所，曾與麥克密倫出版公司簽約準備出版，唯因某些章節尚待修改，故遲遲未能出版。及至他在駐美大使退休後，已抱病在身，他所做的工作也只是修訂而已，做的也不多，不久即病逝。

13. 蔣廷黻的社會主義思想是他大學時代在奧柏林時受 Henry Churchill King 的影響，在哥倫比亞大學是受 Carlton J. H. Hayes、Franklin Henry Giddings 以及 Harold Laski 的影響，影響了他一輩子。另請參閱 Charles Lilley, "Tsiang Tingfu:

Between Two Worlds, 1895-1935." (Ph. D. Dissertation, University of Maryland, 1979, pp.133-135)

14. 筆者沒有找到蔣、胡來往函件，信的要點見蔣廷黻日記12/16/1948、12/19/1948 及 3/14/1949。

15. 張忠棟，《胡適五論》，臺北，允晨文化，一九九〇年，頁三〇〇。

16. 「中國自由黨黨綱」曾分兩期在《自由中國》半月刊刊載（第一卷第一、二期，一九五〇年一月一日及一月十六日）。已故旅美史家唐德剛曾說：「第二次世界大戰中國變成四強之一了，中國還不是把外蒙古斷送了。這記斷送勾當，竊國大盜袁世凱不敢為也；聲名狼藉的北洋軍閥不敢為也」，而是國民黨簽約，共產黨雙手贊成，外蒙獨立，是國共「兩黨為著私利，向俄帝行賄而斷送之也」。（詳見唐德剛的《袁氏當國》，二〇〇二年，臺北，遠流，頁二二四）可是那時（一九四五年）中共尚未當家。蔣介石對中國的領土不太珍惜，在中共與印度邊界之爭時，蔣介石站在印度一邊。有人說外蒙古是宋子文談判、王世杰簽字，就把外蒙送掉的。宋、王沒有這麼大的權力（authority），只有蔣介石有這authority，於一九四五年就把外蒙古丟掉。

17. 顧孟餘（1888-1972），生於北京的浙江人，早年留學德國，一九二二年回國，曾任北大經濟系主任及德文系主任。他曾反對黃興及孫中山革命，但後來加入國民黨。一九三八年因拒絕參加汪精衛政府，蔣介石乃任命他為中央大學校長。一九四九年後到廣州組自由民主同盟，不久至香港組第三勢力。後赴美國，先後在國務院及加州大學中國問題研究所工作。一九六九年赴臺定居，卒於一九七二年。童冠賢（1894-1981），河北宣化人，曾留學日本，顧孟餘任中大校長，他是教務長。李宗仁囑顧孟餘組自由民主同盟，童是書記。孫科本是立法院院長，於一九四八年十一月二十六日繼翁文灝為行政院院長，童冠賢當選為立法院院長。童於一九六五年退休，由女兒迎養赴美卜居馬里蘭州巴爾的摩，一九八一年去世。

18. 李助蔣廷黻組黨或有此可能，因他曾給顧孟餘二十萬港幣，讓顧至香港組織自由民主大同盟，詳見《張發奎回憶錄》選譯，胡志偉譯註，刊於《中國近代史資料》，北京，中國社會科學出版社，二〇〇三年（總一〇七號），頁二二一。

19. 見《胡適日記全集》第八冊，一九四七年三月十八日，臺北，聯經出版，頁二七五。

20. 我怕譯錯，現把原文錄於下：Lei is a mediocre and vain politician. KMT has to resort to military court to put him out of competition.（蔣廷黻日記 10/8/1960）

21. 關於「柿油黨」，參閱魯迅《阿Q正傳》第八章「不准革命」。「柿油黨」與「自由黨」在我們江浙人讀起來是一樣的，沒有分別。魯迅是浙江紹興人。

1962–1965

第十六章 華盛頓

我去華盛頓只是暫時的，
不過是給政府一個時間物色適當的人選。
我早已有意退休，回國去作歷史研究，
打打高爾夫球。

——蔣廷黻與陳之邁談話（一九六三）

一九六一年的外蒙案及代表權案使葉公超成為代罪羔羊。此時外蒙已入會，代表權案已採納新辦法，今年代表權案已安全通過。葉公超雖已回來，但對蔣介石來說，還有一件事沒有做，即葉案未了。在十月二十七日外蒙入會那天，蔣介石在日記上載：「一、處理葉逆問題從速解決；二、繼任人選：蔣廷黻、陳之邁、陳立夫。上午致辭修函，為處理葉逆問題之商討，並附葉逆之逆跡一份，使知其實也。」（蔣介石日記 10/27/1961）日記中「辭修」是指陳誠，附寄「葉逆一份」，是指曹文彥的小報告（報告上說葉公超曾對人說過蔣介石年輕時嫖妓，蔣就記在心裡）。胡適成名後在自傳裡曾公開說他年輕時在上海打花會。蔣介石要罷黜葉公超為什麼要附寄曹文彥的小報告，這可說明蔣介石是很介意這些雞毛蒜皮的小事。蔣在附寄的小報告上寫：「此是小事，公超之罪不在此。」這不是「此地無銀三百兩，隔壁阿三沒有偷」的同一心態嗎？蔣介石在給陳誠函中叫他（葉）自動辭職，他說：「唯公超之事，對外關係不能不及時解決，此人今年在美言行荒唐，人所共知，中（指蔣自己）亦向不以為意。殊令人不可想像。此人決不能再令其回美任職，否則其能作惡者，無論對國家對政府，必較吳國楨尤甚。故中（蔣自己）擬暗示其自動辭職，以保留自新餘地。」（王正華，外交部檔案及陳誠檔案）

II

葉公超去職，蔣介石要蔣廷黻兼任駐美大使，時間就在外蒙入會那天（美國時間 10/27/1961）。蔣廷黻一進辦公室，有人對他說沈昌煥收到蔣介石的電報說：「公超暫留臺北協助要務。」這是蔣廷黻第一次聽到葉公超不會回來了。隔了兩天，十月三十日晚上九點，沈昌煥打電話給蔣廷黻，希望立即赴蔣寓所有要事商談。[1]蔣廷黻猜想一定與葉公超有關。十點一刻沈昌煥駕到，不出所料，一進門就拿出陳誠電報稱葉公超辭職獲准。政府希望他（蔣廷黻）除在聯合國工作外，兼任駐美大使。蔣廷黻立即對沈說，葉去職可能會引起美國的誤解，最好葉公超回來再做半年，然後調他回去。蔣廷黻又說他自己同時擔任這兩份繁重的工作，不是好主意。再則他的年齡、體力、心理等各種因素，恐力有未逮。沈昌煥說現在政府有困難，又說：「我會把你的意見向總統及副總統報告，如果他們堅持，你應從命。」（蔣廷黻日記 10/30/1961）翌日蔣廷黻收到陳誠委任兼職的電報。（蔣廷黻日記 10/31/1961）蔣廷黻回陳誠電報稱，最好讓葉公超回華盛頓任所，做幾個月後然後由我來接替。後來蔣廷黻電告臺北外交部，希望葉公超能來美辦理移交，幾經函電往返，始知葉公超不准出國。十一月四日政府公佈中國駐聯合國常任代表蔣廷黻兼任駐美大使。[2]華盛頓駐美大使館循例向美國政府辦理新使同意手續，美國國務院即於十一月十六日照會同意。一九六二年新年過後不久，一月四日蔣廷黻與沈恩欽於早晨九點三刻離開鷹格塢的家，搭火車赴華盛頓履新。十點半抵紐約三十四街賓夕法尼亞車站（紐約人稱之謂 Penn Station），有許多僚屬、朋友在車站送行，火車於十一點準時開車。車行一小時，他們在餐車用午餐，看到窗外地上積雪，但是沒有下雪，車抵華盛頓天朗晴和。車站上國務院禮賓司官員及大使館的人員來迎迓，此外還有很多旅居華府及近郊的老華僑來歡迎這位新大使。這批老華僑像世界各地的華僑一樣，把大使當做大家長來看待，後來也跟著新大使一起到大使官邸「雙橡園」。大使館人員設想很是周到，在雙橡園備有茶點招待大家（遺憾的是，時間久了，他們發現這位蔣大使不太喜歡與老華僑打成一片）。

依照一般白宮慣例，新使呈遞國書並不是單獨舉行的，通常是把幾位（兩、三個或四、五個）新使排在一起，同時進入白宮，在接待室等候，每一新使呈遞國書大約五分鐘。總統一面接受新使國書及頌詞，一面交付總統簽好字的答詞給新使，然後攝影留念，呈遞國書的儀式於焉完成，其間美國總統與新使並無多少言談。還有關於排定新使呈遞國書的日期也有文章，如果兩國邦交不睦，或者對新使不予重視，則外交部（美國國務院）往往會托詞拖延至三、五週不等（一九六五年蔣廷黻退休，繼任者周書楷大使即等了五週之久才呈遞國書）。蔣廷黻於一月四日抵華盛頓，國務院給蔣廷黻呈遞國書的日期排在一月十二日，僅一週，而且呈遞國書的儀式是單獨舉行的，這可以看出自魯斯克以下國務院諸君對蔣廷黻的禮遇。那天豔陽高照，但很冷，大使館一等祕書賴家球十點鐘來，即交給蔣廷黻呈遞國書時所需的一切有關文件，十一點半國務院禮賓司的正副司長前來引領蔣廷黻及其隨員至白宮。

一刻鐘即到了白宮，很多攝影記者在門口候駕。蔣廷黻覺得白宮裡的人員很多，人來人往不絕如流，有的是白宮的官員，進進出出忙碌地工作，有的好像在等人，給人一種軍書旁午倥傯的感覺。蔣廷黻在白宮等候的時候，均由美國國務院東亞事務局局長 Joseph A. Yager 陪伴，等的時間不長，只有一分多鐘，甘迺迪總統出來，走到祕書的辦公室門口迎接。蔣廷黻印象中的甘迺迪：「他像平常一樣：笑容滿面，沉靜自若，很友善。」呈遞國書的儀式甚是簡單：照相、頌詞。因蔣廷黻是單獨的，沒有下一位新使等著，時間很充裕，他沒有馬上就走，又因兩人交談不需翻譯，呈遞國書儀式完畢後，甘迺迪請他坐下來談談中國代表權問題和中共問題。甘迺迪認為最近中共在大陸上（農業及工業）的失敗有礙其發展。蔣廷黻表示同意，但說他們的經濟失敗有損其國際聲譽。新總統上任不久，國際間危機重重，甘迺迪心血來潮，請蔣廷黻用中文把英文的 crises（危機）寫出來（蔣廷黻日記裡寫的是複數，《傳記文學》刊載的是單數 crisis），蔣廷黻就寫了「危機」兩字，並解釋這兩字的含義；「危」是「danger」，

「機」是「opportunity」，兩個字連起來就是「危機」的意思。蔣廷黻說這是中文裡的含義（danger裡有 opportunity），甘迺迪對此很感興趣（日記裡的原文是：「He was interested in the combination of danger and opportunity which the Chinese phrase implied.」）（蔣廷黻日記 1/12/1961）蔣廷黻回答的恰到好處。筆者甚喜這個小掌故，這可看出甘迺迪平易近人可愛的地方（不像一般總統的道貌岸然，令人望之生畏）。呈遞國書之後，與蔣廷黻談談國際大事，最後再談談「危機」。從另一方面來講，也可以看出這位日理萬機的年輕總統對學者出身的中國老外交家表示好感：友善、禮遇、敬重。[3]

按外交慣例，新使呈遞國書後，就是正式大使，對內他是大使館的館長，對外是大使，可以正式參加外交活動。蔣廷黻在華盛頓要做的事真多，首先是去拜訪在華府京畿的達官顯要，以及與臺灣有邦交的友好國家的大使。他忙得不得了，對於一個年近古稀的老人，實有不勝負荷之感。這是他在華盛頓的兼任工作，他在紐約還有工作，因此常常奔波於華府與紐約之間。這兩份工作都是極其繁重的差使，所以當時外交部長沈昌煥拿了陳誠的電報漏夜趕到蔣的寓所要他兼任駐美大使，他第一個反應是，以他的年齡體力恐「力有未逮」，這不是一個「好主意」。蔣廷黻認為這兩份工作不宜由一人擔任。但蔣介石沒有採納他的建言，命令還是下達了。蔣介石做事常常我行我素，一意孤行，不為他人著想，內政可以，可是牽涉到外交方面有時就行不通了。比如這次蔣廷黻一人身兼二職，美國政府就有微詞。一、國務院官員初聞葉公超去職由蔣廷黻兼任，頗為驚訝；二、美國政府曾表示，聯合國安全理事會常任理事國，其駐美大使不宜兼任該國常駐聯合國代表，還可能牽涉到代表的資格問題。因此，臺北政府及處理新舊任任免手續，是故乃有十一月十八日政府發佈命令：「駐美利堅合眾國特命全權大使葉公超另有任用，應予免職。特任蔣廷黻為駐美利堅合眾國特命全權大使仍兼駐聯合國常任代表。特任葉公超為行政院政務委員。此令。」蔣廷黻本是駐聯合國常任代表，改為兼任，意即其兼任是一時權宜措施，是暫時的。這是臺北的想法。所以蔣廷黻有一次對陳之邁說：「我去華盛頓只是暫時的，不過是給政府一個時間物色適當的人選。我早已有意退休，回國去作些歷史研究，打打高爾夫球。」（陳之邁《蔣廷黻的志事與平生》頁一三六）陳之邁對蔣廷黻的話曾作評，他說：「我對他所說的話很覺詫異，因為任大使是一件相當隆重的事情。前任大使離任，後任大使未到，應由代辦代理館務，如果到任忽又離去，既對駐在國不禮貌，以當時中美關係之重要機微，自亦非所宜。」（同上）陳之邁像蔣廷黻一樣是學者從政，他在清華任教多年，過去也是《獨立評論》一分子，胡適、任鴻雋及陳衡哲都很賞識他，稱他為政治學者的天才，他後來參加政府工作，為一優秀職業外交家。他懂得這些道理。蔣介石就不懂（也不與人商量），也不懂得他在尾巴搖狗。這是美國不願見的。因為美國人只許狗搖尾巴，不許尾巴搖狗。

一九六二年春，美國駐華大使莊萊德返國述職，於四月二十四日上午訪蔣廷黻，曾有一較長的談話，他對蔣廷黻說，魯斯克問他葉公超為何去職？他答說，「因葉亂說話（loose talk），有時語侵元首（sometimes derogatory of generalissimo.）。」然後他問蔣廷黻：「你兼做兩份工作是不是長期的？」蔣廷黻說，「我對他說原則上我是反對自己一人身兼兩職。」（蔣廷黻日記 4/24/1962）莊萊德之訪，一是外交上禮貌訪問，另外國務院想知道蔣廷黻的兼職內情，作一非正式的試探。

六月二日蔣廷黻突接外交部長沈昌煥電報，要他在華盛頓與紐約之間選擇一地。蔣廷黻與葉公超過去在清華是同事，他們是好朋友，故在葉公超近十年的外交部長任內，與蔣廷黻有公誼，也有私交；蔣廷黻有所建議或交換意見或外交部有所指令，他們通常先以電話或由私函談妥後，才補一道公函或電報。葉公超離開外交部後，新任的部長就沒有這種聯絡方式。根據蔣廷黻的日記，六月二日他收到沈昌煥電報，請他在紐約與華盛頓之間擇一，頗使蔣廷黻驚訝。電報開頭盛讚他過去工作業績，接著乃說近因美友訪華（visitors from USA）向蔣總統進言：「美國希望駐美大使應由一專人負責。」（USA expected an ambassador exclusively devoted this post.）蔣廷黻在日記裡質問：「Who were they?」（美友訪華，他們是誰？）（蔣廷黻日記 6/2/1962）蔣廷黻的口氣似有怨言，這也難怪。他當初就說過一人不宜兼此兩職，可是政府沒有接納他的建言，而現在蔣介石聽了美方友人「進言」要他兩地擇一。蔣廷黻在日記裡記得很簡短，只有五、六行，周谷在《外交秘聞》書中根據檔案，抄錄有是日（六月二日）外交部長沈昌煥的中文電報：「蔣大使廷黻先生：近來我國在華府之接協，與在聯合國之折衝，有增無減，端賴賢者主持，至為敬佩。先生兩地奔波，辛勞可知。昨奉總統面諭，以最近美訪華有關人士，曾向我總統表示，華府已令派資深大使駐華，甚盼我國駐美大使能常駐任所，與美高層決策首長經常保持密切聯繫。中樞為重視中美合作，決定將華府、紐約兩職分別專任，特囑徵詢尊見，就目前國際局勢及我方之需要，先生專任何職對國家最為有利，等因。」（周谷《外交秘聞》頁一六七）這一電文對蔣廷黻甚為推崇。蔣廷黻對臺北政府之貢獻，也是實至名歸。他似並不在乎這些詞藻浮華虛文，他好奇的是蔣介石聽了誰的話改變了原來的想法，要他兩地擇一。一個欽差大臣的話不聽，而去聽了「他們」（美友訪華有關人士）的話。所以蔣廷黻很想知道「他們是誰？」周谷在書中亦有尖銳的評語，他指出這封電文為什麼不明說兩職不應由一人兼任，是由蔣大使的建議，「反而說為了重視美國有關人士之意見，要他選擇一職專任，這未免本末倒置，太崇洋迷外了。」（同上）蔣介石生氣時，常咒罵留美官吏是洋奴，這樣說來蔣介石自己不就是名副其實的「洋奴」了嗎？

蔣廷黻於六月四日覆電外交部，稱聯合國之重要性日漸式微，世所共知，最後復稱「政府既有意給予服務機會，職願在華府效命，職廷黻。」他在那天日記裡記：「Cabled back that I would prefer Washington to New York, since UN was declining in importance.」雖然他在答覆外交部長沈昌煥的電報中提到聯合國重要性今後將衰落，引了印度作例子，他說：「最近印度武力佔領果亞（Goa），及宣佈喀什米爾（Kashmir）已不構成問題，不願聯合國過問，均表示聯合國之無能力，此種趨勢必繼續推演。」

外交部接到蔣廷黻的電報後，即於六月九日覆電稱：「蔣大使廷黻先生：前電敬悉，經即報總統（指蔣介石）、副總統（陳誠）。頃奉諭即照尊意，請先生專任駐美大使，另派劉大使鍇繼任駐聯合國常任代表。並囑先生迅即洽商美、英等國對我更換代表切實支持，使我在聯合國安理會獲得七票等因。」最後又說：「再本月法國輪值安理會主席對我較為有利，統請卓辦電覆。沈昌煥。」（周谷《外交秘聞》頁一六八）據蔣廷黻日記記載，他於六月十四日接獲部令正式就劉鍇出任聯合國常任代表，請英、美支持一節，他接電報後，即與國務院主管國際事務的主管克利夫蘭（Harlan Cleveland）約是日下午四點半就此事商談。他去見克利夫蘭時，大使館一等祕書朱晉康隨行，他們商談時國務院有 Sullivan 在場。據朱晉康回憶：「我本來就在駐美大使館擔任祕書，他來接任大使，我也就做了他的祕書。」又說：「蔣大使去國務院時，我常常跟隨他一道去。他辦交涉，不像別人把外交部電報譯成英文向國務院唸一遍，會請他們與我們研議事情；蔣大使常把這件事後面的大問題先講明白，再談這件事的本題——也就是政府訓令他談的問題。在我記憶中，沒有什麼辦不通的事。當然牽涉到兩國基本政策有不同之處，另當別論。」（朱晉康〈追隨蔣大使三年〉）

就那天他與克利夫蘭談的問題為例，蔣廷黻首先說，聯合國中國代表團常任代表的更迭，此時是最好的時機。且這種人事上的調動是中國代表團內部的事，是中國人的權利，我們沒有理由擔心蘇聯可能在安理會來騷擾。蔣廷黻很有自信，說得理直氣壯。（蔣廷黻日記 6/14/1962）六月十八日蔣廷黻接獲魯斯克電話稱，聯合國中華民國常任代表的更換無需英國首肯。（那天蔣廷黻在日記上記：國務卿魯斯克告「It is not necessary to have a London credit.」）因此臺北政府於七月二十九日正式命令免除蔣大使的兼職，同時任命劉鍇出任聯合國常任代表。蔣廷黻不再身兼兩職，正式離開做了十五年的中華民國駐聯合國常任代表。[4]

III

鑒於臺北與華盛頓的關係並不和睦，蔣廷黻曾幾次建議政府，希望臺北能派陳誠或蔣經國來美國作一次親善訪問，對敦睦兩國邦交當有所裨益。蔣經國於一九六三年九月八日（星期日）下午五時四十分抵達華盛頓杜勒斯機場，蔣廷黻偕沈恩欽至機場迎迓。在候機室裡見到王老虎（王叔銘），因為飛機延遲了四十分鐘。所以他們就到機場的咖啡店去喝咖啡，在那裡見到很多中外朋友，其中有CIA的克萊恩及國務院的人。小蔣下機後，大家寒暄、照相後，蔣經國一行即直接赴華府唐人街，蔣廷黻夫婦則返雙橡園。

晨七時，蔣經國及沈劍虹（小蔣的翻譯）在雙橡園早餐。按照排定日程，早餐後至國務院會晤副國務卿哈里曼，所以蔣經國一到，蔣廷黻說我們立即商討要與哈里曼談什麼？哈里曼會提出什麼樣的問題？中蘇分裂我們同意，於是他們談大陸現狀及中蘇分裂。蔣經國提出幾個很好很尖銳的問題，但有幾個不夠深入。餐後抵達國務院哈里曼的辦公室。哈里曼首先提出中蘇分裂的問題，這是預料之中的。不過他的看法是他最近訪問蘇聯，與蘇聯總理赫魯雪夫的談話內容舊話重提。赫氏對他說，為了遵守條約的義務，蘇聯與中共仍是盟國，但是如果中共與印度交鋒吃敗仗，我不在意。九點半見助理國務卿赫斯曼（Roger Hilsman），一說到中蘇可能會打起來，赫魯雪夫說，如果毛發瘋要興起戰爭，來吧，毛會挨打。蔣經國說時間快到。（蔣廷黻日記 9/9/1963）晚上蔣大使宴請蔣經國。是晚，蔣經國突然心血來潮，要蔣大使安排他與若干參議員及眾議員早餐。

翌日蔣廷黻在日記上記，Nancy（大使館祕書）一整天忙著打電話給親臺灣的幾位參、眾議員，祕書回答說參議員（或眾議員）「到外州去了，會回電話」。到了下班時只有一位接受。當日蔣經國與CIA遠東組主任威廉・寇拜（William Colby）晚宴，餐後蔣廷黻陪他回旅館，在旅館裡告訴他與參、眾議員早餐事，他同意取消。我想蔣經國一定不大高興，這是人之常情。可能他認為蔣大使辦事不力，或者認為這些代議士沒有器重他，蔣經國到底怎麼想我們無從揣測，不管他怎麼想，我認為會影響他與蔣廷黻是晚談話的情緒，或者會引起一些誤會。在旅館裡蔣經國給蔣廷黻看一封他老子寫給甘迺迪總統有關中蘇分裂的英文信。蔣廷黻看完後，認為沒有什麼特別要說的，就放在一邊。他注意到蔣經國不大講話，乃起身告辭，蔣經國送他到樓下旅館門口，半個小時後，沈劍虹打電話給蔣廷黻說，明天他們不要「麻煩」大使陪同蔣經國去白宮見甘迺迪總統。蔣廷黻在日記上說，「我同意了，又說我也不去五角大廈。」這天蔣廷黻做了什麼？上午上班，下午去打高爾夫球，他在日記裡寫自己的反省與分析，記蔣經國「讓我看這封信的目的即暗示我不去白宮，但我沒有領悟到（I missed the hint.）」（蔣廷黻日記 9/10/1963）在十一日日記下面空白的地方，他記：「昨日經國說他要我看他父親的信，很明顯地沒有要我不隨他同去白宮。那時我看了信後沒有任何猜疑，理由是很複雜的。我相信蔣介石做了決定，要他兒子嚴格遵守細則，我認為這些細則是很特別而詳細的。」他又記：「我現在完全相信，我這大使工作只是名譽的（沒有實際工作）（My mission in Washington is honorary），實際工作是在別的地方，可能是在臺北由他人做了。」（蔣廷黻日記 9/10/1963）太子來訪不要他陪，所以他去打高爾夫了。在球場上，大使館公使江易生打電話給蔣廷黻，小蔣急著要讓蔣廷黻知道去白宮見甘迺迪，及蔣介石有電報給參議員及眾議員。蔣廷黻即停止打球返回雙橡園。電報不是很重要的事，可是蔣廷黻在日記上記從五時至晚上十一點一刻，蔣經國沒有找他。蔣廷黻不悅，仍然無限猜疑。

翌日，國務院副助理國務卿（哈里曼的副手）賴斯（Edward Rice）打電話給蔣廷黻解釋說，昨天蔣經國訪甘迺迪總統，沒有你參加，這是ＣＩＡ的過失。甘迺迪說他要與蔣經國有一個私人談話，原文是 tete-a-tete，這是法文，意思是 heart-to-heart（面對面），意即不要第三人參加。這個字現在美國人常用，就變成英文了。ＣＩＡ的人解釋：總統不要蔣大使參加，賴斯說這不是總統的本意。蔣廷黻滿意賴斯的說明，他在日記中記：這一事件終於水落石出，顯與經國無涉。（蔣廷黻在日記上是這樣寫的：「This puts an entirely new light on the incident Chingkuo for certain, had nothing to do with keep [sic] me away.」（蔣廷黻日記 9/12/1963）

九月十三日晨蔣廷黻陪蔣經國至國會山莊，先拜訪民主黨多數黨領袖參議員曼斯斐爾特（Michael Mansfield），八點半拜訪民主黨多數黨領袖眾議員艾爾博（Carl Albert），他遲到了十五分鐘，這在西方是少有的。拜訪國會領袖只是禮貌性的拜訪。當天蔣經國馬不停蹄，拜訪了很多人，停留時間都沒有很久。只有與魯斯克談話較久，前後長達約一小時。談些什麼內容呢？大多談的是中蘇分裂及大陸現狀。有的問題也不好回答，比如說魯斯克問為什麼最近中共常把毛澤東和劉少奇的名字並列？蔣經國答說，因為毛、劉思想一度分歧，現在把毛、劉並列，以示黨（毛）與政府（劉）是一致的，採同一立場。哈里曼邀宴蔣經國午餐。晚餐由魯斯克作東宴請蔣經國，賓客有國防部長麥納馬拉（Robert McNamara）、參議員鄺友良、寇拜等人。大家聚談甚歡，蔣廷黻在日記上記：「Every body felt at home.」（蔣廷黻日記9/13/1963）

蔣經國於八日飛抵華府，至九月十四日剛屆滿一週，要離開京畿他往。他在華府六天忙碌倥傯，無片刻之暇。十四日上午十點半有一個記者招待會，本來安排在十三日星期五，但也在這一天，有個台獨舉辦的記者會，有人建議蔣廷黻，問一問蔣經國提前還是延期，免得與他們有競爭或打對台之嫌。後來決定改在十四日星期六。在華府，蔣經國與蔣大使在一起的時間也不多。蔣經國於十點一刻到，蔣廷黻說：「我們有十分鐘在一起談話的機會，我敦促他在臺北與美國人友善，同時使人有一個印象，他不是反美的。他說，當然他不是為了爭取美國人的友誼而犧牲國家利益。」蔣廷黻在日記上記，其實「這不是我的本意」。小蔣稍後對蔣廷黻說，「要我的僚屬多學並且多與外界接觸。我對美國人研究有關中國問題的成績，印象很是深刻。」十點半蔣經國出席記者招待會，會後一行人即前往普林斯頓。蔣廷黻最後在日記上說：「蔣經國此行訪美，有很好的成果。」（good results）蔣廷黻的話說得很籠統。但報界說蔣經國此行，是要求反攻大陸，但美國不答應。美國不想引起另外一場世界大戰，甘迺迪希望臺灣是一個門戶或是一個模範中心，而不是一個作戰的基地。臺灣還有個一廂情願的想法，希望美國炸毀中共核子武器設備。如果從另外一個角度來說，這次蔣經國訪美，用現在的術語來說，蔣廷黻似乎沒用「高規格」來接待「太子」。翌年春蔣廷黻最後一次回臺灣，蔣介石父子對蔣廷黻甚是冷淡，原因很多，蔣經國訪美是原因之一。一定有人向臺北打小報告，用上海話來說，蔣大使與僑界不是很「熱絡」，是故蔣經國抵美後一下飛機即赴唐人街，這樣好使中文報館新聞記者可以描補、描補。

IV

蔣廷黻出使華盛頓三年半任期內發生了幾件大事。其中最大的一件事是震驚世界的甘迺迪總統遇刺、其次法國承認中共，與臺北斷交；也有小事如《徵信新聞報》（《中國時報》前身）騙子記者王彤被拘禁案等。上述甘迺迪遇刺及法國承認中共，蔣廷黻均以欽差大臣的身份向政府報告，並提供一些很寶貴的意見，很遺憾地他的建議蔣介石採納的少，或者根本沒有理會。我們先講甘迺迪遇刺。甘迺迪於一九六三年十一月二十二日在德州達拉斯被暗殺，那天是星期五，蔣廷黻在官邸雙橡園午餐後正在看報，一點五十五分大使館公使江易生打電話來，告甘迺迪遇刺。蔣廷黻立即打開電視，因甘迺迪信奉天主教，教徒臨終時向由神父主持祈禱告別儀式，故蔣廷黻在日記上記：兩點十分電視記者報導已召神父至醫院，這就可說明甘氏生命垂危。兩點半電視台即宣告甘迺迪總統辭世。蔣廷黻在日記上記：「甘迺迪之死舉世震驚，使我心頭一震。」（The blew stung me. It seemed that the world had come to a stop.）翌日下午五時，蔣廷黻偕沈恩欽至白宮瞻仰遺體，以示哀悼。（蔣廷黻日記 11/23/1963）

蘇聯的報刊說，暗殺甘迺迪是法西斯的陰謀。甘迺迪遭暗殺那天，中共代表在日內瓦開會，當大會主席聽到甘迺迪總統遇刺身亡的消息，提議靜默一分鐘致哀，中共代表乃走出會場，實有失國際禮儀。

據蔣廷黻日記載，隔了三天，蔣廷黻收到臺北寄來的《中央日報》航空版，使他大吃一驚的是，甘迺迪遇刺這舉世震驚的消息，在十一月二十三日臺北官方的《中央日報》不是頭版頭條，並且刊登暗殺甘氏的消息很簡略。那天頭版頭條是中國國民黨黨部大會。蔣廷黻在日記上評論說，蔣經國九月訪美回去「一定對美國有很不利的報告。臺北政府遲早會發現他們處理這一件事做得多麼愚蠢。」最後說，「國人對甘迺迪之死的反應，最體面的恐怕還是由我提供，刊登在十一月二十三日《紐約時報》上的一則短訊。」（蔣廷黻日記11/26/1963）那則短訊大意說，蔣委員長說甘迺迪遇刺，國民政府軍民很是「驚訝」與「悲傷」。他又記，一般民眾反應甚是「震驚」，因在臺灣對元首防衛警戒極其森嚴，所以很多老百姓說：「這種事件（指暗殺總統）在臺灣不會發生。」（《紐約時報》11/23/1963）蔣介石對甘迺迪之死內心真正的反應，吾人不知道，因為他在日記裡沒有片言隻語，也沒有寫下任何感想與評論。陶涵（Jay Taylor）在《蔣介石與現代中國的奮鬥》（*The Generalissimo: Chiang Kai-shek and the Struggle for Modern China*）裡說，蔣介石「可能覺得甘迺迪遇刺是天道報應，他殺害吳廷琰。」（頁六四八）日本及韓國均派遣特使赴美弔唁，唯獨蔣介石沒有。事後臺北解釋說是「疏忽」。（同上）甘迺迪遇刺後，蔣廷黻曾打電報給外交部長沈昌煥，建議臺北應組一特使團，由副總統陳誠率領來美弔唁。也許為了某些政治因素，蔣廷黻的建議未予採納，他也沒有再提，不過他在日記裡說，臺北這樣做是「不友好」舉動的具體表現。（蔣廷黻日記 11/25/1963）值得注意的是，法國總統戴高樂（Charles de Gaulle, 1890-1970）的外交政策處處與美國唱反調，處處與美國為難，一般說來自戴高樂執政以來，法國和美國關係並不和諧，但一聽到甘迺迪遇刺，即親自赴美參加葬禮。蔣介石這個人氣量狹窄，是一個不識大體的人（麥克阿瑟一九六四年四月五日去世，全臺下半旗，有點失格）。過了幾天，美國所有的唐人街中文報紙，強烈批評臺灣政府未派遣高級官員參加甘迺迪的葬禮。許多國家元首都親來弔唁，所以有人提議蔣介石也應該親自來美參加葬禮。蔣廷黻在日記裡寫：「If he had come with madame, it would have been masterly in publicity.」（假如他偕夫人來美參加甘迺迪葬禮，一定轟動一時）蔣廷黻在甘迺迪遇刺後，寫了很多有關新總統詹森的評論、分析未來新政府的外交政策動向，向外交部報告，他的報告一向分析透徹、鞭辟入裡，沈昌煥收到這些報告後一定向蔣介石報告，但蔣似乎只聽報喜不報愁的話，對蔣廷黻的一些忠告未予注意。在詹森於載運甘迺迪遺體回華盛頓的飛機上宣誓就任總統後，蔣廷黻立即寫道：「毫無疑問，詹森當能勝任斯職，他是一個很有經驗且很能幹的人，他的思想無論內政與外交，稍偏右。一九六四年他毫無問題會獲得民主黨內提名。在面對共和黨對手 Goldwater，他會比甘迺迪更有希望當選。」（蔣廷黻日記 11/22/1963）過了幾天，《紐約時報》報導臺北來的消息，稱臺北政府認為詹森比甘迺迪更為同情臺灣收復大陸。蔣廷黻看了這則消息後，氣沖牛斗，乃在同一天打電報回外交部說：「新總統不管他過去的私人的政見如何，他將蕭規曹隨，繼續執行甘迺迪的政策，至少在一九六五年前是如此。」並說希望臺北不要過於浸淫於一廂情願的想法，認為如果政府有「這種想法是不智的。」（蔣廷黻日記 11/26/1963）蔣廷黻的報告，衡諸當時情勢是事實，但蔣介石聽了不一定高興。這也是一九六四年春天蔣廷黻最後一次回臺灣，蔣介石對他甚是冷談的原因之二，當然還有其他因素：比如他不反對兩個中國的模式、法國承認中共，以及國際局勢對臺灣日漸不利等等，因為蔣廷黻的忠言逆耳會騷擾蔣介石的清夢。[5]

V

每一個人都會作夢，一般而言人生有兩個夢：一是你夜裡做的夢，另一是你畢生做的白日夢。一九四九年蔣介石敗退臺灣後，念念不忘收復大陸，這是他晚年做的美麗白日夢，直到去世為止，一直在理想的夢境中。初到臺灣還喊喊好聽的愚民口號：一年準備，兩年反攻，三年掃蕩，五年成功。這種口號可以蒙混一時，卻無法長久騙人。口號雖好，簡單明瞭，即使五尺之童亦能記誦，但是實行起來不是那麼簡單，恰恰與孫中山的遺教「知難行易」相反。歲月不居，多少個五年過去了，隨著國際局勢的演變，反攻大陸的希望似乎越來越渺茫了。他至死不能接受這種殘酷的現實。蔣介石頭腦有問題，一直在美夢中，試想當年他是怎樣逃到臺灣來的。在大陸，過去老百姓叫國民黨為「括民黨」，他沒想過，也不知民隱，他在大陸上最後幾年的政績實在太糟糕了。當年蔣介石的名字是孔宋豪門、戰亂、腐化、貪污、通貨膨脹、民不聊生等等的代名詞，現在一聽到蔣介石要反攻大陸，可以想見大陸上的老百姓反應如何。當年國軍動輒失土千里，把大陸丟掉是很容易的，收復失土就不是那麼簡單了，要靠美國人幫你光復大陸是不可能的，美國人凡事都以美國的利益為重，你看後來的尼克森又如何？照常情來說，尼克森更為同情蔣介石反攻大陸，結果又如何？即使靠美國人重返大陸，中國會變成一個什麼樣的國家？不是變成一個四分五裂的國家，就是變成過去的越南、今日的伊拉克或阿富汗了。如果蔣介石有良心的話，不要談反攻大陸，千萬人吾往矣！為中國老百姓著想，也為中國著想，他有兩條路可走：一、我輸了，投靠中共；二、削減軍費，建設臺灣。臺灣的處境在國際社會越來越孤立。新近的一個例子即是法國於一九六四年一月二十七日正式宣佈與中共建交，弄得臺北雞飛狗跳。

法國正式承認中共之前，謠言很多，臺北與華盛頓想盡辦法設法阻止，蔣廷黻曾參與是役。也許有人要問，蔣廷黻是駐美大使，且臺北與巴黎那時尚有邦交，法國要承認中共與他何涉？這裡不妨說明一下國民政府在法國使館的背景以及法國人與美國人的關係。一九四九年中共席捲大陸，一個新的朝代開始，英國即持這樣的看法，很快地承認中共。但美國認為北京政權是臨時性的，又因為某些政治因素（如中共反美），故不予承認，尤有進者，將臺北美國大使館的代辦藍欽（Karl L. Rankin）升格為公使，不久升為大使。但法國情況與英、美有別。一九四四年重慶政府任命職業外交家錢泰為駐法國臨時政府大使，德國投降後錢泰即為正式駐法大使。一九四九年他因車禍受傷辭大使職，翌年移居美國。

[6]錢泰辭去大使後，駐法大使懸缺，與臺北維持邦交，但只有代辦在巴黎，臺北多年來一直希望交換大使，但屢為法國所婉拒。故此後駐法大使館事務先後由公使段茂瀾及陳雄飛代辦負責。一九六三年陳雄飛他調，乃由高士銘接替。臺北對於醞釀中的中法建交甚是憂慮，外交部即令大使館代辦高士銘向法國外交部洽辦，深覺困難重重。蔣介石至此就想到老外交家蔣廷黻加入，求助於美國之援手。臺北令蔣廷黻向美國國務院商洽，勸阻法國不予承認中共。但國務院有自知之明，事實上戰後美國對法國毫無影響力可言。法國在西歐及世界上是一個很重要的國家，如果法國承認中共，蔣介石認為他以「臺灣作為全中國所在地的國際角色，開始瓦解」。（陶涵《蔣介石與現代中國的奮鬥》頁六五四）所以蔣介石緊張萬分。法國有她過去的光榮與傳統。法國總統戴高樂與蔣介石一樣，是一個民族主義者，法國與中國一樣在第二次大戰時與英、美是盟友，但戴高樂認為羅斯福與邱吉爾在戰時沒有善待他，是故自一九五八年戴高樂東山再起後，為維護法蘭西的尊嚴，他的外交政策是獨立自主的，處處反對美國在世界上的獨霸地位。他喊出的口號如：歐洲是「歐洲人的歐洲」，這種口號旨在針對英美，擺脫英美。他是一個很固執的人，為人傲慢，人很聰明，他雖是軍人出身，但文學修養甚佳，政治上的才能遠超過他在軍事上的成就。法國人公認他是一個傑出人才，二十世紀最偉大的法國人。他有膽識、有勇氣，故敢於一九六六年一怒之下把法國軍隊退出美國帶頭的北大西洋公約組織（NATO）。一般來說，戰後法國人與美國人不是很和諧。據中央社駐巴黎記者楊孔鑫說：自他於一九六三年抵巴黎後，「發現美國人是最受法國人批評和輕視的外國人。兩國雖是戰時盟友，但當時兩國民間似乎是敵意多於友誼。」其故安在？他說：「其間原因十分複雜，雙方都有責任，但戴高樂個人藐視美國人的心理對於法國社會上一般大眾是有相當影響。」[7]

中法建交之說，肇始於一九六三年十月上旬，法國有一工商界代表團訪華，北京亦有一測量工業代表團訪問法國，這樣一來一往引起外界很多揣測。十月十六日《紐約時報》資深記者索茲柏格（C. L.

Sulzberger）專欄透露，戴高樂有意承認北京政府。翌日《紐約時報》社論贊成法國與中共建交，而不與臺灣斷絕關係，這就是英美所喜談的「兩個中國」的模式（這個模式臺北與北京都堅決反對。戴高樂的基本立場，凡是英美贊成的他就反對）。十月二十二日前，法國第四共和總理佛爾（Edgar Faure）訪問中國，臺北對這一連串消息甚是憂慮，乃令高士銘代辦向法國外交部要求澄清，外交部亞洲司司長告訴高士銘，報界消息均屬臆測，不足信。十月二十四日蔣廷黻接到臺北外交部訓令有關法國與中共建交事，他即赴國務院會唔國務卿魯斯克，開門見山詢及外傳法國即將承認中共，法國外長莫維爾（Couve de Murville）最近訪美是與法國和中共建交有關。魯斯克答稱此項傳聞完全無稽。他很坦白地對蔣廷黻說，戴高樂履行其獨立外交政策，即使欲承認中共，根本無需與美國諮商之必要。十一月十六日，法國政府發表聲明否認法國有承認中共的可能，並說佛爾訪問北京純係私人性質，沒有任何官方任務，這是官樣文章。

一九六三年佛爾北京之行，他的角色相當於一九七一年的季辛吉。佛爾是季辛吉的先驅，為避人耳目繞道高棉，任務很順利。戴高樂日後給尼克森做了一個樣板。戴高樂不支持英美在國際間所倡議的「兩個中國」論調，唯他指示佛爾，法國不接受先與臺北斷絕外交關係的先決條件。周谷在書中說：「戴高樂從未忘記戰時他同蔣介石一起共同奮鬥的老友誼。」（周谷《外交秘聞》頁二四三）周谷這一論斷不正確，這是他的猜想，國與國之間哪有講「老友誼」的，只有權宜與利害的關係。為了與中共建交，後來戴高樂給蔣介石很多麻煩，一點也不留情面。

在北京，周恩來與佛爾的談判很有彈性，這是他們商談中法建交時順利成功的基本因素。首先周恩來提出三點讓佛爾擇一，此即：⑴法國先與臺北斷交，再與北京建交；⑵先用代辦方式建立外交關係，如英國與荷蘭即是如此；⑶暫緩建交，先設民間商務機構。佛爾乃提出三項相對方案⑴無條件承認；法國承認中國政府，中國同意；⑵有條件承認，即法國宣佈承認中國政府，中國提出條件（但是佛爾希望北京不提出法國必須與臺北斷交為先決條件）；(3)延期承認。佛爾明白表示，如果中法建交即是交換大使。周恩來的第一項與佛爾提的第二項是相同的，最後中法建交就是以此為根據，中國沒有提法國必須先與臺北斷交為先決條件，但在最後協議中有三項默契：(1)法國承認中華人民共和國政府做為代表中國人民的唯一合法政府，兩國互派大使；(2)法國支持中國人民政府在聯合國的合法權利和地位，不再支持所謂中華民國在聯合國的代表權；(3)臺北政府撤回其在法國的外交代表及機構，法國也相應撤回其外交代表及機構。（周谷《外交秘聞》頁二四四至二四五）佛爾於十月二十二日抵北京，他與周恩來於十月二日終於談妥，在雙方同意的方案上簽字，佛爾的任務完成，乃於十一月五日離北京經昆明赴緬甸，在仰光稍作停留，並在法國大使館撰寫此行報告，戴高樂對佛爾的報告甚是滿意。

中法談判很順利，建交只是時間問題。臺北方面得到消息後甚是憂慮不安，是必然的。蔣廷黻於十二月九日接外交部訓令，乃去見美國國務院主管遠東事務助理國務卿赫斯曼，他首先稱報界盛傳法國將承認中共，赫氏說美方曾向法國詢及此事，但法國一再否認。蔣廷黻說國務卿魯斯克於十二月十三日將赴法出席北大西洋公約會議，是否會向法國政府提出有關中法建交的問題，赫氏答稱法國既已向美方作如此說明，則魯斯克不便再度提出，以免法國反感。事實上，魯斯克於十三日在巴黎曾會晤戴高樂，並且將美國的立場面告戴高樂，但所得印象，他絲毫沒有改變法國即將承認北京政府的決心。頗令臺北不安的是，魯斯克見戴高樂的晤談情形，美國國務院並沒有轉告臺北。蔣廷黻在華盛頓設法阻止中法建交談判是間接的，其對象是國務院而非法國駐美大使館。蔣介石乃於十二月十三日親自寫信給戴高樂，稱近外電頻傳，法國正考慮承認匪共，我軍民尤感惶惑不安，將使我士氣民心受到嚴重打擊，希能本持顛扶危、主持正義的精神，在我人艱難困苦之際，給予更多的同情和支持。戴高樂收到蔣介石的信後沒有即覆，但過了一個月，戴高樂派特使持專函覆蔣介石，於一九六四年一月十九日抵達臺北。戴高樂函稱：「承詢外傳法政府擬改變其與中國關係，茲謹以開誠與信賴精神奉告，在相當接近的將來，法國政府將與北京政府建立外交關係一事，果屬正確。」（周谷《外交秘聞》頁二四六）蔣介石看了戴高樂的信後，因信裡無片字提到法國與臺北的關係，因此他所得的結論是，任何阻止法國與北京建交是不可能的事。（蔣廷黻日記 1/25/1964）法國最先由法國駐美大使 Hervé Alphand 於一九六四年一月十五日正式用口頭通知國務院副國務卿哈里曼，謂法國即將承認北京政府，時間在本月底以前，戴高樂可能於本月二十一日的記者會上宣佈。美國對法國此舉甚為不滿，因有損美國在遠東及世界霸權的利益。翌日美國政府向法國提出書面抗議，指出法國此舉將危及自由世界安全。一月十八日，美國總統詹森亦有專函由克萊恩（中央情報局臺北站長）面交蔣介石，說明美國對臺北的支持。同時國務院官員面告蔣廷黻，謂法國不主動與臺北斷交，盼臺北切勿貿然先行撤館，等到法國與中共交換大使後再做決定，在這期間可能會節外生枝，北京可能不派大使。因臺北與北京均反對英美所主張的「兩個中國」模式，美方希望北京知難而退，這是美國人的一種想法。（蔣廷黻日記 1/18/1964）

蔣廷黻即於一月二十三日向政府建議：一、一旦法國宣佈與中共建交，政府應立即提出抗議；二、如果法國與中共正式互換使節，政府應宣告撤館。此外蔣廷黻希望政府對此事不要發表未來應對步驟，並嚴令駐外使館人員切勿輕率發表談話。在同一日國務卿魯斯克曾有電話告蔣廷黻說：法國盼臺北主動與法國斷絕外交關係。魯斯克得來新的消息，乃又電告蔣廷黻，稱在內閣會議討論中法建交時，戴高樂謂在會議紀錄中必須載明法國無意與中華民國斷絕邦交等字樣。魯斯克與蔣廷黻的談話，蔣介石存疑，他認為這是美國在玩兩個中國的圈套。臺北外交部收到蔣廷黻的電報後，翌日向法國提出嚴重抗議，並聲稱堅決反對兩個中國立場不變。此時蔣介石已到了山窮水盡的地步，在給戴高樂的覆函中，要求法國政府推遲與北京建交的決定，未為戴高樂接受。翌日蔣介石接見美國駐臺大使賴特（Jerauld Wright），稱我為美國最可靠的盟友，處理本案自當與美國合作。賴特答稱中美兩國利益相同，理應通力合作。賴特又說「華府盛傳臺北不聽美方勸告，因懷疑美方佈置兩個中國的陷阱，此種傳說絕對不確。」蔣介石

最後說，「美國對此如有良策盼及時見告，當樂於考慮。」（周谷《外交秘聞》頁二四七）

美國對法國黔驢技窮，束手無策。一月二十七日格林威治時間十一時，北京與巴黎發表聯合公報稱：「中華人民共和國政府和法蘭西共和國政府一致決定建立外交關係，兩國政府為此商定三個月內任命大使。」（周谷《外交秘聞》頁二四五）中法建交聯合公報發表後的翌日，北京外交部發表聲明稱：「中華人民共和國政府是作為代表中國唯一合法政府，同法蘭西共和國政府談判，並且建立兩國建交協定。按照國際慣例，承認一個國家新政府，不言而喻地意味著不再承認被這國家的人民所推翻的舊統治集團。」然後重申：「臺灣是中國的領土，任何把臺灣從中國的版圖割裂出去或者是其他製造『兩個中國』的企圖，都是中國政府和中國人民絕對不能同意的。」（同上，頁二四七至二四八）一月二十八日，法國政府發言人稱：「法國無意亦不希望斷絕其與中華民國間之外交關係。」臺北外交部即於二十九日電告蔣廷黻，謂此時美國有意推波助瀾製造兩個中國之嫌，臺北對法斷交之決定，盼與國務院商協，美方有何良策應對。美國哪裡還有「良策應對」。賴特大使仍勸臺北不撤駐法使館，除此美方對阻止中法建交已無其他辦法。二月十日晨，法國駐臺北代辦 Pierre Salade 見沈昌煥，稱頃接獲法國政府訓令告知貴國政府，法蘭西共和國將與北京中華人民共和國正式建交，一俟北京代辦抵達巴黎，法國政府即視其為中國代表，Salade 說：「臺北代表將失去其存在的意義。」（Your mission in Paris has lost its raison d'être，raison d'être 是法文，作存在理由解）沈昌煥覆詢：「貴代表所言乃法國政府與我政府斷絕外交關係。」（You mean France wants to break relations?）Salade 答說：「Yes」（是的）。（蔣廷黻日記 2/11/1964）至此，法國與臺北的關係已完全斷絕。賴特大使於中午見沈昌煥，下午五時見蔣介石，仍是舊話重提。晚間，行政院漏夜舉行臨時院會，提案聲稱一九六四年一月二十七日法國的戴高樂政府承認北京政府，中華民國政府為了維護「國家尊嚴」，自一九六四年二月十日起與法國政府斷絕邦交，對此一決議案院會一致通過，乃由外交部立即宣佈中華民國與法國斷絕邦交。但外交部發佈的聲明，沒有說明這一斷絕邦交是由法國政府提出來的。臺北與法國斷交的消息很快傳遍世界。二月十日中午一點（臺北與華盛頓時差十二小時），蔣廷黻就接到任玲遜（任的英文名 Richard Jen，原為前中央社駐華盛頓分社主任，離開中央社後，任職大使館新聞參事）的電話，稱臺北與法國已正式斷絕邦交。晚間蔣廷黻收看電視，NBC六點半國際新聞主播 Chet Huntley 的新聞評論說：「蔣介石為戴高樂解決了一個難題。」翌日，蔣廷黻收到外交部電報，有關沈昌煥與法國代辦 Salade 的談話紀錄。蔣廷黻認為「何以不說實話，美國報界還在說蔣介石幫了戴高樂一個大忙。」（蔣廷黻日記 2/11/1964）翌日，蔣廷黻收到外交部電報說是為了「民心士氣」，所以不得不把事實真相隱瞞。（蔣廷黻日記 2/12/1964）臺北政府說了假話。蔣廷黻在日記上評說，「從法國承認中共這整個事件來看，蔣介石為了要維護民心士氣就不顧事實真相，這是蔣介石治國（statecraft）的一貫作風，不講實話終有一天這種西洋鏡要被拆穿的（Some day the bubble will burst.）。」（蔣廷黻日記 2/13/1964）隔了一天，蔣廷黻邀請克萊恩共進午餐，他是持詹森總統的專函給蔣介石的特使，才從臺北回來。克萊恩對蔣廷黻說，蔣介石對美國技術上的建議存疑，但還是接受了。他（克萊恩）也說臺北外交部的聲明把法國要求斷交的一段刪掉，予人一個錯覺，這是不智的。蔣廷黻說，他也認為用虛假的方法來維持民心士氣是不能持久的。他們都認為今日臺北士氣非常低落。（蔣廷黻日記 2/14/1964）蔣介石常扭曲歷史事實真相，不信任老百姓，所以常常講假話，即拿後人記述這段法國與臺北斷交為例，常有以訛傳訛的不實記載，是誰首先提出要斷交的？[8]

法國與中共建交完全是按照周恩來與佛爾在北京寫定的劇本行事，戴高樂是有計畫的，所以之後的演變並沒有像美國所企盼的節外生枝（二月十日美駐臺北大使賴特上午還對沈昌煥說請勿撤退，應拖延使法國負絕交之責，致使建交不成）。也沒有像蔣介石所憂慮的陷入美國佈置的兩個中國模式的陷阱。戴高樂胸有成竹，他辦的外交真正是獨立外交，華盛頓對巴黎無絲毫影響。美國是一個無關緊要的配角，蔣介石在這幕戲裡不是一個 player（角色），只是聽人擺佈而已。周谷曾說過，戴高樂時時不忘他與蔣介石在二次大戰時共同對抗法西斯的「老友誼」，周谷謬矣！從法國與中共建交來看，他（戴高樂）對付蔣介石甚是蠻橫粗魯，一點也不留情面。[9] 一九六四年二月十日訓令駐臺北代辦 Salade 向臺北政府聲明法國與中華民國正式斷絕外交關係，二月十五日中法兩國代辦分別抵達巴黎和北京，四月十日法國政府任命 Lucien Paye 為駐華大使，北京任命黃鎮為駐法大使，報章蜚騰已久的中法建交於焉結束。二〇一四年中、法兩國大肆慶祝建交五十週年紀念，在中法關係史上是一盛事也。

VI

蔣廷黻在駐美大使任內最忙碌的時候，還碰到一件荒謬離奇的騙案，此案還涉及到美國政府要推翻蔣介石政權。這個案件發生在一九六三年十一月下旬。蔣廷黻後來發現王彤是一個騙子，他在十二月六日的日記裡這樣記載：新聞記者王彤（Tom Wang）「因假造銀行支票關在德拉瓦州威明頓牢裡（in prison in Wilmington, Delaware, on charge forgery of check.）。他在監獄裡打電話及寫信給妻子說，他是ＣＩＡ的受害者，ＣＩＡ要他策劃推翻蔣介石，步（南韓）李承晚及（越南）吳廷琰後塵，然後準備送他到香港、大陸見毛。」蔣廷黻說：「王要我去救他。」又說：「他的妻子發現王彤留有很多旅行全美各地（其中有賭城拉斯維加斯）的機票存根。我囑咐大使館兩位館員去調查王彤的生活方式（ways of life）。王彤是以《徵信新聞報》駐美記者身份來美，但不久即被解雇。」（蔣廷黻日記 12/6/1963）王彤本名王紹麟，一九二六年生，河北邯鄲人，他於一九四八年到上海，一九四九年到臺灣考入空軍，後來調任新聞官並服職於空軍電台。因健康關係奉命退休，後進入《徵信新聞報》擔任採訪副主任。王於一九六二年初以《徵信新聞報》及正聲廣播公司駐美特派員名義申請護照出國，並請外交部飭令駐美大使館照會美國國務院及白宮頒發相關記者採訪證（詐欺案發生後，王亦遭正聲電台解職）。王彤以記者身份來美，可是他在美活動甚少參與新聞採訪，並用了很多不同的姓名到處招搖撞騙。王彤異想天開的言行可謂膽大妄為，天網恢恢，遲早會出紕漏的，夜路走多了總會碰到鬼。王彤於一九六三年十一月下旬在德拉瓦州因假造支票被捕入獄，關在該州威明頓附近新堡（New Castle）的拘留所內。王妻羅女士於十一月三十日打電話給駐美大使館求救。騙子的妻子不說其夫因偽造假支票而被捕，而是說王彤曾參加美國中央情報局（CIA）工作，美方有意利用他顛覆臺灣政府，其夫不從即被捕。請求大使館保釋他出獄。大使館不明真相，因這樁案子可大可小，又牽涉到蔣經國。蔣廷黻即將此案交給大使館一等祕書主管領事事務的彭啟平辦理。彭於十二月二日（星期一）偕一僚屬趕至威明頓警察局，始悉王彤因偽造支票而被捕。警方又稱王虛報他持有外國政府派遣駐美國工作的豁免權。但無法出具是不是有效證件，是故該州法庭還是照一般法律程序辦理，准予美金兩千四百元押金，但又因王涉及他州（紐約州）的刑事案，是故王彤又牽涉到聯邦調查局（FBI），故王必須另交美金兩千四百元押金始可暫時獲釋。彭啟平很想一明究竟，乃與助理偕王妻等同赴新堡拘留所見王。據彭啟平從聯邦調查局人員得來的資料稱，因王彤用假名冒充日本人，以日本一家電視公司名義開出一張不能兌現的支票，向紐約一家大旅館領款而被捕。可是王彤在牢裡對彭啟平說的又是另一種說法，他說：「我在國務院外交學院代理教授國語，得識美國情報人員，來往甚密，經宣誓參加工作。」因此經由情報機構，他獲得假名、偽造日本護照，以及手槍和槍照等等；訓練他將來能在臺灣發動一個越南式的政變，他不願意這樣做。他又對彭啟平說：「情報人員以我不忠於誓言乃圖陷害，在威明頓城被捕之舉全係圈套，我家中有各種證件證明美方之陰謀，如能保釋真相即可大明。」（周谷《外交秘聞》頁二一二至二一三）

經調查後，獲悉王彤曾使用各種不同的姓名出現於社交場合，他雖以記者身份來美採訪，但據國務院負責外籍記者新聞科有關人士稱，王彤很少至國務院採訪，亦不出席白宮記者招待會。尤有進者，王彤常用國務院頒發的記者證，向銀行或商業行號做為身份證明。此外，並常用新聞科裡的職員名字做為商務上的Reference（薦證人），新聞科的人員對王彤的作為深為不滿。王彤對彭啟平說：「我是在國務院外交學院代理教授國語。」王彤口中所謂「外交學院」實是國務院裡的一種語文訓練班，他在那裡教國語為時甚暫，僅一個月，可是對外稱他供職於美國國務院。

彭啟平與王彤夫婦晤面後，認為王姓夫婦設計騙局。王在監獄裡說有一封信給他妻子，因獄卒不允外寄，他想交給彭啟平帶交其妻（還是想藉此使彭知道信的內容，不詳）。該函除縷述其「被害」經過，與王給彭啟平口述要旨大同小異，即是要他回臺灣顛覆蔣介石政權外，並強調被捕坐牢全是栽贓。此外，信函中提到他在國務院認識的一位有名有姓的美國人，名法蘭克．史林頓（Frank Sheridan），說此君是王彤上司，是王一切活動的牽線人。王妻對彭啟平說，她尚能憶及此人，就是因他「牽線」，其夫「參加」CIA工作，因為王不從命，因而與史氏鬧翻。

蔣廷黻囑彭啟平去見史林頓，彭乃偕王妻於十二月五日（星期四）至國務院，與史氏晤面時，王妻首先說話，其夫王彤常與他通電話，故認為他是王的上司，史林頓當即予糾正說，他與王無任何關係，僅因王求職時而認識，並矢口否認知悉王被捕事，並對此不幸事件表示驚訝與同情。他還好心的願意代找義務律師幫忙，臨別時祝王妻好運。王彤過去在臺北時曾以楊羊的筆名寫過小說，筆觸馳騁想像，天馬行空，他的想像力是豐富的，且是無窮的。蔣廷黻是史學家，一件事發生了，他第一想要知道是怎麼樣發生的，哪些人參與的，他很重視第一手資料，即原料，這樣就可以有一個水落石出。例如王彤說國務院有一位史林頓是一切活動的指使者，他就叫彭啟平去見史林頓。

蔣廷黻知悉王給其妻信裡提到蔣經國，當不放過這一線索。王致妻子信中說，當蔣經國於同年（一九六三年）九月間訪美時，他（王）曾想見他，王函中說：「接著韓國的政變後，遠東越南國家由美國策動的政變又實現了。這是美國又有了新的一次決定，他們希望臺灣由臺灣人發動一次革命，推翻倔強的蔣先生，然後再透過我的關係向大陸說和。最後毛在反蘇情形下和臺灣合作，而成了美國的朋友。」又說：「這不是美國的癡人夢想？由於我曾經宣過誓了，他們在蔣經國來前已透露了大概，我的心情痛苦萬分。因怕傷害爸爸、媽媽，所以思前想後，決定見一下蔣經國親自陳說。我去了兩次，蔣先生不在，第二次我留了一封信說明由於美國情報局委派，要我做一件最特殊的事，關係前途國脈至深，請蔣和我面談。我相信蔣先生曾設法找我，可是由於我已被發現受到警告，所以最終沒能和蔣先生見著，不過他看了我的信，心裡應有個大概了。」（周谷《外交秘聞》頁二二三）蔣廷黻做事向來心細如髮，辦事經驗很豐富，他即日（十二月五日）電告蔣經國查詢。電文如下：「蔣副祕書長經國兄：臺北正聲廣播公司駐美記者王君因司法案件被捕入獄。頃自獄中來函稱係因重大政治案件被捕，並謂兄在華府時曾二度求見面陳未果後，曾留函吾兄報告一切等語，是否屬實。如有留函可否略告內容。請即電示以便處理。弟蔣廷黻。」蔣經國於六日電覆蔣大使：「蔣大使廷黻先生賜鑒：亥微電奉悉。王君素不相識，經國在美期間彼並無求見及留函之事。承詢謹覆。蔣經國。」蔣廷黻接到蔣經國的信後，又接著臺北國家安全局函電，垂詢「王某究係何事被捕亟待有所瞭解」。蔣廷黻仔細研究的結果，他認為王彤「觸犯美國法律，似已成不辯之事實」。至於王與中央情報局的政治陰謀糾葛，「甚似捏造」。蔣廷黻即以他的判斷覆國家安全局，並同時向外交部報告。十二月七日，彭啟平突接王彤自獄中寄來快信，謂有要事相告，務請於本日中午趕到，「否則將永別矣，渠圖自盡了此殘生。」彭啟平接信後請示蔣大使，蔣廷黻即囑前往，但告彭應注意他所說的自殺詭計。（蔣廷黻日記 12/7/1963）當彭啟平前往晤面時，王還在侈談中央情報局，又談及蔣經國，彭即對他說在刑事案件未解決以前，萬勿再談所謂「政治陰謀」，不要再胡鬧了，更不可以說蔣經國先生如何如何，說三道四謊話連篇。至此王彤始知西洋鏡被拆穿了，再下去也就沒有什麼戲可唱了。這個騙局就此了結。如果大使館處理不當會鬧出笑話的。王彤騙案也算是蔣廷黻駐美大使任內一個小插曲。[10]

蔣廷黻前幾次回國述職，都是他一個人回去，沈恩欽沒有去過臺灣，有時在社交場合談起來難免有點尷尬，故蔣廷黻一直想帶她返台一行，以蔣廷黻外交壇坫聲譽之隆及在聯合國裡對國家貢獻之大，這是小事一樁，應該毫無問題，可是薛毓麒和俞大維先後返臺時，蔣廷黻曾托他們帶口信給沈昌煥部長，石沉大海，沒有回音。一九六四年中華基金會年會在臺北開會，蔣廷黻是理事會輪值主席、理事長，他這次返臺想偕沈恩欽同行，乃於二月二十日寫了一封信給沈部長，並說其妻旅費是否由政府支付？葉公超遺留在雙橡園的一批藝術品如何處理？（蔣廷黻日記 2/20/1964）沈昌煥沒有很快答覆，於三月三日打了一個電報給他說：「可於四月上旬返國，可攜眷同行。」蔣廷黻收到電報後，還跟太太開個玩笑不說真話，因為他表情裝得不很好，故沈恩欽認為蔣廷黻在騙她。（蔣廷黻日記 3/3/1964）

蔣廷黻偕夫人沈恩欽於四月三日中午十二點半準時抵達臺北松山機場，歡迎的人很多，到的大人物也不少，有嚴家淦、張群、俞大維等大老，美國大使館也派專人迎迓。還有一大群新聞記者及電視記者包圍著蔣廷黻（原文這樣說的：The press and radio and TV made up a mob.），場面熱鬧感人。翌日蔣廷黻偕沈恩欽拜訪副總統陳誠，陳的女兒、女婿也在，很熱烈地接待他們。陳夫人臥病在床，陳誠女兒帶沈恩欽上樓見媽媽。蔣廷黻與陳誠談時局，約四十分鐘即告辭。十一點去見嚴家淦，時嚴為行政院長。蔣廷黻說嚴氏夫婦以中國古禮來接待他們。

蔣廷黻抵臺第三天即四月五日，那天是星期天，按他的慣例通常是處理私事，故他與沈恩欽去基隆看兒子蔣懷仁，這是很早以前就安排好了。三月二十日蔣廷黻尚在美國的時候，曾有一信給懷仁、媳婦克英，他說：「我同姆媽將於四月三日中午十二點半飛到臺北。我們將乘西北公司第五班機，從東京飛臺北。那天你們不必到機場來。如懷仁已復原，來也可以。星期日我們到基隆來看你們，並且就在你們那裡便餐，請不要多預備，簡單就行了。」[11] 到了那裡，沈恩欽給兩個小女孩禮物，孩子高興極了。在蔣廷黻四個子女裡，三寶是唯一沒唸大學的（其他三個子女都在美國）。三寶蔣懷仁生於一九二八年，抗戰時期在重慶，中學還未畢業要去從軍抗日，那時只有十六歲，媽媽唐玉瑞叫他去讀書不要從軍，他不聽，乃請他爸爸給他講，蔣廷黻對三寶說，要報國年紀太小，等到戰後退伍，再去唸書則年紀太大了。沒有受過什麼教育將來如何謀生，三寶還是不聽，後來投效海軍。一九四九年兵荒馬亂的時候，他一個人跑到臺灣，後來在臺結婚，在基隆一家航業公司任職，育有兩個女兒，生活甚是清苦。蔣廷黻除了把他所得的版稅、稿費都交給三寶外，還常常接濟他，還是捉襟見肘，一直向爸爸要錢，蔣廷黻叫他要自力更生。有一次唐玉瑞與蔣廷黻（那時關係已經很不好）兩人坐下來談如何改善三寶的生活，其實當時在臺灣一般老百姓生活都很清苦。蔣廷黻說三寶沒有受過什麼教育，只有在工作經驗上獲得知識，然後對唐說，將來在適當時候我會設法幫助他，但也只能幫他在從事商業或做生意這方面去發展。我聽了這些話很感動，天下父母心都是一樣的。在四個小孩當中比較起來，三寶最使蔣廷黻操心。蔣廷黻對大女兒智仁（一九二四年生）婚姻很是滿意，有很美滿的家庭，丈夫是普渡大學的同學，學工程的，很能幹也有很好的工作，育有三個可愛的小孩。二寶上費城附近的 Bryn Mawr 女校，是他母親的母校，也是名校，是美國七姐妹之一，但沒有唸好。後來上哥倫比亞大學女子部 Barnard College 也沒有唸完，即去 Ann Arbor 的密西根大學，後來結婚了，但蔣廷黻在日記中很少提她。四寶十二歲來美國，是外向型的人，網球、高爾夫、橋牌都打得很好。中學在紐約唸很好的私立學校（Horace Mann），大學是匹茲堡 Mellon 工藝學院畢業，後在麻省理工學院獲建築碩士。自麻工畢業後從事建築業，自己開了家建築公司，收入甚豐很是成功。現在我們回頭來談蔣廷黻在臺北旅次生活日記裡，講他兩個孫女。四月十二日（星期日），蔣廷黻邀三寶一家四口（兩個女兒）一起用午餐。他在日記上記，「The children certainly had enormous appetites with big stomaches.」（小孩子胃口大、食量大）四月十九日又是星期日，蔣廷黻又邀三寶一家來聚，他在日記上有很有趣味的記載：「小孩子十點鐘來未吃早餐，十二點小孩子午餐狼吞虎嚥（eating like wolves）。」蔣廷黻說他們營養不良（under-nourished）。兩點他們準備要回家，大孫女說要跟爺爺一起到美國去，蔣廷黻說他沒有鼓勵她去。（蔣廷黻日記4/19/1964）蔣廷黻把星期日留給家人團聚，這是很好的習慣。他在重慶時已與妻子分居，住在城內，唐玉瑞與四寶住在郊外（其他三個小孩在外埠上學），無論多忙，他每星期日一早即赴郊外與四寶玩一天，當天即返。後來四寶在美國長大，居波士頓近郊，結婚後育有三個子女，每逢週末或假日必去紐約或華盛頓與父親及姆媽在一起，所以沈恩欽常說蔣廷黻是好丈夫、好父親。四寶夫婦來時帶了三個吵吵鬧鬧的小孩，有時會把居所弄得天翻地覆，蔣廷黻不是一個有幽默感的人，但有時他會在日記上有著很有趣的記載，如當四寶一家住了一兩星期後要回波士頓去，有一次他在日記上記：「Glad to see them come, glad to see them go.」（高興見他們來，也高興見他們去）這次訪臺蔣廷黻雖然在日記裡常拿兩個小孫女來開玩笑，但是三寶的生活可使他了解臺灣民間一般的生活。所以他面見蔣介石，會直陳政府應該縮減軍費，提高百姓生活水準，不要老談反攻大陸。他的話雖是忠言，明明知道蔣介石不會採納，或者會不高興，但他還是說了。

四月六日十點半，中華基金會在農復會大樓準時開會，由蔣夢麟擔任主席。所有的提案都通過了，包括成立一個國際研究所。下午本來計畫與沈恩欽同去南港，在胡適墓前獻花，並訪中央研究院。但後來聽說蔣介石要召見，是故南港之行就取消了。但下午到了官邸，發現不是總統召見，而是蔣夫人要見他們。夫人只給二十分鐘，蔣廷黻說他們本就想告辭，後來聽見夫人召喊祕書拿咖啡來，蔣廷黻知道洋人習俗，時間到了，於是要沈恩欽趕快走。由此可知，宋美齡架子之大，洋化之深，當可思之過半矣。如果我是這位王后娘娘，那又何必多此一舉要召見他們呢？

蔣廷黻夫婦後來改在四月十八日去南港，是日天朗晴和，是個大好的豔陽天。九點，中央研究院近史所所長郭廷以來臺北接蔣廷黻、沈恩欽至南港舊莊。蔣廷黻夫婦在南港下車後即至胡適墓園，在墓前獻上花圈。蔣廷黻在日記上記，墓園面積廣袤，展望良好，似乎與適之平生所主張的凡事簡樸精神原則相左。（蔣廷黻日記 4/18/1964）近史所為了歡迎這位史學界的「老兵」，特地舉辦了座談會。這個座談會除了全所研究同仁外，還有遠道而來的三位貴賓，此即哈佛的費正清、耶魯的李田意以及史丹福的劉子健。座談會於十點十分開始，郭廷以致辭，略述蔣大使過去對近代史的成就與貢獻。然後將近史所現在的工作和將來的計畫向蔣廷黻做了簡明的介紹。接著蔣廷黻說：「諸位先生的興趣很廣，包括的項目很多，由郭先生的介紹中，我可以看出諸位實在是很有成績，題目很廣，研究深入。我想今天不要我說話，就在這些題目中，我找幾個有興趣的，我想問問擔任研究的朋友，看看他們有什麼新的發現，或者我自己也可以講一點。」[12] 蔣廷黻自己提出來四、五個問題，第一個問題是袁世凱手批二十一條是否真跡（這個歷史檔現在藏在近史所檔案室裡），他說：「我懷疑袁世凱手批『二十一條』可能是假的。」懷疑的理由是王芸生編的《六十年來中國與日本》有替曹汝霖等人洗刷罪名之嫌，因為這部書的資料是曹汝霖供給的，裡面有曹汝霖等人簽訂二十一條的經過，所以靠不住。此外，袁世凱的字跡可能不是真跡。在大家討論的時候，郭廷以、李田意、劉子健及近史所正在研究這個專題的李毓澍都先後發表了他們的見解，大家比較接近的看法：原批可能是袁世凱的真跡，是為了洗刷自己的罪名而後來補批的。蔣廷黻提出的第二個問題，是袁世凱在朝鮮的政策。他說：「這個問題我很感興趣，好多年以前我到倫敦 Public Record Office 看英國外交部的檔案，當時它只公開到一八八四年，所以袁世凱在朝鮮的最後幾年，英國的檔我沒看到。我有一點疑心，袁世凱與李鴻章在朝鮮的政策，當時很可能由英國人在後面鼓勵，並且很可能受到英國人的支持，因為英國駐朝鮮的代表朱爾典（John Jordan）與袁世凱是最要好的朋友。所以我倒很想看看究竟當時是什麼樣子。過去研究這段歷史的人很少注意英國的舉動。」最後蔣廷黻說，他希望近史所正在研究這個題目的林明德，「有機會到倫敦看看英國外交部的檔案，把這一段歷史補進。」[13] 第三個問題是因為近史所另一個研究員劉鳳翰正在研究「北洋新軍」而引起來的，因此蔣廷黻就說到河北的保定軍官學校，他認為保定軍校對中國歷史影響很大。他在美國有時會注意到中南美國家軍人干政，他就問他們的駐聯合國代表，有一個很好的解釋說，拉丁美洲國家的軍官教育很好，不在文官之下，他們認為干政是治國平天下，蔣廷黻認為「這一點很有意思」，因此他提出一個問題，我們研究保定軍校，要看他們的教育是不是比文人教育好？是什麼樣的教育？教哪些課程？都應該有一個客觀的研究。[14] 蔣廷黻也提出檔案室的重要；他說歷史的研究，最重要的是原始史料，檔案是原始史料中最最重要的部分。最後談到左宗棠西征的經費問題。也談到同治中興時代的恭親王，恭親王是咸豐的親弟、同治的親叔，蔣廷黻在《中國近代史》中對支持朝政改革的恭親王及文祥推崇備至。他說當「恭親王把握政權以後天下大勢為之一變。他雖缺乏魄力，他有文祥做他的助手。」（文祥長恭親王十五歲）蔣廷黻認為文祥「是一個『先天下之憂而憂，後天下之樂而樂』的大政治家」。（《中國近代史》頁三五）蔣廷黻在座談會上又稱讚文祥有膽識、有決斷，可惜見於記載的史料太少了。[15] 十一點五十分座談會在熱烈的掌聲中結束。十二點十分大家到蔡元培館聚餐，由近史所同仁作東，每人備了一份簡便的自助餐，這樣更可以繼續交談與討論，蔣廷黻很喜歡這種不受拘束的聚會，縱談近代史裡的飛沙走石。午餐時他「與費正清坐在一起，談起如何設法籌一點錢給史語所及近史所」，蔣廷黻說：「我想中華基金會也可能幫助他們。」（蔣廷黻日記4/18/1964）

VIII

蔣廷黻這次回台，蔣介石對他很冷淡，何故？因素很多，有關蔣廷黻個人的：如意識型態、個性、年齡等等，具體一點來說，在某種情形下，他不反對兩個中國，不主張反攻大陸，對特務搖頭，主張削減軍費，提高人民生活水準，善待本地人等等。其他如一九六三年九月間蔣經國訪美沒有好好接待太子，他（蔣廷黻）年老力衰也有人打他小報告，只有上午上班（其實他任駐蘇大使時也只上半天班），[16]下午午睡或打高爾夫球。最重要的是近年來國際局勢時不我與，對臺灣很不利，在外交界有瑜亮之稱的蔣廷黻、葉公超，都無法扭轉乾坤。往年蔣廷黻回來，第二天即蒙蔣介石召見，但這次回國一個星期了，至四月十日晚上蔣介石宴請中華基金會參加開會的全體人員，是日下午四點半才第一次與蔣介石單獨會面。蔣廷黻說那天蔣介石情緒很壞，對美國很不滿意，他對蔣廷黻說，在這個小島上，如果我們不能收復大陸，我們沒有什麼指望。所以他要反攻大陸，可是美國不肯點頭。蔣廷黻對蔣介石說，美國所關心的兩項具體事實，不得不考慮：⑴中共雖然經濟發展欠佳，但是黨部政治組織嚴密，政府仍能有效地控制龐大的地面部隊；⑵中、蘇雖然不睦，如果我們反攻大陸，為了自身安全，在某種程度下蘇聯會干涉。還是為了蘇聯本身利益，希望中國分裂為南中國與北中國，像東德與西德一樣。（蔣廷黻日記 4/10/1964）蔣介石聽了，始知叫得震天響的反攻大陸，不是那麼簡單。蔣廷黻對蔣介石坦率地講這種話，在臺北的天子近臣或駐外使節回來不會也不敢這樣直陳。

蔣介石對蔣廷黻不滿意，蔣廷黻對蔣介石也不很高興。四月十六日，美國國務卿魯斯克自馬尼拉出席東南亞公約會議後，順道來訪，他要在蔣介石面前親口重申已故甘迺迪總統的諾言，必要時美國用否決權否決中共進入聯合國。蔣廷黻是國府駐美大使，且魯斯克是他多年的朋友，他至機場迎迓。可是下午四時至六時魯斯克與蔣介石會談，蔣介石沒有邀蔣廷黻參與，這是有違外交慣例的，且國務院另一高級官員威廉・彭岱（主管遠東事務的助理國務卿，也是蔣廷黻的朋友）在場，蔣介石這樣作法對蔣廷黻很難堪。他忍受得了嗎？蔣廷黻在那天日記上記「蔣介石他自己在做外交部長了。」（蔣廷黻日記 4/16/1964）比如一九六三年九月蔣經國訪美，見甘迺迪時也沒有邀請蔣廷黻，雖然後來國務院打電話來說明這是ＣＩＡ的過失，但對蔣廷黻來說總是一個陰影。一九六二年蔣廷黻保舉其友人之子俞建宣，及在控蘇案幫過大忙的俄文專家盛岳來大使館服務，均碰了釘子。翌年四月大使館一等祕書朱晉康他調，蔣大使想調部內甯紀坤（蔣大使每次回國時奉派為其隨員，他是陳誠的人）遞補朱空缺，沈昌煥把甯紀坤調走，然後對蔣廷黻說，甯調新職已不能離開。（周谷《外交秘聞》頁一七九）這種小事一樁不給面子，他知道自己垂垂老矣，秋扇見棄。蔣廷黻何人也，他具有中國傳統讀書人的風骨，不會戀棧這個職位，再則他有病在身，是故久萌去意，且去意甚堅。這一點也許蔣介石不知道，蔣介石似乎對蔣廷黻的個性、作為、剽悍、固執、倔強的湖南騾子性格不甚了了。

蔣廷黻從政以來，對於蔣介石新任命的差使，並不是唯命是從，往往令人不易捉模。[17] 四月二十一日蔣廷黻在日記上記，五時張群遣王世杰來訪，奉命傳達蔣介石的命令：要他回來擔任行政院副院長，時行政院長為嚴家淦（從陳誠手上接下已一年多）。蔣廷黻立即對王世杰說了下面的話：「我早就思考過我的餘年，計畫退休後回臺灣定居，做我的研究工作及寫作。請告訴總統，我準備要退休，不接受任何職位。」[18]

蔣介石最後一次召見蔣廷黻，時間是一九六四年四月二十三日下午五時，地點在臺北士林官邸。他們兩人談話前似乎都有準備，這次與四十年前的一九三三年夏兩人第一次在牯嶺談話迥異，那時蔣廷黻是一個大學教授，又是《獨立評論》一員健將，他認為蔣介石要見他。只不過是表示對一個學者的敬意，同時也想瞭解一下這些「蛋頭」對他的政策如何看法。那時也正是蔣介石與汪精衛爭權最激烈的時候。蔣介石在全國發掘有才幹的幕僚人才，一旦時機成熟，在適當的時候就安排與這些人見面。在這樣的情形下，蔣廷黻在吳鼎昌（《大公報》發行人）與錢昌照（蔣介石親信）促成下，於一九三三年與蔣介石見面。（《蔣廷黻回憶錄》頁一四五）蔣介石對蔣廷黻相當客氣，甚是禮遇。但這次在臺灣小島上，蔣介石政府在別人眼中雖是一個朝不保夕的亡命政權，蔣介石卻仍然擺出過去皇帝接見大臣的臭架子。但蔣廷黻的答話還很得體，有時很富感情，不失為一個讀書人應有的態度。見面時，蔣介石即問蔣廷黻，「張群曾否見你？」蔣廷黻答說沒有，不是張群，而是王世杰代表張群來訪。蔣介石問，「他對你說了什麼？」蔣廷黻答道：「你想要我回來任行政院副院長。」蔣廷黻在日記上記，從此時開始蔣介石講話態度甚是溫馨和善。蔣介石還記得「我明年就要七十歲了」。蔣廷黻答道：「猶憶一九三四年夏（其實是一九三三），我有幸蒙總統第一次在廬山召見我。這三十年來總統給我的愛護與提拔是我永遠所不能忘的。」[19]又說：「我衷心感謝，唯一的遺憾，深自慚愧我無所成就，在我有生之年，我想過只有一個願望，退休後定居臺灣，重理舊業，研究近代史。」蔣介石「認為以我（蔣廷黻自稱）的經驗無論是對國內或國際事務都會有很大的貢獻。他說他不能讓我退休。」然後蔣廷黻說，有很多人在你麾下任職多年值得獎掖，但是政府裡職位有限。蔣廷黻說：「總統心目中給我的職位，可給予別的應得的人。我不要位置。」（最後這五個字（我不要位置）蔣廷黻用中文寫的）「如果有事要我做，我樂於效勞，我不要位置。退休後做點研究是我心嚮往之的願望。」蔣廷黻說這些話是很誠懇的，又說：「美國學術界裡的一些外國朋友時常非正式地來問我願意不願意在美國教書。」在一九六〇年代中期直至以後十年或二十年，美國學術界（到九〇年代學府裡才粥少僧多）著名學府是很需要像蔣廷黻那樣學貫中西、中英文俱佳、過去是著名的教授、有經驗的史學家。蔣廷黻對蔣介石說，如果退休後在美國教書「可能引起不良誤會。」（原文：「I find retirement in USA to be not satisfactory. In the first place, people might read into it some political meaning not really existent.」「引起不良誤會」這句話是蔣廷黻自己翻譯的）他又說：「再則，在臺灣有很多很聰明、勤奮好學的年輕人，我很想與他們一起研究歷史，我希望總統能讓我完成這個我心中的願望。」然後他們談了一些中國外交史的演變及掌故。最後蔣介石說：「你的任何計畫，一年以後的事。」（蔣廷黻日記 4/24/1964）結束了他們君臣的談話。三十年來他們有過無數次的單獨談話，這是最後一次，具有歷史性意義，且未曾披露過。

蔣廷黻回到美國後，在日記裡對臺灣作了一個綜合性的評論。一、過去三年來，臺灣經濟起飛，馬路上有的是車子，地面都是水泥鋪的；二、陳誠政治籌碼下降，恐怕不會東山再起。蔣經國政治勢力往上漲；三、新聞界對中華基金會會議均有一個很好、適當的報導；四、立法院及報界以及一般人對我很好，比我想像中的要好，他們請吃飯、開會，使我很忙碌。看到我時向我打招呼，引起我注意，對我很友善；五、他說這次返臺，蔣介石為了某些原因生我的氣。具體的表現是延遲召見我。另一是不讓我參加魯斯克會談，四月二十三日召見時的談話，難道他試圖彌補，何必呢？（蔣廷黻日記 4/25/1964）

IX

蔣廷黻最後一次演講，那就是於一九六四年十月三十一日在紐約為臺北國立歷史博物館贈畫予聖若望大學典禮上所發表的演講，題目是「Chinese Tradition and Modern Currents」（中國的傳統與現代潮流）這是蔣廷黻晚年在駐美大使任內做了最後一次很重要的演講。這時，蔣廷黻抱病在身，據他夫人沈恩欽女士說她即懷疑他已有癌症，只是他不講，但在聖若望大學演講後不久，他日漸消瘦，病體支離，不到一年，他即與世長辭。這篇演講詞是他一生最後一次的重要演講。他自知身罹絕症，來日不多，故對這篇演講詞撰寫特別用心。他讀書廣博、精於觀察，故他的文章正如傅安明先生所說的「善於析理、嚴於取證、明於判斷」。因此他能把要說的話，三言兩語說得很明白透澈。據一位曾在大使館做事的部屬回憶說，廷黻先生的中英文函牘從不假手他人。像胡適一樣，蔣廷黻的演講稿也都是自己寫的，運詞遣字特別慎重，故一出手即是一篇好文章，這篇演講詞亦不例外。他寫這篇演講詞自九、十月間即著手寫的，因身體不好時斷時續，終於在十月二十八日定稿。（蔣廷黻日記 10/28/64）根據他的日記在十月三十一日演講那天，他搭華府與紐約之間下午一點的定時班機（shuttle plane）飛紐約。演講於三點二十分開始，四點一刻結束，整整五十五分鐘。他在日記上記，陳立夫、顧毓琇、劉鍇，胡世澤、游建文及張純明等也都來聽講。也許因他有病，體力不支，講完後沒有參加任何應酬、茶會或酒會即搭六點的班機回華盛頓。（蔣廷黻日記 10/31/64）他在日記上又記：「這篇講詞過於學術性（too academic），應該要通俗化一點。」（同上）。但是筆者有另外一種想法，在這種場合，那個時候（反共最激烈的冷戰年代）在一所很保守、反共的天主教大學裡講這個題材還是很合適的。這種演講不是每天朝九晚五準時上班的大使都能寫得出來的。（因為常有人說蔣大使下午不上班的）

在這篇演講裡他提出了近代史上幾個重大問題：都是有關西學東漸與中國傳統所發生的幾個大問題，諸如科學、民主、以及馬克思主義來到中國後的幾個問題。西方科技現在已經不成問題，早在十九世紀已為中國所接受。唯西方的民主政治，走了很多彎路，在十九世紀末葉及二十世紀初葉中國知識分子所追求的維多利亞式的代議制度或是傑弗遜式的民主政治都不是那麼順利。最不幸的是中國在一九四〇年代不是順從人民意志，而是由兩造用武力在戰場上決定了中國的命運，勝利者採納了為西方所唾棄的馬克思主義，為中國人民帶來大災難。

像大部分受過英美教育的知識分子一樣，蔣廷黻對共產主義沒有好感，在他看來馬克思主義的學說「無疑是不切實際的」。在早年《獨立評論》時期蔣廷黻主張中國必須走向現代化，利用現代科學和技術從事生產，社會化分配財富。因此他認為憲法和議會之有無是次要的。為了「民主與獨裁」與胡適在《獨立評論》上辯論過。當時一般人都說「胡適提倡民主，蔣廷黻主張獨裁」。據他的朋友陳之邁的解釋，胡適提倡民主是不錯的，但是蔣廷黻當初主張獨裁，是希望中國盡速現代化，加強經濟建設，越快越好，因此一定要有一個強而有力的中央政府，武力統一中國（直到晚年他還是有這個主張）。照陳之邁的解釋，蔣廷黻的所謂獨裁是土耳其凱末爾式的獨裁，而不是希特勒、墨索里尼式的獨裁，更不是列寧、史達林式的獨裁。他希望蔣介石要師承凱末爾盡速現代化。

蔣廷黻在聖若望演講時說，自一九四九年以來中共在大陸上實行極權主義、階級鬥爭；對外則好戰成性，有建立帝國的野心。他認為這些措施與中國傳統背道而馳，互不相容的。這是這篇演講詞的核心所在。他在結論中很明確地說：「任何國家的傳統，是人民的基本精神，沒有一個國家能夠不要傳統而能生存的。然而，傳統必須進化，同時在進化中還要繼續保持進化，不可與無可補償損失的人民精神生活及道德生活相牴觸」。最後他斬釘截鐵地說：「我堅決相信中國傳統與共產主義之間的衝突，其後果將是中庸之道的中國傳統終必獲得決定性的勝利。」當蔣廷黻發表這篇演講時，全球共產主義赤焰正熾，曾幾何時，俄國蘇維埃共產帝國已瓦解。中國共產主義在蛻變中，予人一線曙光。共產主義不在威脅世界了。今日除美國窮兵黷武——打伊拉克、打阿富汗及到處惹是生非外，這個世界還是和平的。光陰荏苒，五十二年過去了，蔣廷黻墓木已拱，當吾人重讀他的演講詞，不得不佩服他的睿智與遠見。此外，這篇演講詞，不但文詞好，有內容，更富歷史意義，不完全是宣揚國策的外交詞令。從這篇演講詞我們還可以窺知他對中國近代史上幾個重大問題的看法，這也是他一生治史心得的總結。

X

一九六五年二月初旬，外交部長沈昌煥訪問美國及加拿大。沈出訪時蔣廷黻較為忙碌，因要陪沈昌煥會見美國副總統韓福瑞、國務卿魯斯克、副國務卿哈里曼，以及國務院主管遠東事務的高級官員，如克利夫蘭、威廉·彭岱等人。沈昌煥在華盛頓時，蔣廷黻與他曾有幾次長談，也曾談到他要辭職退休。沈昌煥尚在北美洲時，即曾私函告訴蔣介石，但蔣遲遲未予作覆。沈昌煥於三月初自加拿大回到美國，蔣廷黻在紐約曾與沈碰面，詢及關於辭呈，沈答尚無消息。直到三月二十日蔣廷黻收到沈昌煥一封電報（此時沈已回臺北），說蔣介石已接受辭職，此外即是溢美之詞。後來又收到張群打來的電報，蔣廷黻在日記上說也是「full of rhetoric, says the same thing.」（意思是說了很多好話，與電報說的一樣）蔣廷黻對沈昌煥及張群的電報似乎不很滿意，因為蔣介石並未挽留，並說蔣介石還給我一個資政的榮銜。蔣廷黻說退休是他的生命轉捩點，他在日記上記：妻子沈恩欽比我小十六歲，她想到將來會如何？他在日記上記：「What has she to fall back upon after my death.」（我死了她依靠什麼）蔣廷黻也想到經濟問題，他說：「我是否還能做研究工作。我很想寫秦漢史。」（蔣廷黻日記 3/20/1965）在蔣廷黻晚年，特別是在他生命的最後幾年，他很喜歡古代史，常看史記、資治通鑑，他一向對經濟史很有興趣，計畫中的秦漢史也是以古代的經濟社會為主。他在日記上忽然又說，也許又回政府工作，他願意給人家坦白、誠懇的忠告，但不作任何批評或者想要影響他人的評言。他對自己說要特別小心，忽然又想到房子怎麼辦？車子怎麼辦？在這天的日記裡他記，「我與 Hilda（沈恩欽）兩人睡不著覺。」最後蔣廷黻向沈恩欽保證說：「I won't let you down.」（不會令你失望）（蔣廷黻日記 3/20/1965）現在他要離開雙橡園，積極作退休的準備。

蔣廷黻第一件事為沈恩欽申請居留權。一九六五年三月二十三日，蔣廷黻打電話給國務院主管遠東事務的助理國務卿威廉．彭岱說他即將退休，退休後回臺灣重理舊業——繼續做中國歷史研究。然後轉入正題，要彭岱為他的妻子沈恩欽辦理在美國的居留證。他說過去十七年來我們在美國交了很多朋友，再則，他最小的兒子在美國受教育、結婚，有三個小孩，內人很喜歡這些小孩。所以蔣廷黻說他去世後，他的妻子在美國當遠比住在臺灣熱鬧而愉快，不知道她能否獲得居留權？彭岱說他要研究一下，且盡其所能去辦這件事。對蔣廷黻退休，彭岱說了很多恭維的話。威廉．彭岱出身美國東部望族，是甘迺迪總統權傾一時的特別助理麥克喬治．彭岱的哥哥，兄弟均出身耶魯。麥克喬治．彭岱重實際，威廉．彭岱重思考，威廉主修歷史，與蔣廷黻同道，他講話細聲細氣，斯文得很，談吐很像紳士、學者，所以與蔣廷黻很談得來，常有交往。他是艾契遜的乘龍快婿，彭岱夫人（Mary Acheson）有一次在宴會上遇見蔣廷黻，自我介紹說我是彭岱的妻子、艾契遜的女兒。蔣廷黻事後說這個自我介紹很別致，也很有趣味。威廉．彭岱比蔣廷黻小十二歲，對蔣廷黻很是敬重。有關美國對亞洲問題，特別是越南問題或韓國問題，彭岱常常向蔣廷黻請教，所以他們有私交。關於沈恩欽的居留權問題，彭岱寫了一封信給他，蔣廷黻就憑這封信聘請律師為沈恩欽向移民局申請居留權。（蔣廷黻日記 5/27/1965）這一點我認為蔣廷黻對家人及小孩都很照顧，都想得很周到，且想到即做，這一點不是一般人能做得到的。根據蔣廷黻日記，是日早晨十點一刻，蔣廷黻與沈恩欽去見柯克倫，他是華盛頓很有名望的律師，與美國政府顯要都很熟稔，也是中國遊說團的一員，與國民政府有淵源。[20] 蔣廷黻請他為沈恩欽辦理居留權。他讀了彭岱給蔣廷黻的信後，即打電話給移民局局長，局長對柯克倫說，這樣的 case 照一般程序須循國會私人法案（private bill），通過是沒有問題的。翌日蔣廷黻打電話給彭岱，謝謝他的幫助。（蔣廷黻日記 5/28/1965）

蔣廷黻得悉辭職批下來的這天是星期六，星期一他去上班時，即從第一章開始口錄回憶錄。周谷說蔣大使辭職獲准後，打破以往慣例埋頭苦幹，每天上下午都到辦公室，除公務外，他利用時間做英文口述回憶錄。他本擬於五月十六日離館，館務交由沈錡移交繼任者。（周谷《外交秘聞》頁一八三）沈錡公使在晚年回憶錄裡，從另外一個角度來敘述此事，頗饒趣味，他說：「最近兩星期（指四月初）蔣大使上下午都到使館，但不是辦公，而是弄他的回憶錄，因為知道要走了。」又說：「在這走之前，要儘量利用館中資源，館中的英文速記員，除了記錄大使口述以外，已不能辦別的公事。部裡來電，上伏塔總統亞美奧多訪美，要蔣大使與他聯絡，有一次在酒會中他們見了面，大使並未說話，似乎他對公事已毫不關心，但他還在拿政府的薪水，這種態度實在不該。」我想沈錡很可能將這些事向臺北報告。可是孔令侃、孔令傑強向大使館索要公家買的幾箱洋酒，他就沒有說一些「刺人」的話。[21]

蔣廷黻是一個重思考的人。在他辭職前後，亦即他生命最後幾天的日記中，最可看出他一再地反覆思考，他的內心是很複雜的，有時很矛盾。因他自知身罹絕症來日不多，故口氣很是消極。如一九六五年復活節，四寶一家來到雙橡園團聚，父子倆（其實大家）都意識到這是他們最後一次在雙橡園團聚。

四月二十三日蔣廷黻與四寶有一次長談，蔣廷黻與四寶不僅是父子，也是最好的朋友，他們最後一次在雙橡園打高爾夫球，休息時，蔣廷黻對四寶說了退休後的計畫，他說他每月付三百元贍養費給你媽媽（唐玉瑞），所以退休後家庭經濟並不很寬裕，但夠用。因為四寶有自己的營造建築業，收入頗豐，蔣廷黻要四寶每年寄兩百美元給他在基隆的哥哥三寶，四寶一口答應。四寶住在麻州波士頓近郊，房子很大，房間很多，蔣廷黻對四寶說，退休後他與姆媽（沈恩欽）要與他們住在一起，因此家裡的小閣樓要整修一下，做為我們的臥室。蔣廷黻又說，他走後，姆媽還與他們住在一起，四寶也一口答應，並說姆媽當然與我們住在一起，四寶是一個很豁達開朗的人。四寶一家是四月十六日來雙橡園的，四月二十四日回麻州，他們於早晨九點一刻坐休旅車回去。蔣廷黻在日記上記：「sad parting.」（悲傷的離別）

據沈錡說，蔣大使的辭行酒會原訂於五月十二日，後來改為十九日。因此蔣大使離館的日期也改了，最初是五月十五日，後來改為五月二十二日，最後訂在五月二十九日。蔣廷黻的離館日期一改再改，是為了整理他的回憶錄，或是記錄他在華盛頓三年半大使任內的材料，可是沈錡又有暗箭傷人的評語說：「到底做大使舒服，他是捨不得早走的，幸虧他平時並不作威作福，所以下台後還不至於感到太大的不同。」（《我的一生》第四冊，頁一六六）一個大使館的公使說這種話有失身份。

蔣廷黻於一九六五年五月二十九日九點三刻正式離開了他所喜愛的雙橡園，移居紐約，結束了他一生多彩多姿的外交生涯。那天是星期六，蔣廷黻在日記上載：「昨晚大雨，今日天晴，有點冷，春寒料峭。」清晨，沈恩欽早已把行囊打包好，一切有關行程都準備好，蔣大使到樓下早餐。[22]九點一刻，中外朋友（大部分使館同仁及國務院高級官員，其中包括國務院主管遠東事務的助理國務卿彭岱）陸續來到雙橡園為蔣大使夫婦惜別，當時公使沈錡（於一九六四年接替江易生）在回憶錄中對蔣廷黻稍有微詞，他說那天國務院禮賓司司長前來道別，蔣不識其為何許人也。其實大使只有在呈遞國書時才會見到禮賓司司長，那是三年半前的事了。沈錡認為也許因日前體檢結果不佳，心情惡劣所致，臨行時「與賓客不握手，也不說再見，上車就走，真是太不像外交官了。」（《我的一生》第四冊，頁一七五）據另一在場的周谷說：「蔣大使與大家合攝照片後，頭也不回便偕同夫人默然坐上汽車，黯然辭別了他所喜愛的雙橡園。」（周谷《外交秘聞》頁一八四）這正如蔣廷黻所說的是一個 sad parting，這是在酬應社交場合中的行為舉止，這就是蔣廷黻。沈錡在回憶錄中批評蔣廷黻的地方很多，但蔣廷黻在日記中對沈錡的才華、人品頗多讚許。江易生任公使時管內部，掌總務，沈錡來後，蔣廷黻把事務性的工作部分交給鄭健生，叫沈出外交際，多接觸外國人。在這裡我必須說明，沈錡的批評並不影響我對他們兩人的論斷及本書的結論。我們必須明白沈錡是天子近臣，無論在哪裡，他有話可以直接上達蔣家父子。蔣廷黻本質上是一個學者，在這個論點上出發，有的地方我認為沈錡評蔣廷黻很客觀公正，但有的地方則不敢苟同。這種例子很多，不勝枚舉。在這裡只列舉兩個例子：比如沈說「蔣大使絕少請客。」（《我的一生》第四冊，頁二二二）我看他早年日記，他常請客，他本人量大善飲，從不喝醉。我猜想後來年老力衰體弱多病，且醫囑叫他不要喝酒、不要抽煙，不吃這、不吃那，因此對蔣大使來說，想到「請客」即三思而行。另一個例子是聯合國中國代表團薛毓麒於二月十九日打電話給大使館向國務院交涉，希望中華民國仍能參加聯合國財務委員會。沈昌煥在紐約也為此事親自打電話給蔣廷黻，當時蔣即對沈說，可由沈錡找格林（Marshall Green）可也。稍後薛毓麒打電話給沈錡說找席斯可。沈錡於下午三點半即去國務院交涉，沒有成功，因此沈錡在回憶錄裡發了一頓牢騷，他說：結果「當然還是不能挽回美方的決定，但總算是盡了力，蔣大使受國家多年器重，養尊處優，而連這樣一件小事都不屑一辦，實在不該。」（《我的一生》第四冊，頁一三二）我認為沈錡說得太重了。如果知道蔣廷黻在大使任上所不應該受的屈辱及內心的憂憤，他也許就不會說這種話了。猶憶一九六三年九月蔣經國訪美，與甘迺迪總統會談，但不要蔣廷黻參與，事後蔣廷黻很生氣，他在日記上記，他這個大使是掛名的，他的大使工作有人越俎代庖，很可能有人在臺北做了。另一類似事件，翌年四月蔣廷黻參加中華基金會年會，他人在臺北，剛好此時美國國務卿魯斯克訪臺，彭岱隨行，兩人都是蔣廷黻熟識多年的朋友，他們抵埠時，蔣廷黻曾至機場迎迓。翌日蔣介石與魯斯克會談，也沒有邀請蔣大使參與。駐在國國務卿來訪，不讓駐使參加，只有蔣介石做得出來，讓蔣廷黻在他兩位朋友面前難看。蔣介石有意羞辱他，蔣廷黻能忍受嗎？他是一個讀書人，為此事一直耿耿於懷。為這兩件事故，在蔣廷黻看來，夠了，決定退休。蔣廷黻對沈昌煥和張群的電報，似乎不是很滿意，因為蔣介石沒有挽留他，所以離開雙橡園時頭也不回，也沒有什麼不對。

---

1. 那時蔣廷黻居紐約哈德遜河對岸，屬於新澤西州的鷹格塢（Englewood）小鎮，住所83 Chestnut Street, Englewood, New Jersey。這所房子是蔣廷黻自己出資買的，是一所很普通的中產階級房子。鷹格塢是一個普通住宅區（鄰近的Englewood Cliff較高尚，因靠近哈德遜河畔，所以房價較鷹格塢貴很多）。蔣廷黻很喜歡這所房子，在日記中常常提到，也常帶他的小孫女Tina在街頭散步。蔣廷黻兼任駐美大使時，從華盛頓到紐約聯合國開會，回到了鷹格塢的家，他在日記上記：Feels more at home in 83 Chestnut Street Englewood than in Twin Oakes, Washington.（1/16/1962）隔了三個月，他在華盛頓還是不太習慣，有一次他從華盛頓回來，又記：83 Chestnut Street Englewood is still more of a home to me. Food not so bad, heating and shower better than in Twin Oakes. More choice of TV programs than in Washington. (4/15/1962) 雙橡園很大，有二十英畝，稍陳舊，做為大使館是很合適的，單獨房間多，很寬敞。

2. 駐美大使一職一向是外交部派出的，是一個很崇高的職位。自清光緒四年（一八七八年）任命第一任欽差大臣陳蘭彬出使美利堅合眾國以來，駐節華府的莫不是德高望重的翰林：如陳蘭彬、楊儒；或是碩彥宏儒：如唐紹儀、胡適；或者是名聞遐邇的職業外交家如伍廷芳、施肇基、顧維鈞等，都是赫赫有名的大人物。蔣廷黻對駐美大使一職一直是很嚮往的。最早傳出來蔣廷黻出任駐美大使，時在一九四四年初，那時他人在美國開會，也在這個時候，魏道明被召回國述職。外傳他要接替魏出任駐美大使，蔣廷黻在日記上記：「蔣介石電召魏道明回國，名義上是述職，其實是要把他調走。很可能我接替他的位置，宋子文辭外交部長，王寵惠接替宋子文遺缺，這是很可能的人事安排。」（蔣廷黻日記1/14/1944）也有人說蔣廷黻與魏道明工作對調。翌日，蔣廷黻在日記裡記：「下午寫一信給妻子（唐玉瑞）有關她及小孩來美國的可能性。」（蔣廷黻日記1/15/1944）蔣廷黻很有自信，所以他後來在一九四四年一月二十六日家書裡說：「你們接到這封信的時候，你們已經知道究竟是我回中國，還是你們來美國。」在另一封一九四四年五月二日家書裡說：「上星期四魏大使（道明）回到華府，今天我們長談，報上所登的國內事情相差甚遠。」不免有點令他及其家人失望。不過以後有關他出任駐美大使的消息時有所聞，但只是謠言，究竟未成事實。到了蔣廷黻將近古稀之年授命兼任駐美大使，他興致闌珊，已非當年可比了。相反地，他冷靜得很，一如老僧入定，他說以他的年齡及體力，這兩份工作極其繁重，不宜由一人身兼兩職。倒是沈恩欽聽到夫婿封侯（蔣廷黻也將駐節華盛頓）甚是興奮；據蔣廷黻說，她訂製新裝，以及計畫如何配備傢俱、佈置庭院等等。（蔣廷黻日記 11/7/1961）關於蔣廷黻家書請閱〈蔣廷黻家書〉，張愛平選編，趙家銘提供，臺北《傳記文學》第五十七卷第三期，頁二三。編者、選編或者提供的人把蔣廷黻家書的年份弄錯了兩年，如果採用這份材料要特別小心。據劉紹唐先生說，趙家銘（造假名）就是李敖。

3. 曹志源在〈記蔣廷黻先生的幾件小事〉一文中說，蔣大使是日到白宮呈遞國書後，回到大使館對同仁講話談呈遞國書經過情形，也有提到「危機」這個小掌故。我覺得還是蔣廷黻的日記裡記的好，簡單、扼要、真切。

4. 蔣廷黻與克利夫蘭是舊識，克氏是美國世家子弟，與美國克利夫蘭總統是族宗。他於一九四七年接替季賽擔任聯合國善後救濟總署中國分署署長。他有兩個特徵，一是那時他很年輕，還不到四十歲；二是他個子特別高。關於劉鍇接替他的位置，蔣廷黻在見克利夫蘭的翌日（六月十五日）日記上有所評述與分析，他說美國何以忽然變得如此保守，在安理會裡那麼膽小，聯合國中國代表團人事調動，這純粹是中國內部的事。他說：「當初政府任命我兼任駐美大使時，美國政府即警告我們，聯合國人事調動可能會有資格問題。在美國人看來，我的任命兼使華盛頓是不智的（unwise）。我不認為這是反對我本人，而是美國國務院的人怕引起與蘇聯、英國或內部如與白宮、魯斯克或史蒂文生等人的不快。」蔣廷黻認為國務院辦事人員的基本政策是不要因臺灣問題而引起麻煩，這是不值得的。他最後在日記裡用英文成語寫：他們的政策是「Let the sleeping dogs lie. That is the real thought behind it all.」（蔣廷黻日記6/15/1962）筆者認為蔣廷黻一定會把上述意見向克利夫蘭講。會談情形蔣廷黻循例一定會向外交部報告，但是周谷書中沒有記錄。也在與克利夫蘭約見的這一天（六月十四日）中午，蔣廷黻曾應邀出席新任美國駐華大使柯爾克（Alan Kirk）宣誓就職典禮，魯斯克、哈里曼、波爾（Ball）及克利夫蘭也都參加了。魯斯克曾有一簡短的致辭，大略說中美兩國的過去友誼及強調柯爾克在中國的經驗，特別提到在一九一二年，那時柯爾克尚是年輕的海軍軍官，在廣州時曾引導孫中山上美國軍艦威明頓號（USS Wilmington），柯爾克在致謝辭時也提到這一「光榮紀錄」。

5. 蔣介石於一九七五年四月病逝臺北，這時的美國總統是福特（Gerald Ford），副總統為洛克菲勒（Nelson Rockefeller），他代表美國總統赴臺出席蔣介石的葬禮。除了洛克菲勒外，其他二次大戰時中國的盟友卻沒有一國派遣代表赴臺弔唁。

6. 錢泰於一九六二年病逝於奧地利維也納。在他駐法大使任內（一九四七年）法國侵佔中國西沙群島，錢泰憑史籍為據，義正言辭向法國政府據理力爭收回西沙群島，功在國家。

7. 楊孔鑫，《兩城憶往》，臺北，三民書局，一九九五年，頁六四。

8. 在這裡我只舉兩個例子：一是楊孔鑫在他寫的〈最長的巴黎週末〉一開頭就這樣寫：「一九六四年元月二十七日，法國的戴高樂政府承認北京政府，中華民國政府乃於二月十日在臺北宣佈與法國斷交。」另一在陶涵的《蔣介石與現代中國的奮鬥》中譯本（頁六五四，注95）這樣寫道：「一九六四年初法國總統戴高樂捨棄臺北承認北京為中國政府，但是仍未與國民政府斷交。蔣介石在華府的壓力下，展現彈性沒有宣佈和法國斷交，直到巴黎方面對國府外交代表團下達逐客令，將覺得他不必要地丟掉面子，不再重蹈覆轍。」（FRUS, 1964-1968, Vol. 30 China, p. 22）。

9. 臺北與巴黎斷交後，臺北駐巴黎使館人員被趕走，可是大使館在巴黎尚有兩棟官舍，一棟座落在巴黎第八區11 Avenue George V，另一棟在第十六區 47 rue Perolese。前者為大使館館址，後者原為總領事館辦公所在，後來改為館員宿舍。第八區和第十六區，都是巴黎最好的地區。前者原為法國一貴族所有，本來頗具規模，為錢泰任大使時購下的，後來因經費不足，年久失修，顯得陳舊。怕法國承認北京政府後會把這兩棟房子轉交給中共使館，臺北外交部著高士銘於一九六四年二月五日設法把這兩棟房子交給臺北在巴黎的聯合國教育科學文化組織（UNESCO）使用，並有照會給法國政府，因為臺北駐聯教組織代表享有外交特權，則認為這兩棟房子可以得到外交上的庇護。在斷交後最初一年，一般來說尚稱平安無事，後來法國對臺北的態度變得越來越壞，比如不承認臺北護照。在一九六五年十月初，法國政府突然命令臺北新聞局在巴黎的代表離境。到了一九六六年三月初，法國政府禁止在巴黎出版的親國民黨《三民導報》發行。關於第八區及第十六區的官舍，過去法國政府曾由公文催逼臺北聯教組織遷出，當時臺北駐巴黎的聯教組織代表是陳源，虛以委蛇，尚能應付。可是到了一九六六年三月十二日七點，法國警車載來大批員警將這兩棟房子層層包圍，割斷電話線，八時許法國外交部一位官員帶領三、四十名員警進入室內，限於中午前全部撤離，陳源代表拒絕，員警乃強制執行。因為陳源患有高血壓，經此一刺激血壓驟升，昏倒急送醫院，狀甚狼狽。經過一番折騰，後來陳源無恙出院，雖抗議、交涉，無濟於事，要把這兩處房子要回來是不可能的。事後法國外交部發言人發表談話稱，一般外交代表的住所及辦公所在不可侵犯，是因為便利外交人員的工作，並不是領土的延長而享有治外法權。這一說法當然法國政府為自己辯護，但自有其國際法理論上的根據。中央社駐巴黎特派員楊孔鑫在大學讀書時，本是學外交的，對國際法素有研究，造詣極深，他因職務的關係，對一九六六年巴黎員警霸佔兩棟房子事件親歷其境，事後曾撰一篇很細密周詳精彩的長文題為〈最長的巴黎週末〉，這是一篇很出色的報導文學，對這一問題有興趣的讀者可以找來一讀。關於房子產權問題，他曾引了聯教組織總部裡的一位顧問對他講的話如下：「他（顧問）認為我國（臺北）的立場並不太鞏固，這位顧問並指出許多國際法庭的判例，多對我們很不利。」對於這個問題，楊孔鑫也有他自己的意見，他在文末這樣評論：「因為法國是地主國，又已承認北京政府，自然有不少對我國不利之處，但法國政府侵犯我國代表團（聯教組織）外交特權，則是不可否認的事實，而且是在國際上非常罕見的。」（楊孔鑫，〈最長的巴黎週末〉《兩城憶往》，頁四六至四七）。

10. 蔣廷黻與蔣經國來往公函見周谷《外交秘聞》頁二二六至二二七。王彤在美國後來由友人保釋出獄，隨即潛逃至加拿大，在加拿大也因濫開空頭支票違反票據法而被捕，遭驅逐出境。於一九六四年五月下旬途經香港遣返臺灣，王彤故態復萌，重操「舊業」。一九七〇年八月二十九日美國三藩市的中文僑報《少年中國晨報》刊載了一則臺北消息，稱專門以銀行、銀樓、旅行社及觀光飯店為對象的詐騙集團，業已為臺灣省刑警大隊破獲。這個國際性詐欺集團的頭目，不是別人即是王彤。（《少年中國晨報》新聞轉載自周谷《外交秘聞》頁二二八至二二九）王彤對於詐欺算是一種惡習，相當於有人喜歡賭博、酗酒、女色一樣，玩物喪志。也許對他來說詐欺是他的一種「癖好」，如果沒有這種癖好就覺得生活無聊，不夠刺激。他很聰明，但把這些時間白白的浪費了。（根據蔣廷黻日記，王彤初來美國於一九六二年四月十日曾拜訪蔣廷黻）

11. 蔣廷黻寫給兒子蔣懷仁及媳婦的信，錄自《蔣廷黻選集》第六冊，臺北文星版，一九六五年。

12. 劉鳳翰，〈蔣廷黻博士對中國近代史上幾個問題的見解〉，《傳記文學》第七卷第六期，一九六五年十二月號，頁二七。

13. 同上，頁二七至二八。

14. 同上，頁二八。

15. 同上。

16. 蔣廷黻在華盛頓做大使時如果平時沒有要事，下午不上班，他在駐蘇大使任內即是如此，他的理由是下午有演講、酒會或晚上有宴會或在家寫演講稿，他認為這些也都是公務。對一個政務官而言，是不能計較於朝九晚五上班時間。但他在行政院任政務處長，及任善後救濟總署署長時與一般同仁一樣也都準時上下班。如果他外出公差或到國外出席國際會議，回來時不管多晚，第二天九點即準時上班，這是他的慣例。他在聯合國沒有固定上下班時間，因為聯合國是一個特殊機構——他主要的工作是開會、投票或發表演說。

17. 如在一九四六年他離開善後救濟總署後，蔣介石要他任駐土耳其大使或駐印度大使，他不就。過了不久，蔣介石對他說，南京市長或北平市長擇一，他也拒絕了。一九四七年翁文灝組閣請他任財政部長，他不肯。一九五二年蔣介石要他回國接替葉公超擔任外交部長，他也不幹。

18. 蔣廷黻退休後的計畫原文是：I have thought out a plan for my remaining years. 蔣廷黻英文「年」字用複數，很可惜他退休

後五個月即病逝紐約。

19. 這句話是蔣廷黻在日記裡用中文寫的，但這一句話也有英文，茲錄如下：During the past 30 years, you have taken my welfare with your heart. 意思差不多，中文比較深刻，蔣廷黻英文日記很少夾寫中文字。

20. 柯克倫本是宋子文的朋友，抗戰期間羅斯福總統授權他籌組一個為國防物資供應公司的機構支援中國抗日，這個公司後來與飛虎隊有聯繫。

21. 沈錡《我的一生：沈錡回憶錄》第四冊，聯經出版，二〇〇〇年，頁一四七。孔令侃向大使館無端要洋酒二十五箱，大使館交際秘書說沒有外交部公函不能給，最後沈錡請示蔣大使，他說「蔣甚不屑，孔令侃自己有錢，何以不買？本館買酒，在國務院有紀錄，買得多了，對本館名譽也不好聽。」最後沈錡以朱撫松次長私函「奉蔣公與夫人之命」，沈建議給了十箱了事。沈錡對此事沒有作聲，沒有評語。（《我的一生》第四冊，頁一〇九）從他的回憶錄看來，他是屬於宮廷派的人。在書裡開口蔣公（蔣介石）閉口經國先生。因蔣廷黻以前曾倡言要組第三黨（自由黨），是故沈昌煥對沈錡講，要他「特別注意」。所以沈對蔣廷黻的看法是有雙重標準。（《我的一生》第四冊，頁一〇三）

22. 據周谷記載，駐美大使館大使用餐，餐費很特別。他說蔣大使第一天來雙橡園用餐時，問廚師葉大使在任時如何用餐？答說：「葉大使不宴客時，葉本人自己付五元，中餐、晚餐各十元。如大使宴客，大使也成為使館客人，其宴席逕由使館付予廚師。」蔣廷黻也蕭規曹隨比照辦理。但周谷說：「這種廉潔自食其力、自行負責的優良精神，待蔣大使一離任，使也隨同消失無蹤了。」（周谷《外交秘聞》頁一八三至一八四）（還有歷來大使至國務院辦交涉向由一等秘書陪伴同往，但這一慣例也隨蔣廷黻退休就沒有了）

1965

第十七章 紐約

四座靜毋吪，聽吾紐約歌。
五洲民族聚，百萬富人多。
築屋連雲上，行車入地過。
江邊圍十里，最愛赫貞河。

——胡適〈紐約雜詩〉

蔣廷黻於五月二十九日搭座車離開華盛頓後，最先沿著 Washington-Baltimore Parkway、Kennedy Memorial Parkway，然後是 New Jersey Turnpike，途中在 Howard Johnson 午餐（Howard Johnson 是公路旁兼有餐廳的連鎖旅館），休息了一會，於下午三點一刻抵達紐約市區。居 Murray Hill 區的一家小旅館（蔣廷黻在日記裡寫 Sheltbrune），這家旅館座落在 Lexington Ave（即第四大道），在第三十七街口，距市中心不遠，聯合國及帝國大廈都在鄰近，走路可以走到紐約市立圖書館。Murray Hill 在紐約市中城（Midtown）東邊，算是住家與商業混合的一區，這個區域在紐約不算最好也不算最壞，他為什麼要挑這家旅館，我猜想是距紐約大學附屬醫院史隆癌症中心（Sloan Center）很近，這是美國治療癌症很有名的一所醫院。再則這家旅館比較便宜，雖然很陳舊，算是二、三流旅館，但蔣廷黻的房間在西南角，還算寬敞，旅館餐廳伙食尚好，價格公道，進出交通也很方便，蔣廷黻對這家旅館尚稱滿意。這是他退休後在紐約的第一天，也是幾十年來第一次改變了生活模式。

最初遷來紐約的幾天，幾乎每天都有朋友、過去的僚屬或同事如劉鍇、張純明等人來訪，葉華國（葉良才之子）還開車帶蔣廷黻至新澤西州著名的 Saddle River 高爾夫球場打球。值得一提的是，星期三那天，以前的女傭阿星同丈夫及一歲大的小 baby 來看他們，還帶了很多煮好的中國菜來。蔣廷黻說阿星夫婦與朋友在紐約上城西邊（Upper Westside）百老匯與一〇〇街口開了一家中國餐館Harbin Inn（哈爾濱客棧），生意興隆，很賺錢，現在還多了一個baby，他說：「他們很愉快。」（蔣廷黻日記6/2/1965）沈恩欽晚年在一篇紀念蔣廷黻的文章中說：「凡是替我們做過事的僕人，我可以說，我從未聽到他罵過他們，他待他們如家人一樣，非常客氣及體諒，所以到現在為止，替我們做過的僕人，仍常通音訊往來，耶誕節時互相餽贈禮物。」[1]今從蔣廷黻日記看來，證之沈恩欽所言不誣。一個僕人離開東家後仍有去後之思，別小看了這點小節（一般而言，做官而能做到對下屬留去思，已是不易），而令僕人懷念故主就更不容易了。

退休後，蔣廷黻把全部心力用在回憶錄上。他現在是閑雲野鶴，沒有公事要辦，沒有會可開，也沒有要人要見。俗語說無官一身輕，現在唯一要做的、所關心期待的就是完成他的回憶錄。蔣廷黻在一九六五年三月二十二日日記上說，「Began dictating my memoirs—first chapter.」（開始口述錄音第一章）後來就沒有提，一直到四月八日他在日記上又提到回憶錄：「Working hard on my memoirs: now reaching my years in Parkville.」（很賣力撰寫回憶錄，已寫到派克學堂）這就是第六章「留美初期」。在這裡他所講的回憶錄，我不甚明白，恐怕也只是做修訂或是整理的工作而已。他退休後（五月二十九日離開華盛頓移居紐約）六月三日在日記裡最後一次又談到他的回憶錄：「九點半從Lexington與三十七街口走到四十二街搭曼哈頓第104號巴士至一一六街哥倫比亞大學站下車，走至懇德堂六樓找到何廉辦公室，何廉隨即帶我至一間辦公室。這是我將於今夏開始做口述歷史的工作室，同時介紹了Crystal Lorch，她是個研究生，是我做口述歷史的助手。」一九六五年六月三日的日記不僅是最後一次在日記裡講到回憶錄，同時也是最後一天記的日記。以後他就不再寫日記了，四個月後即與世長辭。

關於他撰寫回憶錄的過程，我讀了他庋藏在哈佛的全部英文日記（從一九四四年元旦至一九六五年六月三日止）。據我所知，他最早寫回憶錄始於一九三八年初離開莫斯科返國途中，用英文寫的。在漢口時也還賡續，後來孔祥熙做行政院長，他又回行政院重作馮婦，任政務處長，以後就沒有時間了。一九四六年（十月五日）蔣廷黻在中國善後救濟總署署長任上被宋子文撤職，賦閑在上海，又開始寫回憶錄，請人打字，亦即後來完成定稿的，一共只有十七章，至抗戰中期為止的半部回憶錄。一九四七年他來美國，與美國麥克米倫出版公司簽約準備出版，因某些章節需要修改，後來又因在聯合國工作繁忙，無暇他顧，因此就耽擱了。一九六五年三月退休辭呈獲准後，他在大使館所做的回憶錄也只至第六章。退休後他在哥大的口述歷史工作，據夫人沈恩欽晚年回憶：「他（廷黻）每天去哥倫比亞大學錄音，記錄他的回憶錄。他每天要坐公共汽車去哥倫比亞，我堅持不肯，一定要他坐計程車。有一次薛毓麒大使來訪，我告訴他此事，他立刻就說：『我用我的汽車來接送他。』以後都用薛大使的汽車接送。」[2]但過沒有多久蔣廷黻病重，口述歷史就停止了，他在哥大做的口述歷史為時很短暫，成果也很有限，這是一件很可惜的事。傳記文學出版的未完成的《蔣廷黻回憶錄》一共只有十七章（最後一章寫到「戰爭的考驗」），是由謝鍾璉翻譯。謝氏的譯筆流暢通順，幾無斧鑿之痕。傳記版回憶錄在大陸也曾出版簡體字本（嶽麓出版社，二〇〇三年），不過偶有刪節。無論從內容及英文文采來說，蔣廷黻的回憶錄是一部傑作。我常拿《蔣廷黻回憶錄》與十九世紀俄國思想家赫爾岑的回憶錄《往事與隨想》（*My Past and Thoughts*）相提並論。可惜天不假年，沒有讓他完成這部傑作，誠然是中國近代知識階層（intelligentsia）史上一個重大損失。

蔣廷黻三年半駐美大使任上，最後兩年是帶病延年，苟延殘喘。據沈恩欽回憶說：「一九六四年春，廷黻的身體漸漸憔悴，我懷疑他有癌症，他的食量漸退，睡眠也不如前。那年健康檢查後，他告訴我他有『肺氣腫病』，那種病也是絕症，無藥可治，但是慢性的，可以拖延許多年。到了一九六五年春，他已骨瘦如柴，有一天中午回家後，他告訴我他想辭職回臺灣去。」蔣廷黻還對妻子說：「以後不要再管我吃什麼、穿什麼，隨便我好了。」感覺是他在世之日不多，語氣甚是悲哀。沈恩欽猜測「莫非醫生已查出他有癌症，並已告訴他了？我想他既然不願意告訴我，怕我傷心，受不了這麼大的打擊，我又何必追問呢？」[3]

過了一個月，當在八、九月間，一天沈恩欽買菜回來，見蔣廷黻倒臥在床上，早餐全都吐在床上、地上，她急召醫生過來，檢查後說要進醫院，蔣廷黻起初不肯，醫生說有一種新藥可以試試，蔣廷黻同意了。一開始似乎有效，後來還是不行！幾天後左肩上長了核桃大的腫瘤，切片檢驗為惡性的，醫生對沈恩欽說，住院花費很貴，他會隔兩天到旅館去看診。沈恩欽問醫生還有多久日子可活？醫生說大概一個月。回到旅館那天是九月四日，蔣廷黻還想看新聞節目，但稍後幾天就不想看了，燉的雞湯、牛肉湯都只喝了幾口。病況日益嚴重，十月五日，沈恩欽說遵醫囑有救護車送他入院急診。沈恩欽也意識到「這是我們最後一次同車了！不久再也看不到他了！」第二天她去餵他早餐，「他看著我，眼眶中淌出兩滴眼淚，這是我生平第一次見他流淚，我安慰他要他放心，我會照顧我自己的。那天早上是他最後的一餐，以後他不再吃什麼東西了，連水都不大喝。」八日早上沈恩欽去看望時，蔣廷黻已不省人事，進入彌留狀態。她即打電話給三個子女大寶、二寶和四寶，下午他們就都趕到醫院。沈恩欽說：「那晚我們都在醫院陪著寸步不離，到九號早上三點二十三分時，我們四人立在他的床邊，看著他吐出最後的一口氣。」[4]

紐約是蔣廷黻汲取知識源泉的地方，也是一生奮鬥事業巔峰的所在。他很喜歡紐約，他的一生有三十三年在美國，其中二十年在紐約。他習慣紐約的生活，熟稔紐約的摩天樓、地鐵、街坊、建築，對於紐約芸芸眾生和一磚一瓦是有感情的。蔣廷黻病逝於曼哈頓小島，一如他的好友傅斯年一九五〇年因腦溢血猝死於寶島臺灣。傅斯年生前寫過一個條幅「歸骨於田橫之島」，均可謂死得其所。[5]

1. 蔣沈恩欽，〈廷黻與我〉，臺北，《傳記文學》第二十九期（一九七六年十一月號），頁四〇。

2. 蔣沈恩欽，同上，頁三九。從四十二街搭公共汽車至一一六街哥倫比亞大學站下車至少要一小時，如從旅館駕車至一一六街至哥大，如經由FDR高速公路最多半小時可達。蔣廷黻家世代業農，故像大多數農家子弟一樣很節儉，當他在聯合國任常任代表時，住在Riverdale，他的司機沒有來，他沒叫計程車，就先搭公車再轉地鐵至聯合國總部。

3. 蔣沈恩欽，〈廷黻與我〉，頁三九。

4. 同上。

5. 田橫島是在山東青島附近橫門灣中一個小島。據史書記載，秦末漢初，群雄並起，逐鹿中原。齊王田廣被殺後，齊相田橫率五百將士退避到這個小島上。劉邦稱帝後，遣使詔田橫投降，田橫不從，在赴洛陽途中自刎。島上五百將士聞訊後集體自盡。後人稱此島為田橫島。《史記》田儋列傳上說：「田橫島指忠烈之士亡命之處也」。

結語

蔣廷黻出生於湖南邵陽鄉郊一個中等人家，六歲上私塾開蒙，十六歲赴美國讀書，二十八歲學成歸國，先後在南開及清華任教，矢志學術研究，將來做一個偉大的學者。如果他的歷史研究繼續下去，很有可能成為中國的Macaulay（英國歷史學家麥考萊 Thomas Macaulay），或是像美國的大史家如 Turner（特納，Frederick Jackson Turner），如Beard（畢爾德，Charles Beard），因為他有這種潛力。後來遇見了蔣介石，結果成為一個傑出的外交家。一九三五年十二月蔣介石出任行政院長，邀請他加入政府工作，他就離開清華去南京任官。他先在行政院擔任政務處處長，在南京做了半年多即奉命出使莫斯科，履新不久，便發生了驚天動地的西安事變。晚年蔣廷黻在哥倫比亞大學做口述歷史時，他的助手 Crystal Lorch 曾開門見山問他：「以你本人，你認為莫斯科對西安事變有責任嗎？」蔣廷黻直截了當地回答：「沒有，我不認為莫斯科在西安插手綁架委員長。但是莫斯科從事變中想獲取漁利，那是必然的。」[1]

西安事變解決後，他派一專差攜一秘密呈文給蔣介石，他認為西安事變會促使中日戰爭提早爆發，而且一旦戰爭發生，中國朝野亟盼且相信蘇聯會加入戰爭對抗日本。但是蔣廷黻報告說，蘇聯為其本身利益不會出兵援助中國抗日，他建議請孫科到莫斯科觀察蘇聯實際情形，必有助於對時局的瞭解。蔣介石沒有採納他的建議，蔣廷黻在回憶錄裡沒有說出未被採納的原因。到了晚年他在哥大做口述歷史時，Crystal Lorch 曾問他這個問題，「為什麼西安事變後蔣介石沒有採納你的建議？」蔣廷黻答說，蔣介石的立場和想法與孫科很接近——都相信一旦戰爭爆發蘇聯會援助抗日，如果他讓孫科去莫斯科，則用意就太明顯了。[2] 後來中日戰爭爆發，為了貸款及採購軍火，孫科曾銜命去莫斯科一次或兩次。Lorch問，結果如何？答說，一無所獲。那時蔣廷黻已離開莫斯科。蔣介石事後才相信戰時蔣廷黻對蘇聯的外交政策分析是正確的。蔣廷黻斬釘截鐵地說過，蘇聯不會違背它的本國利益而援華抗日，但是蔣介石和一般人都一直在理想的夢境中，這種夢想直到張鼓峰事件，或甚至到一九四一年日蘇簽訂互不侵犯條約後，才噩夢初醒，必須面對這殘酷的現實。蔣廷黻說，若干年後孫科見到他，也為了戰時批評他「誤解蘇聯對中國友好的意圖」一再向他道歉。蔣廷黻在任上沒有做錯事，可是他在莫斯科只做了十三個月即被調回，在這一年大使任內，除了把在蘇聯不知下落的蔣經國找回來，其他則無可稱讚，無可責備。但事後蔣介石發現他在莫斯科工作很賣力，而且他對蘇聯的政策與觀點是正確的。但如李石曾、孫科、楊杰等一干人認為蔣廷黻「誤解了蘇聯的意圖」。但事後證實，「誤解蘇聯意圖」的不是蔣廷黻而是孫科等人。繼任蔣廷黻為大使者是楊杰，這是一個錯誤的任命，由楊杰這個個案來看，蔣介石不是一個知人善任的人。楊杰是一個沒有原則輕於出岫的人，他在莫斯科扯了一大堆爛污，鬧了很多笑話，可是蔣介石沒有立刻把他調走，這又是一個錯誤。楊杰在莫斯科經辦採購外，他呈報蔣介石一些幻想出來的樂觀報告，報喜不報愁，諸如蘇聯將會援助中國抗日等等，此外這個人操守不好，浮而不實，好大喜功。蔣廷黻電告蔣介石不要輕信楊杰的報告，不然要吃大虧，蔣介石不信，等到發現有問題時，為時晚矣。

楊杰一手經辦貸款及採購軍火，有虧職守。蘇方答應軍火運到越南海防，中方從海防接運到內陸。幾年後蔣廷黻向中國陸軍部垂詢有關這批軍火，答說只有兩千個馬鞍（蔣廷黻在日記裡說是七千），運來的蘇聯馬鞍太大沒法用，等於廢物。可惡的是這些馬鞍沒有在中國陸軍部訂購單內，蘇聯就塞給我們。其他一些都是陳舊的槍砲，是法國兵工廠製造的第一次世界大戰遺留下來的剩餘武器。在哥大做口述歷史時，Lorch又問，有這麼多弊端，是不是在中方或者蘇方辦事不力，或者是中方辦事太差，加上蘇聯是個不擇手段的吸血蟲（英文用 Russian shylocking，Shylock，本是《威尼斯商人》裡放高利貸的猶太商人，現在在英文裡當名詞或動詞用，意思是放高利貸 a ruthless moneylender or a loan shark）！蔣廷黻說這幾種因素都有。戰時只有一次貸款，是由他（蔣廷黻）在莫斯科談妥原則，細節專案是在南京磋商，與他無關。中國供應桐油，運輸很艱難，費用很大，可是中國沒有辦法，不然得不到貸款。Lorch 又問，蘇聯貸款是否很慷慨大度。蔣廷黻答，「沒有。簽約後我們信守條約，希望對方也如此。」蔣廷黻說中方很膽怯，不敢說話，因此就照單全收，結果吃了大虧。Lorch 又問為什麼不交由你來辦理，蔣廷黻說，「他們（中國官員）說如果交給我辦理，可能會提出中蘇公平交易合理原則，就會發現很多問題存在，如此一來，他們（孫科、楊杰等人）會認為中蘇合作的計畫永遠不會成功。所以政府決定不要讓我插手。實際經手的是楊杰，如何使用這一百個 million 貸款，但是否看到價值這麼多錢的軍火，這是楊杰的事。」

一九三八年初蔣廷黻奉調回國時，蔣介石問他，「你認為楊杰這個人如何？」蔣廷黻沒有作答，坐在那裡一句話也不講。Lorch 問為何不回答，蔣廷黻說，「他（蔣介石）瞭解我不回答的緣由。他遴選了一個人（楊杰），其思想與作為與我南轅北轍，他不是不知道。現在再來問我其人如何？如果我說他壞話，他會認為我為自己辯駁，如果我說他好話，他會認為我在說謊。所以只是坐在那裡悶聲不響，他明白我的意思，稍頃就轉移了話題。」[3] 楊杰的故事還沒有完，一九四九年美國發表白皮書，對蔣介石來說是落井下石，打落水狗。白皮書作者傑賽普撰稿時，楊杰在香港為他提供了很多傷害國民政府的資料，比如楊杰盛讚蘇聯運貨迅速，反而批評中國政府沒有有效地善用這批軍火。可是對於蘇聯強塞馬鞍的事隻字不提。（蔣廷黻日記 3/14/1957）在這種情形下，很明顯地蔣介石用是用錯了人。一九四九年中共柄政後，楊杰準備北上投奔北京前夕，在香港遭國民黨特務暗殺，良有以也。（林博文《1949浪淘盡英雄人物》，時報出版，二〇〇九，頁十六至十七）

因上述這些問題 Lorch 又問蔣廷黻，「你認為蔣介石是否能充分瞭解中國本身的問題，像楊杰的例子，他是否有充分的判斷力，能夠用人得當？」蔣廷黻未做正面答覆，他說：「假如我有他那樣的權力，第一件事就是要盡力阻止戰爭發生。」可是他知道蔣介石身邊有很多人常有各種不同的目的，說不同的話。蔣介石信賴兩個人，第一個是孔祥熙。孔是個好人，很庸碌，沒有思想，也不太瞭解國際事務。第二個是宋子文。宋是另外一種性格的人，善於處理財經，但也是沒有什麼思想的人，是個經營錢莊式舊時代的人物，宋堅信政府開支一定要有預算。但是蔣介石就喜歡不照規矩（預算）辦事。這種情形相較之下，孔祥熙很有彈性也比較馴順。比如說蔣介石要錢就給他錢，但政府現在沒錢怎麼辦，去借，或者去印鈔票。所以孔與蔣介石相處得很好。可是在另一方面宋子文凡事要照預算辦事，又因個性不同，所以他與蔣介石合不來。再則宋這個人囂張跋扈，目無餘子，傲岸不群，因此起不了領導作用。蔣介石是一個很保守的人，很重視舊時代三綱五常的親屬關係。孔祥熙與宋子文是他的親戚，孔是連襟，宋是郎舅。蔣介石開始統領天下後，就意識到在這個時代，中國對英美友善才有出路。蔣對英美的態度就依靠孔宋兩人做為指導方針，這兩人雖然都受過美國教育，但對美利堅或盎格魯薩克遜民族的知識很有限，可說是一知半解。蔣廷黻說，「這是中國的悲劇。如果他們（孔宋）稍微懂得一點英美歷史知識及民族性格，則國家就受益得多。」[4] 抗戰末期國民政府開始腐化，失去人心，勝利後變本加厲，更加腐敗不堪，蔣介石被孔宋豪門利益拖垮。他們（孔宋一批人）表面上在政府做事是為國家服務，其實不是為國家也不是為人民，旨在分享國家更多的財富，且同時不放棄自己本身利益。這些材料到了延安共產黨手裡，便發酵、放大成了很好的宣傳資料，對政府殺傷力是無法估計的。蔣介石與孔宋這三個連襟郎舅，從一九三五年到一九四七年做了十二年宰相，做得好不好呢？結果在勝利後不出四年政府垮台，把大好江山丟掉，在我們升斗小民看來，把大陸丟掉總不好意思說「罪不在我」，但是他們就說「罪不在我」。蔣介石之潰敗就是敗在孔宋手裡。在蔣廷黻眼中，蔣介石是一個沒有受過科學訓練的舊式軍人，也是個沒有現代意識的政治家，但是他比其他多數軍事領袖（指軍閥）要現代化得多。如果他過去做得更現代化或更開明一點，也許就不會成功的打倒軍閥。可是最後還是失敗了。

一般來說，蔣介石基本上師承曾國藩，用人是受曾氏幕府制度的影響。但曾國藩人很正派，他是孔孟的信徒，任用主管甚是嚴格。他是軍隊的主帥，又是士兵的導師，因此將湘軍訓練成為有信仰與主義的軍隊。精神教育是他治國的基礎，故清末出自曾文正門下者都很正派，足證其感化力之大。蔣介石學曾國藩，侍從室裡的幕僚人員幾乎清一色是湖南人，結果是「影格描花樣，越描越走樣」。黃埔軍學湘軍也是有主義的，此即三民主義。可是黃埔軍基礎不厚[5]，且三民主義不是主義，只是國民黨在某一階段過渡時期的政綱。蔣介石認為他的制度很不錯，且引以自豪。嚴格說來他用的人多是平庸之輩，第一要精忠於他個人——個人崇拜，可是這批人均缺乏現代知識，不諳國際事務，如張群、王世杰、陳誠和後來的嚴家淦、沈昌煥等人，都是些唯唯諾諾的人，在他面前失去了自我，不敢說個「No」。蔣介石喜歡忠臣，但他也用了一批有頭腦且受過西方良好教育的留學生，蔣廷黻即是其中之一。他們是良臣。有些事對蔣介石或國民黨有利但未必對國家或民族有利，比如丟掉外蒙古，或者說政府應該有一個強大的反對黨（在野黨），反對黨對國民黨和蔣介石不利，但對國家有利，因為可以督促政府不做壞事。一九五〇年蔣廷黻籌組中國自由黨，用意即在此。政府做錯了事，會出來忠告：「你做錯了。」一如一九五九年西藏暴動，蔣介石聲稱，等他收復大陸後讓西藏獨立，蔣廷黻與葉公超堅決反對。再如一九六一年國民政府在聯合國外蒙古案，蔣廷黻及葉公超勸蔣介石不要否決外蒙，否決外蒙對國家不利。蔣介石和沈昌煥都主張「寧為玉碎，毋為瓦全」。蔣廷黻辭職，蔣介石挽留，在這種情形下，蔣廷黻是一個良臣也是一個諍臣。良臣與忠臣的差別，在於利害關係，良臣與元首意見不同還敢講出來，去就與否在所不計。忠臣如有不同意見則不敢講。對蔣介石來說，他希望忠臣多，但對一個健全的國家來說，則良臣和諍臣比忠臣更重要。

蔣廷黻忠於職守、忠於國家，也忠於蔣介石，但他不是愚忠，他是個有原則的人，在某種程度上，他對蔣介石不是百依百順的。比如說一九四六年蔣廷黻被宋子文逼走，蔣介石給他駐印度大使或土耳其大使，不就。蔣廷黻說他要去教書，蔣介石說現在政府缺少人才，你既然不願到國外，就在南京市長或北平市長選擇一個，馬上發表但不必立即上任，蔣廷黻也拒絕了。蔣介石的文膽陳布雷對人說，蔣廷黻真有膽識，一連拒絕了兩個職位（其實是四個）。蔣介石這樣優容善待蔣廷黻，用意旨在平息一般輿論並安撫北方開明派人士及一般知識分子。對蔣廷黻來說，不考慮任何公職，使人知道他被宋子文逼走，對他是一個很大的打擊，是不公平的，他發誓以後永遠不在宋子文手下任職，要重返杏壇，從此杜絕仕途，讓世人知道他對宋仇恨之深。他在上海賦閒時，清華大學邀請他回去，澳洲國立大學、美國西雅圖華盛頓大學也正式聘請他，但蔣介石及王世杰都反對他到國外教書，說國內人才少應該為國家服務。在另一方面宋子文政聲欠佳，乏善可陳，向有大炮之稱的傅斯年，在一九四七年二月十五日出版的《世紀評論》上發表了〈這樣子的宋子文非走開不可〉一文，他在文章一開始即說：「國民政府自從廣東打出來以後，曾辦了兩件大事：一、打倒軍閥（這也是就大體說）；二、抗戰勝利。至於說到政治，如果不承認失敗，是誰也不相信的。政治的失敗不止一事，而用這樣的行政院長，前有孔祥熙，後有宋子文，真是不可救藥的事。」該文結尾時傅斯年說：「我真憤慨極了，一如當年我在參政會要與孔祥熙在法院見面一樣，國家吃不消他了，人民吃不消他了，他真該走了，不走一切垮了。」文章發表後兩個星期他真的走了，是年三月一日宋子文去職。

宋子文去職後，蔣廷黻又回政府工作。一九四七年夏天郭泰祺染病，王世杰臨時指派蔣廷黻暫代郭在聯合國常任代表兼出席安全理事會代表。是年八月十九日政府正式任命蔣廷黻接替郭泰祺為駐聯合國大會及安理會常任代表，他在聯合國工作前後達十五年之久。聯合國是蔣廷黻一生事業的巔峰，他在聯合國有兩大成就照耀史冊，一是控蘇案，另一個是代表權案。代表權案已是昔日黃花，但控蘇案具有歷史意義，它代表著一個風雨飄搖的政權，而且當初在逆境中提出，在提案過程中辯論、投票，最後在險象環生中終於通過了，這是外交史上的奇蹟，能做到這一點當歸諸蔣廷黻在聯合國外交上的成就，功不可沒。一九五二年二月三日《紐約時報》（星期天版）稱控蘇案能順利通過是蔣廷黻「個人的勝利」（a personal triumph），當蔣廷黻在巴黎準備回紐約時，在臺北的蔣介石以私人身份打電報給他，恭賀他在控蘇案中卓越的成就，接著行政院長陳誠及外交部長葉公超也有同樣的賀電。美國代表格魯斯見了蔣廷黻說他有政治家風範（statemanship），陳之邁說控蘇案通過後，蘇聯侵略中國的罪行已為國際上肯定。（《蔣廷黻的志事與平生》頁九〇）俄國十九世紀中葉在歐洲因克里米亞戰爭受挫，帝俄在西伯利亞趁火打劫，一八六〇年英國火燒北京圓明園那年，帝俄不費一兵一卒劫去中國的一大片土地（即烏蘇里江以東、外興安嶺以南、黑龍江以北的土地）做為補償。二〇一四年俄國併吞克里米亞後，中國人就會想起在十九世紀中葉，俄國乘中國之危，劫取了這麼一大片中國的土地，今日中國在地圖上稱這一大塊帝俄攫取的土地為「暫時失去的土地」。我們也就聯想到蔣廷黻在《清華學報》上發表的〈最近三百年東北外患史〉及一九五二年在聯合國通過的控蘇案，可說功在國家民族。[6]

一九四五年第六屆國民黨中常會，蔣介石授意王世杰提名蔣廷黻為中常會委員（在駐蘇大使任上，蔣介石親自寫信要他入黨），但因CC系抵制而未當選，他心甚不悅是人之常情（後來退黨）。他曾反省，在國民黨裡沒有什麼前途，不會擁有權勢的位置。他自幼胸懷大志，將來要做一番事業，想做一個偉大的學者，他想重回學術崗位出版重要著作，或者投入外交界發表重要演說，蜚騰報章，為青史留名。（蔣廷黻日記 4/23/1945）做為外交家，這些遠大的志向，蔣廷黻終於在聯合國做到了（當他在一九四七年被宋子文撤職後，自我反省，也有這種想法）。他從小想做湖南省長，勝利後很希望做臺灣省長，抗戰時期想出任駐美大使，駐美大使是他童年的夢想，但這兩個職位都給他的朋友魏道明捷足先登了。他於一九六一年因外蒙古案接替葉公超任駐美大使，那時已年老力衰，意興闌珊，他的鋒芒已經過去了。[7]

一九六一年因外蒙古案弄得雞飛狗跳，蔣介石六神無主，他在臺北有訓令給在紐約的外交部長沈昌煥說：「公超暫留臺北協助要務，對美外交由兄在美主持，則其事更易辦理，並請兄與廷黻密切合作，彼雖固執，但其品性可友也。」（《亞洲週刊》二〇〇九年十一月，頁三八）「彼雖固執，但其品性可友也」，這句話是我在目前所看到蔣介石對蔣廷黻最後的評語。一九六四年蔣廷黻返國述職，四月二十三日蔣介石最後一次召見蔣廷黻，也是他們二人最後一次單獨談話，蔣介石要他回來擔任行政院副院長，蔣廷黻對蔣介石說，他快七十歲了，不要位置，他要退休，退休後準備利用南港中研院藏書做歷史研究。最後蔣廷黻對蔣介石說：「這三十年來總統給我的愛護與提拔是我永遠所不能忘的。」他又說「深自慚愧我無所成就，在我有生之年，我想過只有一個願望，退休後定居臺灣，重理舊業，研究近代史。」蔣介石認為蔣廷黻的經驗，無論是對國內或國際事務都會有很大的貢獻，他說不能讓你退休。然後蔣廷黻說，有很多人在你麾下任職多年值得獎掖，但是政府裡職位有限，總統心目中給我的職位可給予別的應得的人，「我不要位置，如果有事要我做，我樂於效勞。退休後做點研究是我心嚮往之的願望。」蔣廷黻說這些話是很誠懇的，然後他又說：「美國學術界裡的一些外國朋友常常非正式地來問我願意不願意在美國教書。」在一九六〇年代美國著名學府是很需要像蔣廷黻那樣學貫中西、中英文俱佳、曾是著名教授又有經驗的史學家。蔣廷黻對蔣介石說，如果退休後在美國教書「可能引起不良誤會」，又說：「再則，在臺灣有很多很聰明、勤奮好學的年輕人，我很想與他們一起研究歷史，希望總統能讓我完成這個心中的願望。」蔣廷黻對蔣介石講的話是他的肺腑之言，感謝蔣介石知遇之恩。最後蔣介石說：「你的任何計畫，一年以後的事。」就這樣結束了他們「君臣」之間的談話。

當吾人讀英國維多利亞時代名相狄士雷利（Benjamin Disraeli, 1804-1881）的傳記時，有時很佩服他堅忍不拔的奮鬥精神。同樣地，當我讀蔣廷黻日記及他的回憶錄，他似乎也有一種刻苦耐勞、砥礪自奮的敬業精神，就像狄士雷利一樣，一無憑藉而青雲直上。他意志是堅強的，無論讀書、從政，除非不做，要做均全力以赴，一定做得很好。他頭腦冷靜，善於分析事理，有果斷，不隨波逐流、阿從俗好，因此常有與眾不同的獨特見解。在他生命最後三年出任駐美大使，那時已是風燭殘年，在駐美大使任上退休，他本想退休後定居南港利用中研院的藏書重理舊業，研究中國近代史，但在退休後五個月即病逝紐約。綜觀蔣廷黻一生，無論求學、治學或從政，他都是一個成功的榜樣。在七十年漫長的歲月中，從一個邵陽鄉下私塾學童到美國哥倫比亞大學歷史學博士，從哥大到清華，從一個很叫座的大學教授到外交壇坫上叱吒風雲的外交家，他走盡了一生勤奮黽勉，安富尊榮的道路。他剛毅的性格、刻苦耐勞的騾子精神是他成功進步的動力。

---

1. 詳見"Reminiscences of Ting-fu Tsiang, 1965". Box 11（在Brussell，Geneva files），不在回憶錄本文內。中文版《蔣廷黻回憶錄》裡也沒有，很明顯地這些問答對話尚在整理中，據韋慕庭（C. Martin Wilbur）與 Crystal Lorch 來往的備忘錄，要等蔣廷黻病癒後經他過目後，放在本文內，很不幸蔣廷黻一病不起。
2. 同前。
3. 同前。
4. 同前。
5. 胡適對蔣介石說，黃埔嫡系軍人失敗在沒有根底，必須承認這失敗，國軍紀律之壞是我回國後最傷心之事。胡適的評言一共十條，一年後國民黨軍即垮台了（詳見胡適日記，一九四八年十月二十八日）。
6. 關於「暫時失去的土地」，請參閱二〇一四年八月二十八日香港《大公報》。
7. 一九五一年三月蔣廷黻第一次歸國，那時控蘇案還在一年以後（但已列入議程），因他在聯合國表現得有聲有色，臺北政府歡迎他的場面很特別，當飛機降落後，空中小姐廣播說所有旅客請坐在原位稍等，然後有兩位憲兵上來，「請問蔣廷黻博士」，待蔣廷黻示意後，走到蔣廷黻機位前立正敬禮，護衛他下機，機場裡歡迎他的人人山人海。（蔣廷黻日記 3/20/1951）可是一九六四年四月蔣廷黻攜妻最後一次回臺，蔣介石父子對他甚是冷落。

〈附錄〉

蔣廷黻與唐玉瑞

妻子是青年人的情人，
中年人的伴侶，
老年人的保姆。

——英儒培根

唐玉瑞是蔣廷黻的元配夫人，他們是在美國讀書時認識的。唐是江南人（無錫，據蔣廷黻說比他大一歲），於一九一四年考取第一屆女子庚款留美學生，初進美國東部很有名的七姐妹之一的 Smith College，一九二〇年畢業。畢業後在賓州（費城附近）另一所七姐妹名校之一的 Bryn Mawr College 讀了一年（一九二一—一九二二），之後轉學至哥倫比亞大學，一九二三年獲社會系碩士學位。蔣廷黻在哥大三年半，即從一九一九年夏至一九二三年初。唐在哥大只有一年。在學生時代，蔣廷黻與唐玉瑞都是美國東部很活躍的學生領袖，唐玉瑞轉到哥大之前他們即已相識。Charles Lilley 的博士論文中說，「蔣廷黻在哥大研究生第一年，唐玉瑞在 Smith 四年級，她已經是蔣廷黻固定的女朋友。」當時留學生在東部有一個學生組織「北美留學生中華基督青年會」（The Chinese Students Christian Association in North America），還辦了一份會刊 *Christian China*（基督中華）。一九一九至一九二〇年間，蔣廷黻是該刊的總編輯，唐玉瑞是女子欄的編輯。一九二二至一九二三年間唐玉瑞當選該會第二副主席，仍兼任編輯。[1] 這一年夏天，美國東部各大學中國學生有一個夏令營，在康乃狄克州的 Hotchkiss 河畔 Lakeville（羅家倫譯湖村）的 Hotchkiss School 舉行，有兩百名學生參加，蔣廷黻是大會主席，唐玉瑞也參與了這個夏令營。

剛好也在此時（一九二一年夏）美國宣稱將於十一月在華盛頓召開九國海軍裁軍會議。中國沒有海軍，但這個會議會討論中國問題，如租界、協定關稅、治外法權及山東問題，這些問題為中國留學生所關切。但當時中國的北京政府對這個在華盛頓召開的會議漠不關心，而且除了北京政府外還有一個廣州政府，彼此相互傾軋，出賣國家利益。有鑑於此，夏令營乃組織了一個中國留學生華盛頓會議後援會，並以五四時期的口號「外爭國權，內除國賊」為宗旨，將會址遷到華盛頓辦公，在開會期間出版小冊子分送各國代表，英文由蔣廷黻主編，中文由羅家倫負責，另外還有三位女同學幫忙，其中一位是唐玉瑞。因為有夏令營及參加華盛頓會議這些活動，蔣廷黻與唐玉瑞時相過從。唐玉瑞轉學到哥大後，他們之間往來更多，兩人的感情好到不得了的程度，用中國舊小說的話來說感情如膠似漆。[2]蔣廷黻因為參加一九二一年的華盛頓海軍會議，把博士論文耽誤了半年。一九二二年底論文殺青，蔣廷黻通過博士口試獲得歷史學博士學位。胡適及蔣廷黻在哥倫比亞讀博士學位的年代，博士論文必須交由出版社出版成書才能畢業。值得一提的是，蔣廷黻的論文書前扉頁題獻給唐玉瑞——To Nyok-Zoe（玉瑞是用吳語拼音）。[3]蔣廷黻畢業後，應天津南開大學聘請為西洋史教授，乃束裝就道，這是一九二三年年初。港臺報刊常說：他與唐玉瑞在船上結婚，由船長證婚，這與事實不符。蔣廷黻與唐玉瑞不是同時回國的，當然不會同船，所以也不可能在船上結婚且由船長證婚了。一九二三年春季，唐玉瑞在哥大完成碩士學位準備回國。蔣廷黻打了一個電報向她求婚，唐答應了（這是何廉對 Charles Lilley講的）。唐玉瑞船抵日本，蔣廷黻特地從天津到日本迎接，這算是中國古禮迎親，他們就在日本（橫濱）結婚，婚後相偕回國。這是蔣廷黻女公子蔣智仁於二〇一六年三月三十日電郵告訴筆者，同年四月十四日我於紐約北郊 Scarsdale 訪問蔣廷黻幼子居仁，他也這樣說。

II

南開是蔣廷黻歸國後的第一站，那時他二十八歲，新婚，又是新科的年輕博士，他學識淵博，教學認真，又肯埋頭苦幹，校長張伯苓很器重他。一九二九年清華挖角，就在那一年秋天蔣廷黻到清華任歷史系教授兼系主任。他到清華自有一番抱負，除了忙於繁瑣的系務外，還在《清華學報》發表一連串有價值的學術性論文，奠定了他的學術地位。值得一提的是，他在清華時與北方學術界重鎮如胡適、丁文江、傅斯年等人創辦了《獨立評論》。蔣廷黻是《獨立評論》的一員大將，發表了很多文章；蔣介石也是在《獨立評論》上看了他的文章，很賞識他的才華。

一九三五年底蔣廷黻應蔣介石之召去南京任官，舉家南遷，離開了清華。他們的生活方式也自此改變了。半年後蔣廷黻出使莫斯科，那又是另外一個世界。唐玉瑞是大使夫人，那時三寶（七歲）及四寶（四歲）隨行。大寶與二寶正值學齡，回湖南由蔣廷黻的哥哥（廷冠）照顧，那時蔣廷冠為湘潭福湘女校校長（也是長老會辦的教會學校）。[4]在莫斯科時，蔣廷黻工作之餘常陪唐玉瑞外出散步（蔣廷黻有散步的習慣），或陪懷仁、居仁去滑冰，他們常去高爾基公園遊玩。[5]他們的家庭生活仍充滿著親情溫暖與天倫樂趣。在莫斯科半年後，蔣廷黻帶唐玉瑞同遊蘇聯內陸（heartland）兩週，他要去看的地方是蘇聯的精華地帶，因為這是公務不是私人旅行，可以不必偕唐玉瑞同行，可見那時他們的關係不錯，這次旅行相當於他們的「二度蜜月」。對唐玉瑞來說也很愉快。唐玉瑞喜歡熱鬧，可惜的是自一九三八年初蔣廷黻奉調回國後，即琴瑟不調，唐玉瑞此後再也沒有與蔣廷黻參加杯觥交錯且「場面熱鬧」的外交宴會了。

蔣廷黻在一九四三年秋天奉命出席十一月十一日在美國新澤西州大西洋城召開的聯合國善後救濟總署成立大會，會議結束後還有其他指示，直至翌年十月二十一日始離開華盛頓返國，在美國幾乎整整一年。《傳記文學》一九九〇年九月號（七十五卷第三期）趙家銘寫了〈蔣廷黻的婚姻悲劇〉一篇文章外，還提供了十二封「蔣廷黻家書」（張愛平選編）。蔣廷黻在美國這一年裡寫了很多家書，當然不只《傳記文學》發表的這幾封，可惜到目前為止披露的不多。《傳記文學》發表的這幾封信很有史料價值，但遺憾的是，不知是誰把每封信的年份（蔣廷黻的信只具月日，未署年份）往後移了兩年，這是一個錯誤。舉一例來說：第十封家書標題是「一九四二年五月十八日函」，家書上說：「這次美國副總統華萊士（Henry A. Wallace）來華，其祕書是我的好朋友范宣德（John Carter Vincent），他帶這封信，並且替我帶一盒魚肝油丸。前次 Dawson 所帶的，我想你（們）已經收到了。別的東西不好托朋友帶。」華萊士訪華是在一九四四年而非一九四二年。蔣廷黻在這封信上說：「下星期三（二十四日）孔大小姐（令儀，孔祥熙之女）要在紐約結婚，我預備早晨去，晚上就回來。」為了查證年份，我乃查看蔣廷黻日記（5/24/1944），是日，蔣廷黻於上午十一點搭火車至紐約，下午三點抵達。孔小姐的婚禮在 St. Bartholomew's 教堂舉行，婚禮完後，即往 Waldorf-Astoria 大旅館 reception（酒會），旅館與教堂都在Park Avenue及五十一街，近在咫尺。蔣廷黻在日記上記：「我搭七點半火車回來，十一點半返抵華府。」（5/24/1944）蔣廷黻的家書寫得很好，娓娓動人，與家人無話不談，眷眷親情，夫婦鶼鰈情深，躍然紙上。從《傳記文學》刊登的這幾封家書來看，還看不出來他們夫婦有什麼不對勁的地方。[6]

III

蔣廷黻於一九四四年十月二十一日離開華盛頓去紐約，在紐約參加了孔祥熙召開的美洲使節會議，並於十月二十四日離開紐約，途經加拿大、北非、中東、印度及昆明，於一九四四年十一月一日下午六點一刻飛抵重慶。在機場歡迎的人很多，行政院高級幕僚由張厲生帶頭都來歡迎他歸國。蔣廷黻說：「很使我驚奇的是，玉瑞及四寶也來了。四寶長高了一點，很瘦，沒有像我所想像的有精神。」（蔣廷黻日記11/1/1944）他們在重慶鄉下有房子，過了三天，星期六中午蔣廷黻、唐玉瑞帶四寶去鄉下，在途中遇見三寶（十五歲），蔣廷黻說比他高一點。與孩子一起打橋牌，八時就寢。（蔣廷黻日記

11/4/1944）據四寶說，原來在國府路的房子被日本人炸毀了，他還記得。（二〇一六年七月一日蔣居仁致筆者函）

翌日，還在鄉間，唐玉瑞對蔣廷黻說她想帶四寶去美國，並希望在那裡工作。蔣廷黻沒有答應，唐埋怨說，其他官員太太都到美國去了。請看周谷寫的《外交秘聞》，抗戰時期，在後方很多大官太太帶了子女到外國去，比比皆是。蔣廷黻在日記上說，「她想到美國去，如果認為她是我的妻子而受阻礙，則我不願牽累她。」（英文日記如下：Told her she could do all she could to get to USA. If she found being my wife was an obstacle, she could have her freedom.）原文很簡練，這話講得很重，好像還有別的意涵，意即你要走可以走好了。我覺得很是驚奇。[7] 隔了一個星期，日記上又提到唐玉瑞要去美國，蔣廷黻記：「我不予鼓勵。」（I gave no encouragement.）（蔣廷黻日記11/12/1944）隔了兩個星期，從蔣廷黻日記上來看，蔣廷黻與唐玉瑞夫婦不睦。但最使我驚奇的是，蔣廷黻自美國回來還不到一個月，他在十一月二十五日（星期六）的日記上記：「晚餐後，我草擬離婚條件，準備明天交給玉瑞。」那時蔣廷黻住在重慶城內，唐玉瑞與四寶住在郊外。大寶在成都念重慶大學，二寶在昆明雲南大學或聯大，不詳。三寶在重慶念中學。第二天上午九點四十五分蔣廷黻到鄉下，四寶等他下車，四寶埋怨父親來得遲。唐玉瑞對蔣廷黻說三寶（十六歲）要去從軍，要他對三寶講，他未成年暫且不要去從軍。可是三寶沒有回來。午餐後打三人橋牌。至五時蔣廷黻進城，四寶哭起來了。蔣廷黻在日記上記：「今天我將離婚條件交給玉瑞。」（蔣廷黻日記11/26/1944）隔了兩天蔣廷黻收到唐玉瑞的回音，她不同意離婚。（蔣廷黻日記11/28/1944）而後幾天或幾星期，日記上沒有再談離婚及唐玉瑞去美國的事。可是在十二月三十日的日記上記他寫信給大寶，說他讓姆媽（唐玉瑞）及四寶去美國，為什麼沒有讓你也去的原因，但在日記裡沒有講得很清楚。從他寫給大寶的信，知道蔣廷黻已答應讓唐玉瑞及四寶去美國，唐玉瑞是以醫治四寶的氣喘病為由去美國的，他們於一九四四年經印度赴美。也從這封信我們知道蔣廷黻答應讓大寶於戰後去美國留學，後來大寶於一九四六年夏秋之間從上海搭船赴美。

蔣廷黻則於一九四六年三月十一日因公赴美開會，三月十八日晚上抵達紐約，唐玉瑞、四寶及兩位領事館人員在機場迎迓，也有兩位記者找蔣廷黻問問題。然後他們至 Penn Station 火車站（紐約有兩個火車站，另一個是中央車站），蔣廷黻在日記裡記：「四寶高興得說不出話來。在餐館裡他吃了十二個生蠔。」（蔣廷黻日記3/18/1946）蔣廷黻一人十時搭火車至大西洋城（即開會的地點），下午一點半抵埠。第二天（星期二）下午一點大會開始，會期兩週，週末休會。再下一個週末即三月二十三、二十四日，蔣廷黻安排唐玉瑞與四寶從紐約來大西洋城（約兩小時車程）。翌日他帶四寶至海濱散步，玩了兩天，星期日下午五點唐玉瑞偕四寶回紐約。大會於三月二十九日上午十點五十分圓滿結束。蔣廷黻去華盛頓，在大西洋城搭十二點的火車南下，於四點五十分抵達華府。唐玉瑞與四寶於六點五十分從紐約直達華府與蔣廷黻會面。翌日（星期六）蔣廷黻帶唐玉瑞及四寶觀光遊覽，先後去了華盛頓紀念塔，傑佛遜、林肯紀念堂，然後參觀國會大廈、畫廊以及四寶最喜歡的動物園。之後三人至華盛頓一家叫「大地」的中國餐館晚餐。（蔣廷黻日記3/30/1946）翌日蔣廷黻帶唐玉瑞及四寶參觀華盛頓故居（Mt. Vernon），下午母子二人回紐約，蔣廷黻留在華盛頓。本來講好在下星期五（四月五日）他要到紐約看他們，結果那天他得去見國防部長馬歇爾（即後來調停國共和談且出任國務卿的馬歇爾）。蔣先與唐玉瑞說他不能到紐約了，但與四寶說他不能來時，四寶哭起來了，蔣廷黻說：「我的心碎了。」（原文是 His voice broken, my heart sank.）那時唐玉瑞住在紐約上城晨邊大道（Morningside Drive）九十號，就在一二〇街口，與哥大校園近在咫尺。翌日下午一點蔣廷黻到了紐約火車站（Penn Station），他要找的地下鐵找不到，後來找到了，但是應該在一一六街站下車，結果他在一一〇街就下車了。他說二十一年前做學生的時候，在這裡閉著眼睛都可以走，現在卻成為一個陌生的地方，豈不可笑。到了那裡，很失望四寶不在家，他乃與唐玉瑞談兩個女兒的教育。不久四寶看電影回來，蔣廷黻帶他去逛哥大校園、鄰近的河邊教堂、葛蘭德墓園，晚飯後去看馬戲團表演。第二天是星期天，蔣廷黻幫四寶造一座玩具橋。後來有朋友來接他們至唐人街吃飯，飯後去長島，回來時繞道新澤西州、華盛頓大橋，蔣廷黻在日記上記「四寶玩得很樂」。（蔣廷黻日記 4/6/1946 及 4/7/1946）他於八日訪胡適（那時胡適在紐約，即將返國就任北大校長）。蔣廷黻九日回華盛頓，預訂四月十六日回國，他要唐玉瑞帶四寶十二日來華府，蔣廷黻帶他們在華盛頓玩了四天，他於十六日晚七時從華盛頓搭機回國。

IV

蔣廷黻這個家以四寶為中心，表面上或從蔣廷黻的家書看起來很美滿，並沒有破碎的跡象，但是這個家很不穩固。後來看蔣廷黻日記，他幾次要離婚，唐玉瑞誓不答應，問題出在哪裡。當我們讀蔣廷黻於五月二十六日寫給唐玉瑞的信，頗令人驚訝的是，蔣廷黻說：「自從莫斯科回來後我們已經默認離婚。自從一九三八年以來，我們即已分居。因此現在我們分手，對於任何一方均無損失。小孩子均已長大，現在我們分手對於他們沒有影響。假如你一定要顧全面子不肯離婚，將會影響我後半生，我會恨你。」（蔣廷黻日記 5/26/1946）[8] 這封信很重要，我們從這封信知道蔣廷黻與唐玉瑞自莫斯科回國後即已分居。照蔣廷黻的說法，夫妻的名份早已名存實亡。蔣廷黻於一九四四年十一月二十六日提出離婚的原因何在？這個問題常困擾著我，直到現在還是找不出滿意的答案。有人說因為蔣廷黻比一般人多了一個女人。現在看了這封信，這一說法很難成立。因為蔣廷黻從莫斯科回來時，生活裡沒有許亞芬，也還不認識沈恩欽（看日記就知道蔣廷黻第一次「碰見」沈恩欽是一九四五年三月十二日，第二次「碰見」她是四月七日。是日，沈恩欽和丈夫沈維泰及郭泰祺四個人來蔣廷黻的寓所打橋牌。二〇一六年春天，我至紐約北郊訪問蔣廷黻的幼子蔣居仁先生，即把這個問題提出來，他的答覆是因為他的母親有野心，很想參加中央政府工作，而且這個位置能夠接觸到政府裡有影響力及有權力的人，如宋美齡等重要人物。她要蔣廷黻介紹這樣性質的工作，蔣廷黻不肯答應，從此兩人常起勃谿。我問說一般中文報刊說是因為你父親有女友，他說：「那時我父親還不認識 Hilda（沈恩欽）。」又說：「這是不相干的。」[9]這裡我又有一個問題，唐玉瑞想參與政府工作以便能參與宋美齡等機要密笏，蔣廷黻不介紹不就可以了嗎？為什麼嚴重到要離婚呢？我想兩人可能還是 chemistry 的問題（等到有沈恩欽加入「橋牌戲」，那枝節問題就多了，這是必然的）。我做了多年研究，到現在還是找不到滿意的答案。

蔣廷黻將這封五月二十六日寫好的信於第二天寄出。隔了兩天又寫了一封信給唐玉瑞，七月十日蔣廷黻收到唐玉瑞回信說她還是不肯離婚，她說：「小孩及我需要你。」（蔣廷黻日記7/10/1946）蔣廷黻在同一天日記裡記：沈恩欽已在他的朋友端木愷律師事務所辦理她與沈維泰的離婚手續，沈已放棄了她的丈夫、房子，而他自己的離婚尚遙遙無期，頗為內疚。蔣廷黻於七月二十六日收到唐玉瑞第二封回信，問蔣廷黻為什麼又要舊事重提（指離婚），唐玉瑞認為這件事（離婚）於一九四四年十一月以後已是過去了（英文用 buried，埋葬），意思即是認為蔣廷黻已改變初衷了。筆者認為唐玉瑞的回信有道理，也合乎邏輯。因為蔣廷黻於一九四三年十月至一九四四年十月隻身在美國整整一年，寫了那麼多娓娓動人、眷眷親情的家書。我們看了在《傳記文學》上發表的家書，實在看不出來這個家及兩人婚姻將要破裂的樣子。蔣廷黻收到信後，立刻回信說他從來沒有放棄離婚（I never buried the matter.），只是讓你有時間考慮。（蔣廷黻日記 7/26/1946）蔣廷黻在日記裡批評唐玉瑞說「她從未關心家、愛、伴（home, love, companionship）。她從不在乎我所寫的或所做何事，她所關心的是物質享受。當我要求離婚，即使我願付很多的贍養費，她裝著很生氣。」（蔣廷黻日記 8/15/1946）第二天蔣廷黻寫了一封信給唐玉瑞，叫她在其有生之年做一些有意義且有益人類的事。（蔣廷黻日記 8/16/1946）唐玉瑞一九四五年對蔣廷黻說要帶四寶赴美，她說她會工作。有時候她與蔣廷黻吵架，蔣廷黻會對她說應該出去工作，交一些朋友，不要整天與我吵架。蔣廷黻的話也對，叫她工作不一定要她賺錢貼補家用，而是讓她過一些正常的生活。但終其一生，唐玉瑞從未在美國任何機關或公司行號工作，她就靠蔣廷黻的贍養費虛度一生，把所受的高等教育白白地浪費了，也辜負了政府當年送她們到外國讀書，用公費培植她們為國家做一個有用的人。一九一四年第一批庚款留美的女學生中，除了陳衡哲之外均乏善可陳，這些大小姐都違背了當年升學、留洋、報國的宏願。而唐玉瑞可能更是一個特別的例子。

蔣廷黻九月十五日寫信給四寶，也寫一信給唐玉瑞，重申給她四分之一薪水外，還給她四分之一的儲蓄。這時候蔣廷黻內外夾擊：內有婚變，他要離婚但唐堅持不肯；外有宋子文，宋那時是行政院長，是他的頂頭上司。宋子文本性粗魯、傲岸自雄（胡適說他自私愚蠢），又是蔣介石的郎舅（宋美齡的哥哥），狐假虎威，更加專橫跋扈，目空一切。宋在行政院的一切措施是反行總的，他要毀了蔣廷黻，弄得他焦頭爛額，晚上常常睡不著覺（他在日記上寫 sleepless nights）。宋子文得到蔣介石的首肯，終於在十月一日強迫蔣廷黻辭職（蔣介石後來對蔣廷黻有歉意）。

十月九日蔣廷黻寫信給唐玉瑞，給她更好的條件：贍養費三千美元，每月二百美元，但唐還是不肯離婚。蕭蘧（蔣廷黻清華同事）問蔣廷黻是否考慮不再提離婚？蔣答說他很後悔，應該在一九三八年就提出來。（蔣廷黻日記 11/10/1946）十一月二十三日李卓敏赴美參加聯總會議，蔣廷黻託他與唐談判離婚之事。十二月十八日李從美國回來，他說在紐約見了唐玉瑞，她怪李卓敏慫恿蔣廷黻離婚，並說為什麼蔣廷黻不來美國。李說他從未見過有人像她那樣怨恨、固執的，他根本無從談起兩人離婚的條件。蔣廷黻一廂情願，天真地希望李卓敏能與唐談得攏，會答應簽署離婚協議。（蔣廷黻日記 12/18/1946）而外面的謠言很多，大多說為蔣廷黻與沈恩欽搭鵲橋的是李卓敏，故唐對李恨之入骨。也有人說為了沈恩欽，蔣廷黻把善後救濟總署署長的寶座也丟了，蔣廷黻在日記裡斥之為「Nonsense」（無聊）。（蔣廷黻日記 12/19/1946）

這時蔣廷黻工作不穩，與唐玉瑞的婚姻又解決不了。他本想去澳洲首府坎培拉澳洲國立大學教書，西雅圖華盛頓大學的泰勒（George Taylor）教授亦有正式函聘，但是蔣介石和王世杰都極力反對他到國外去教書，因此他將這兩個邀聘都婉拒了。六月中旬在上海召開的聯合國遠東經濟委員會，中國是地主國，蔣廷黻是大會主席。一年前外交部長王世杰即邀請他主持及籌辦這一會議，那時他尚是善後救濟總署署長，王問他會不會影響工作，蔣答不會。十月初蔣廷黻被宋子文解職，因此有足夠的時間來籌備這一大會。這個會議很成功，於六月下旬圓滿閉幕，頗得好評。上海會議結束後，蔣廷黻於七月初奉命先赴美國出席聯合國安全理事會預備會議，而後轉往倫敦參加善後救濟總署區域會議。他於七月五日清早離開上海，在機場送行的有沈恩欽（此時沈已離婚，與蔣廷黻同居）、親信李卓敏以及一些行總舊屬。他途經琉球、關島、檀香山、三藩市及芝加哥，除在三藩市停留一天一夜外，其他均作半小時及一小時停留或加油，當時飛機沒有現在那麼快速，蔣廷黻於七月八日午夜（美國時間）抵達紐約。在機場歡迎的人有唐玉瑞、大寶、四寶、紐約總領事張平群，以及兩位中國駐聯合國代表團團員。蔣廷黻在日記（7/8/1947）上記：「唐玉瑞對我很是熱絡（trying to be affectionate），令我不安（very embarrassing）。當我們到了皮爾旅舍（The Pierre Hotel）後，我很快把他們打發走了。很使我驚奇的是，稍頃唐玉瑞又回來還我一本Reader's Digest（《讀者文摘》），在三藩市機場上買的），其實是想藉機與我夜宿（really to pass the night with me）。」蔣廷黻對她說如果她要住在這裡，「我就出去，她就走了」。不久蕭蘧來敲門，很明顯地唐玉瑞把剛才的事給他說了。蕭與蔣稍談片刻，乃說明天再談。[10] 那天蔣廷黻在日記上最後一個字寫 sleepless（一夜沒安眠）。第二天的日記第一個字也是 sleepless，內心的煩惱當可思之過半矣！那天蔣廷黻六時即起，七時蕭蘧有一短簡忠告蔣廷黻，要他善待唐，並說他會與她談，蔣廷黻很感謝他。（蔣廷黻日記 7/9/1947）

七月十日九點半至成功湖聯合國總部開會，下午見了中國駐聯合國代表郭泰祺後即至曼哈頓晨邊高地大道九十號22Ｂ，這是唐玉瑞的寓所，大寶及四寶不在，蔣廷黻即對她說，為了我們的孩子的幸福，離婚是最好的辦法。唐拒絕講話，蔣廷黻走出去，坐在路旁的長凳等大寶和四寶。[11] 後來他們回來了，大寶有羅曼史，想請爸爸指點迷津，她有兩個男朋友很難決定哪一個好。蔣廷黻給女兒的忠告是：「不急，等到你的心會告訴你應該選哪一個後才決定。」然後與四寶玩牌，並幫大寶解決了一個猜字遊戲。（蔣廷黻日記 7/10/1947）這天是星期四，到了星期六，蔣廷黻沒有開會，他帶四寶至中央公園划船，然後又去唐的寓所。晚餐後蔣廷黻在日記裡記，唐玉瑞開始講「我們的金婚」，按西洋習俗，銀婚是結婚二十五週年，金婚是五十週年，他們是一九二三年在日本結婚的，一九四七年才二十四年，離銀婚還差一年，照目前情形來說，他們的婚姻很不穩定，唐說這種話不切實際，而且蔣廷黻還一直在嚷著要離婚。怪不得蔣廷黻聽了這話在日記裡記：「我覺得很難過，我對她說我希望我死了。」（蔣廷黻日記 7/12/1947）翌日又在日記上記，昨夜一夜沒睡好，早上九點半起床，四寶（四寶與父親同住在皮爾旅舍）對父親說有電話，想來是唐玉瑞或大寶打來的。十點半蔣廷黻偕四寶去晨邊高地唐的寓所，然後一家四口同去勃朗斯動物園看熊貓。表面上看起來有和好（reconciliation）的樣子，其實不然。蔣廷黻在那天日記最後記：「愈是看到唐，愈使我決心要離婚。」（蔣廷黻日記 7/13/1947）翌日蔣廷黻又去晨邊高地見唐，在日記上寫我們有很不愉快的談話，唐玉瑞對蔣廷黻說：「讓我們一起死。」蔣廷黻說：「我不願意與你生死與共。」又說：「我要離婚。」唐想再講話，蔣廷黻就離開寓所回旅館了。（蔣廷黻日記 7/14/1947）從蔣廷黻的日記來看，和好似是不可能的事。但蔣廷黻的朋友蕭蘧對他說（何廉後來也加入）唐永遠不會同意離婚，最多正式分居，但蔣廷黻堅決不肯（他說因為他是學者，不是商人），所以一定要離婚，蔣、唐各走極端。八月十六日在蕭蘧、何廉走後，蔣廷黻對大寶及四寶談及離婚之事，大寶對父親說，媽媽還是愛你的。蔣廷黻對女兒說，你媽媽要讓我吃官司。（蔣廷黻日記 8/16/1947）當天晚上何、蕭來到旅館，他們與唐玉瑞談判後所得的結論是：她要想盡一切辦法把你拖垮，離婚是沒有希望了，最後只有妥協一途。（同上）翌日蔣廷黻對蕭蘧說，對唐說如果保證不與沈恩欽結婚，她是否答應離婚。（蔣廷黻日記 8/17/1947）隔天即八月十九日，外交部長王世杰任命蔣廷黻為聯合國常任代表及安理會代表、出席本屆大會第三級代表，在王世杰、顧維鈞之後，希望三天內作答覆。蔣猶豫至再，因為與唐玉瑞婚變沒有解決，不想接受。（蔣廷黻日記 8/19/1947）第二天蕭蘧來，聞訊後堅持要蔣廷黻接受王世杰的任命，關於唐玉瑞那邊，蕭蘧要蔣廷黻與唐妥協，不離婚，唐玉瑞睜一眼閉一眼。（蔣廷黻日記8/20/1947）不久何廉來一起商討離婚之事，蔣廷黻做了些讓步，最後他提出三個條件：一、不離婚；二、隔一段時間蔣、唐在公共場合公開亮相；三、唐不管蔣的私生活。蔣廷黻要蕭、何明天（星期五）與唐談，因為星期六他要回外交部的電報是否接受聯合國常任代表的職位。蕭蘧前去談判，但是唐的條件又提高了，她要與蔣廷黻 cohabitation（住在一起），這個條件是蔣廷黻最反對的，他當然不肯，他在日記裡說決定與唐鬥爭到底。（蔣廷黻日記 9/4/1947）唐玉瑞知道與蔣重歸於好是不可能的了，關於聯合國職位蔣是否接受，他在日記裡沒有記，可是王世杰於九月十二日抵達紐約拉瓜迪亞機場，蔣廷黻均以駐聯合國常任代表身份接待，並設宴招待。王世杰晚年回憶說，「一九四七年秋天，在紐約參加聯合國大會，和廷黻先生相處得很好。可是有一天早晨蔣廷黻告訴我因為家庭問題要辭職。當時我對他說，這不行，絕對不可以。我完全不知道這一切事情是根源於他的家庭問題，因為頭一天晚上我們閒談，我曾問過他，你家庭的事情有沒有改善的方法？第二天早晨他對我說：『我家庭的事情沒有辦法解決，我辭職好了。』」王世杰又說：「我現在最需要你來協助處理事情，你怎麼可以辭職呢！當下就把辭職信退回去了。」最後說如果不把他的辭呈退回去，則「以後十幾年他在聯合國的貢獻就沒有了。」[12]

十一月中旬外界謠傳蔣廷黻將出任外交部長，又謠傳現任駐美大使顧維鈞內調外交部長，蔣廷黻接顧維鈞遺缺。蔣廷黻在日記上記：「要我去華盛頓或南京工作，我並不在乎。」（蔣廷黻日記

11/14/1947）他現在關心的是要先離婚而後與沈恩欽結婚。出使華盛頓這個謠言對蔣廷黻來說沒什麼不利，因為這可說明蔣廷黻的婚變並不影響他的仕途前程。上海小報曾說蔣廷黻因為婚變把善後救濟總署署長的職位都丟掉了，其實他的去職與婚變毫不相干。

十一月十八日蔣廷黻離開紐約去馬尼拉參加十一月二十四日在碧瑤召開的遠東經濟會議。這次會議前後一週，十二月二日結束後即回國述職，翌日晨飛抵上海龍華機場，沈恩欽及行總同事多人來迎迓，然後直接到法租界的寓所。他在上海停留四十六天，也是忙碌不堪，幾無片刻之暇，見了蔣介石很多次，因為蔣介石要他任財政部次長（等於部長），那時行政院院長是張群（兼財政部長），他不肯，理由是他對張群所知不多，且CC系會抵制，幾經周折，後來因王世杰說項，蔣介石並不堅持。蔣廷黻終於在翌年一月二十一日飛返紐約。回紐約不久，翁文灝組閣，要他擔任財政部長，但他喜歡紐約，政府沒有強迫他回去，所以他就留在紐約。但在紐約又有另一個煩惱，唐玉瑞困擾著他，他早就決定與唐玉瑞辦離婚手續，然後與沈恩欽結婚。

V

蔣、唐演變到現在這個局面，似已不可收拾，蔣要離婚，唐不肯。看了蔣廷黻日記，唐要與他重歸舊好是不可能了。他為什麼那樣討厭唐玉瑞，在日記裡找不出答案。也許日後在蔣廷黻給朋友的私函中或可找出一些蛛絲馬跡。在這裡蔣廷黻充分表現出他的騾子脾氣，於是他另闢途徑，有幾個朋友告訴他在墨西哥辦離婚手續簡單又方便。（蔣廷黻日記11/3/1947）後來就找了律師，律師說美國的法律各州不同，在紐約辦離婚最麻煩，且曠日持久。但在佛羅里達州、內華達州都比較簡便，而在墨西哥辦理更是簡便。有一位朋友說因妻子的宗教關係，他想離婚但十年未成，與他的情況相似，現在準備在墨西哥辦理，於是蔣廷黻決定在墨西哥辦離婚手續。他聽從了這位朋友的建議，聘請德克薩斯州 San Antonio 城一位名為 Gozales（這是西班牙人最普通的姓氏）的律師辦理。果然很快，一個多月就辦完了，他於五月四日收到 Gozales 寄來的文件，告訴他在墨西哥法院申請離婚已獲准。他雖然高興但並不樂觀，他知道唐玉瑞不會就這樣輕易放過他。（蔣廷黻日記5/4/1948）蔣廷黻的分析是正確的，他請蕭蘧於週六（五月八日）面告唐玉瑞，蕭回來對他說，唐還有幾個條件，但其中重要的兩點：一、妻子名稱的權利：在聯合國代表名冊內及私人公寓的名牌上她仍是 Mrs. Tingfu Tsiang；二、要錢。（蔣廷黻日記 5/8/1948）那時唐玉瑞還沒收到墨西哥法院的通知。五月二十日她收到墨西哥法院離婚正式通知，極其生氣，暴跳如雷，乃要與蔣廷黻談。第二天傍晚蔣廷黻偕蕭蘧去唐寓所，唐氣沖牛斗、大聲嘶喊說絕不承認墨西哥離婚，決不妥協。蔣廷黻在日記上記：「她的眼神、說話的聲音令我發抖。」蔣廷黻認為在這種情形下無法談下去，隨即走了，蕭蘧留在那裡安慰她，並想繼續與唐談判。（蔣廷黻日記 5/20/1948）關於墨西哥離婚，雖然唐反對，但對蔣廷黻來說，這是他唯一的辦法，所以他在日記上記：「I feel better.」（蔣廷黻日記5/20/1948）

蔣廷黻獲准在墨西哥離婚，即排除了一個與沈恩欽結婚的障礙。本來沈恩欽來信準備於六月二日搭機來美，後來因內閣改組，怕蔣介石要逼迫他回國，遂改於六月十八日。她來美國一個月後終於在一九四八年七月二十一日（星期三）與蔣廷黻在康州格林威治城結婚，證婚人是年長的柯林斯（An elderly gentleman, Collins, justified of the peace, performed the ceremony），證人為 Robert及Mary Cook。如果照唐玉瑞的說法，墨西哥法庭離婚在美國無效，則蔣廷黻在康州結婚應算是重婚，照美國法律重婚是不合法的，政府怎麼會讓這位 elderly gentleman做非法的事呢。蔣廷黻在日記裡記載，當天早晨有點不安，在他的自身反省（reflection）中說，若他生命裡沒有沈恩欽，再回到唐玉瑞那裡，這是不可能的，最好的辦法還是結婚，因此最後說：「一切後果逆來順受。」（The consequences have to be met and accepted.）用上海話來說就是「橫豎橫」。（蔣廷黻日記7/21/1948）蔣廷黻與沈恩欽結婚後算是合法夫妻，沈恩欽不再是一個grass widow（有夫妻之實而無夫妻之名）。蔣廷黻卒後，沈恩欽在《傳記文學》有一篇紀念文題為〈廷黻與我〉（一九七六年十一月號），文章一開頭她即開門見山地說：「廷黻與我在一九四八年七月二十一日在美國康省法官處結婚。」就文章來說，這樣開頭很好，可圈可點，因為一開始就把事情交代清楚——她與蔣廷黻是正式結婚的。婚後住在紐約西邊六十七街，不過他們常常搬家，但也都不出紐約西城。那時大寶已結婚，不在紐約。二寶（已來美國）及四寶就從媽媽唐玉瑞那裡搬來與父親及沈恩欽住在一起。他們住的公寓房子很小，房間不多，二寶有一間，四寶就睡客廳沙發。後來他們在新澤西州鷹格塢分期付款買了房子，房子並不大，但四寶有了自己的房間。除了三年半任駐美大使住官邸雙橡園外，蔣廷黻住的都是小房子（鷹格塢是普通的住宅區，附近的 Englewood Cliff 是高級住宅區，靠近哈德遜河，房價就貴很多）。

在蔣廷黻未與沈恩欽結婚以前，與唐談離婚條件時，他的朋友分成兩派，一派主張強硬，如張彭春，力勸蔣廷黻不要妥協，他列舉三個辦法：一、不要再去晨邊高地看唐玉瑞；二、把四寶送到住宿學校；三、送唐玉瑞回國，在金陵大學謀一教職。另一派則勸蔣廷黻要妥協，善待唐玉瑞，這些人都是蔣廷黻很好的家庭朋友，如蕭蘧、何廉等人，他們勸雙方都要讓步，和平解決。談判初期大都由蕭、何兩位負責，他們不採取立場，只要和平解決就好。特別是蕭蘧苦口婆心，可謂仁至義盡。此外，另一個朋友李卓敏是蔣廷黻的親信，但是唐玉瑞很討厭他、不信任他，唐一直懷疑蔣、沈會成為朋友，穿針引線的就是李卓敏。傅斯年那時在美國耶魯大學，他常從紐海文到紐約與蔣廷黻聊天（他們是好友），當然也聊到婚變，每次談完後傅斯年總對蔣廷黻說：「Don't lose your temper.」（不要發脾氣）有一天傅對蔣的忠告卻很特別，他說：「Don't take women seriously.」（不要對女子太認真）（蔣廷黻日記 2/2/1948）傅斯年沒有參加蔣、唐談判，但是到後來蔣廷黻與沈恩欽結婚後，另外兩位好朋友胡適與葉公超卻直接參與，我們後面還會談到。胡適贊成蔣、唐離婚，葉公超叫他回國辦理離婚手續。另一個心直口快的家庭朋友楊步偉（趙元任夫人）自動寫信給唐玉瑞，勸她離婚，說蔣廷黻已把她棄如敝屣，還要賴著他做什麼呢？勸唐玉瑞趕快離婚。（蔣廷黻日記 3/13/1948）但是蔣廷黻早年的英文老師林格爾夫人反對他離婚。（蔣廷黻日記 2/18/1949）蔣廷黻的姊姊反對離婚，唐的親戚也反對。大寶、二寶那時已成年，她們的看法比較溫和，有時會站在爸爸那邊，贊成離婚，有時也會對爸爸說一些忠言逆耳，如蔣廷黻對女兒說，他與沈彼此相愛，他們就會說她看上你的 position（地位）；有時也會對爸爸說，如與沈恩欽結婚他們可能會很愉快，蔣廷黻聽了當然很高興；但有時對爸爸說不要逼媽媽離婚，要慢慢來；又對媽媽說不要太堅持自己的意見，對沈睜一眼閉一眼。以我從蔣廷黻日記上得來的印象，兩個女兒對爸爸講話有點影響，對媽媽則未必，大寶講話比二寶有份量。

蔣廷黻與沈恩欽結婚後，唐玉瑞不承認墨西哥的離婚，她認為墨西哥辦離婚在美國是不合法的，所以日後給蔣廷黻帶來很多困擾。最嚴重的一次是蔣廷黻與沈恩欽於一九四八年十二月中旬從巴黎回來。是年秋第三屆聯合國大會在巴黎舉行，蔣廷黻攜新婚的沈恩欽同行，他們於九月八日離開紐約，搭乘英國郵輪瑪麗皇后號赴法，深怕唐玉瑞找麻煩，蔣廷黻在前一天還與英國代表商談，他建議蔣廷黻要比一般人早半小時上船，所以去時沒有麻煩，但回來時卻有很大的困擾。第三屆聯合國大會於十二月中旬結束，蔣廷黻夫婦於十七日晨離開巴黎，搭火車前往 St. Lazare 車站，火車於午時準時出發，五時抵達法國西北角諾曼地尖角一個海港，名叫 Cherbourg，瑪麗王后號郵輪即泊於此。六時登舟，旅途很愉快。唯快到紐約的前一天，蔣廷黻收到蕭蘧病逝的電報，俗云福不雙至，禍不單行，翌日到紐約上岸時，蔣廷黻夫婦遭移民局攔查，移民局官員對蔣廷黻說，有人舉報有非法移民在船上，告發的人說因為於墨西哥離婚在美國無效，沈恩欽的身份有問題，因此將此案報告上級，訓示下來說暫且將沈恩欽送至愛麗絲島（為非法移民拘留所），聽候調查。蔣廷黻認為事態嚴重，但他運氣還好，在碼頭找到一位國務院的代表，過去曾在FBI工作，知道如何處理這種案子。他幫蔣廷黻打電話給國務院請示，國務院打電話給移民局，結果沈恩欽有條件釋放，以後要開聽證會調查。事情總算暫時告一段落，沈恩欽順利上岸。蔣廷黻在日記上記：「我們的痛苦已成過去。」（Our agony was over.）（蔣廷黻日記 12/22/1948）其實「痛苦」並沒有成為過去，很多大小麻煩還在後頭呢。

第二天《紐約時報》刊登蔣廷黻與沈恩欽一起自巴黎出席聯合國第三屆大會返紐約的新聞圖片。唐玉瑞看到了很生氣，就跑去《紐約時報》抗議。說這張照片是錯誤的，她才是 Mrs. Ting-fu Tsiang（蔣廷黻夫人），要求《紐約時報》刊一「更正」。《紐約時報》當然不會隨便聽她的，說若要更正需蔣廷黻博士寫信給報館。《紐約時報》很謹慎，他們先打電話給在華盛頓的駐美大使館，然後打給移民局，最後打給蔣廷黻本人。蔣廷黻說這樣一來一往，他們發現在唐玉瑞幕後指使的是一位姓司徒的女子，她父親曾被蔣介石迫害過。關於照片的故事還沒完，因為第二天唐玉瑞見了蔣廷黻，又提出《紐約時報》照片的問題。唐一定要蔣廷黻寫信去更正，蔣當然不答應，他說這張照片不是他拍的，標題不是他寫的，拒絕「更正」，最正大光明的理由是：「我與沈恩欽已正式結婚。」說到這裡唐很生氣，不讓蔣廷黻再說下去，說關於這些容後由她的律師來談，蔣廷黻即起身走了。（蔣廷黻日記 12/24/1948）

隔了兩天，蔣廷黻在聯合國遇見美國代表團代表勃朗（Brown），與他談及他與沈恩欽自巴黎回來碰到移民局關於徵詢沈恩欽身份問題的調查。勃朗說他會親自打電話給移民局問個究竟。幾分鐘後，勃朗打來對蔣廷黻說有關沈恩欽身份調查聽證會，只要他具一書面聲明，即可取消。並說沈恩欽可獲得外交護照，但唐會失去她現有的外交護照的身份。（蔣廷黻日記 12/27/1948）唐玉瑞本來是要看蔣廷黻及沈恩欽出洋相，結果麻煩惹到自己身上來了，她有點慌張，馬上到華盛頓中國大使館找顧維鈞，請求他不要取消她的外交護照。（蔣廷黻日記12/30/1948）後來唐玉瑞的護照及身份問題如何解決，不詳。

唐玉瑞拿了蔣廷黻的錢去找律師與蔣廷黻打官司。一天下午，紐約最高法院有一個人到蔣廷黻辦公室要見蔣，他不識其人，卻堅持要見他。此人說紐約最高法院受理唐玉瑞控告要求贍養費。（蔣廷黻日記1/6/1949）其實蔣廷黻每月給她兩百美元，那時兩百元足足夠用了。在蔣廷黻到巴黎開會前，她向蔣廷黻要九百四十美元（蔣說不肯給），而且一聽到蔣廷黻與沈恩欽要去巴黎，唐玉瑞失蹤了，蔣廷黻起初以為她會去巴黎搗亂，問了大寶，大寶說媽不去巴黎，那她為什麼要那麼多錢？律師費嗎？說是要買貂皮大衣，那是國民政府快要垮台，正是「商女不知亡國恨」。翌日蔣廷黻打電話給他的律師，律師對他說，中共對蔣廷黻的婚變非常有興趣，已經一再攻擊他是美國帝國主義的走狗，要蔣把這件事對美國駐聯合國代表團說明，並說要他向美國代表團報告國務院，另補顧維鈞大使一封信，然後又有國務院公函給司法行政部，蔣廷黻可以引用外交豁免權。蔣廷黻委託律師全權處理，蔣是學者不清楚這些手續。一月二十六日蔣廷黻的律師對他說：「司法行政部已『建議』紐約最高法院將唐玉瑞告蔣廷黻的案子撤銷。」唐玉瑞的律師要求法院延遲六十天（因唐玉瑞也向國民政府法院告狀，但後來南京危如壘卵），蔣廷黻的律師不肯延長，所以這個案子就撤銷了。（《紐約論壇報》2/8/1949）至於南京法院的告訴，唐玉瑞曾要求南京政府取消蔣廷黻的外交豁免權，南京國民政府不久即垮台了，所以唐玉瑞訴訟無由。可是港台報刊常說唐玉瑞官司贏了，但是因蔣廷黻有外交豁免權，法官對唐說等到以後蔣不做外交官後，丈夫還是你的，這種說法全是寫文章的人想像出來的，算是捕風捉影、無稽之談。唐走法院這條路，但此路不通。據紐約中國領事館劉心顯對蔣廷黻說，唐玉瑞要求當時的代總統李宗仁（在紐約看病）取消蔣廷黻的外交豁免權。這當然不可能，因為聯合國設在紐約，當年聯合國與美國政府簽約，聯合國會員國人員必須遵守紐約本地法律，但享有豁免權，這是明文規定，不是專為一個人而訂的。像蔣廷黻這個案子，美國代表團得悉後，向國務院建議，美國政府應該要保護蔣廷黻。是故唐玉瑞告到紐約州最高法院，法院不予受理，可是唐玉瑞一不做二不休，以她的個性當然不會從此甘休。唐與他的朋友司徒女士去成功湖看聯合國祕書長賴伊，司徒說賴伊接待她們很是客氣，原來是騙人的，事實上並沒有見她們，而是由助手出面敷衍了事。

蔣廷黻用外交豁免權曾遭輿論界批評譴責。唐人街CC系辦的中文報紙《民氣日報》以中國傳統倫理的觀念批評蔣廷黻與沈恩欽的婚姻，蔣廷黻看了很是生氣。（蔣廷黻日記 2/1/1949）但一般人私下認為唐玉瑞告移民局及至法院控告稍嫌過分。有一個朋友從上海寄來一份上海出版的《大美晚報》剪報給蔣廷黻，這是上海美國商人辦的報紙，該報譴責蔣廷黻利用外交特權，旨在拒付妻子及子女的贍養費。蔣廷黻認為這是歪曲事實，他說這篇社論 barbarism（失去理性）。（蔣廷黻日記 3/2/1949）紐約的《每日新聞》（*Daily News*）社論標題是「Immune and Amusing-UN」，該報說因為中共要利用蔣廷黻的婚變來打擊他。大陸利用蔣廷黻的侄子蔣濟南一九五〇年一月十六日在《人民日報》上的文章〈致蔣廷黻一封公開信〉攻擊他，說他佔有部屬妻子，拆散別人家庭。紐約《世界電訊報》（*World Telegram*）亦持此說。這些評論也是似是而非。（蔣廷黻日記 2/14/1949）唐玉瑞向聯合國人權協會告蔣廷黻，故事都是新瓶裝舊酒。蔣廷黻的反應是，唐要毀了他，他準備一切逆來順受。（蔣廷黻日記 3/24/1949）唐利用紐約小報如《每日新聞》、《世界電訊報》及《每日鏡報》（*Daily Mirror*）來攻擊蔣廷黻，蔣廷黻的律師打電話問他如何應付，但蔣廷黻說他不準備反擊來批評唐玉瑞。（蔣廷黻日記3/25/1949）蔣廷黻開始對唐極其反感（My heart sinks as I think of the hatefulness of NZ〔唐玉瑞英文名字簡寫〕）。（蔣廷黻日記 3/27/1949）翌日他寫一信給葉公超（那時葉尚是代理部長）推薦江季平為代表團辦事處主任。大概報上刊登的蔣廷黻婚變消息國內已看到了，也在同一天蔣廷黻收到外交部一封電報，希望不要因家庭問題而在美國引起訴訟，如有必要可以請病假，回中國解決這個問題（時外交部已遷至廣州）。（蔣廷黻日記 3/28/1949）葉公超的用意是在於蔣廷黻因婚變報章蜚騰，影響國際聲譽。據二寶告訴他父親，當時美國一個很有名的專欄作家 Drew Pearson 曾打電話給媽媽，問起離婚訴訟進行得如何？可見當時不僅中共對此有興趣，美國輿論界對此花邊新聞亦喧騰一時。因蔣廷黻有外交豁免權，法院不予受理，只有私下解決。儘管如此，蔣廷黻的婚變熱鬧一時，過一陣子也就平息下來。

VI

蔣廷黻的婚變有很多朋友關心、幫忙、勸解。俗云：幫你打架的朋友不是朋友，蔣廷黻的朋友多是來勸解的，總希望兩造息事寧人。最早的是蕭蘧，可是如今已成故人。後來告到法院，但蔣廷黻有豁免權，唐玉瑞投訴無門。表面上看起來，唐玉瑞是弱者，其實這個案子是很複雜的，也就是俗話說的清官難斷家務事。唐玉瑞態度很強硬，如要錢就打電話給蔣廷黻商談，如果談不攏，或蔣不答應，還會把門反鎖。有一次唐玉瑞堅持要蔣廷黻答應，蔣不肯，可是門已被反鎖，唐玉瑞住在二樓，蔣廷黻沒辦法只好從窗子跳出去，再從相當於二樓的救火梯跳下去，這對一個工人來說也許是輕而易舉的，但對蔣廷黻這個文弱書生來說實在膽顫驚心，驚惶不已，不易為也。自那次後，蔣廷黻再也不單獨一人到唐的寓所。婚變讓蔣廷黻常在夜裡不能安眠，唐玉瑞經過多年的折磨，也許精神也萎靡了，可謂兩敗俱傷。她的律師私下對蔣廷黻的律師說，「唐玉瑞需要去看心理醫生。」（蔣廷黻日記 1/28/1949）可能律師有時看出唐玉瑞談吐舉止不當，語無倫次。她常無端騷擾令蔣廷黻生氣。茲舉幾個例子：最早是問二寶或四寶蔣廷黻與沈恩欽的住址，如不講會大吵大鬧，非要他們告訴她不可。唐玉瑞會到蔣廷黻的住家賴著不走，次數多了，蔣廷黻就叫傭人不要隨便開門，可是她會在樓下門口大吼大叫。有一次大寶一家帶小孩從外埠來紐約，蔣廷黻準備帶四寶、二寶及大寶一家人去中國餐館吃飯。這本是很好的家庭聚會，但蔣廷黻已另組家庭，沈恩欽是女主人，是故大寶叫她媽媽回家，既然都這樣講了，可是唐不肯回家，大夥晚上十點吃飯回來，她還在那裡（有傭人在家）。有一次蔣廷黻偕沈恩欽去參加顧維鈞兒子的婚禮，蔣廷黻認為唐玉瑞不會參加，結果唐玉瑞來了，看到他們即舉手大聲叫喊招呼，讓蔣廷黻很不自在，即與沈恩欽走了。在蔣廷黻想來，平靜的生活秩序被攪亂了。也許在唐玉瑞想來，她的目的達到了。（蔣廷黻日記 8/20/1949）蔣廷黻有時會接到莫其妙的匿名信，信是從三藩市發出，但是打字機字體是唐玉瑞的打字機打出來的。（蔣廷黻日記 8/26/1949）匿名信有時是恐嚇信，有時假裝是沈恩欽的男朋友的來信。十月二十四日杜魯門到紐約出席聯合國大會，整個紐約市熱烈歡迎總統蒞臨。杜魯門到聯合國來，唐玉瑞也來了，看到他們夫婦，唐玉瑞就在大庭廣眾大聲地叫喊並招手，讓蔣廷黻一整天都不高興。他在日記上記：「想到要和這樣的女子相處一生，是一種不可思議的可怕經驗。」（To think that that woman would cling to my life is simply nightmare.）（蔣廷黻日記 10/24/1949）唐玉瑞打電話來問他們是否參加紐約市長William O'Dwyer 歡迎杜魯門的晚宴？（蔣廷黻日記 10/24/1949）翌日又打電話問蔣廷黻昨晚去宴會了沒有？為什麼照片裡有羅斯福夫人？有一天又打電話給蔣廷黻，問他曾否帶沈恩欽至卡內基音樂廳？蔣廷黻立即把電話掛了。（蔣廷黻日記 11/21/1949）這裡我有兩個問題，蔣廷黻為什麼如此疾視她呢？唐玉瑞為什麼像小孩子一樣，問一些沒有多大意義的問題，或寫一些不應該寫的匿名信。是否真的像她的律師所說的，需要去看心理醫生？也許她認為這些原本都該她的，現在鵲巢鳩佔，也是一種心理反映。可是這些她都失去了，永遠失去了。

在蔣廷黻與沈恩欽結婚前，要和解問題較多也較複雜。但現在兩人已經結婚了，法院不受理，中間人出來做和事佬，只要商談離婚的條件，諸如贍養費問題。蔣廷黻的朋友自告奮勇要幫忙、調解的人很多。蔣廷黻個性內向，不是個巧言令色、花言巧語的人，但他的知己好友很多。他的邵陽小同鄉何廉首先出來調解，邀請唐玉瑞及蔣廷黻早年在湘潭的英文老師林格爾夫人到他在紐海文的家裡商談（他那時在耶魯教書），希望唐玉瑞能接受蔣廷黻提出的和解條件。條件是什麼我們不得而知，因為蔣廷黻日記並沒有記。但我個人推測，能讓何廉及林格爾夫人認可的條件，應該不會不合理，唐應該會接受。因為他們就像蕭蘧一樣一直對蔣廷黻說：「要善待唐玉瑞。」且林格爾夫人不僅是蔣廷黻幼年的英文老師，又是一位傳教士，蔣廷黻十六歲經她幫助來美國讀密蘇里的派克學堂，兩人關係親若母子。林格爾夫人是最早反對蔣廷黻離婚的人，但是何廉與林格爾夫人跟唐玉瑞談判的結果，唐的答覆還是「No」（不接受和解條件，即還是不肯離婚）。（蔣廷黻日記 2/24/1949）後來蔣廷黻找胡適與唐玉瑞談判，胡適願意代表蔣廷黻去說項，所提的條件不僅不會苛待，且絕對合理，不會讓唐吃虧。胡適這個人就像周策縱教授所說的，是一個很可愛的人。據蔣廷黻日記（9/27/1949）載：「與胡適通電話，他今天下午去見唐玉瑞。」胡適說：「唐非常固執，哭泣、懇求地說人家虐待她。」過了兩週，胡適對蔣廷黻說，他寫了一封很懇切的信給唐玉瑞，並附寄了他自己寫的贊成離婚的一篇文章。蔣廷黻的評語說：胡適還附寄自己的文章會使這封信失去其效果。（蔣廷黻日記 10/13/1949）果不其然，胡適收到唐玉瑞的回音後，打電話給蔣廷黻說，她的答覆正如蔣廷黻所意料的「No」。（蔣廷黻日記11/3/1949）

有一天蔣廷黻跟二寶去展望公園（Brooklyn Prospect Park）賞菊花，那時外交部發不出薪水，國民政府隨時會垮台，他很認真、嚴肅地對二寶說，如果你媽媽一年內還來找我麻煩，而我沒有工作，我會離開美國。在這種情況下沒有錢給你及四寶上學。（蔣廷黻日記 10/29/1949）此時，外交部對國外使館員工減薪百分之四十五。唐玉瑞沒有工作，全靠蔣廷黻的贍養費，這是很嚴重的事。蔣廷黻講這話是很沉痛的，唐玉瑞是否會改變，不與蔣廷黻繼續鬧下去。但是看蔣廷黻的日記，仍依然故我。十月十八日宋美齡來美國，早晨九點多，蔣廷黻偕沈恩欽至紐約拉瓜迪亞機場迎迓。當蔣廷黻及沈恩欽進候機室時，唐玉瑞也伸出手來招呼，蔣廷黻裝著沒看見。後來聽人說，宋美齡下機時唐也在人群裡，但宋美齡沒有看到她。（蔣廷黻日記 10/18/1952）最令蔣廷黻煩惱的是，唐玉瑞常在公共酬應場所作不速之客。這次葉公超來美，蔣廷黻有機會與他談了很多次，葉公超說他有辦法可以阻止她，幾次下來她就會放棄了。葉公超說他要找蔣夫人跟她談。（蔣廷黻日記11/19/1952）葉公超與唐玉瑞曾有過一次長談，葉保證蔣廷黻會給她合理的贍養費，但不可以再出現在公開場所騷擾。（蔣廷黻日記 11/22/1952）隔了兩週，正確的日子是十二月八日，葉公超見到宋美齡，把兩人的糾紛跟她說了，宋美齡不願插手，葉乃對她說唐玉瑞是一個很令人惱怒的女子，宋美齡對葉公超說：「你應該知道在美國社會，怎能請一個女子勸告另一個女子放棄她『心愛』的男人。」宋美齡說：「我不幹。」（蔣廷黻日記 12/8/1952）宋美齡說的話也不無道理。翌日晚蔣廷黻在 Hampshire House 宴請葉公超及華美協進社董事會諸公。宴會開始時唐玉瑞不請自到，蔣廷黻很生氣想叫員警來，但他的僚屬江季平等人堅決反對，因而作罷。最後由一位女士坐在她旁邊把她勸走了。（蔣廷黻日記 12/9/1952）這個週五晚上葉公超與唐玉瑞又有一次長談，唐問蔣廷黻月薪是否有三千六百元，葉說我是部長比你知道得多，哪有那麼多！唐要葉公超寫信給聯合國，幫她申冤說蔣廷黻沒有妻子作伴，葉拒絕。一九五五年秋葉公超在紐約參加聯合國大會，會後有一個雞尾酒會招待中國代表團全體團員。唐玉瑞知道了，到葉公超的居所說她要參加這個party。葉對她說你最好不要來，理由很簡單，你不來比來好，所以沒有邀請你，她就沒有來了。（蔣廷黻日記 10/14/1955）

一九五三年以後，蔣廷黻的日記很少有唐玉瑞的記載，很安靜，直到一九五四年七月九日突然出現與唐玉瑞和解的記載，條件是：五千美元分期付款，加上一個月三百元的生活費。其中一條是，如果他回臺灣工作則改為每月二百元。這是經雙方律師或是由朋友調停的，是誰出來調解的，不詳。（日記裡還談到贍養費的總額是三萬元，但沒提是誰出來調解的，我問了蔣居仁，他不知道，我沒問蔣智仁，她已九十多歲了，我不忍麻煩她老人家。）蔣、唐調解後，蔣廷黻的日記幾乎沒有再提唐玉瑞。一直到四寶結婚，卻又引起一場家庭小風波。最初二寶打電話跟爸爸說，媽媽會參加婚禮，蔣廷黻打電話給四寶說，若他媽媽參加他就不去。四寶很不高興，沈恩欽也不高興。最後蔣廷黻答應參加。結果蔣廷黻去了，唐玉瑞也不請自到，四寶稱她 unwanted guest，蔣廷黻怕唐玉瑞在婚禮上搗亂，事先警告四寶，結果那天相安無事。據蔣廷黻日記記載，他與沈恩欽「下午一點五十分進教堂。唐玉瑞於五十五分進來，帶位的人帶她坐在第二排，但她卻走到第一排坐在沈恩欽旁邊。」唐玉瑞很喜歡搞這些小動作。日記裡說：「婚禮儀式很簡單，只有十分鐘。儀式結束後，唐玉瑞想與我比肩而行，被我擠走。一出教堂我們即駕車離開波士頓回新澤西州。唐玉瑞則至機場飛返紐約。」（蔣廷黻日記 10/28/1956）我個人的意見，唐玉瑞參加兒子的婚禮與參加蔣廷黻做為主人的宴會不同，不能相提並論。蔣廷黻因唐玉瑞參加四寶的婚禮，他就不想去，這是過度反應，所幸相安無事。

VII

蔣廷黻有一次與紐約州的杜威州長談話，州長說希望他是下一任的外交部長，蔣廷黻說如果沒有唐玉瑞找麻煩，他願意擔任駐美大使。（蔣廷黻日記 12/13/1952）駐美大使是蔣廷黻很想做的，最理想的時間是在二次大戰末，謠傳他即將接替魏道明出任駐美大使，他還寫信給唐玉瑞要她早做準備，免得命令下達時手忙腳亂，如果這個傳言成事實，也許能挽救他們的婚姻。

二〇一六年四月十四日我在 Scarsdale 訪問蔣居仁（四寶），我問他父親退休後與姆媽住在紐約三十四街一家小旅館裡多久？他說至父親一九六五年十月病逝為止（前後五個月不到）。蔣廷黻卒後，沈恩欽在波士頓近郊牛頓城四寶家裡住了幾年。一九七二年沈恩欽應蔣經國的邀請曾至臺灣觀光遊覽，對臺灣的印象很好。沈恩欽在所撰寫的〈廷黻與我〉裡說：「那時我已決定他日退休時，一定回國定居。……承蒙蔣院長念舊與照拂，去年（一九七五年）我由美搬回臺北安居。」她是一九七五年移居臺灣的。她在文章中又說：「去年在我回國前，特飛去麻州，先上廷黻的墳，然後去波士頓大學探望 Tina（蔣居仁的女兒）。」訪談時無意中問他為什麼 Hilda（沈恩欽）要回臺灣？他的回答乾脆俐落，直截了當地說，「她與我妻子不睦。」我說這很正常，他笑了起來。他說他的妻子（Claire）是美國出生長大的，不喜歡吃中國菜，不會說中國話，生活方式全是美國式，正如蔣廷黻第一次見到未來媳婦時在日記上記，除了臉是中國人外，一切都美國化了。雖然沈恩欽是民國元年出生（比蔣廷黻小十六歲），是新時代的新女性，但要她與 Claire 朝夕在一起相處，能合得來，難矣哉！

蔣廷黻一九六五年十月九日病逝紐約，十二日由中國駐聯合國代表團辦公室負責經辦喪禮，有中外來賓兩百餘人到場。喪禮完後，遺體火化，葬於波士頓近郊牛頓城公墓。蔣廷黻卒後，以他為中心所建立的蔣廷黻世界也就「樹倒猢猻散」了。俗云夫妻「和是緣，吵也是緣」，一九七九年「冤家」唐玉瑞亦逝，葬於紐約市布朗斯區北端的 Woodlawn 公墓。一九八二年沈恩欽病逝臺北。據蔣居仁說，一九八二年沈恩欽生病，後來聽到她病重，他即買了機票緊急飛赴臺灣，當他趕到時沈恩欽已逝，惜未見及最後一面。沈恩欽的骨灰由蔣居仁攜回美國，與蔣廷黻葬在一起。[13]

訪問蔣居仁快要結束時，我問了他幾個很簡單的問答式問題：「你父親一生過過 good life（好日子）嗎？」答說：「是的。」「Happy?」答說：「很愉快。」「Hilda（沈恩欽）呢？」答說：「也很愉快。」「你母親呢？」答說：「No.」「你父親第二次婚姻是否很愉快？」答說：「父親與 Hilda 相處很融洽、很愉快。」（唯一遺憾的是 Hilda 自己沒有小孩）[14] 我們準備去吃午餐時，走到門口見 Mrs. Salazar 還沒有出來，於是又問了蔣居仁幾個極其簡單的問題：「你認為沈恩欽這個人怎麼樣？」答說：「A nice lady」「你父親呢？」答說：「A gentleman」「你的母親呢？」蔣居仁不講話，少頃答說：「A selfish person」（自私的人），此時 Mrs. Salazar 出來聽到，乃加了一句：「A tough woman」（強勢的人）[15] 然後蔣居仁也說他母親比較自私，不關心小孩。最後我說，你給我的印象，你對沈恩欽的感情比你對親生的母親還要深。他的答覆是肯定的。我問可否放在書裡？他說：「當然可以」（You can tell everybody）[16]

一般而言，唐玉瑞與小孩的感情並不很融洽。蔣廷黻說唐疏離了自己的小孩及很多親友。蔣廷黻說她不會懷念我，她也許會思念蔣廷黻這個名字及地位，會回想起她曾是蔣廷黻的妻子，享受過曾是大使夫人的榮銜，享受過這些富貴榮華、杯觥交錯、外交宴席等熱鬧的場面，而這些尊榮她已經失去了，永遠失去了。怎麼會失去的，對我來說則是一個謎。在重慶的時候，日記裡沒有記載吵架等爭論，蔣廷黻會突然提出離婚，令我百思不得其解。他的日記裡常記一些這樣的話：「你講這些話會使我離你越來越遠，不會使我們和解。」我猜想唐玉瑞講一些很刻薄的話。在這裡不禁令人想起當年燕京大學女學生陳仰賢，學生時代醉心癡戀葉公超，希望與他結婚，但後來葉公超與袁永熹結婚，她對吳宓說，她「絕不怨葉君，且凡女子不得與所愛的男子成婚，或已婚而失卻其夫之愛，皆女子無才之咎，而不得以之責備云云。」（《吳宓日記》一九三〇年六月五日）善哉斯言！

最後說出我個人的意見。婚姻本來就是一種契約行為，男女相好，則就結為連理，這是幸福。如果婚後發覺兩人合不來，各奔西東，則離婚是一上策，即使對不願離婚的一方來說，離婚不是一件壞事。蔣廷黻本來是很鍾愛唐玉瑞的，一九二三年在北美讀書尚未定情時，他就在博士論文的扉頁上寫獻給 Nyok Zoe（玉瑞）。一九六五年蔣廷黻撒手西歸，臨終時把所有財產給沈恩欽與唐玉瑞均分。就現有的資料來看，我認為蔣廷黻沒有薄待她。婚後演變到這樣的局面，唐玉瑞也應該負一部分責任。臺北《傳記文學》於一九九〇年九月號刊有趙家銘寫的一篇文章題為〈蔣廷黻的婚姻悲劇〉他說：「蔣廷黻是一個成功的外交家，卻是一個失敗的丈夫，也是一個失敗的父親。失敗的關鍵就是他比一般男人多了一個女人」。（附註：趙家銘（造假名）不是劉紹唐，另有其人）。因此我問蔣居仁你的看法如何？他說：這與事實不符。如果你看了我父親的日記，就知道他多麼愛護子女，時時關心小孩。隨便舉例來說，他每次到臺灣訪問，每個星期天都把時間留給三寶懷仁一家人。他到美國來開會，每星期六及星期日都會帶我出去玩。他對我兩個姊姊也非常非常好。最後又說：「他是一個好父親。我們是他的子女，我們有資格說這句話。」至於蔣廷黻是不是一個好丈夫？蔣居仁說，如果你們看過 Hilda 寫的紀念文章就知道了。現在就把〈廷黻與我〉裡的一段文字抄錄於下，做為本文的結束。沈恩欽寫說：「我們結婚這麼多年來，可以說廷黻從來沒有向我發過脾氣或爭吵過。他對小孩也是和顏悅色，有事或有問題時總是好好的與他們商量勸導，從來沒有罵過他們。小孩都聽他的話，也都孝順敬愛他們的父親。他對於家事，從不囉嗦，從不訴苦，也從不過問一切，多由我作主，我也從不干預他的公事，所以我們相處得非常融洽和諧，家庭生活十分愉快。我認為他是一位最容易相處、最容易服侍的丈夫，也是一位最仁慈的父親。」[17]

1.《清華同學錄》，北平，清華大學，一九三三。轉引自 Charles Ronald Lilley, “Tsiang Ting-fu: Between Two Worlds, 1895-1935”, University of Maryland, Ph.D. dissertation, 1979, p.228.

2.有關唐玉瑞參加康州夏令營及華盛頓會議留學生後援會，請參閱羅家倫，〈壇坫風淒：憑弔蔣廷黻先生〉，刊於《傳記文學》第八卷第一期。關於蔣廷黻打電報向唐玉瑞求婚，錄自 Charles Lilley於一九七四年三月十一日訪問何廉，轉引自Lilley, “Tsiang Ting-fu”, p.229。關於蔣廷黻與唐玉瑞在日本結婚，除了蔣智仁函告（3/30/2016）筆者及蔣居仁的訪問外，見 “Oberlin College Alumni Report,” August 21, 1925, Oberlin Alumni Records Office.

3.我第一次看到蔣廷黻的博士論文 “Labor and Empire: A Study of the Reaction of British Labor, Mainly as Represented in Parliament to British Imperialism since 1880” 扉頁上的獻詞寫著「To Nyok Zoe」，初不知是誰，後來看了蔣廷黻的日記才知道 Nyok Zoe 就是唐玉瑞，留美時她的姓名是用上海話拼音：Dong Nyok Zoe。

4.蔣智仁致筆者函（3/30/2016）。

5.中國第二歷史檔案館藏蔣廷黻個人檔案，轉引自任駿、蔣耘，〈胡適與蔣廷黻的半世之交〉，收入李又寧主編的《胡適與他的朋友》第五集，頁六五。

6. 趙家銘，〈蔣廷黻的婚姻悲劇〉，臺北，《傳記文學》第七十五卷第三期（一九九〇年九月）。有人把這篇文章說是劉紹唐寫的，因此把趙家銘在文章裡說的「因為蔣廷黻比人家多了一個女人，就說他不是一個好丈夫，也不是一個好父親」也歸給劉紹唐說的。有一年我回臺灣，在臺北見劉紹唐先生，順便問他趙家銘（造假名）是誰？答說：「李敖。」

7. 蔣廷黻日記寫，在當天下午四點就進城去南開見張伯苓及李卓敏。晚飯後有一位 Hsu（徐或許）姓女士來訪，蔣廷黻對她說，「為你也為我好，以後你不要再來做私人訪問，不然會有謠言。」這位女士是誰，不詳，後來在日記上她沒有再出現過。我說這件小事，旨在說明蔣廷黻不是見一個愛一個，或者像《紅樓夢》裡王熙鳳所說的，賈璉是吃在碗裡看在鍋裡的人。他之所以離婚不是因為「他比一般男人多了一個女人」。

8. 我認為這封信很重要，我怕翻譯的不夠正確，讓懂英文的人去體會，所以從蔣廷黻日記（5/26/1946）上把英文全文抄錄如下：“Wrote to Nyok Zoe as follow: Tacitly we have been divorced since our return from Moscow. Ever since 1938, we have lived separate lives. Therefore a divorce now means no loss to either of us.

“The children are grown up now, our separation would not affect their lives. If you all social conventions to dominate, you would be very callous and cruel, because you would be condemning the remainder of my life to misery. That would make me hate you.”

9. 這是我於二〇一六年四月十四日在紐約北郊 Scarsdale 的 Mrs. Ann Salazar 寓所訪問蔣居仁時他對我講的。

10. 皮爾旅舍（The Pierre Hotel）在紐約是一家很高檔的旅館，座落在第五大道與六十一街口，當時中國駐聯合國代表團辦事處設在三十四街帝國大廈。聯合國總部尚在長島成功湖，中國代表團在皮爾旅舍包有幾個套房，為來往團員臨時住宿之用。

蕭蘧是蔣廷黻的多年朋友，過去曾是清華同事，當時任職於聯合國中國代表團經濟委員會。他是蕭公權的堂弟。一九四八年蔣廷黻在聯合國開會，回程途中得悉蕭蘧病逝，痛失良友。

11. 唐寓所晨邊大道前面是晨邊公園，對街沒有建築，但路旁有很多長凳，過去這一帶是很幽靜的高尚住宅區，現在還是很安靜，但治安不佳，盜竊多如牛毛，偷車、暴力案件幾乎無日無之。

12. 王世杰，〈對廷黻先生外交與學術方面的幾點補充〉，臺北，《傳記文學》第二十九卷第五期，頁十五。一九四七年九月下旬，王世杰在紐約開完會後去華盛頓晉見杜魯門，他問蔣廷黻他應該講些什麼話，問些什麼問題，一九四八年王世杰在巴黎聯合國大會的英文演講辭是蔣廷黻捉刀的。王世杰與蔣廷黻談有關外交方面的問題，有時王會記筆記。蔣介石與蔣廷黻兩人單獨談話時，蔣介石有時也會記筆記。

13. 二〇一六年四月十四日筆者訪問蔣居仁時，他對筆者講的。關於蔣廷黻的子女，大寶智仁現住佛羅里達老人院，其丈夫

Alex Mark 已於二〇一五年去世；二寶壽仁居加州 Palo Alto，多年來身體欠佳，現由其領養的兒子照顧。三寶懷仁在臺灣，其妻克瑛於多年前去世，育有兩個女兒。後來三寶續弦，生一女，據大寶講，三寶二〇一五年病逝臺北；四寶年輕時好運動，現年八十一歲，看起來很年輕，身體健壯，尚未退休，仍在經營營造廠，生意很興隆。

14. 沈恩欽與蔣廷黻結婚一年後，懷有一個小 baby，結果早產夭折，否則沈恩欽的生活會更為充實、愉快。沈恩欽與前夫沈維泰結婚十年，沒有小孩。沈很喜歡自己有一個小孩，一般女子都有這個想法。沈比蔣廷黻小十六歲，蔣廷黻生於一八九五年，以此推算，則沈生於一九一一年。她與蔣廷黻結婚時三十七歲，結婚一年即懷小孩，她當然高興萬分。據蔣廷黻日記，沈恩欽分娩時動手術，醫生出來說：「嬰兒已經死了。」沈恩欽大哭大叫：「沒有小孩，沒有小孩，我的小孩已經死了。」隔了一陣，沈恩欽又大哭起來，並說：「他們拿走了我的小孩。」蔣廷黻在日記裡說，他不知道她這麼想要有小孩。（蔣廷黻日記 10/30/1949）

15. Mrs. Ann Salazar 是蔣居仁的朋友。她看了極大部分蔣廷黻的檔案，諸如日記、回憶錄、演講稿等，有時我問蔣居仁問題，他答完了，他會問 Mrs. Salazar 是不是這樣。我有時稱她為蔣廷黻專家。蔣居仁認為蔣廷黻的日記手稿很難認，看起來很費力，因為蔣廷黻寫的字體是草體，有時確實不太容易認。Mrs. Salazar 拿出一本整理過的蔣廷黻日記打字本給我看，我說：「wo，這要花很多時間。」她說是的。

16. 小孩子來到爺爺婆婆家玩，興高采烈，但是每當四寶及 Claire 對小孩說要回波士頓了，三個小孩無不哭哭啼啼嚷著不要回去，要婆婆抱，或者躲在婆婆的裙子下不肯出來。所以有時候小孩回去了，蔣廷黻會說：「Glad to see them come, glad to see them go.」有時小孩吵著不肯回去，他就會說：「Glad to see them come, sorry to see them go.」

17. 蔣沈恩欽，〈廷黻與我〉，臺北，《傳記文學》（一九七六年十一月號），頁三九—四〇。

蔣廷黻年表

一八九五年　十二月七日（光緒二十一年十月二十一日）生於湖南邵陽金星村黃陂橋巨竹村故宅。

一九〇一年　（光緒二十七年）蔣廷黻六歲，進蔣家私塾開蒙讀書。開學不久，母親病逝。蔣廷黻與姊、兄、弟四個小孩由祖母撫養，直至父親續弦。

一九〇二年　二伯父認為家塾不夠好，乃轉學趙家私塾。

一九〇四年　在趙家私塾念了兩年後轉學鄧家私塾。

一九〇五年　清廷廢科舉。

一九〇六年　二伯決定送蔣廷黻兄弟上長沙新式學堂明德小學。在明德念了半年，轉學到湘潭益智中學，這是一所美國長老會辦的教會學校。

一九一一年　辛亥革命。益智中學一度停辦，蔣廷黻的英文老師林格爾夫人回美國，蔣廷黻跟他到美國讀書。他們兩人已經到了上海，準備辦護照、著裝及購船票等，但中國革命很快過去了。林格爾夫人不回美國了，仍回鄉潭辦學。但蔣廷黻不肯回湘潭。

一九一二年　林格爾夫人設法借了點錢，給他買了一張三等艙船票，於一月中旬搭波斯號客輪從上海隻身赴美。

二月十一日抵三藩市。兩天後抵密蘇里州派克維爾（Parkville）的派克維爾學堂（Parkville Academy）辦理註冊入學。

一九一四年　在派克學堂畢業。同年進俄亥俄州的奧柏林學院（Oberlin College）。

一九一八年　在奧柏林學院讀書期間，歐戰方酣，一九一八年畢業時戰爭尚未結束。就在畢業的那一年應基督教青年會徵召，到法國為英法軍隊徵募的華工服務。

一九一九年　歐戰結束後又回美國，進紐約哥倫比亞大學研究所專攻近代歐洲史。

一九二一年　參加華盛頓海軍會議，擔任青年會代表余日章的英文祕書。

一九二三年　一月，他的博士論文〈勞工與帝國〉（Labor and Empire）殺青，獲博士學位。

春，應聘為天津南開大學歷史系教授。

夏，與哥大同學唐玉瑞女士在日本橫濱結婚。

一九二八年　秋，蔣廷黻與學生翻譯他的業師海斯（Carlton J. H. Hayes）的《族國主義論叢》（Essays on Nationalism），由商務印書館出版。

一九二九年　秋，應聘清華大學為歷史系教授兼系主任。他在清華有一番抱負，除了整頓歷史系、加強教授陣容、支持繁瑣的歷史系系務外，先後發表了一連串有價值的學術性論文。

一九三一年　十月，在《清華學報》（第六卷第三期）發表了〈琦善與鴉片戰爭〉，這是一篇為琦善翻案的文章。他認為琦善在鴉片戰爭中，在軍事上無可稱讚，亦無可責備，在外交上他遠超過時人。

十二月，在《政治學論叢》創刊號上發表〈李鴻章——三十年後的評論〉，在這篇文章裡他認為李鴻章一八七五年簽訂中日條約後認為日本無侵華野心，是為大錯。一八九六年李鴻章與俄財相威德簽訂中俄密約是其終身大錯。

一九三二年　五月二十二日《獨立評論》創刊。《獨立評論》是由蔣廷黻發起、胡適帶頭的一份政論週刊，算是同仁刊物，其他參與的會員有丁文江、傅斯年、翁文灝、陶孟和、張奚若，吳憲、任鴻雋及其夫人陳衡哲等人。

一九三二年　十二月，在《清華學報》（第八卷第一期）發表〈最近三百年東北外患史〉。在這篇文章裡，蔣廷黻認為中俄璦琿條約（一八五八）及中俄北京條約（一八六〇）創世界史上割讓土地最多的紀錄。這一大塊土地，現在中國大陸在地圖上稱之謂「暫時失去的土地」。

一九三四年～一九三五年　十月，在《清華學報》（第九卷第四期）發表〈中國與近代世界的大變局〉，這篇文章與〈最近三百年東北外患史〉不僅性質相同，撰寫的動機亦近似。他在晚年回憶說，他寫這兩篇文章旨在給「外交當局一點意見」。

蔣廷黻休假一年，去歐洲看幾個檔案庫。在蘇聯較久，他銜有蔣介石的秘密任務，與蘇聯政府商談改善中蘇關係，在莫斯科停留三個月。他的任務是成功的，蔣介石很滿意，「深表嘉許」。

一九三五年　十二月，離開清華赴南京任行政院政務處長。

一九三六年　十一月，出使蘇聯。十一月七日抵莫斯科，十一月十一日呈遞國書。

十二月十二日西安事變。事變期間蔣廷黻與蘇聯政府交涉頻繁，他沒有做錯事，但在西安事變後不久，他即被調回。

一九三八年　一月一日，孔祥熙繼蔣介石為行政院長。

一月中離開莫斯科，經巴黎、馬賽、地中海、紅海、新加坡、西貢、昆明等地，最後於二月底抵達漢口。那時南京已失守，漢口是臨時首都。

二月—四月底，撰寫《中國近代史》。

五月，首都遷至重慶。孔祥熙邀請他回行政院重作馮婦（又任政務處長）。

七月二十九日，日軍攻佔張鼓峰。日本因受德國的影響，只打了兩週，至八月十一日即停戰。後人稱之謂「張鼓峰事件」。

一九四一年　十一月，仿《獨立評論》在後方創辦《新經濟》月刊。

十二月七日，日本突擊珍珠港，太平洋戰爭於焉爆發。

一九四三年　十一月九日，參加在華盛頓召開的聯合國善後救濟會議大會，正式成立聯合國善後救濟總署（簡稱聯總）。十月二十一日離開重慶，至一九四四年十月二十一日返抵重慶，在美國整整一年。

一九四四年　參加七月一日至二十二日在新罕布什州布萊頓塢召開的貨幣基金會議。

十一月十七日，內閣改組，宋子文接替孔祥熙為行政院副院長，蔣介石仍是院長。

十二月五日，宋子文由副院長成為代理院長。

十二月十九日，政府正式任命蔣廷黻為中國善後救濟總署（簡稱行總）署長。行總初設重慶，日本投降後遷南京，但實際工作單位都在上海。蔣廷黻在上海辦公。

一九四五年　二月四日，飛赴澳洲出席聯總區域會議，在澳洲前後一個月。

三月六日飛抵重慶。

六月二十五日，宋子文真除為行政院長。

七月三日，離重慶赴華盛頓出席聯總大會。在美國停留近一個月。七月二十九日，離美赴英參加聯總區域會議。

八月十五日，日本無條件投降。八月二十五日，離倫敦首途返國。

九月七日，下午抵達重慶九龍坡。

一九四六年　三月十一日，赴美出席聯總大會，四月二十二日回上海。

自從宋子文任行政院長後，與蔣廷黻不和。宋個性跋扈專橫，傲岸不群，與人不易相處，除想抓權外，希望蔣廷黻在行總失敗。自蔣廷黻從美國回來後，兩人明爭暗鬥，日漸明朗化。有一洋人對宋子文說，蔣廷黻處理行總事務很好，希望宋善待他。但最後宋還是把蔣廷黻逼走。

一九四七年　十月一日，蔣廷黻終於被迫辭職。十月十四日，蔣介石召見蔣廷黻，欲任命他為駐土耳其或駐印度大使，不就，乃要他於北平和南京市長擇一，又拒絕。他對王世杰說不願在宋子文手下擔任公職。

六月十五日，在上海舉行聯合國遠東經濟委員會（ＥＣＡＦＥ），至二十五日圓滿閉幕，很是成功。他是大會主席，主持會議技巧圓熟，深得各國代表及報界稱許讚揚。這個工作是臨時性的，會議結束工作人員隨即解散。

因為郭泰祺染病，是年夏臨時代理郭泰祺本屆聯合國大會的工作。八月十九日政府正式任命蔣廷黻接替郭泰祺為本屆聯合國大會（Assembly）及安理會常任代表。

十一月，出席在菲律賓碧瑤召開的聯合國遠東經濟委員會，會議結束後順道返國述職。

一九四八年　五月四日，蔣廷黻收到律師通知，在墨西哥申請與唐玉瑞離婚獲准。

七月二十一日，與沈恩欽在美國康州格林威治結婚。

一九四九年　九月，聯合國召開第四屆大會，中華民國正式提出控蘇案。

十月一日，中華人民共和國正式成立。

蔣廷黻籌組中國自由黨，請胡適為黨魁，但因胡適不太熱心，組黨事只講而不做，最後自由黨胎死腹中。

一九五〇年　六月二十五日，韓戰爆發。國際局勢丕變，有利於臺灣的國民政府。

一九五一年　九月，第五屆聯合國大會在紐約召開，但因韓戰無暇他顧，控蘇案因而擱置。

十月，第六屆聯合國大會在巴黎召開，十月十三日大會以三十票對八票、十三票棄權，將控蘇案列入議程。開始討論，因聖誕節休會，大會過了新年後又繼續開會討論，直至一九五二年二月一日大會正式表決，結果二十四票反對，九票棄權，二十五票贊成，控蘇案經過三年努力終於通過。

一九五二年　二月，控蘇案通過後，接著是代表權問題，這個問題雖與控蘇案同一天發生，但拖得很久。直至一九七一年十月二十五日聯合國大會決議，臺北在聯合國的席位由北京中華人民共和國取而代之。

一九六一年　十月，因外蒙古案，駐美大使葉公超被黜。

十一月四日政府發表命令：蔣廷黻兼任駐美大使。

一九六二年　七月二十九日，政府正式命令免除蔣廷黻在聯合國兼職，同時任命劉鍇出任聯合國常任代表。

一九六五年　五月二十九日，退休離開華盛頓，移居紐約。居紐約第三十七街 Lixington Ave 一家小旅館直至病逝。

六月三日，開始在哥倫比亞大學錄口述歷史，因病暫時停止，韋慕庭還對助手說文體結構不能更動，待博士病癒後來決定。可是不久即病重。

十月九日，病逝紐約。

參考書目

中文書目

王世杰、胡慶育，〈中國向聯合國提出控蘇案始末〉，收入《中國不平等條約之廢除》，臺北，一九六七。
司徒雷登，《旅華五十年記》（李宜培、潘煥昆譯），臺北，大華晚報，一九五四。
李又寧，《吳晗傳》，香港，明報月刊社，一九七三。
沈錡，《我的一生：沈錡回憶錄》第四冊，臺北，聯經，二〇〇〇。
周之鳴編，《費正清集團在臺灣大陰謀》，臺北，國際共黨問題研究社，一九六九。
周谷，《外交秘聞》，臺北，聯經，二〇〇六。
許冠三編，《吳晗文集》，香港，存真印書局，一九六七。
林博文，《跨世紀第一夫人宋美齡》，臺北，時報，二〇〇〇。
林博文，《一九四九：石破天驚的一年》，臺北，時報，二〇〇九。
胡頌平，《胡適之先生晚年談話錄》，臺北，聯經，一九八四。
胡適，《胡適口述自傳》，唐德剛譯註，臺北，傳記文學，一九八一。
胡適，《四十自述》，臺北，遠東圖書公司，一九六七。
胡適，《胡適來往書信選》，北京，中華書局，二〇一三。
袁道豐，〈蔣廷黻駐蘇聯大使任內的事績〉，臺北，《傳記文學》第十四卷第二期（一九六九年二月）。
唐德剛，《晚清七十年》，臺北，遠流，一九九八。

唐德剛，《李宗仁回憶錄》，翻印本，無出版年月。
翁文灝，《翁文灝日記》，北京，中華書局，二〇一〇。
陳之邁，〈蔣廷黻其人其事〉，臺北，《傳記文學》第七卷第六期（一九六五年十二月）。
陳之邁，《蔣廷黻的志事與平生》，臺北，傳記文學，一九八五。
陳獨秀，《陳獨秀的最後見解》，臺北，自由中國社，一九四九。
馮志翔，〈蔣廷黻先生與湘潭益智中學〉，臺北，《傳記文學》第二十九卷第五期（一九七六年十一月）。
梁啟超，《論李鴻章》，臺北，中華書局，一九七一。
蔣廷黻，《蔣廷黻選集》一～六冊，臺北，文星書店，一九六五。
蔣廷黻，《近代中國外交史資料輯要》上、中，臺北，商務印書館，一九五八。
蔣廷黻，《蔣廷黻回憶錄》，臺北，傳記文學，一九七九。
蔣廷黻，《中國近代史》，香港，上海書局（翻印本），一九七三。
蔣廷黻，《中國善後救濟總署》（小冊子），上海，一九四六。
蔣沈恩欽，〈廷黻與我〉，臺北，《傳記文學》第二十九卷第五期（一九七六年十一月）。
劉鳳翰，〈蔣廷黻博士對中國近代史上幾個問題的見解〉，臺北，《傳記文學》第七卷第六期（一九六五年十二月號）。
顧維鈞，《顧維鈞回憶錄》第七冊，北京，中華書局，一九八八。
費正清編、楊品泉等譯，《劍橋中華民國史一九一二－一九四九》下卷，北京，中國社會科學出版社，一九九三。

英文書目

Clubb, O. Edmund, China and Russia: *The "Great Game"*, New York, Columbia University Press, 1971.
Conquest, Robert, *The Great Terror*, Oxford University Press, 1991.

Benson, Lee, *Turner and Beard: American Historical Writing Reconsidered*, New York, The Free Press, 1965.

Denby, David, *Great Books*, New York, Simon & Schuster, 1996.

Fairbank, John King, *Chinabound, A Fifty-Year Memoir*, New York, Harper & Row, 1982.

Fairbank, John King and Albert Feuerwerker(ed.), *The Cambridge History of China, vol.13*: *Republican China*, 1912-1949 Part 2 ("China's New Mood, 1936-1937" by Lloyd Eastman). Cambridge, England, 1986.

Garver, John W., Chinese-Soviet Relations,1937-1945: The Diplomacy of Chinese Nationalism, New York, Oxford, 1988.

Hayes, Carlton J.H., Essays on Nationalism, New York, MacMillan, 1926.

Hendricks, Luther Virgil, *James Harvey Robinson: Teacher of History*. New York, King's Crown Press, 1946.

Hobson, John Atkinson, Imperialism: A Study, 1902.

Hofstadter, Richard, *The Progressive Historians: Turner, Beard, Parrington*, New York, Knopf, 1969.

Lewis, Charlton M., *Prologue to the Chinese Revolution: The Transformation of Ideas and Institutions in Hunan Province, 1891-1907*, Cambridge, Mass., 1976.

Lilley, Charles R., "Tsiang Ting-fu: Between Two Worlds, 1895-1935", Ph.D. dissertation, University of Maryland, 1979.

Matthews, Anne, *Bright College Years: Inside the American Campus Today*, New York, Simon & Schuster, 1997.

Ting-fu Tsiang, "Labor and Empire: A Study of the Reaction of British Labor, Mainly as Represented in Parliament to British Imperialism since 1880", Ph.D. dissertation, Columbia University, 1923.

Ting-fu Tsiang, "Tingfu Tsiang Diarlies", 1944-1965.

Tung, William L., V. K. Wellington Koo and China's Wartime Diplomacy, New York, St. John's University Press,

人名索引

六劃

七劃

八劃

九劃

十劃

十一劃

十二劃

十三劃

十四劃

十五劃

十六劃

十七劃

十八劃

十九劃

二十劃

二十一劃

國家圖書館出版品預行編目資料

蔣廷黻與蔣介石／湯晏著 . -- 初版 . -- 臺北市：大塊文化，2017.02
面；　公分 . --（Mark ; 128）

ISBN 978-986-213-777-2（平裝）

1. 蔣廷黻　2. 傳記

782.886　106000058

LOCUS

LOCUS